中国现代物流
治理二十年（2001—2020）

刘仁军 著

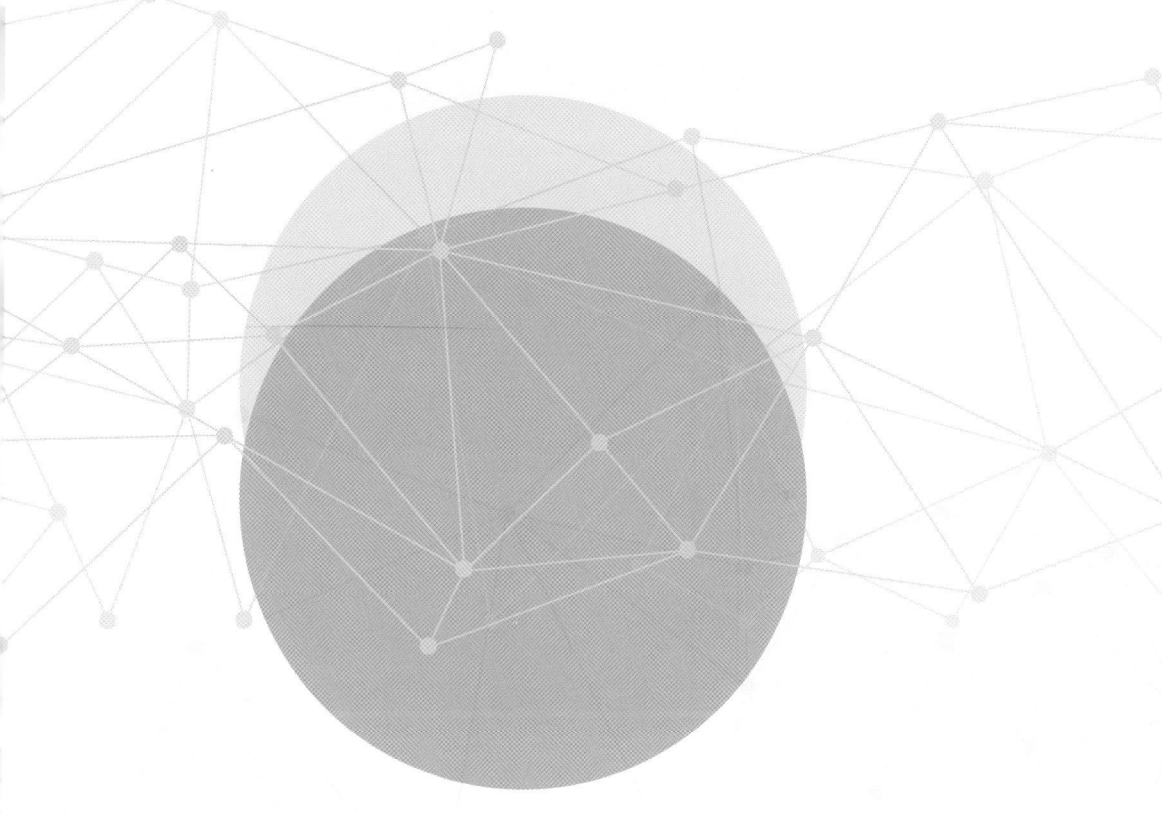

中国社会科学出版社

图书在版编目(CIP)数据

中国现代物流治理二十年：2001—2020 / 刘仁军著 .—北京：中国社会科学出版社，2022.11
　ISBN 978-7-5227-0960-4

　Ⅰ.①中… Ⅱ.①刘… Ⅲ.①物流管理—概况—中国—2001-2020 Ⅳ.①F259.221

中国版本图书馆CIP数据核字(2022)第195478号

出 版 人	赵剑英
责任编辑	田　文
责任校对	张冬锐
责任印制	王　超

出　　版	中国社会科学出版社
社　　址	北京鼓楼西大街甲158号
邮　　编	100720
网　　址	http://www.csspw.cn
发 行 部	010-84083685
门 市 部	010-84029450
经　　销	新华书店及其他书店
印　　刷	北京君升印刷有限公司
装　　订	廊坊市广阳区广增装订厂
版　　次	2022年11月第1版
印　　次	2022年11月第1次印刷
开　　本	710×1000　1/16
印　　张	24.5
插　　页	2
字　　数	384千字
定　　价	118.00元

凡购买中国社会科学出版社图书，如有质量问题请与本社营销中心联系调换
电话：010-84083683
版权所有　侵权必究

序 一

2019年10月28日召开的中共十九届四中全会，审议通过了《中共中央关于坚持和完善中国特色社会主义制度、推进国家治理体系和治理能力现代化若干重大问题的决定》，习近平总书记指出：中国社会主义制度和国家治理体系不是从天上掉下来的，而是在中国的社会土壤中生长起来的，是经过革命、建设、改革长期实践形成的，从此，国家治理体系和治理能力现代化提到了战略高度。

一个国家的治理是一个庞大的系统工程，物流业是国民经济的基础性、战略性产业，但物流明确为一个产业比较晚，从2006年"十一五"规划提出"大力发展现代物流业"开始到现在有16年，从2004年国家发改委等九部委印发《关于促进我国现代物流业发展的意见》到现在有18年，从2001年加入WTO到现在有20年。党中央国务院对物流业应如何治理进行了积极的探索，取得了很大成绩，中国已成为全球最大的物流市场与最重要的供应链枢纽，有成功的经验，也有失败的教训，物流管理成本有所降低，但仍一直居高不下。

2018年，改革开放40年，我写过"改革开放40年的中国物流业"，把中国现代物流发展分为三个阶段，即探索与起步阶段（1978—2001）、快速发展阶段（2002—2012）和转型升级阶段（2013—2020），这三个阶段客观地反映了中国现代物流业发展的历史过程，但对物流业的国家治理进行全面梳理与总结一直是一个缺门。当我看到刘仁军博士编写的《中国现代物流治理二十年（2001—2020）》一书，非常高兴，正是他的努力与胆识，填补了这一空白。

本书分为三篇十三章，以中国现代物流治理机制和制度体系形成为主线，系统梳理了中国现代物流治理20年历程（2001—2020），重点研

序 一

究了中国现代物流的分工协作治理机制和四大工作制度，即政策推动制度，预测、监测与统计制度，重点企业联系制度，产学研合作制度，以此为基础进一步总结了中国现代物流治理模式。本书从制度角度进行归纳总结，理论联系实际，思路清晰，从历史、经济、国际比较等多视角突出探索了现代物流治理模式的中国特色与本质特征，体现了他对现代物流理论和实践有许多自己独到的见解，是从治理模式角度研究中国物流发展史的学术著作，将成为中国物流业发展史研究的一份珍贵史料。

中国是物流与供应链大国，还不是物流与供应链强国，要提升物流与供应链的现代化水平任重而道远，让我们一起努力奋斗，为中华民族的伟大复兴添砖加瓦！

商务部现代供应链专家委员会成员、享受国务院政府特殊津贴、研究员、国家内贸部原总经济师、中国物流与采购联合会原常务副会长

丁俊发

2022 年 11 月 16 日

序 二

2001年中国物流业发生了两件影响深远的大事：一是中国现代物流第一份正式文件——《关于加快中国现代物流发展的若干意见》，由国家经贸委等六部委联合颁发；二是经国务院批准，中国第一家物流与采购行业社团组织——中国物流与采购联合会，重组成立。自此以后，中国物流业进入到了现代物流发展的轨道。

二十年来，作为全国现代物流工作部际联席会议成员之一，中国物流与采购联合会以推进物流业发展为己任，全面深度参与现代物流各领域，在密切政府与企业联系、促进产学研合作、推动现代物流科技发展等方面作出了应有的贡献，发挥着不可替代的作用。在全社会共同努力下，中国现代物流在机制体制、企业成长、科技进步、教育发展和学术研究等方面都取得一系列的突破性进展，中国现代物流有效地支撑了国民经济和社会发展，成就举世瞩目。然而，中国现代物流发展不是简单照搬和模仿国外的先进理论和经验，而是在借鉴基础上的自主创新，中国现代物流发展之路具有自身特色，值得认真总结。

《中国现代物流治理二十年（2001—2020）》一书系统地梳理了中国现代物流二十年治理历程和发展成就，总结了具有中国特色的现代物流治理模式。本书体系宏大，脉络清晰，资料翔实，观点鲜明。本书可以帮助读者明晰中国现代物流的成长和发展历史，了解中国现代物流治理模式与国外典型模式的联系与区别，洞悉中国现代物流治理的未来方向。

本书采用现代物流治理一词具有创新性。从现有物流文献资料看，治理一词多用在微观企业层面，讨论公司物流治理问题，本质上属于私人治理范畴。而公共领域的物流问题传统上属于政府行政管理领域，习惯上被称作宏观物流管理。本书用物流治理替代宏观物流管理，以公共

序 二

治理理论为基础，从政府部门、企业、行业协会和科研院所等不同治理主体之间的互动协同角度考察现代物流发展。本书归纳了中国现代物流治理模式的五大特征，其中政府部门牵头、行业协会推进、全社会广泛参与的网络治理特征，充分揭示出了现代物流治理与传统宏观物流管理的本质区别。

本书遵循从实践到理论再到实践的写作思路，具有极强的现实意义与时代特征。作者通过对大量的中国现代治理实践资料梳理，提炼出中国现代物流治理模式理论，并对治理模式效果进行评价后得出政策性建议，理论与实践紧密结合贯穿全书。刘仁军副教授是我在物流界的老朋友，既有多年企业物流管理相关工作的经历，又在高校从事现代物流高等教育多年，对物流实务动态和学术理论前沿较为熟悉，《中国现代物流治理二十年（2001—2020）》一书是他多年的心血结晶，展现了他对中国物流事业的执着热爱和对现代物流发展的独到见解，希望本书能给广大读者带来启迪。

中国物流与采购联合会副会长兼秘书长
亚太物流联盟（APLF）主席

2022 年 11 月 16 日

前　言

　　进入 21 世纪，大力发展现代物流成为国民经济和社会发展的重要战略举措。中国现代物流发展具有鲜明的政策推动特征：2001 年，原国家经贸委等六部委联合颁发《关于加快中国现代物流发展的若干意见》，吹响了发展现代物流的号角；2004 年，国家发改委等九部委联合印发《关于促进中国现代物流业发展的意见》，确立了现代物流的产业地位；2006 年，《国民经济和社会发展第十一个五年规划纲要》（以下简称"十一五"规划纲要）单列"大力发展现代物流业"一节，将现代物流推上了国家战略产业的高度；2009 年初，国务院出台《物流业调整和振兴规划》应对国际金融危机，"物流"一词家喻户晓，现代物流业地位日益攀升。在国家政策的大力推动下，中国现代物流已发展成为重要的现代服务产业。据统计，2001 年至 2020 年期间，中国社会物流总额年复合增长率 14.1%，中国物流业总收入年复合增长率 10.3%，中国社会物流总费用占 GDP 比重从 21.17% 下降至 14.7%。中国现代物流业已成为蒸蒸日上的朝阳产业，有效地促进了国民经济和社会发展。

　　中国现代物流发展二十年（2001—2020），正是中国深化改革、经济崛起的二十年。全面回顾和总结研究这段历程，盘点贡献，梳理问题，揭示规律，引领未来，是十分必要的。现有的中国现代物流发展的相关文献多侧重在对发展的现状、问题及成就的总结上，如改革开放三十年（1978—2008）和四十年（1978—2018）的经验总结等，目前尚未发现有关这段历史（2001—2020）的系统总结和中国现代物流治理模式的理论研究。鉴于 21 世纪初以来的 20 年是迄今为止中国物流历史上发展最快的阶段，也是中国现代物流治理模式从无到有、最终走向成熟的关键

前言

阶段。因此，总结中国现代物流治理的成功经验，对未来中国物流业的高质量发展具有重要的指导意义。中国现代物流治理是国家治理现代化的重要组成部分，系统总结和评价中国现代物流治理模式，有助于建立中国特色的现代物流发展理论，具有填补理论空白的作用，同时也是坚持理论自信和坚持中国特色社会主义道路自信的表现。

中国曾先后学习过苏联、日本和美国等国的先进物流管理经验，但中国现代物流形成了自己独特的治理模式。本书旨在总结和评价中国现代物流治理模式，首先介绍中国现代物流治理背景，然后梳理中国现代物流治理二十年历程（2001—2020），接着以现代物流理论和治理理论为理论基础，从宏观治理机制、政策推动、统计和运行监督、企业联系和行业管理、产学研合作和科教发展等方面系统地分析和总结中国现代物流独具特色的治理模式。最后，运用制度经济学相关理论，采用文本挖掘、社会网络分析（SNA）、计量经济学和系统动力学等方法对中国现代物流治理模式及效果进行了评价，并与美国、日本、欧洲等现代物流治理模式进行比较，从中寻找经验借鉴来进一步完善和发展中国现代物流治理模式。

本书分为三篇，共计十三章。

第一篇为中国现代物流治理背景，包括第一章至第三章内容。第一章　研究中国经济发展阶段及各阶段特征，回顾中国宏观物流管理的理论来源和改革开放以来的学习探索历程，总结中国宏观物流管理各发展阶段的特征。第二章　分析20世纪90年代国内外经济和物流发展，探讨中国现代物流发展背景与动因。第三章　梳理现代物流理论和治理理论，寻找中国现代物流治理的源头及战略构想。

第二篇为中国现代物流治理二十年历程（2001—2020），包含第四章至第九章内容。第四章　分析"十五"到"十三五"国民经济与社会发展规划纲要中现代物流的相关内容，总结中国现代物流规划内容、发展阶段特点、主要治理措施和重要治理成就。第五章　研究中国现代物流治理机制形成。梳理物流相关的大部制改革，重点分析宏观物流传统的部门职能管理的分工治理机制和现代物流部级联席会议制度的协作治理机制。第六章　梳理中国物流法律法规、物流政策文件和物流标准化三种政策推动过程，从推动主体、总体规划、具体实施和发展阶段等方面展开研究；第七章 对中国现代物流预测、监测和统计进行系统性梳理，研究各指标形成、调查过程、计算方法、应用效果以及指标间的关系。第八章 研究中国现代物流重点联系企业制度，考察现代物流行业管理的主要领域及措施，梳理物流企业分类与评估管理、物流行业的总结与表彰等。第九章 分析和总结现代物流产学研合作制度的由来、作用、表现形式，梳理和总结物流高等教育及本硕博各层次特点，梳理现代物流研究机构、智库、专业期刊，寻找现代物流学术前沿和研究热点。

第三篇为中国现代物流治理模式与评价，包含第十章至第十三章内容。第十章 分析和总结中国现代物流治理模式及其特征，运用SNA分析方法探讨中国现代物流治理的政策文件推动特征。第十一章 采用系统动力学建模和仿真，分析中国现代物流政策推动制度、重点企业联系制度和产学研合作制度中各治理主体的行动策略。第十二章 运用政策文本挖掘和时间序列数据实证检验，研究物流产业供给手段对产业可持续发展的影响，从而评价中国现代物流产业治理模式效果。第十三章 研究和总结美国、日本、欧洲现代物流治理模式，并与中国现代物流治理模式进行对比，从中得出经验借鉴。结语部分对全书内容进行概括和总结。

本书特色体现在四个方面。一是研究视角新颖。本书采用物流治理一词替代宏观物流管理，首次将公共治理理论引入到现代物流管理研究之中，改变了现有文献中物流治理只谈微观层面公司治理问题的局面。二是从实践到理论再到实践。本书以中国现代物流实践为背景，运用现代物流理论、治理理论和制度经济学相关理论等基本理论，系统地梳理和分析了中国现代物流二十年历程（2001—2020），实现从治理实践到中国现代物流治理模式的理论提升，然后通过科学评价和比较分析得出政策性建议。三是视野开阔，观点鲜明，论据充分。本书运用中国物流业发展的历史视角、中国宏观经济发展的经济视角、与国外现代物流治理模式比较的国际视角，多视角研究中国现代物流治理模式。本书的每一章都有明确的观点，并有大量的分析论证，还有大量图表，充足的论据支撑了本书的观点。四是研究方法多样。本书采用了文本挖掘、社会网络分析（SNA）、计量经济学和系统动力学仿真等多种科学方法，充

前　言

分满足了研究内容的需要。基于上述特点，本书的受众面较广，可为所有物流爱好者了解中国现代物流治理历史和现状提供帮助，尤其适合政府部门、企业、行业协会、科研院所等广大物流相关工作者阅读。同时，本书可作为物流类专业高年级本科生、硕士生《物流经济学》等相关课程的教科书或辅助阅读资料。

目　录

第一篇　中国现代物流治理背景

第一章　中国物流宏观管理的历史回顾 …………………… (3)
 第一节　中国经济发展阶段特征 ……………………………… (3)
  一　中国经济发展成就 …………………………………… (3)
  二　经济发展阶段划分 …………………………………… (8)
  三　中国经济发展各阶段特征 …………………………… (10)
 第二节　中国物流宏观管理理论学习与探索 ………………… (12)
  一　中国宏观物流管理理论来源 ………………………… (12)
  二　改革开放后国外物流考察 …………………………… (18)
  三　改革开放后中国物流理论界发展 …………………… (20)
 第三节　中国物流发展阶段划分及宏观管理特点 …………… (27)
  一　中国物流发展阶段划分 ……………………………… (27)
  二　中国物流各发展阶段的宏观管理特点 ……………… (30)

第二章　中国现代物流发展背景与动因 …………………… (34)
 第一节　经济全球化与WTO …………………………………… (34)
  一　经济全球化 …………………………………………… (34)
  二　WTO …………………………………………………… (36)
 第二节　现代信息技术与互联网 ……………………………… (37)
  一　现代信息技术 ………………………………………… (37)
  二　互联网 ………………………………………………… (38)

目 录

第三节 20世纪90年代国外现代物流的发展 (41)
  一 现代物流——企业的"第三利润源" (41)
  二 供应链管理 (42)
第四节 20世纪90年代中国经济体制改革的主要任务 (43)
  一 "两个根本性改变" (43)
  二 国有企业改革 (44)
第五节 中国现代物流发展动因 (45)
  一 经济全球化的强力驱动 (45)
  二 中国加入WTO后的形势需要 (46)
  三 现代信息技术的应用推动 (47)
  四 国内经济发展的必然结果 (48)
  五 改变中国物流落后现状的必然选择 (49)

第三章 中国现代物流治理的缘起与战略构想 (52)
 第一节 现代物流治理理论基础 (52)
  一 现代物流内涵 (52)
  二 治理理论概述 (54)
  三 现代物流治理 (58)
 第二节 中国现代物流治理的缘起 (60)
  一 1999年现代物流发展国际研讨会召开背景 (60)
  二 1999年现代物流发展国际研讨会基本情况 (61)
 第三节 中国现代物流治理的战略构想 (63)
  一 中国现代物流治理的基本思路 (63)
  二 中国现代物流治理的主要领域 (64)

第二篇 中国现代物流治理二十年历程（2001—2020）

第四章 中国现代物流治理二十年（2001—2020） (69)
 第一节 中国现代物流二十年（2001—2020）治理的
    总体规划 (69)

  一 "十五"时期（2001—2005）——现代物流发展
    奠基阶段 ………………………………………………（69）
  二 "十一五"时期（2006—2010）——现代物流产业
    地位确立阶段 …………………………………………（70）
  三 "十二五"时期（2011—2015）——现代物流产业
    发展成熟阶段 …………………………………………（72）
  四 "十三五"时期（2016—2020）——现代物流业融合
    发展阶段 ………………………………………………（74）
第二节 中国现代物流二十年（2001—2020）治理的主要
    措施 ……………………………………………………（76）
  一 立法行为与制度建立 …………………………………（77）
  二 机构改革与组织建设 …………………………………（80）
  三 政策文件与重要会议 …………………………………（82）
  四 热点聚焦与行业观察 …………………………………（87）
  五 示范试点与专项治理 …………………………………（89）
  六 高层关注与奖励表彰 …………………………………（93）
第三节 中国现代物流二十年（2001—2020）治理的重要
    成就 ……………………………………………………（94）
  一 现代物流与供应链 ……………………………………（94）
  二 物流业务领域 …………………………………………（97）
  三 物流投资与税费 ……………………………………（100）
  四 物流企业管理与统计监测 …………………………（101）
  五 物流标准化和信息化 ………………………………（103）
  六 物流科教发展 ………………………………………（104）

第五章 中国现代物流治理机制形成 ………………………（105）
第一节 中国物流相关政府部门机构改革 …………………（105）
  一 精简机构 ……………………………………………（105）
  二 转变职能 ……………………………………………（106）
  三 推行大部制 …………………………………………（107）
  四 完善大部制 …………………………………………（108）

目 录

第二节 分工治理机制——中国现代物流政府部门职能
　　　　管理体制 ……………………………………………（109）
　　一　部门职能管理体制内涵 …………………………（109）
　　二　物流部门职能管理机构及分工 …………………（110）
　　三　部门职能管理体制评价 …………………………（112）
第三节 协作治理机制——全国现代物流工作部际联席
　　　　会议制度 ……………………………………………（113）
　　一　联席会议制度产生 ………………………………（113）
　　二　联席会议组织及工作机制 ………………………（114）
　　三　联席会议运行情况 ………………………………（116）
　　四　联席会议机制评价 ………………………………（119）

第六章 中国现代物流产业政策推动 ……………………（120）
第一节 物流法律法规 ……………………………………（120）
　　一　物流法律法规推动主体 …………………………（121）
　　二　物流法律法规立法规划 …………………………（122）
　　三　物流法律法规新订、修订与废止 ………………（124）
　　四　物流法律法规推动阶段及其特征 ………………（129）
第二节 物流政策文件 ……………………………………（131）
　　一　物流政策文件推动主体 …………………………（131）
　　二　物流政策文件发展规划 …………………………（132）
　　三　物流政策文件内容、渠道和形式 ………………（136）
　　四　物流政策文件推动阶段及其特征 ………………（138）
第三节 物流标准化 ………………………………………（141）
　　一　物流标准化管理组织 ……………………………（142）
　　二　物流标准化发展规划 ……………………………（145）
　　三　物流标准制定、实施与废弃 ……………………（147）
　　四　物流标准化推动阶段及其特征 …………………（149）

第七章 中国现代物流预测、监测与统计 ………………（152）
第一节 中国现代物流预测 ………………………………（152）

|　　一　采购经理指数（PMI） ································· (152)
|　　二　中国物流业景气指数（LPI） ···························· (157)
第二节　中国现代物流监测 ······································· (159)
|　　一　公路、水运行业指数 ···································· (159)
|　　二　仓储、快递业指数 ······································ (166)
第三节　中国现代物流统计 ······································· (170)
|　　一　物流业基础统计 ·· (170)
|　　二　全国物流运行情况通报 ·································· (176)
第四节　总结与应用评价 ··· (181)
|　　一　总结 ·· (181)
|　　二　应用评价 ·· (182)

第八章　中国现代物流重点联系企业制度与行业管理 ············· (187)
第一节　物流重点联系企业制度 ··································· (187)
|　　一　现代物流工作重点企业联系制度——国家发改委 ············ (188)
|　　二　重点物流园区（企业）联系制度——交通运输部 ············ (188)
|　　三　物流重点联系企业制度——商务部 ······················ (189)
|　　四　国际物流运输重点联系企业制度——交通运输部等
|　　　　12部委 ·· (190)
第二节　行业推进管理 ·· (190)
|　　一　中国现代物流重点推进领域 ······························ (191)
|　　二　物流行业基础管理 ······································ (198)
|　　三　物流业与其他产业的联动发展 ···························· (201)
第三节　物流企业的分类与评价管理 ······························· (203)
|　　一　物流企业分级评估 ······································ (203)
|　　二　A级物流企业信用等级评价 ······························ (207)
|　　三　中国物流示范基地、物流实验基地 ························ (209)
|　　四　年度优秀物流园区 ······································ (210)
|　　五　中国物流企业排名 ······································ (211)
第四节　物流行业总结表彰 ······································· (212)
|　　一　先进集体、劳动模范和先进工作者 ························ (212)

二 物流业改革开放表彰 ……………………………………… (213)
三 新冠肺炎疫情特殊表彰 …………………………………… (214)

第九章 中国现代物流合作制度与科教发展 …………………………… (215)
第一节 产学研合作制度 …………………………………………… (215)
一 组建物流行业协会和学会 ………………………………… (216)
二 举办物流赛事 ……………………………………………… (220)
三 物流职业资格认证 ………………………………………… (221)
四 合作编写现代物流发展报告 ……………………………… (222)
五 设立物流奖项 ……………………………………………… (223)
第二节 高等教育发展 ……………………………………………… (225)
一 物流高等教育发展现状 …………………………………… (225)
二 物流本科开设现状 ………………………………………… (226)
三 物流专业硕士、博士开设现状 …………………………… (228)
第三节 学术研究发展 ……………………………………………… (230)
一 物流研究机构和智库的发展 ……………………………… (230)
二 中国物流学术前沿发展 …………………………………… (232)
三 中国物流期刊与会议发展概况 …………………………… (234)
四 中国物流研究热点分析 …………………………………… (237)

第三篇 中国现代物流治理模式与评价

第十章 中国现代物流治理模式及特征分析 ………………………… (243)
第一节 中国现代物流治理机制与工作制度 …………………… (244)
一 分工协作为基础的国家治理机制 ………………………… (244)
二 多视角全方位的工作制度体系 …………………………… (245)
第二节 中国现代物流治理模式总结 …………………………… (251)
一 中国现代物流治理主体 …………………………………… (251)
二 中国现代物流治理模式 …………………………………… (257)
三 中国现代物流治理模式特征 ……………………………… (259)

第三节 基于SNA的中国现代物流治理的政策文件推动
　　　　特征分析 ………………………………………………… (262)
　一 社会网络分析（SNA） ……………………………………… (262)
　二 中国现代物流治理的政策文件推动逻辑 …………………… (263)
　三 基于SNA的中国现代物流政策文件要素体系特征………… (265)
　四 基于SNA的中国现代物流政策联合发文网络分析………… (267)
　五 基于SNA的中国现代物流政策内容推动特征……………… (270)

第十一章　中国现代物流治理工作制度策略分析 ……………… (273)
第一节　中国现代物流政策推动策略分析 …………………… (273)
　一 模型构建 ……………………………………………………… (273)
　二 变量定义及方程设计 ………………………………………… (274)
　三 策略仿真 ……………………………………………………… (275)
第二节　中国现代物流重点企业联系策略分析 ……………… (278)
　一 模型构建 ……………………………………………………… (278)
　二 变量定义及方程设计 ………………………………………… (278)
　三 策略仿真 ……………………………………………………… (280)
第三节　中国现代物流产学研合作策略分析 ………………… (283)
　一 模型构建 ……………………………………………………… (283)
　二 变量定义及方程设计 ………………………………………… (284)
　三 策略仿真 ……………………………………………………… (286)

第十二章　中国现代物流产业治理模式效果评价 ……………… (295)
第一节　引言 …………………………………………………… (295)
第二节　理论分析与研究假设 ………………………………… (296)
　一 政策供给手段与产业增长 …………………………………… (297)
　二 政策供给手段与产业运行成本 ……………………………… (297)
　三 政策供给手段与能源利用效率 ……………………………… (298)
第三节　文本挖掘与变量测度 ………………………………… (299)
　一 文本来源 ……………………………………………………… (299)
　二 政策分类 ……………………………………………………… (300)

三　词典建立 …………………………………………（301）
　　四　分词提取 …………………………………………（303）
　　五　变量测度 …………………………………………（304）
第四节　实证分析 ……………………………………………（306）
　　一　实证模型设定 ……………………………………（306）
　　二　变量选取与数据来源 ……………………………（307）
　　三　实证结果与分析 …………………………………（309）
第五节　结论与建议 …………………………………………（311）

第十三章　国外现代物流治理模式比较与经验借鉴 …………（313）
第一节　美国物流治理模式 …………………………………（314）
　　一　发展概况 …………………………………………（314）
　　二　管理体制 …………………………………………（315）
　　三　运行特点 …………………………………………（319）
第二节　日本物流治理模式 …………………………………（322）
　　一　发展概况 …………………………………………（322）
　　二　管理体制 …………………………………………（323）
　　三　运行特点 …………………………………………（328）
第三节　欧洲物流治理模式 …………………………………（330）
　　一　发展概况 …………………………………………（330）
　　二　管理体制 …………………………………………（332）
　　三　运行特点 …………………………………………（337）
第四节　经验借鉴 ……………………………………………（340）
　　一　LPI 对比 …………………………………………（340）
　　二　治理模式对比 ……………………………………（341）
　　三　经验总结 …………………………………………（344）

结　语 ……………………………………………………………（349）

参考文献 …………………………………………………………（354）

后　记 ……………………………………………………………（371）

第一篇
中国现代物流治理背景

第一章

中国物流宏观管理的历史回顾

第一节 中国经济发展阶段特征

一 中国经济发展成就

习近平总书记 2017 年 10 月 18 日在中国共产党第十九次全国代表大会上的报告中指出:"我国经济已由高速增长阶段转向高质量发展阶段,正处在转变发展方式、优化经济结构、转换增长动力的攻关期,建设现代化经济体系是跨越关口的迫切要求和我国发展的战略目标。"[①] 70 多年来,中国共产党科学把握中国和世界的发展大势,带领中国人民努力奋斗,在经历了中华人民共和国成立初期社会主义基本制度确立(1949—1956)、社会主义建设的艰辛探索和曲折发展(1956—1978)、改革开放与中国特色社会主义开创(1978—1992)、社会主义市场经济体制建立(1992—2002)、全面建设小康社会(2002—2012)后,中国进入中国特色社会主义新时代(2012 年至今),正在为实现中华民族伟大复兴的中国梦和全面建成社会主义现代化强国不懈努力(中华人民共和国简史编写组,2021)。实践表明,中国找到了一条适合其国情的特色社会主义道路,中国经济创造了世所罕见的奇迹,在各个方面都取得了巨大的成就。

[①] 习近平:《决胜全面建成小康社会 夺取新时代中国特色社会主义伟大胜利——在中国共产党第十九全国代表大会上的报告》,人民出版社 2017 年版,第 30 页。

第一篇　中国现代物流治理背景

（一）经济总量大幅提升

1952年，中国的国内生产总值（GDP）只有679.1亿元；2010年，中国GDP达到349081亿元，中国超过日本正式成为世界第二大经济体；2020年中国GDP首破百亿元，达到1013567亿元。[①] 近70年间，人均GDP从1952年的119元到2020年的72447元，增长了608倍，在全世界排名中从100名以外上升到第59名。中国已经成为世界最大的经济增长贡献国和出口国，对世界经济增长的贡献率已超过三分之一。

（二）经济结构趋向合理化

中华人民共和国成立之初，中国所有制结构经历了由国营经济占主导的五种经济方式并存（国营经济、合作社经济、国家资本主义经济、私人资本主义经济、个体经济）到建立单一的公有制格局，最终发展成多元化所有制结构的过程（刘国光、董志凯，1999）。所有制结构的转变，带动了产业结构和区域结构趋向合理化。中国是一个农业大国，在经历过对工业尤其是重工业的重点建设后，国家逐渐加强了对第三产业的重视，产业结构朝着更加高度化的方向发展。新中国成立初期，中国经济发展缓慢，如何解决温饱成了一大难题，随着改革开放，国家逐渐开放沿海城市和经济特区、"西部大开发"、开放上海浦东新区等经济特区、"一带一路"倡议等等，使得区域结构朝着均衡化方向发展。

所有制结构的多元化。从所有制结构的角度看，由全民所有制和集体所有制为主的单一公有制结构（赵振华，2009）过渡到以公有制为主体、多种所有制结构共同发展。1952年底，私有经济在国民收入中所占比例高达79%，社会主义改造完成后，中国几乎只剩下公有制经济，这也意味着社会主义制度在中国基本确立（冷兆松，2005）。2020年，中国社会科学院最新研究成果显示，中国公有制资产共有300.99万亿元，占社会总资产的56%，因此，在所有制结构中，公有制结构占主导地位。

产业结构的合理化。产业结构不断升级，中国从农业占主导的"一三二"的产业结构逐渐过渡到以服务业为主的"三二一"产业结构。第一、二、三产业占国内生产总值（GDP）的比重从1952年的50%、

[①] 中华人民共和国国家统计局编：《中国统计年鉴》（https：//data.stats.gov.cn/index.htm.2022），本书以下国家统计局公布的相关经济数据均来源于此。

20.8%、28.7%，发展到2021年的7.7%、37.8%、54.5%。新中国成立初期，中国就非常重视工业建设，农业比重下降，至1978年，第一、二、三产业占GDP的比重为27.7%、47.7%、24.6%，形成了"二一三"的产业结构；改革开放以后，服务业发展较快，农业占比继续下降，1985年第三产业首超第一产业，中国经济的产业结构变成了"二三一"；2012年，第三产业生产总值超过第二产业，中国经济逐渐演变成"三二一"产业格局，成为较为合理的产业结构。

区域结构向均衡方向发展。从区域结构看，由不均衡向区域协调渐次发展。1949年到1979年，各省市工业总产值排在前四的依次是上海、辽宁、山东、江苏，形成了以上海为中心的长江三角洲工业城市群和以辽宁为中心的重工业城市群（许豫东，2001），沿海地区的工业产值占总产值的70%以上，经济发展不平衡问题严重。2017年，中国区域发展协调性增强，"一带一路"倡议、京津冀协同发展、长江经济带发展、制定实施促进西藏和四省藏区、新疆发展的政策措施，成效显著。2018年，长江三角洲区域一体化上升为国家战略，2019年，中央政治局审议通过《长江三角洲区域一体化发展规划纲要》，推动长江三角区协同发展。2021年，南北发展问题成为区域协调发展的重点，打造南北贯通的战略通道，推动京沪、大运河、西部陆海新通道、西安—成都—重庆西三角等纵向经济轴带发展，促进南北更高频率、更高密度的要素对接、人才交流和观念碰撞。

（三）生产力水平大幅度提高

新中国成立70年来，中国逐渐由一个经济落后的农业国家发展成一个现代化的工业国家（周利梅、李军军，2009）。中国的生产状况发生了很大的变化：工业总产值由1952年的141.1亿元增长到2020年的383562.4亿元，增长2718倍；农业生产总值从1952年的396亿元增加到2020年的71748亿元，增长180余倍。

技术水平进步，产品数量丰富，种类齐全。从"两弹一星"、超级水稻、载人航天、克隆技术（赵振华，2009）到如今的天宫、蛟龙、天眼、悟空、墨子、大飞机等重大科技成果相继问世，这些科技成果都在展示中国生产力水平的大幅提升。1952年，中国粗钢产量仅15.8万吨，分别是美国和苏联的1/300和1/200。2016年，中国已成为世界上最大的钢铁生产国,全年粗钢产量80837万吨,比排名第二的日本高出8倍。早期的新中国,由于工业水平落后,生产和消费资料大量依赖进口,因此,产品往往会在其名称前加"洋"字,如:洋火柴、洋油、洋钉等。现如今,中国已经可以自主建造全世界最大的起重船"振华30"和跨海大桥"港珠澳大桥",可以建造350公里时速的高铁"复兴号"。随着生产力水平的提高,中国能够生产的产品越来越丰富。

中国农业生产的发展得益于农业生产工具的大量使用和改进。新中国成立之初,农具严重不足,1979年农用大中型拖拉机保有量66.68万台,农业机械总动力1.34亿千瓦;2020年国内农用大中型拖拉机保有量477.27万台,农业机械总动力达到10.56亿千瓦。

(四)对外贸易飞速发展

新中国成立初期,中国严格控制进出口产品和数量,设立了13家进出口公司来垄断所有的进出口业务,对外贸易发展缓慢,1952年,中国的进出口总额只有64.6亿元。改革开放以后,中国陆续将深圳、珠海、厦门、汕头划分为经济特区,批准长江三角洲、珠江三角洲和闽南三角洲为沿海经济开发区,开放了14个沿海港口城市,为对外贸易发展创造了条件。1980年,中国出口商品中,初级产品和工业制成品以及矿物燃料、润滑油及有关原料出口比例较大;进口商品中,工业制成品、机械及运输设备、轻纺制品、橡胶制品、矿冶产品及其制品等占比较大。2020年,出口货物排名前三位的分别是工业制成品、机械及运输设备和杂项制品;工业制成品、机械及运输设备和初级产品位列进口货物前三甲。与发达国家的国际贸易中,欧洲、美国和日本占据前三;在周边国家中,俄罗斯在中国对外贸易发展过程中起到重要的作用;发展中国家中,非洲和拉丁美洲国家与中国往来频繁,如南非、巴西等。继2009年中国成为世界第一大出口国后,2013年中国已成为世界第一货物贸易大国,进出口总额4.16万亿美元。2020年,即使在新冠肺炎疫情冲击下,中国进出口仍实现了对外贸易正增长,达到4.66万亿美元,同时实现5240千亿美元贸易顺差。

对外开放后,中国充分吸收国外投资,实际利用外资从1983年的22.6亿美元上升到2020年的1443.69亿美元,增长达63倍。近十余年来,中国对外投资发展迅猛,2007年中国对外投资总量265.06万亿美元，2020年就达到1537.10万亿美元，短短13年时间，增加4.8倍。

(五) 全社会投资不断增加，基础设施更加完备

自新中国成立以来，中国开始学习苏联的经济建设方针，建立了计划经济体制，投资体制也借鉴苏联的投资管理制度，用以建设苏联帮忙设计的156个建设项目（张汉亚，2008）。"一五"计划时期，中国共完成社会固定资产投资总额550亿元，2015年，固定资产投资总额已达到562000亿元。计划经济时期，中央和地方财政将大量资金投资在全民所有制企业，由农村集体所有制的公社和生产队投资农村、农业（董志凯，2009），伴随着经济体制的改革，单一的公有制结构被打破，也带来了投资结构改变。非国有经济的投资比重逐渐上升，尤其是改革开放后，外资投资迅速增加（胡永平、祝接金，2003）。1952年开始，中国的投资重点一直放在重工业，随着经济发展重点的转变，中国逐渐加大对第三产业的投资，产业投资结构正在趋于优化。2021年，第三产业固定投资额为362877亿元，是第一产业固定投资额14275亿元的25.4倍，是第二产业固定投资额167395亿元的2.17倍。

(六) 金融业快速发展，取得巨大成绩

金融是实体经济发展到一定阶段之后的产物，并不是与实体经济同时出现的（詹小琴，2016）。计划经济时期，银行仅仅只是国家财政的出纳机构，没有资源配置功能（吴敬琏，1999）。1979年的改革开放，推动了中国资本市场的萌芽和发展。邓小平同志在改革开放时指出，银行要成为发展经济、革新技术的杠杆，要把银行办成真正的银行。就此，金融体制改革开始，社会主义市场经济的金融体制开始建立起来（陈希凤，2011）。1990年，上海、深圳证券交易所相继成立，标志着全国性资本市场的形成。截至2020年底，沪深两市共有上市公司3756家，总市值为77.69万亿元，居全球第二位，流通市值64万亿元，沪深两市总市值占2020年国内生产总值的63.3%，居世界第二位，仅次于美国。2020年年底，交易所债券市场托管面值16万亿元，中国债券市场共发行各类债券57.3万亿元，较上年增长26.5%，为全球第三大债券市场；期货与期权品种上市数量达到90个。2021年12月末，中国债券市场托管余额133.5万亿元，较2020年增长16.5万亿元，交易所债券市场保持快速增长的趋势。

中国人民保险公司是新中国成立以来中国第一家全国性商业综合保险公司，1979年开始恢复营业，标志中国保险业开始复苏起来（孙乃岩、金喜在，2012）。1987年，中国交通银行成立保险部，1991年成立中国太平洋保险公司，成为第二家综合性的保险公司。截至2021年底，中国保险业总资产为24.89万亿元，保险公司保费收入4.49万亿元，同比增长4.1%；赔款与给付支出1.6万亿元，同比增长14.1%。

中国巨大的经济发展成就表明，我们比历史上任何时期都更加接近中华民族伟大复兴的中国梦目标，同时也比历史上任何时期都更有信心和能力去实现这个目标。

二 经济发展阶段划分

中国经济是在曲折和探索中发展的，存在明显阶段性（吴敬琏，1999），对经济发展阶段进行研究，有助于更好地了解中国经济的历史进程。许多学者从不同的视角和时间跨度对中国经济发展阶段作出了划分。《论国民经济结构变革——新成长阶段农村发展的宏观环境》（中国农村发展问题研究组，1986）是研究中国经济发展阶段问题较早和较权威的文献，之后，有大量文献对其进行研究。由于本书研究中国现代物流发展，而现代物流的兴起在1999年，因此，我们选择1999年以后的文献，再经过对文献作者的知名度以及期刊的权威程度进行选取，结果如表1-1所示。

表1-1　　中国学者对经济发展阶段的研究（1999年以后）

划分方法	时间跨度（作者）	阶段名称	划分依据
三阶段	1949—2010（张百顺、陈洪江，2010）	传统计划经济体制阶段（1949—1977）	经济体制改革历程
		市场经济发展体制确立阶段（1978—1991）	
		市场经济体制阶段（1992年至今）	
	1958—1999（吴敬琏，1999）	行政性分权阶段（1958—1978）	中国经济改革的渐进主义
		增量改革阶段（1979—1993）	
		整体推进阶段（1994年至今）	

续表

划分方法	时间跨度（作者）	阶段名称	划分依据
四阶段	1949—2004（国家发改委宏观经济研究院课题组，2004）	计划经济阶段（1949—1977）	经济转轨发展
		自动启发阶段（1978—1991）	
		自觉推进阶段（1992—2000）	
		全面加速阶段（2001年以后）	
	1949—2003（赵旻，2003）	计划经济阶段（1949—1977）	
		改革探索阶段（1978—1991）	
		扩张供给阶段（1992—1997）	
		改革巩固攻坚和经济结构全面调整阶段（1998年以后）	
五阶段	1949—2012（瞿商，2012）	计划经济阶段（1949—1978）	经济转型的进程
		经济转型的起步和完善计划体制的目标（1979—1984）	
		经济转型的推进与建立有计划的商品经济的目标（1985—1992）	
		经济转型的定向与建立社会主义市场经济的目标（1993—2002）	
		经济转型的定型与完善社会主义市场经济体制的目标（2003年以后）	
七阶段	1949—2009（武力，2009）	新中国建立阶段（1949—1952）	生产力与生产关系
		社会主义改造阶段（1953—1956）	
		体制探索阶段（1957—1977）	
		改革开放阶段（1978—1984）	
		改革的波动与起伏阶段（1985—1991）	
		市场经济体制确立与发展阶段（1992—2002）	
		发展转型与体制创新阶段（2003—2009）	

资料来源：作者根据相关资料整理。

从经济发展阶段的研究时段上看，除了吴敬琏定在1958年之外，其他文献研究起始时间基本一致，都是以1949年新中国成立作为时间起点。但是，截止时间却不尽相同，最远的是1999年，最近的是2012年，大多数集中在 2010 年左右。研究的时间跨度最长的是 63 年（瞿商，2012），最短的是 41 年（吴敬琏，1999）。从具体的时段划分上看，所有的学者对前两个阶段的划分基本一致，即 1977 年左右的改革开放和 1992 年的邓小平南方谈话为时间节点；主要分歧表现在 1992 年以后，具体集中在四个不同的时间节点：1994 年（吴敬琏，1999），1997 年和 1998 年（赵旻，2003），2000 年和 2001 年（国家发改委宏观经济研究院课题组，2004）与 2003 年（武力，2009；瞿商，2012）。在 1994 年处划分，原因在于到 1993 年底，"增量改革"战略正式形成；在 1997 年和 1998 年处划分，原因在于到 1997 年末，以"市场机制为基础，政府宏观调控"的社会主义市场经济体制基本框架基本形成（赵旻，2003）；在 2000 年和 2001 年处划分，原因在于 2001 年中国加入 WTO 组织，中国经济进入全球化进程之中，加速了中国经济的转型；在 2003 年处划分，是因为 2003 年宣布中国社会主义市场经济体制已经基本建立，经济体制的转型进入到新的阶段。

划分阶段问题研究大多从经济体制转型的角度入手，依据的理由不同，阶段划分结果也不尽相同。阶段划分过细可以清楚地表达每一阶段的情况，但是，总体轮廓不清晰，不利于对经济发展做全面的了解；阶段划分过粗，研究又不够深入。本书主要研究中国现代物流问题，经济体制对其发展具有决定性影响，对中国经济发展阶段进行探究，有助于更好地了解中国物流的发展背景和历程。因此，依据经济体制转型，再综合上述的观点，本书将中国经济发展划分为三个阶段：计划经济时期（1949—1978）、经济转型时期（1979—1998）、市场经济时期（1999 年以后）。

三　中国经济发展各阶段特征

新中国成立伊始，长期实行了计划经济体制（1949—1978），其中一个重要的原因是当时苏联对中国的影响很大（朱佳木，2006；任保平，2019）。计划经济体制有助于中国在短期内解决战争遗留下来的经济问题和困难，使经济得到初步的稳定（吴敬琏，1997），但也带来了很多问题，造成中国经济发展缓慢。1978 年底，十一届三中全会召开，党的工作重心也转移到了社会主义现代化建设上，实现了计划经济向社会主义市场经济转型。经济转型期（1979—1998），中国经济飞速增长，GDP 年平均增长率为 16.83%，主要原因是改革和开放（赵旻，2003；方军雄，2006；樊纲，2011）。1999 年以来，中国进入社会主义市场经济体制阶段，正逐渐向现代化建设方向转变（洪银兴，2017）。

下面从生产资料所有制、宏观管理体制、微观管理机制、产业结构、贸易结构和经济增长方式等六个不同角度，描述和比较中国经济发展各阶段的特征，具体见表 1-2。

表 1-2　　　　　　　　　　中国经济发展各阶段特征

特征＼阶段	计划经济时期（1949—1978）	经济转型时期（1979—1998）	市场经济时期（1999 年至今）
生产资料所有制	单一的公有制结构：全民所有制和集体所有制	非公有制经济快速发展：非国有的乡镇企业发展迅速，股份制、合资企业出现	公有制为主体，多种所有制结构并存：农业专业合作社、个体、私营经济快速发展
宏观管理体制	高度集中和高度计划：生产资料统分统配，消费资料统购统销	从计划为主过渡到市场为主：政府逐渐退出，允许自由市场和交易	市场经济主导地位：市场对资源起基础性作用，政府调节和监管市场
微观管理体制	计划生产，缺乏经营自主权：一切生产资料归公社所有，公社统一管理；企业是行政部门的附属，无决策权	"放权让利"改革，鼓励自主经营：农村家庭联产承包责任制和工业企业承包经营责任制	创新型企业建设：探索公有制尤其是国有制多种实现形式，推动企业体制、技术和管理创新
产业结构	"二一三"的局面：高能耗、高投资、低效益地优先发展重工业的道路	产业结构升级：前十年重点在农业和轻工业，后十年重点在出口加工制造业	产业结构全面升级：结构调整向高新技术、创新驱动等方向发展，"三二一"产业结构
贸易结构	封闭的对外贸易政策：对内的节制资本和对外的统制贸易	进口替代向外向型贸易转型：划分多个经济特区和经济开发区，对外贸易总额不断增加	对外贸易持续稳定发展：与其他国家保持稳定的贸易往来，实现贸易顺差

续表

阶段 特征	计划经济时期 （1949—1978）	经济转型时期 （1979—1998）	市场经济时期 （1999年至今）
经济增长方式	外延式和粗放型：依赖资本、物资、劳动等投入，追求产值、数量、规模和速度，忽视质量和效率	外延粗放型向集约型转变：注重减少环境污染和降低资源能耗	集约型增长方式：消费拉动；"内需推动"

资料来源：作者根据相关资料整理。

第二节　中国物流宏观管理理论学习与探索

"物流"一词产生于20世纪30年代美国市场营销领域，最早采用Physics Distribution（实物分配）概念，二战以后将军事后勤的理念和方法引入，物流就演变成了Logistics概念。20世纪50年代中期，日本引入了Physics Distribution概念，并命名为物的流通，后简称为物流。改革开放之前，中国一直采用苏联计划经济体制，并没有"物流"这一名词和概念。1979年6月，国家物资总局组织相关部委的物资工作者代表团赴日本参加第三次国际物流会议，首次对日本物流进行了考察，并引进了物流这一概念。

一　中国宏观物流管理理论来源

中国物流管理理论研究起步较晚，但一直存在着物流管理实践，只是在各经济发展阶段物流管理的理论来源不同：计划经济时期（1956—1978）学习苏联物资管理模式，经济转型时期（1979—1998）逐渐转向日本的流通管理模式；市场经济时期（1999年以后），欧美市场化的物流管理模式又成为新的发展方向。

（一）苏联物资管理模式

苏联是世界上第一个社会主义国家，在国际社会上曾产生过深远的影响。苏联共产党作为国家的代表，在苏联社会的领导中占主导地位，权力高度集中（秦刚，2013）。与此同时，苏联实行高度集中的计划经济体制，依靠行政指令办法管理国民经济，排斥市场调节，把指令性计划当成社会主义计划经济体制的唯一标志（赵曜，2010）。在这种计划经济体制下，苏联对物流也实行严格的计划控制，企业没有经营自主权，从而形成了苏联以国家集中进行物资管理为特征的物流管理模式。

1957年以前，苏联实行以部门管理为主的物资供应体制，即除少数最重要物资由国家计划委员会（简称国家计委）平衡分配外，大多数物资由中央主管部门平衡分配，而物资的供应和销售全部由中央各部设立的供应和销售机构负责。1957年进行改革，实行以地区管理为主的物资供应体制，大部分物资由各加盟共和国和按经济区设置的国民经济委员会进行平衡分配，并按地区设立供销机构组织供应和销售。1965年成立物资技术供应委员会（简称物供委），建立全国统一的物资供应体系。除专用物资和地产地销的地方产品外，其他重要的通用物资越来越集中地由国家计委和物供委来进行统一平衡分配（袁士高，1979；周云梅，1987）。生产企业根据国家的生产指标将其生产数量上报相关主管部门，主管部门核定后再上报给国家计委和物供委。计委将产品的可生产资源下达给使用单位，使用单位再将自己的需求上报，国家计委和物供委则根据生产企业和使用单位的情况进行平衡衔接，确定最终供销计划，然后供需双方直接签订购销合同（周云梅，1986）。此外，物供委通过所属中央和地区的供应和销售机构，来组织物资的供应和销售工作。

1986年苏共二十七大提出改进物资供应体系（周云梅，1986），除国家组织订货外，还采用批发贸易的组织形式进行物资供应。用户可根据自身需求选择合适的产品和订货数量，最后再由国家物供委的地区供应机构按照与用户协商好的时间，采用合理的配送路线组织送货（周载璋，1989）。

在20世纪80年代以前，苏联物资管理实行高度集中的管理体制，物流没有发挥其市场机制的作用。物资由国家统一调拨，供应计划不仅规定品种、数量、规格、供货期限，设置分配订货单、签订供货总合同等细节问题也由国家决定，物资的运送也由国家物供委下属的供应机构统一进行运送。其后一系列的改革，虽然在不同程度上减少了国家分配的物资，改变了一些物资分配方法，但并未放弃对物资的集中管理，而是强调在集中管理的前提下，有一定的机动和灵活性（王纪伟，1983）。

在苏联的物流运作模式中，国家统一设置的中央、地方的供销机构负责相关物资的运输工作，根据政府的指令，组织相关的供应、销售工作。生产企业仅负责产品的生产，不从事相关物流活动，企业内部也没有专门的运输部门和仓储部门，物资的储存由在地方统一通用的仓库企业进行管理（袁士高，1979；王纪伟，1983；周云梅，1986、1987；周载璋，1989）。

为了改进物资计划供应管理，苏联广泛运用经济计算方法和电子计算技术。到20世纪70年代末期，已有46个计算中心和65个机械化计算站，负责处理包括计算物资需求量、分配产品、给生产单位配备订货单等在内的近两千种任务（袁士高，1979）。但是在运输、仓储方面，苏联仍采用最基本的管理方式，货物的运输没有建立全面的运输体系，不能通过信息技术及时跟踪货物，仓库管理主要依靠人力进行。

（二）日本流通管理模式

二战结束后，日本经济发展经历了战后复苏、高速成长、稳定增长、泡沫经济、长期萧条和经济复苏等诸多阶段（王群智、杨雨蕾等，2015），物流业的发展也随着经济发展而在不断的发展变化。纵观日本物流发展阶段的研究，学者们普遍把日本物流管理的发展历程划分为四个阶段（吴润涛，1986），且阶段划分的依据大致相同，各阶段的时间范围仅有细微区别。因此，综合学者们研究，日本物流发展大致可分为六个阶段：（1）物流概念的引入和形成阶段（1956—1964）；（2）物流建设大发展的近代化阶段（1965—1973）；（3）物流专业分工细化阶段（1974—1983）；（4）物流降本增效阶段（20世纪80年代中期—90年代中期）；（5）物流现代化阶段（20世纪90年代后期至21世纪10年代前期）；（6）物流智能化时代（2005年至今）。

1956年日本从美国引入物流概念，将其称之为"物的流通"。20世纪60年代日本经济高速发展，货流不畅、生产成本提高等问题促使日本开始重视流通产业的发展。70年代，日本经济进入稳定增长时期，从政府到企业，大力加大对物资流通的发展。由此可以看出物资流通一直是日本物流管理的重点。

二战后为加快经济的发展，日本政府向西方资本主义国家学习，建立了市场计划经济体制，但由于受历史、文化等影响而带有政府色彩，此外，国家社会经济结构的"二元化"和"多元化"的"二重结构"特征,也使得政府对经济的干预成为必然(徐梅,2015)。为此,日本物流管理体制也是政府主导下的市场体制,物流市场上的物资流通仍然受国家干预的影响。

日本企业分工明确,生产企业一般不负责流通,其原材料供应和产品的销售由专门的流通企业(商社)来承担,如日本钢厂直接销售给用户的钢材只占钢材总量的3%,基本上限于生产厂家和大用户之间(中国物资流通访日代表团,1990)。商社作为生产厂家与用户的中间桥梁,通过信息收集与市场预测可以有效地沟通生产和消费,进行购销活动,即把零散的用户需求综合起来统一向生产企业订货,同时对生产企业需要进购的原材料等采取及时供应的方式,以便减少生产企业的库存(胡俊明,1990)。

日本的物资流通一般经历了从生产企业—商社(一级批发)—批发商、特约店(二级批发)—用户的过程(中国物资流通访日代表团,1990);商社一般不从事物流,只从事商流,实行商流物流分离,最后是由批发商及特约店向用户送货。

此外,为了适应小批量、多批次的供应方式,日本还建立了大量的物流配送中心,并在全国范围内形成了物流网络,以便更好地促进物资的流动,节省物流成本。物流配送中心采用机械化和自动化作业,如装卸搬运作业在计算机的控制下,利用电动叉车和传送带同时追踪货物标贴的条形码就可将货物准确地送到仓库的指定位置;而配送路线也可通过计算机计算出合理的配送路线,避免迂回、交叉作业(周绍宗,1989)。

随着商品流通量的增加,日本的铁路、公路、港口设施等物流基础设施也在进行大规模地建设,另外,标准化托盘、集装箱以及运输车辆的使用也使得物流作业的效率及物流设备的使用率大大提高。

(三)美国现代物流管理模式

美国是提出物流概念和开展物流管理实践最早的国家,美国物流产业一直最发达,从美国运输业变化可看出物流管理变革:20世纪50年代是交通运输,60年代重视实物流通(Physics Distribution),70年代美国运输业开放,80年代交通运输业的放松管制达到高潮(胡树威,1998),实物流通逐渐向物流(Logistics)转变,随着JIT等新型管理思想、新技术在这一时期的广泛兴起，20世纪90年代美国物流从Logistics向SCM转变，21世纪供应链管理成为主流趋势（王宪，2012）。

美国实行自由的市场经济体制，强调企业之间自由竞争，政府只进行短期调控与市场的维护（刘厚俊，2000）。竞争型的市场经济模式使得美国物流管理呈现出市场化模式，体现在美国物流是以企业物流发展为核心的特点上。但是，围绕企业实践，物流管理内涵是不断变化的，这一点从美国物流行业协会名称变化即可看出。1963年成立美国物资管理协会（National Council of Physical Distribution Management，简称NCPDM），1985年改名为美国物流管理协会（The Council of Logistics Management，简称CLM），2005年更名为美国供应链管理专业协会（Council of Supply Chain Management Professionals，简称CSCMP）。从PD—Logistics—SCM，表明企业物流管理从销售物流—企业物流—供应链物流的逐步拓展过程，每隔20年是一个阶段。一般认为，从1985年起，进入到了整合企业物流运作的现代物流发展阶段（王健、方佳林，2005）。

20世纪80年代，随着通讯和信息技术的发展、分销资源计划（DRP）的执行，企业物流管理进入整合物流的初级阶段，即建立内部联系阶段（胡瑞娟，2000）。随着用户需求的不确定性和个性化增加，产品寿命周期和产品结构越来越复杂，"横向一体化"思想逐渐兴起，从而形成了一条从供应商到制造商再到分销商的贯穿所有企业的"链"（马云霞、冯定忠等，2003），因此，传统的企业与企业之间的竞争也逐渐转为供应链与供应链之间的竞争。在供应链管理思想的影响下，美国物流呈现出一体化、综合化的管理趋势，强调及时生产、及时分拨、及时销售、无库存积压的企业运作模式（胡树威，1998）。物流一体化活动包括即时敏感的需求与销售数据、库存数据、货运数据等数据的共享，而数据共享通常通过企业的计算机数据与其供应链伙伴直接相联。[①]

随着物流需求的要求越来越高，综合型第三方物流企业得到快速发展，它可以同时提供运输、仓储以及诸如订单处理等其他物流服务。随着社会对物流运作效率的要求越来越高，第四方物流企业应运而生，企

---

① Bernard J. LaLonde、James M. Masters、王焰、时娟：《美国的物流战略》（上），《商品储运与养护》1999年第2期。

业主要提供相关的物流规划、咨询等服务，协调用户与第三方物流企业的关系（赵广华，2014）。另外，随着供应链管理的不断发展，企业一体化的供应链运作模式加强，追求的是链上成员的整体利益最大化，而非单个企业的利润。

现代物流技术在该领域广泛应用，企业内物流设备大部分都实现了机械化和计算机化，信息化（RFID技术、GPS技术、GIS）、自动化（自动引导小车技术、搬运机器人技术）、智能化（电子识别和电子跟踪、智能运输系统）和集成化逐渐成为发展主流（李作聚，2012）。

（四）三种物流管理模式特点比较

苏联、日本和美国三种物流管理模式在不同阶段对中国物流管理实践都产生过积极影响，是中国物流管理的重要理论来源。苏联的物资管理实行计划管理模式，强调政府的绝对作用，物流活动重点在对物资的分配上。此外，苏联还采用先进的电子计算技术以提高物资分配的效率，而物资的运输和仓储的技术应用上则发展较为缓慢。日本的物流强调流通管理，注重流通环节，生产与流通分离，商流与物流分离。美国现代物流管理突破传统束缚，采用拉动式的市场化管理模式，强调消费，注重顾客个性化的需求，使得物流服务水平不断提高。

通过以上分析，三种物流管理模式的特点可总结如表1-3所示。

表1-3　　　　　　　　三种物流管理模式总结

	苏联物资管理模式	日本流通管理模式	美国现代物流管理模式
经济环节	强调生产和分配，政府对其实行统一计划指令，物流流向以计划流向为主	强调流通，开始注重市场的作用，出现计划+市场的物流流向	消费成为管理重点，物流流向表现为完全的市场流向
管理体制	计划	计划+市场	市场
物流主体	统一的供销机构、企业部门内部的仓储、运输部门等	专业的运输、仓储等企业；流通企业	综合型的第三方物流企业、货代企业、航空企业、快递企业等
物流客体	生产资料	生产资料、消费资料	有形商品和无形的物流服务
物流组织方式	第二方+第一方	第二方+第三方	第三方+第四方

续表

	苏联物资管理模式	日本流通管理模式	美国现代物流管理模式
物流技术特点	仅运用于传统的运输、仓储，还未实现自动化	物流作业向自动化、机械化方向发展	信息技术广泛应用，并日趋智能化、集成化
风行年代	20世纪30—80年代	20世纪60—90年代	20世纪80年代至今

资料来源：作者经相关资料整理。

二 改革开放后国外物流考察

长期以来，物资部作为中国经济领域的核心部门之一，主管生产资料的分配与流通。改革开放后，中国经济从计划经济转型为社会主义市场经济，苏联物资管理模式明显不符合形势发展需要，物资流通与日本的"物流"概念相近，因而中国政府选择了日本而非美国作为最初的考察对象（王之泰，2014）。20世纪90年代，随着市场经济的深入，中国政府部门、高校、企业界的物流工作者逐渐意识到学习欧美市场发达国家物流管理经验的重要性，掀起了欧美物流考察的热潮。

（一）日本物流考察（1978—1990）

1979年6月，国家物资总局组织交通部、铁道部和国家经委综合运输相关部委的物资工作者代表团赴日参加第三次国际物流会议，首次对日本物流进行了考察。此次考察中国从日本引进了"物流"概念，并开始注重物资流通的发展，单独设立物流研究机构，着重物流的业务技术方面的研究。在一些科研部门及大专院校加强物流方面的研究，开展物流人员的培训工作。其后，中国物资经济学会、中国物流研究会等陆续赴日考察日本物资流通情况（中国物流研究会访日代表团，1987；中国物资流通访日代表团，1990），通过多次考察，中国认识到了物资流通的重要性（方明，1980），大力推进物资流通设施建设，培育大型流通企业，各种配送中心、流通中心大量兴起，中国物资流通进入快速发展时期（周绍宗，1989）。

通过对日本物流进行考察，引入了物流概念，促进了中国物资流通的发展。这一时期，中国物流协会大量兴起，如中国物资流通协会等的成立，对物资流通的发展起了积极的推动作用。此外，物资流通也逐渐成为物流教育的重点。

(二) 欧美物流考察 (20 世纪 90 年代至今)

1980 年,国家物资总局和中国社会科学院财贸物资经济专业研究生组成代表团首次赴美考察物资流通管理情况(中国物资经济学会,1981),代表团访问了美国商务部、三个全国性协会以及其他相关公司、研究所等,充分认识到改革中国物资流通管理的必要性,强调中国应建立起一套管理制度,市场要做到活而不乱。同时,重视流通,从社会生产过程各环节确定合理库存,提高经济效益。

尽管美国的物流管理模式很先进,但完全的市场化模式不适合市场经济转型初期的中国。20 世纪 90 年代,中国社会主义市场经济体制基本确立,中国才开始转向学习市场化的欧美国家,开展了一系列的物流考察活动,如表 1-4 所示。

表 1-4　　　　　　　　中国赴欧美物流考察活动

年份	考察团成员	考察内容	资料来源
1994 年赴美	中国物资流通学会秘书处和物流技术经济委员会组织的"中国物流技术与经贸代表团"	参加了"南加州物流年会",并访问了有关物流中心、配送中心、港口、码头等物流企业	中国物流技术与经贸代表团,1995
1995 年赴美	国内贸易部、中国物资流通学会和物流技术经济委员会组织的"中国物流技术经营管理人员代表团"	对美国物流管理与技术进行了考察	沈绍基,1997
1995 年赴德	中国物流经贸代表团	对其汽车制造厂、火力发电厂,从生产过程到流通过程进行了参观,并考察了其物资供应及物流管理问题	中国物流经贸代表团,1996
1998 年赴加拿大、西班牙	中国物资流通协会代表团	就两国协会的现状、职能、组织机构、运作机制等问题进行了重点考察	中国物资流通协会代表团,1998

资料来源:作者根据相关资料整理。

对欧美物流的考察给中国物流发展带来了新的发展方向，国内对物流的研究视角逐渐从宏观的政府物流管理向微观的企业物流管理转变，同时，政府采取了一系列政策推动物流的发展，如广泛建立配送中心等，大力推广物资配送制。

三　改革开放后中国物流理论界发展

（一）物流期刊

改革开放后，随着对物流问题的日渐关注，交通运输、物资管理等行业纷纷创办了各种与物流相关的行业期刊，为物流理论研讨开辟了园地，极大地促进了物流理论的传播，同时提高了物流的社会影响力。表1-5列举了物流直接相关的13种期刊，都是2000年以前创办的刊物，其中有11种在1979—1996年创刊。

表1-5　　　　　　　　　物流直接相关的期刊

创办年份	名称（出版周期）	期刊内容	主办单位
1976	《交通运输研究》（双月刊）	主要报道交通运输的工程技术、政策和交通运输行业等方面的科研成果	交通运输部科学研究院
1977	《物流科技》（月刊）	旨在开展国内外物流与技术交流，促进物流与科技进步，为物流科学化、社会化、现代化服务	中国商业股份制企业经济联合会
1979	《物流工程与管理》（月刊）原名为《商品储运与养护》	仓储物流行业的理论研究，国内外物流成功经验及信息，仓储物流运作可操作性方法及案例，本行业的经营管理技术及安全管理技术等	中国仓储协会、全国商品养护科技情报中心站
1979	《铁道运输与经济》（月刊）	主要报道铁路运输与经济方面的科研成果，设有运输理论、运输安全、运输组织、旅客运输、铁路信息化以及城市轨道交通等栏目	中国铁道科学研究院
1979	《综合运输》（月刊）	覆盖铁路、公路、水运、民航、管道运输方式以及城市交通、交通能源等方面；专注于交通运输发展与改革的政策与理论探索，推动中国交通运输可持续发展	国家发展和改革委员会综合运输研究所

第一章 中国物流宏观管理的历史回顾

续表

创办年份	名称（出版周期）	期刊内容	主办单位
1979	《中国水运》 （月刊） 曾用名《中国河运》	宣传国家有关水运方面的方针政策、法规，刊登水运基础设施建设、航运业管理、经营策略、安全监督等方面的论文	交通部长江航务管理局
1979	《港口装卸》 （双月刊）	致力于海河港口、大中小港口的技术进步，促进货物装卸的现代化	武汉理工大学
1979	《港口科技》 （月刊） 曾用名《港口科技动态》	致力于及时、全面、全新地反映全国港口科技创新的成果，除报道有关港口探索、机械、建设以及信息化技术等方面的科研论文，还刊有港口科技创新的即时信息	中国港口协会
1980	《中国物流与采购》 （半月刊） 曾用名《中国物资流通》《中国物资经济》《物资经济研究》	分析生产资料市场运行和发展趋势；报道物资流通行业的热点问题；宣传交流物资行业管理，物资体制和企业的经验；介绍国内外物资技术的新发展	中国物流与采购联合会
1981	《物流技术》 （半月刊）	旨在推广先进物流技术与设备，开展物流理论研究，传递国际物流信息	中国物流生产力促进中心；湖北物资流通技术研究所
1982	《铁路采购与物流》 （月刊） 曾用名《物资科学管理》《铁道物资科学管理》	是中国铁路物资行业唯一的一份面向国内外公开发行的科技期刊，主要宣传有关物资流通的方针政策，促进铁路及全国物资行业现代化管理水平的不断提高	中国铁路物资集团有限公司
1990	《集装箱化》 （月刊）	中国唯一向国内外公开发行的集装箱运输专业杂志，主要报道有关航运、港口、货运以及集装箱运输等相关的科研成果	上海海事大学
1996	《物流技术与应用》 （双月刊）	报道物流热点，以推广物流系统技术与应用	北京科技大学

资料来源：作者根据相关资料整理。

改革开放后的20年里，国内外贸易不断发展，商品流通成为物流领域关注的重点，各项物流活动日趋专业化。一方面相关专业期刊大量出现，另一方面这些期刊不断地更新研究内容，有的通过更换期刊名以适应物流发展形势需要，如《物流工程与管理》曾用名《商品储运与养护》，《铁道物资科学管理》变更为《铁路采购与物流》等。图1-1刻画了《中国物流与采购》杂志的变迁过程，客观上也反映了中国物资流通体制的变革轨迹，即从计划经济时期的物资调拨分配，到计划内和计划外的"双轨制"，再到逐步向市场配置的物流与采购。该杂志的主管部门历经了国家物资总局、国家物资局、国家物资部、国内贸易部、国家国内贸易局、中国物资流通协会、中国物资流通学会和现在的中国物流与采购联合会、中国物流学会（余平，2003）。通过《中国物流与采购》杂志变迁史，我们可以很清晰地理解中国物资管理体制的变革过程，从而进一步了解中国现代物流发展的来源。

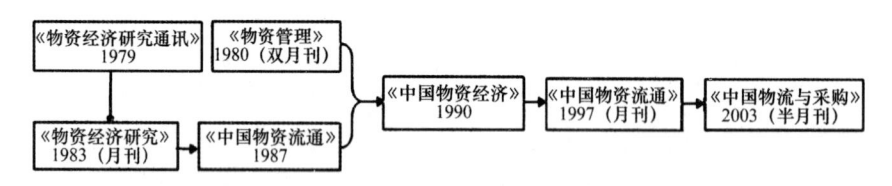

图1-1 《中国物流与采购》杂志变迁史

资料来源：作者根据相关资料整理。

（二）物流学术研究

1. 研究中心

随着国内物流研究的不断深入，各知名高校大批较有影响的物流学者率先成立了现代物流相关研究机构，极大地促进了现代物流理论研究和教育的发展。表1-6是中国早期成立和较有影响的现代物流研究机构。

表1-6 **中国早期成立和较有影响的现代物流研究机构**

成立年份	名称	负责人	研究内容
1986	北方交通大学现代物流研究所	刘凯	涵盖了物流研究中的基础理论、技术与方法论研究、实证过程研究和应用研究
1990	北京科技大学物流研究所	吴清一	其前身是物料搬运教研室（成立于1952年），现主要研究领域包括供应链管理、配送与配送中心、物流管理信息系统、第三方物流、电子商务物流、企业物流

续表

成立年份	名称	负责人	研究内容
1999	复旦大学现代物流管理研究中心	朱道立	主要从事物流与供应链管理方面的教育和研究
1999	山东大学现代物流研究中心	吴耀华	主要从事现代物流理论研究、技术开发、工程项目实施等工作
2000	南开大学现代物流研究中心	刘秉镰	主要研究领域包括区域物流规划、物流产业政策、物流指标统计与绩效评价、物流产业国际竞争力、企业物流发展战略、物流信息系统等
2002	清华大学现代物流研究中心	缪立新	致力于成为中国物流行业的重要技术研发基地并提供重大决策咨询，主要研究方向有：物流运输工程、物流信息技术、企业物流管理、物流观察监控、港口物流仿真、物流及货运场站规则、供应链管理等
2003	上海海事大学物流研究中心	黄有方	从事物流与供应链科学研究
2005	上海大学现代物流研究中心	储雪俭	研究方向涉及：智慧物流、城市物流配送、供应链金融物流、供应链与需求链优化、现代物流系统规划、冷链物流、大数据背景下物流管理等
2005	华中科技大学供应链与物流管理研究所	马士华	前身为1979年成立的华中理工大学管理系的物资管理专业教研室，是国内最早研究物流、供应链管理的机构之一

资料来源：作者根据相关资料整理。

从表1-6可以看出，20世纪80年代中期，已经有研究中心开始研究物流理论；90年代初，配送、第三方物流等逐渐发展起来，成为研究重点；1999年，现代物流开始进入研究领域，21世纪供应链管理成为研究热点；另外，南开大学现代物流研究所、清华大学现代物流研究中心、上海大学现代物流研究中心等研究视野逐渐从理论转向实践，物流信息系统、区域物流规划、城市物流配送等一系列研究内容为物流实践提供了有力的依据。

此外，各物流研究所的一系列研究成果，如南开大学现代物流研究中心自2002年以来每年完成国家经济贸易委员会（后为国家发展与改革委员会）委托的《中国现代物流发展报告》（年度报告）；华中科技大学供应链与物流管理研究所出版了国内第一本供应链与物流管理方面的专著——《供应链管理》，对促进人们对物流的深入理解以及物流的发展有很大的积极影响。

从中可以看出，20 世纪 90 年代后，人们逐渐从传统的物资管理中解放出来，一些新型的物流技术和现代物流管理理论的引进极大地拓展了人们对现代物流的认知。

2. 物流学会

中国机械工程学会物流工程分会成立于 1980 年 10 月，是物流领域较早以物流直接命名的专业学术团体。物流工程分会是中国机械工程学会直属的专业学术组织，主要从事物流工程和物料搬运方面的研究，每四年召开一次大型学术年会，进行论文交流，并出版年会论文集，该会议在中国物流工程技术领域最具影响。

20 世纪 80 年代初，中国物资经济学会、中国物流研究会成立，主要以生产资料流通作为研究对象，由于研究内容的相近性，人员的交叉性，1990 年二者合并成为中国物资流通学会，由国务院国有资产监督管理委员主管。1991 年成立中国物资流通学会并成立物流技术经济委员会，逐步实现了从物资流通向物流管理的过渡。2001 年，中国物资流通学会更名为中国物流学会，该学会成为目前物流领域影响力最大的学术组织。

3. 物流会议

随着物流概念的引入，物流逐渐进入大众视野并得到广泛重视，政府以及相关部门团体以其为中心举办了一系列会议以促进物流的发展，详见表 1-7。

表 1-7　　　　　　1978—2000 年较有影响力的物流会议

年份	名称	举办方	会议内容
1987	中国物流研究会首届年会——蚌埠物流会议	中国物流研究会	探讨了物流学科的基础理论、物流的发展战略、物流技术等有关理论与实践问题
1992	首届年会暨全国物流研讨会——常州物流会议	中国物资流通学会物流技术经济委员会	会议主题：跨越界限的物流社会化

续表

年份	名称	举办方	会议内容
1997	97亚太国际物流会议	中国物资流通协会	中国物流的发展；综合物流管理新概念；物流全球化、信息化和一体化；连锁经营与配送；物流管理的新技术、新方法等
1998	98全国物流研讨会——天津物流会议	物流技术经济委员会	交流物流领域的新情况；探索物流科学领域、学术机构改革
1999	现代物流发展国际研讨会	国家经贸委与世界银行共同举办	充分表明了中国政府大力发展现代物流促进国民经济发展的基本立场
2000	现代物流与电子商务国际研讨会	国家国内贸易局与联合国开发计划署共同举办、中国物资流通学会等承办	物流与IT业的宏观管理；传统物流企业转型；第三方物流服务与供应链的理论与实践；物流业电子商务应用；电子商务对物流发展的重要影响等

资料来源：作者根据相关资料整理。

1987年，中国物流研究会举办的首届年会是改革开放以来中国自主举办的首次大型物流会议，其后举办的一系列会议紧跟时代发展步伐，见证了物流全球化、信息化、一体化的发展趋势。1999年举办的现代物流发展国际研讨会，吴邦国副总理与会并讲话，充分肯定现代物流在国民经济发展中的地位与作用，发出了中国发展现代物流的信号，该会议成为中国现代物流发展的源头。2000年现代物流与电子商务国际研讨会清晰地展示了中国物流未来的发展方向——电子商务与现代物流协同发展。

（三）物流高等教育

计划经济时期，中国学习苏联的物流管理模式，物流类专业设置仅局限于材料供应、物资管理等最为基本的科目（南开大学现代物流研究中心，2003），其后，随着人们对物流认识的不断深入以及社会对物流需求的快速发展，中国物流类专业设置进行了相应的改变，改革开放后20年间，教育部对高等教育本科专业目录进行了三次重大调整，2000以前，物流类相关专业设置的演变过程如表1-8所示。

表1-8　　2000年以前中国高等教育物流类相关专业目录

年份	大类	目录内	目录外
1988年	管理工程类、运输类	2005物资管理工程；1807石油储运	试18交通工程；试25包装工程
1993年	经济学——工商管理类	020210物流管理；020210商品学	
1998年	管理学——工商管理类	110202市场营销	

资料来源：作者根据相关资料整理。1986年国家教育委员会颁布高等学校工科本科专业目录，但由于理科专业目录到1988年才颁布，故统一将其发布时间归为1988年。

1993年以前，中国市场经济体制还没有确立，还没有物流行业之说，也没有以"物流"命名的专业。1993年由原国家教委组织修订的高等学校本科专业目录中，将仓储运输管理改为物流管理专业（徐天亮，2002），但这一时期的专业的实质内容仍比较偏传统物流，对物流的认识也还不全面。随后，物资行业不景气而使物流业发展停滞不前，因此90年代中后期，中国物流教育也受到影响，一度处于低潮状态，到1998年高等学校本科专业目录修改更是将物流管理专业并入市场营销中，物流知识的培养几乎降到零。到2000年，教育部高等学校本科专业目录中并没有一个真正意义上的物流类专业，就连与物流相近的物资管理专业也被移出专业目录。

在物流类专业的发展过程中，北京交通大学见证了其演变过程。1946年，原北平铁道管理学院（今北京交通大学）设立材料管理系，其后更名为材料计划供应专业，1961年开始招收硕士研究生，"文化大革命"期间专业停办，1979年恢复招生，1984年转入物资管理专业，1996年物资管理工程方向开始招收博士研究生，随后，物资管理工程的硕士、博士培养方向并入管理科学与工程一级学科。

直到2001年，政府对现代物流的重视，北京交通大学、北京物资学院开始开设物流管理专业，大连海事大学、武汉理工大学首设物流工程（李万青，2009），意味着中国物流类专业设置进入了一个新的发展阶段，随后，各大高校纷纷加强物流教育，物流类本科、硕士、博士招生也不断增加（南开大学现代物流研究中心，2003）。2012年，物流管理、物流工程被正式列入高等教育专业目录。

第三节 中国物流发展阶段划分及宏观管理特点

一 中国物流发展阶段划分

很多学者对中国物流阶段的划分进行了研究，划分范围基本集中在三阶段、四阶段、五阶段，如表1-9所示。

表1-9　　　　　　　　中国物流发展阶段划分

观点	时间段（作者）	阶段划分	划分依据
三阶段	1949—2003（门峰，2003）	物流的蒙昧时期（1949—1978）； 宏观物流研究时期（1979—1992）； 微观物流管理的引入时期（1993年以后）	经济体制的转变
三阶段	1978—2014（王之泰，2014）	学习引进期（1978—1984）； 探索期（1984年至20世纪末）； 发展期（21世纪初至今）	物流发展实践
四阶段	1949—2003	计划经济体制下的物流（1949—1977）； 有计划的商品经济下的物流（1978—1992）； 社会主义市场经济下的物流（1993—1998）； 新经济发展形势下的物流（1999年至今）	经济体制的转变
四阶段	1950—2005（张霞，2005）	政府完全控制阶段（1950—1978）； 多种所有制并存阶段（1979—2001）； 现代物流阶段（2002—2005）； 完全物流阶段（2005年以后）	经济体制的变迁和人们对物流的认识程度
四阶段	20世纪80年代—2008（翁心刚，2008）	20世纪80年代； 20世纪90年代初至90年代中后期； 20世纪90年代末至21世纪初； 21世纪初至今	对现代物流的认识和现代物流的发展实践

续表

观点	时间段（作者）	阶段划分	划分依据
五阶段	1949—2003（叶怀珍，2003）	创建时期（1949—1952）； 发展时期（1955—1965）； 停滞阶段（1966—1977）； 改革开放阶段（1978—1998）； 大发展和国际化阶段（1999年至今）	经济发展水平
	1949—2010（沈小平、卢少平、聂伟，2010）	现代物流发展的萌芽时期（1949—1965） 物流发展的蠕动时期（1966—1977） 现代物流启动期（1978—1990） 物流系统化研究与发展时期（1991—2000）	

资料来源：作者根据相关资料整理。

从物流发展阶段的研究时段上看，各学者研究起始时间基本一致，除王之泰、翁心刚、沈小平等把改革开放作为研究的起始点外，其他均以1949年作为研究起点。而研究的截止时间则不太统一，大部分集中在21世纪初期，最晚的是2014年。研究时间跨度最长的是61年，最短的是36年。

从具体的时段划分上看，大多数学者把计划经济时期作为物流发展的一个阶段，即从1949年至1977年或1978年，也有把"文化大革命"时期单独划分出来（叶怀珍，2003；沈小平、卢少平等，2010），而在其后时间段的划分中，由于每位学者进行阶段划分的依据不同以及所处的时间段不同，所以存在着差异。

吴清一（2003）、门峰（2004）和朱世平（2005）等按照中国经济体制的变迁对物流进行阶段划分。1992年，中国进行经济体制改革，开始实行社会主义市场经济体制，所以将改革开放后到1992年作为一个划分阶段，1992年后作为一个划分阶段。另外，吴清一、朱世平在1999年经济进入全球化的背景下，又将1999年后划分为一个阶段。

在经济体制变迁的基础上，张霞（2005）结合人们对物流的认识程度，将第二阶段划分到2001年，因为直到2001年，中国政府才开始真正认识到物流的重要性，并采取了一系列相关政策支持物流的发展，中国物流与采购联合协会便是在这一年成立的。

叶怀珍（2003）和沈小平等（2010）均是按照经济发展水平的变化对物流进行阶段划分，在计划经济时期，由于1955—1965年的三大改造极大地促进了中国经济的发展，而"文化大革命"期间中国经济发展严重受阻，所以这些学者在整个计划经济时期又进行了相应地划分。叶怀珍将第二阶段划分到1998年，因为1997年的亚洲金融危机使得中国经济发展受到影响，直到1999年才有所好转，所以其将1999年以后划分为另一个阶段。而沈小平则是将第二阶段划分到1990年，其后，90年代又是一个发展阶段，21世纪又重新划分为一个阶段。

翁心刚（2008）和王之泰（2014）对物流阶段的划分均是从改革开放后开始的。王之泰按照对物流的认识发展历程，将第一个阶段划分到1984年，即物流的引入期，1984年，中国物流研究学会成立，中国物流开始进入探索期。21世纪以后，政府对物流的重视及采取的一系列政策使得物流得到快速发展，所以将21世纪后划分为物流的发展阶段。翁心刚则是依据对现代物流的认识和现代物流的发展实践对物流进行阶段划分。

以上学者对物流的阶段划分可以让人们对物流的发展历程有一个整体的把握，但由于研究时间段不同等关系，很多学者对物流阶段的划分还不能充分反映出当前中国物流的一个发展历程，比如其阶段划分更多地着眼于21世纪初以前的物流发展情况，此外，有些学者对改革开放以前的物流并未涉及。在对中国物流阶段进行划分时，其划分依据局限于单一的经济体制的转变或是经济发展水平等，没有从更全面、综合的角度对物流阶段进行划分。

中国的经济体制大致经历了从计划经济体制到有计划的商品经济体制以及社会主义市场经济体制的转变，在整个经济体制的大框架下，中国经济发展水平也在不断地发展进步，从新中国成立初期的人民生活难以保障，到改革开放后人民温饱问题逐渐解决，到21世纪后小康社会的实现，人们生活水平不断提高，因而对物流的需求也在不断地提高，这也促使了物流的不断发展。1978年中国实行改革开放，市场不断开放，商品贸易不断增加，1979年中国从日本引进"物流"概念，物资流通开始进入大众视野，在此之前，中国没有所谓的物流说法，因而1979年开始中国物流进入了转型发展的新阶段，而1999年吴邦国副总理在现代物流发展国际研讨会上的讲话标志着政府开始重视现代物流的发展，中国物流又进入了一个新的发展阶段，因而1999年成为现代物流发展的转折点。

在以上学者的研究基础上，结合中国经济体制、经济发展水平、人们对物流的认识及物流实践等多个角度，我们对新中国成立以来中国物流发展进行如下阶段划分：第一阶段（1949—1978）：计划时期的物流管理模式；第二阶段（1979—1998）：转型时期的物流管理模式；第三阶段（1999年至今）：市场经济时期的物流治理模式。

二　中国物流各发展阶段的宏观管理特点

新中国成立初期，中国"物流"主要讲的是"物资"，在计划经济体制的影响下，中国对物资的管理将生产资料与消费资料分开，对其分别进行管理。随着物流的不断发展，政府对物流的管理职能在不断发生改变，物流管理部门也在不断变迁，如图1-2所示。

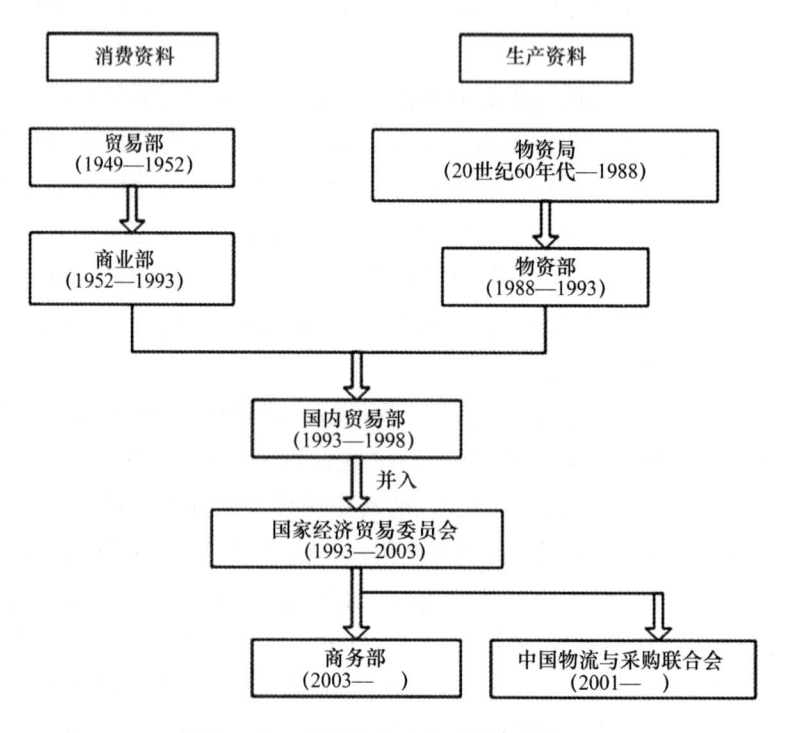

图1-2　物流管理政府部门变迁情况

资料来源：作者根据相关资料整理。

1952年，为加强商业工作，使国内贸易与对外贸易更好地为即将开始的第一个五年计划经济建设服务，撤销贸易部，成立对外贸易部和商业部，由商业部负责管理和协调社会商业。

物资局主要职责是按照国家物资供应政策，开展物资购销供应工作。其后，随着市场上商品流通的不断发展，1988年，撤销物资局，成立物资部，主要负责对关系国计民生的重要物资进行综合管理，发展生产资料市场，搞活流通。

1993年，随着社会主义市场经济体制的确立，生产资料、消费资料合二为一，物资部和商业部合并成为国内贸易部，负责全国商品流通的宏观管理。1998年，为进一步转变政府职能，实行政企分开，国内贸易部并入国家经济贸易委员会。2003年，撤销国家经贸委和外贸部，设立商务部，主管国内外贸易和国际合作。

从政府物流部门的变迁可以看出，在计划经济时期，生产资料和消费资料的管理由不同部门主导，并且受国家计划管理体制的影响，对物资实行计划指令。改革开放后，商品流通增加，政府主管部门开始注重流通管理问题，随着1992年社会主义市场经济体制的建立，生产资料和消费资料的界限被打破，国家设立国内贸易部对其进行统一管理，这标志着中国苏联式的计划管理模式的结束。20世纪90年代末，随着世界经济全球化的到来，商务部的设立标志着内外贸部门合并，中国物流业逐步走入国际化，国家对物流的管理日渐趋向于宏观调控，各物流行业协会在物流领域中的作用越来越大，2001年经国务院批准设立中国物流与采购联合会，对中国物流的发展起着积极的推动作用。

（一）计划经济时期（1949—1978）的物流管理特点

计划经济时期，政府实行高度的集中计划管理手段，仿照苏联对中国物资进行集中管理，没有现代物流概念。新中国成立以后，商业部和物资局设立，分别负责生活资料的供应销售以及工业生产资料的供应。当时，中国生活资料主要是凭票购物，而不是货币自由贸易，且每种产品的供求也有限制，有些产品需要在特定时间才能购买，如1955年中国就在统购统销的基础上实行粮票制度，从而使粮食供应走上计划化和制度化（张艳国、彭白云，2013）。而生产资料则是由国家物资局对各企业的生产物资进行计划分配，生产多少、销售多少，都有严格的数量指标。此外，管理机构设置面临部门分割、各自为政的问题。当时中国"物流"涉及商业、物资、粮食、供销社等多个系统，系统之间相互分割独立，系统内部实行纵向领导体制。这种机构设置方法严重阻碍了"货畅其流"（于洋、吕炜、肖兴志，2005）。

（二）经济转型时期（1979—1998）的物流管理特点

这一时期，中国处在经济体制的转型阶段，物流管理呈现出混合式的管理特点。改革开放初始，中国对物流管理仍带有计划色彩，尽管在一定程度上有所放权，但政府仍处于主导地位。1984年的莫干山会议提出双轨制的思想（胡海龙、宋剑奇，2015），自此中国进入计划体制与市场体制相结合的过渡时期，中国物流管理的重点学习对象也逐渐从苏联转向日本。随着商品流通的不断发展，国家大力推进物资流通教育的发展，相关部门也进行了相应地变革，如物资部的成立进一步促进了市场物资流通的发展，日本的流通管理模式逐渐成为中国学习的主流。1992年中国开始全面进入社会主义市场经济体制，国内贸易部成立，从而彻底打破了生产资料与生活资料的界限，摆脱了生产资料不是商品的束缚，以计划为主导的苏联物资管理模式退出中国舞台。20世纪90年代末，随着经济全球化的发展，中国物流市场的不断开放，美国以市场为主导的现代物流管理模式逐渐进入中国的视野。

从政府机构的变迁、国外物流的考察、物流类专业设置的演变以及物流研究的发展，可以看出在经济转型时期中国物流管理模式随着经济体制的不断变革，市场开放程度的不断深化，从早期的苏联物资管理模式，逐步演变到日本流通管理模式大行其道，最后慢慢被美国现代物流管理模式所吸引，三种物流管理模式在这一时期同时出现，并实现了逐步交替转变，呈现出了混合式的管理特点。

（三）市场经济时期（1999年至今）的物流管理特点

这一时期现代物流成为发展主流，物流市场完全开放，中国物流也出现了美国式的市场化模式。国家对物流业实行放权的管理方式，政府以发布政策建议等形式推动现代物流的发展，国家经贸委和商务部从另一层面反映出了中国物流发展的社会化、国家化，此时政府则更多的是进行宏观调控，行业协会对物流业的发展作用进一步扩大。如2001年，中国物流与采购联合会成立，致力于积极推动物流行业国家规划、政策的出台和落实，推进行业评估认定工作，加强行业引导与服务。作为经国务院批准设立的中国第一家物流与采购行业社团组织，中物联对推动中国第三方物流企业发展，建立与改善供应链管理，开展物流行业标准化体系建设有重要影响。另外，政府对物流的管理手段转为运用经济手段、法律手段和必要的行政手段，管理内容由原来的管企业转向管市场（于洋、吕炜、肖兴志，2005）。

在此阶段，中国逐渐实现了由传统的从上到下的垂直物流管理模式到扁平化的物流治理模式的转变。不同于以往的以政府为中心的单一管理主体，市场经济时期参与物流公共事务的主体是多元化的，除了政府的宏观调控，物流行业协会、企业等都参与其中，形成多主体协同的网络治理模式。此外，治理方式更多的是以法律为依托，经济手段为主体，辅以必要的行政手段，而不再是简单的命令式、完全行政化的管控，各地方政府享有更多自主权，可根据自身特点形成独特的管理模式。

中国宏观物流管理各时期特点总结如表1-10所示。

表1-10 中国宏观物流管理特点

表现方面	计划经济时期	转型时期	现代物流时期
管理体制	基于国家高度集中的计划指令，物资实行严格的计划流向	随着计划分配与市场调节相结合的运作模式的出现，物资的流向加入了市场的作用，表现为计划流向与市场流向并存	强调市场机制的作用，商品流向向市场流向发展
管理方式	行政手段	行政+经济手段	经济手段、法律手段和必要的行政手段
管理内容	政府对各行业的物资进行集中管理	逐步放宽对各行业物资的管理	政府对市场进行宏观调控，强调企业物流
管理组织	实行纵向垂直的管理机构设置方法，地方政府受中央管理控制	对地方政府实行权力下放，僵硬的垂直管理组织方式有所改善	由"纵向管理"向多主体参与的网络治理转变，各地方政府拥有自主权

资料来源：作者根据相关资料整理。

第二章

中国现代物流发展背景与动因

第一节 经济全球化与 WTO

20世纪80年代以后,"全球化"一词开始流行,但它的起源可追溯到15世纪哥伦布、麦哲伦、达伽马等人进行的地理大发现,全球化发展到今天,历经五个世纪,是一个漫长而曲折的历史发展过程(胡建雄,2017)。全球化在20世纪八九十年代迅速发展,是人类社会文明交往的重要现象,它顺应了时代的要求,是人类社会发展的必然结果。但是,学者们对全球化内涵的理解存在差异(刘曙光,2003)。从经济学家的角度看,全球化是指世界各国在生产、分配、消费的经济活动一体化趋势(韩小明,2002)。政治学者眼中的全球化是世界体系的最后形成及新格局的战略体现(胡美,2004)。文化研究者则认为全球化是指不同文化之间的渗透、融合。历史学家将全球化定义为一个历史过程,其形成不是一朝一夕、一蹴而就的,它是逐渐从地域化到地区化延伸到国际化的一个历史过程(孙洪斌,2009)。简言之,全球化可理解为世界各国在经济、政治、文化等多个层面上的相互依赖,是全人类全球化意识的觉醒,可以把全球化看作"世界的压缩",使之成为一个内部相互联系的村落(雷晴岚,2010),世界整合成一个"地球村"。

一 经济全球化

全球化最显著、最鲜明的特征是经济全球化。[①] 经济全球化是经济

[①] 肖祖珽、张佩军编著:《挑战全球化:经济全球化与中国企业》,金城出版社2001年版,第15页。

活动从国内向世界范围扩张的过程①（雷达、于春海，2001；吕世荣，2015）。从资本流动方面来讲，经济全球化是指私人的各种资本在世界各国间无障碍地自由流动。从生产要素上看，经济全球化就是各国壁垒逐渐打破，使得生产要素能够在各国之间自由流动以寻求最优的配置（刘曙光，2003）。从具体内容上看，90年代的经济全球化主要表现为贸易全球化、生产全球化和资本全球化（徐秀军，2012）。

（一）贸易全球化

贸易全球化的程度可以通过全球贸易规模的扩大、贸易结构的变化、贸易流向的地理分布表现出来。从国际贸易的规模看，1970年的世界进出口贸易额为3150亿美元，1997年猛增到67000亿美元，1997年比1970年增长了20多倍；从国际贸易结构看，国际贸易从有形贸易扩大到无形贸易，结构明显升级。据世界银行统计，在全球贸易总额中，服务贸易所占比重从1980年的17%上升到1993年的22.2%。从国际贸易的地区分布看，发达国家出口的比重连年上升，从1963年的49.5%上升到1997年的72%，发展中国家出口比重也在上升，从1963年的20.7%上升到1997年的22%（韩保江，2000）。

（二）生产全球化

在世界技术革命的推动下，生产国际化进程大大加快，国际分工与专业化协作的程度也越来越高。跨国企业的空前发展是生产全球化最显著的体现，跨国公司把一种产品的各个部件交给分布在不同国家的子公司进行生产和装配，扩大了国际间的生产专业化；同时，跨国公司在全球范围内组织生产、投资和销售，使国际分工有了崭新的内容。全球化生产促使了国际物流的出现，使得人们需要的零部件、产品、服务能够在全球范围内准确、快速地送达（雷达、于春海，2001）。据有关资料显示，1997年，跨国公司的母、子公司分别为5.3万家和45万家，跨国公司的数目和规模越来越大（薛求知，2000；王追林，2003）。

（三）资本全球化

贸易全球化和生产全球化所导致的商品流通和物质运动，必然带动资本流动的全球化。各国相互开放金融领域，巨额国际资本通过国际金

---

① ［英］戴维·赫尔德、［英］安东尼·麦克格鲁：《全球化与反全球化》，陈志刚译，社会科学文献出版社2004年版，第22页。

融中心在全球范围内迅速运转。据《2002年世界投资报告》统计，1990年国际直接投资总额为2030亿美元，2000年达到创纪录的12710亿美元，比1990年增长了526%，而同期世界实际GDP增长了26%，世界商品出口额增长了86%，服务出口增长了87%，国际直接投资的增长速度远远超过世界生产和世界贸易的增长速度。

二 WTO

WTO是"世界贸易组织"（World Trade Organization）的英文缩写，成立于1995年1月1日，其前身可追溯到1947年签订关贸总协定（GATT）（柳斌杰，2001；刘力，2002），创始成员有75个，其中30多个是发达国家，到目前为止其成员达到164个，总部设在瑞士日内瓦。WTO是一个为成员国制定一套完整的国际贸易政策，保证各成员国贸易行为规范、合法的经济组织。总体来看，WTO具有以下特征（田忠法，2003）：一是永久的正式组织。从WTO的成立之日起，它就被定义为一个永久性的国际经济组织，它具有独立的国际法人资格（顾永才，2002）；二是对成员国的法律约束（华民，2000）。WTO比关贸总协定更具有法律权威性，其成员国都必须遵守WTO规则所设定的一切权利和义务；三是统一的规则（程惠芳，2003）。世贸组织不仅要求其所有成员国必须接受WTO所赋予的权利和义务，而且新制定的贸易政策也会公平、公正地适用于每一个成员方。WTO是经济全球化的产物，更是推动了经济全球化的发展（赵骏，2013）。

首先，WTO促进了贸易全球化。一是WTO制定的贸易争夺解决机制减少了成员国之间不平等的贸易行为。国与国之间贸易摩擦的较好解决，对于全球贸易环境的维护具有很大意义（韩小明，2002）；二是WTO遏制了贸易保护主义的蔓延，促进了贸易自由化的发展。在1995年底，WTO就有关领域进行谈判，达成了《自然人流动服务协议》等4个重要的协议①，这一系列关于关税与非关税减让的协议，既遏制了贸

---

① 1995年7月28日达成《自然人流动服务协议》，于1996年1月30日生效，它处理的是关于自然人在一成员境内临时停留的权利；1997年2月15日69国达成基础电信服务协议；1997年3月26日43个国家达成减让信息技术产品关税协议；1997年12月12日，70个国家达成一项多边金融协议。

易保护主义,也大大加快了全球贸易自由化进程(韩保江,2000);三是 WTO 能够为经济全球化的发展提供空间。WTO 所制定的多边贸易体制扩大了各国的经济贸易和国际投资领域,据统计,全球贸易总额和国际投资量显著上升,1995 年世界贸易总额达 52070 亿美元,比上年增长 19%。

其次,WTO 促进了生产全球化。可以使各成员国在互惠互利的基础上削减关税,充分利用世界资源,扩大生产和交换,让发达国家的生产资料在全球更广泛地流动,加速生产的社会化和经济的全球化。据统计,20 世纪末,全球跨国公司母公司约有 6.5 万家,拥有约 85 万家的国外分支机构。平均每家跨国公司拥有的国外分支机构数量已从 20 世纪 90 年代初的 4 个上升到 90 年代末的 13 个(曾国平、赵学清,2002)。

最后,WTO 促进了资本的全球化。WTO 遵循市场准入、公平竞争和谈判机制,使参与经济全球化活动的各国开放市场,使资本可以跨越国界去谋取更多的利润,促进了国际投资的加速发展。据世界银行数据库有关资料显示,1995—1999 年,世界投资量从 3199 亿美元增长到 9619 亿美元,总量翻了 3 倍多。

第二节　现代信息技术与互联网

一　现代信息技术

信息技术从古老的"结绳记事""穿珠计数"等信息传输与处理方法发展到今天经历了五次信息技术变革(王建华,2004):语言的使用→文字创造→印刷术的发明→电报、电话、广播、电视的发明和普及→现代信息技术。

现代信息技术通常是指以微电子技术为基础,应用信息科学的原理和方法研究信息的产生、获取、识别及加工利用,以达到促进生产、提高效率、便利生活的技术。它的核心是计算机技术,并且包括微电子技术、信息通信技术和传感技术等(杨钧锡、杨立忠等,1994;张正德,1995;蔡跃洲,2019)。经过 20 世纪七八十年代的准备,以现代信息技术为核心的科技革命在 90 年代全面展开。在"全球信息高速公路"理论构想和计算机技术的双重推动下,90 年代现代信息技术取得了三个方面的突破性进展（明安香，1999）。

（一）数字化

信息技术随着数字化技术的发明得以在二进制基础上统一文字、图像、声音和动画等异质信息，能够采取统一的编码进行信息传输，从而给信息产业带来了巨大的发展机遇。

（二）光纤化

现代信息产业的核心业务就是高效的信息传输，但传输容量一直限制着信息产业的发展。随着光纤通信技术的发展，使得多媒体信息传播的容量限制问题不复存在，特别是密集波分复用技术（DWDM）的最新发展，光纤放大器波长带宽可达 2TB/S，即每对光纤可同时容纳近 2500 万人通话，或传送 30 万路以上电视节目，光纤通信技术解决了多媒体信息传播的容量制约。

（三）IP 化

IP（Internet Protocol）是因特网的一种信息传输协议。因特网是由许多子网连接成的一个庞大的网间网，为了使各种子网互通，需要公认的协议来统一信息传输规范，IP 协议就是其中最为重要的一种。随着取得突破性发展的光纤通信技术和 IP 协议技术相结合，新一代的因特网"高速宽带 IP"技术形成。通过高速宽带 IP 网进行多媒体实时业务，并保证了服务质量的新一代因特网迅速风行起来。目前正在发展多种方法和协议，将语音、视频业务以及传统的数据通信业务转移到 IP 化因特网上，出现了所谓"Everything on IP"的局面。

二 互联网

互联网最早来源于 20 世纪 60 年代美国国防部的计算机系统，为了保证军事信息的顺利送达，美国国防部高级研究计划项目署开发了一个名叫 ARPA NET 的军事网络[①]（孙强，2000）。到了 20 世纪 80 年代初，军事信息就逐渐从这个军事网络上分离出去，剩下的那一部分就被称为互联网，互联网最早运用于学术圈，被认为是一种传输数据的最佳途径，

---

① "网络舆论的监测与安全研究"课题组：《网络传播与网络舆论的生成及其特征》，《华中师范大学学报》（人文社会科学版）2010 年第 49 卷第 3 期。

各大学建立宽带连接,以此来进行数据的交换。从 1990 年开始,互联网被用于商业领域,商家与个人开始利用互联网从事商品交易等方面的各种活动(仪名海,2006;任兴洲,2016)。

互联网商业浪潮为我们带来各种各样的互联网服务,形成了一系列如搜索引擎、综合门户、即时通讯和电子商务等互联网新业态,详见表 2-1。

表 2-1　　20 世纪 90 年代互联网服务业态及主要企业

搜索引擎	网景通信公司	1993 年成立,命名为"Mosaic",1994 年更名为网景公司(Netscape Communications Corporation),网景导航者(Netscape Navigator),是当时最热门的浏览器
	Google	世界流量第一、市值第一的互联网企业。1998 年 9 月 7 日在斯坦福大学学生宿舍创立,2004 年 8 月上市。提供的服务包括搜索、浏览器、邮箱、视频、地图、翻译等
	百度	中国流量第一网站,全球最大的中文搜索引擎。2000 年由李彦宏和徐勇在北京成立
综合门户	雅虎	世界最大的门户网站。1994 年 4 月由杨致远和大卫·费洛在斯坦福大学创建,1995 年上市。其服务包括搜索、电邮、新闻等,业务遍及 24 个国家和地区
	网易	1997 年 6 月成立,2000 年 6 月上市。主要服务有新闻、邮箱、搜索、邮箱等,优势服务是游戏和邮箱
	新浪	1998 年 12 月成立,2000 年上市。主要服务项目有新闻、邮箱、博客、微博等,优势服务项目是新闻、博客和微博
	搜狐	1998 年 2 月成立,2000 年上市。主要服务有新闻、搜索、游戏、浏览器
即时通讯	腾讯	全球最大即时通讯服务提供商,中国市值最高的互联网企业。1998 年由马化腾和张志东在深圳创建,2004 年上市,产品线覆盖即时通信、门户、搜索、社区服务、增值服务、娱乐平台等
电子商务	亚马逊	世界上最大的电子商务公司,成立于 1995 年,位于美国西雅图,开始只经营网络的书籍销售业务,现在包括电脑、软件、衣服、家具等等
	Ebay	世界上最大的 C2C 电子商务公司,成立于 1995 年
	阿里巴巴	世界上最大的 B2B 网站,1999 年由马云创立

资料来源:作者根据相关资料整理。

互联网技术发展迅猛，互联网产业得到世界各国的高度重视。在互联网出现的短短五年内，互联网经济规模已经可匹敌于某些具有百年历史的产业（侯合银、王浣尘等，2000），如能源（2230亿美元）、汽车（3500亿美元）和电信（3000亿美元）。互联网对社会发展产生了深远的影响，它渗透到社会生活的各个角落，影响到社会的各个领域（王振顶，2017）。

第一，互联网技术的应用增加了政治的开放性与透明性。通过现代互联网技术，大众传媒可以在瞬间将世界各地发生的事件公之于众，为国际信息交流提供了物质基础，有利于各国政府与不同国家（地区）间的思想文化交流，促进国家正面形象的塑造。电子政务增强了政治的透明度，政府与群众之间能够进行互动，并且各级政府之间实现资源和信息共享，既提高了政府办事效率，又便利了广大人民群众（黄立群，2000）。

第二，互联网极大地推动了经济发展。互联网降低了市场的准入门槛，鼓励竞争，促进买卖双方之间的信息交流，市场效率得到提高，从而达到资源的最优配置，从总体上提高了经济效率（郎平，2000；肖利平，2018）。互联网带来电子商务的迅速兴起，这种跨越时空的交易方式对生产、营销、销售、管理等各个方面都产生了深远的影响，传统行业利用电子商务提高效益（沈燕、朱邦毅，2006）。

第三，互联网促进了多元文化的交流。互联网使得人们的文化生活越来越丰富多彩，文化消费提升，多元文化传播加快。互联网可以跨域时间、地域的界限，各国（地区）之间能够方便地进行文化交流与融合，形成了日益流行的网络文化，具有特定意义的语言符号在不同种族、身份地位、年龄的人群中传播与交流（李继尊，2006）。

第四，互联网改进了教育方式。首先，互联网用于教育具有开发费用高、使用费用低的特点，互联网的出现使得教育投资由物质资源转向信息资源；其次，网络授课取代班级授课制，改变了传统的固定教室、固定师生这种形式，使异地授课、网上学习成为了现实；最后，互联网的多媒体优势，使学习内容更丰富、学习方式更灵活，有利于提高学习兴趣和学习效果（陈琳等，2016）。

第五，互联网改变了人们的生活方式。其一，人们通过互联网进行资源共享、思想观念的碰撞；其二，信息技术的发展改变了人们的工作方式，网络办公日益普遍；其三，人们的访友、购物、娱乐等许多事情都可以在网上进行，这给人们的生活带来了极大的便利（曹源芳，2017）。

第三节 20世纪90年代国外现代物流的发展

自20世纪初，美国出现"物流"概念以来，物流经历了多种的变化。20世纪30年代，物流被认为是实体配送（Physical Distribution），60年代发展到物流（Logistics），从而使简单的功能性活动上升到企业管理的高度，80年代到了物流的合理化阶段，这主要反映在物流相关组织、协会的产生，物流企业和物流事业得到空前的扩大。到20世纪90年代，人们越来越认识到物流对生产、经营的重要性，现代物流成为企业的"第三利润源"，这一时期物流发展到供应链管理阶段（汝宜红，2004）。

一 现代物流——企业的"第三利润源"

日本早稻田大学的教授西泽修于1970年提出了著名的"第三利润源"学说（崔建波，2003）。从西方国家企业实践看，企业争夺利润焦点大致经历了三个阶段。第一阶段，20世纪60年代以前，西方市场供不应求，企业降低生产成本即可盈利，企业关注如何降低原材料和燃料消耗。企业依靠科技进步节约消耗、节约利用、综合利用、回收利用乃至大量人工合成资源而获取高额利润，这被称之为"第一利润源"。第二阶段，20世纪60年代以后，市场竞争日趋激烈，尤其1973年石油危机，原油价格涨价之后，原材料普遍涨价，依靠节约材料消耗获取利润的办法变得不可行，企业把眼光瞄向了劳动效率提升方面。于是，20世纪80年代，企业纷纷寻求提高劳动生产率的办法，或用机械化、自动化来降低劳动耗用，以此来增加企业利润，这被称之为"第二利润源"（闵敏，2005）。第三个阶段，到了20世纪90年代，第一、第二利润源日益枯竭，企业获取利润从生产领域转向流通领域，于是就开始重视物流，现代物流就成为"第三利润源"（周建勤，2004；梁琳娜，2005）。

现代物流作为企业第三利润源的途径有两条：一是节约物流成本。物流是企业成本的重要产生点，通过物流合理化、现代化等一系列活动能够降低企业成本，支持保障营销和采购等活动，物流成本节约的结果就是企业利润的增加（王成，2001；张国民，2010）。二是直接创造利润。物流可以作为企业的一项营运业务，为其他工商企业提供仓储、运输、联运、快递、第三方综合物流服务等项目，凭借专业化的物流运作能力和一体化的物流运作给客户带来增值，同时也为自己创造了利润（耿俊辰、郭爱英，2004）。

20世纪90年代，随着信息技术革命和经济全球化的发展，作为"第三利润源"的物流，自然成为市场竞争的焦点（张建新等，2005），物流得到重视，物流企业也大量涌现。Expeditors（中译名康捷空）是一家提供全球物流服务的公司，成立于1979年，总部位于美国西雅图，在全球100多个国家有350多个物流网点，服务包括空运和海运的整合或转运、报关、供应商整合、货物保险、定时运输服务、订单管理、仓储和配送以及定制物流解决方案。它向客户提供了一个无缝的国际性网络，是一个典型的第三方物流企业。Panalpina Group（泛亚班拿集团）是世界上最大的货运和物流集团之一，1935年成立于瑞士巴塞尔，在65个国家和地区拥有312个分支机构。Panalpina Group的核心业务是综合运输业务，所提供的服务是一体化、适合客户的解决方案。通过一体化货运服务，将自身定位于标准化运输解决方案和传统托运公司之间。除了空运、海运、货代业务和保管服务外，还提供包括配送管理、拼货、货物保险、订单管理以及客户为中心的物流信息服务。

二 供应链管理

20世纪90年代，在经济一体化的大趋势下，企业面临着不断变化的市场需求、日益缩短的交货期、降低成本和提升质量的压力等诸多方面挑战，企业开始意识到，要想在激烈的竞争市场中生存下来，就必须和其他企业建立联盟，形成协调互补的整体来最大限度地满足客户的需求（宋华，2000；赵林度，2003）。于是，单个企业之间的竞争转换为供应链的竞争，加之此时，互联网技术出现为供应链协调运作提供了支撑，因此，供应链管理应运而生。正如1998年美国物流管理协会的物流定义所言，"物流是供应链活动的一部分"，此时物流管理已逐步进入到了供应链管理阶段（王耀球、施先亮，2005；王国文等，2006）。

所谓供应链管理，就是为了满足用户的需求，在从原材料到最终产品的过程中，为了获取有效的物资运输和储存、高质量的服务和有效的相关信息所做的计划、操作和控制。供应链管理是对供应链全面协调性的合作管理，它不仅要考虑核心企业内部的管理，还要注重供应链中各个环节之间资源的利用和合作，让链上企业之间进行合作性博弈，最终达到双赢（侯方淼，2004）。

20世纪90年代，不论是物流企业，还是流通企业或生产企业都纷纷拓展供应链管理业务。美国联合包裹公司（UPS）1993年推出以全球物流（World Wide Logistics）为名的供应链管理服务，为客户提供全面的配件和产品供应链管理，以及退货、修理等售后服务方面的物流管理，降低客户在流通领域的成本，提高服务质量，从而成为著名的供应链管理专家；流通企业中的典型代表就是沃尔玛。早在1986年，沃尔玛就与面料供应商Milliken、与服装制造商Seminole公司之间进行了休闲裤供应链管理，打造了快速响应（Quick Response，QR）的供应链，使销售额提升31%，商品周转率提高30%；此外，沃尔玛还与宝洁公司开展了CPFR（合作计划、预测和补货）的供应链管理、供应商管理库存（Vendor Managed Inventory，VMI）和有效的客户反应（Efficient Consumer Response，ECR），这些都是供应链管理的典范；戴尔走在了生产企业供应链管理的前列。戴尔1994年推出www.dell.com网站，1996年加入电子商务功能，戴尔绕过中间的销售商，以更低廉的价格直接提供产品给顾客，并且是按单生产，实现库存的最小化。戴尔的直销营运模式让公司更清楚掌握实际销售量，戴尔通过i2公司开发的市场预测软件与供应商共享市场需求信息，并从两年前就开始预测，然后按年度、季度、月度、周实施滚动预测，为供应商提供最准确的需求信息，戴尔可以更低价格获得更高性能的零部件。在更新换代快速的电脑行业中，戴尔成功的秘诀不是依靠技术创新，而是供应链管理。

第四节 20世纪90年代中国经济体制改革的主要任务

一 "两个根本性改变"

20世纪90年代，正是中国逐渐由有计划的商品经济转为市场经济体制的转型时期。1990年12月,《中共中央关于制定国民经济和社会发展十年规划和第八个五年计划纲要》指出:"争取经过十年的努力,初步建立起适应社会主义有计划商品经济发展的、计划经济与市场调节相结合新的经济体制和运行机制,促进社会主义有计划商品经济新体制的形成。"1993年11月,中共十四届三中全会通过《中共中央关于建立社会主义市场经济体制若干问题的决定》,确定了市场在资源配置中的基础性作用。1995年9月28日,《中共中央关于制定国民经济和社会发展"九五"计划和2010年远景目标的建议》提出,实现"九五"计划和2010年远景目标的关键是实行两个具有全局意义的根本性转变:一是经济体制从传统的计划经济体制向社会主义市场经济体制转变;二是经济增长方式从粗放型向集约型转变,又称"两个根本性转变",这标志着中国经济建设将朝着深化体制改革、提高质量的方向发展。

过去,中国一直是外延式的经济增长方式,过度追求经济增长速度和产值,高能耗、高投入,忽略经济发展质量,中国要逐渐向集约型的经济增长方式转变(刘国光,1992)。因此,为了能使中国的经济稳定、健康地发展,20世纪90年代的中国经济,要以治理整顿为主,以此来深化改革(薛暮桥,1992)。20世纪90年代的整整十年,中国经济一直保持两位数的增长,创造了"中国奇迹"(林毅夫、姚洋,2009),令全世界震惊。然而,增长的背后也出现了很多问题,1992—1993年,中国出现了严重的"经济过热"现象,经济增长率过高,社会供求关系失衡,带来了严重的通货膨胀。经过三年的努力,到1996年,中国成功实现了经济"软着陆",不仅消除了"经济过热",抑制通货膨胀,经济也保持住平稳增长(邱晓华,1999)。1997年,由于泰铢的严重贬值,直接导致亚洲金融危机的爆发,全世界都受到影响。中国很快实行严格的资本管制,并且坚持人民币不贬值,因此,亚洲金融危机发生之后,中国很快就摆脱了通货紧缩,恢复了正常的经济增长(余永定,2007)。

二 国有企业改革

国有企业改革是20世纪90年代中国经济体制改革的中心环节。党的十四届三中全会提出建立现代企业制度是发展社会化大生产和市场经济的必然要求,是中国国有企业改革的方向。1995年,国务院批转国家体改委《1995年经济体制改革实施要点的通知》指出："深化国有企业改革，进一步发挥国有大中型企业的骨干和主导作用。""九五"计划又进一步指出现代企业制度的基本特征是"产权清晰、权责明确、政企分开、管理科学"，通过加大改革力度，使大多数国有大中型骨干企业在20世纪末初步建立现代企业制度，成为自主经营、自负盈亏、自我发展、自我约束的法人实体和市场竞争主体。2000年，"十五"规划确立了国有企业改革的地位，指出国有企业改革是经济体制改革的中心环节，国有大中型企业要进一步深化改革，建立现代企业制度，积极探索国有资产管理的有效形式，建立规范的监督机制。国家鼓励国有大中型企业通过规范上市、中外合资和相互参股等形式实行股份制，进一步放开搞活国有中小企业，形成有利于节约资源、降低消耗、增加效益的企业经营机制，有利于自主创新的技术进步机制，有利于市场公平竞争和资源优化配置的经济运行机制。

第五节　中国现代物流发展动因

在经济全球化、互联网等现代信息技术助推下，20世纪90年代国外出现了现代物流和供应链管理发展的热潮，针对中国面临的"两个根本性改变"和国有企业改革等经济体制改革任务，通过发展现代物流来纾解中国经济发展中的难题成为中国政府的必然选择，上述因素构成了中国现代物流发展的动因。

一　经济全球化的强力驱动

经济全球化形成了全球化的大市场，强大的国际市场驱动中国现代物流的发展。一方面，经济全球化带来的国际贸易往来增加的同时，国际物流量同步增长（金真、唐浩，2002）。中国在1985—1995年间，国民生产总值平均保持20.3%的年均增长速度，对外贸易年均增长速度为27.5%。同期国际物流中，集装箱运量增长速度为31.59%，1995年外贸货运量达1108万吨。另一方面，随着国际贸易的增多，国家为了促进海外投资、方便全球贸易，建立了综合的报关信息系统。这种综合报关信息系统把与报关有关的货主企业、运输企业、物流服务企业、银行保险企业、商品检验部门、关税仓库、海关等部门紧密地联系在一起，提高报关速度和全球物流活动的效率，促进了现代物流的发展。

跨国公司的蓬勃发展是经济全球化最显著的表现。跨国公司全球化战略（采购、生产、销售）的实施，使得企业在不同国家中生产零配件，而在另外的国家进行组装或装配整机，同时产品的销售市场可能会不在零配件的生产基地和总组装基地，而是在一些其他的国家或地区。跨国公司的全球化战略使得国际物流量加大，物流协调的难度增加。中国要融入跨国公司价值链中势必对中国物流提出了更高的要求，从而迫使中国大力发展现代物流（徐勇谋，2005；高新才等，2007）。

二 中国加入WTO后的形势需要

中国历经15年艰辛历程，终于在2002年加入WTO。中国加入WTO后可以享受多边的、无条件的和稳定的最惠国待遇，享有"普惠制"待遇及其他给予发展中国家的特殊照顾，可以充分利用争端解决机制，可获得在多边贸易体制中"参政议政"的权利。但同时中国必须履行以下义务：削减关税、逐步取消非关税措施、取消被禁止的出口补贴、开放服务业市场，中国还需根据有关协议履行"放宽和完善外资政策""增加贸易政策的透明度"等义务。加入WTO对中国经济和社会产生了深远影响，也为中国物流发展带来机遇和挑战。

第一，物流市场规模扩大，物流需求增加。在中国加入WTO后，中国物流市场出现新的改变，从短期来看，国际贸易壁垒减弱，中国进出口贸易快速增长，为国际物流的发展提供了市场空间；从长期来看，物流业发展降低了贸易的运输费用，有利于国内统一市场的形成和资源的优化配置，并加速中国参与经济全球化的进程，这为物流业创造了持续扩张的市场空间（吕世平等，2003）。

第二，加入WTO对中国物流市场带来威胁。加入WTO后，随着物流市场准入的放松，大型跨国物流企业迅速进入中国，抢占物流市场已经成为现实。这些跨国物流企业将在广泛铺设中国物流网络的基础上，利用他们在物流方面的技术、管理和人才优势，渗透到中国物流市场。20世纪90年代末期，外资企业已占中国速递市场份额的一半。

第三，加入WTO有助于提升国内物流企业经营管理水平。加入

WTO能引进国外资金、技术、管理人才及管理经验，实现国内物流整体水平迅速提升。此外，国内物流企业也将利用本土化的优势，积极参与到国际竞争中来，逐步形成具有国际竞争力的规模与品牌，在激烈的竞争中发展壮大（南开大学现代物流研究中心，2003）。

在此严峻的形势下，中国必须大力发展现代物流，提升经营管理水平，做强做大中国物流业，使中国物流企业成为中国物流市场的主角。

三　现代信息技术的应用推动

20世纪90年代，中国进入了现代信息技术快速发展时代。一方面，计算机的大量普及和运算速度数以千倍的提高；另一方面，采用光纤通信和光盘储存，使得信息的传输容量和速度都空前的扩大。通过卫星系统、光纤系统实现了电子新闻、电子邮件、可视电话、传真、激光打印、文件复制、订货、家庭付款等各种信息化的服务。这些现代信息技术是现代物流发展的中流砥柱，是现代物流企业的技术基础，是物流企业赢得竞争优势的重要手段（杨路明、吴颖，2003）。

第一，现代信息技术应用极大地提升了物流效率。物流信息技术（如条码技术、EDI、射频技术、GIS、GPS等）可以对物流中大量的、多变的数据进行快速、准确、及时地采集、分析和处理，大大提高了管理能力和客户服务水平，提高了物流效率和物流服务质量，促进贸易伙伴之间的协调。在这一时期，多式联运（multimodal transport）和铁路集装箱运输迅速发展。伴随国际多式联运，物流信息系统、电子数据交换EDI、托盘和集装箱统一规格及条码技术等普及应用，物流信息处理加快、运转速度加快、物流费用降低（唐渊，2004；张潜等，2010）。互联网技术应用使企业与企业之间能创建一个无缝的、自动的供应链，企业能够快速订货、存货跟踪与管理，准确快速的订单处理提高客户服务水平，物流效率提升促进了现代物流发展。

第二，互联网催生了电子商务，推动了现代物流产业的发展。20世纪90年代末以来，在新经济和现代信息技术革命特别是网络技术发展的推动下，现代物流业被赋予了新的内涵，物流业呈现出向信息化、智能化、网络化方向发展的趋势。随着因特网的日益普及，电子商务迅猛增长，使之成为一种新的流通业态。在互联网背景下，商流、信息流和资金流可轻易地瞬间完成，而物流需要克服空间和时间的差异，需要精心组织、合理调度才能得以实现。所以，物流的效率是决定电子商务成功与否的关键，传统物流就成为电子商务的瓶颈。可以说，电子商务把物流业提升到了前所未有的高度，为其提供了空前发展的机遇（高新才等，2007；张滨等，2015）。电子商务的发展要求越来越多的差异化的物流服务，这就迫使中国物流企业只有不断提高服务能力，才不至于成为电子商务发展的瓶颈（张滨等，2015）。

四　国内经济发展的必然结果

20世纪90年代，中国经济持续增长和体制转型时期。经济运行质量的逐渐提高、经济结构的不断调整、经济增长方式的转变、城市化进程的加快等所有这些国内宏观环境的发展变化，都对物流发展提出了新的要求，从而促进了现代物流发展。

第一，经济持续增长，产生了强大的物流需求。改革开放后，中国经济发生了质的飞跃，1978—1999年，中国经济年均增长9.52%，增长速度居世界首位。随着经济的持续快速增长，各种商品、服务的流通数量急剧增长，经济交往日益频繁，产生了强大的物流需求，为现代物流发展提供了广阔的市场空间。

第二，中国发展现代物流有利于实现"两个根本性改变"。从粗放型的外延式增长到集约型的内涵式发展，重要的就是实现产业结构的调整和优化。随着工业化进程的推进，中国经济结构呈现出明显的由低级到高级、由严重失衡到基本合理的变动趋势，带动了交通运输仓储业和批发零售贸易等流通业的发展，为现代物流发展提供了良好的产业基础条件（南开大学现代物流研究中心，2003）。现代物流业的发展提升了第三产业比重，可以使得"重生产轻流通""重工轻商"的局面大大改善。现代物流通过整合物流需求和物流资源，实现物流一体化运作，有效降低单位GDP的物流费用，从而提高整个国民经济运行质量，实现了集约型的内涵式发展。

第三，城市化进程的加快，对现代物流配送产生了巨大的需求。改革开放以来，中国城市化进程加快，1978年到2000年，城市数量由193个增加到663个，建制镇由2173个增加到20312个。与城市化进程相对应的是城市现代物流发展的巨大需求。城市物流配送体系是直接面向城市居民的物流环节，是满足城市居民消费的重要手段，同时也是城市良性运行的前提和基础。城市化进程将会对现有城市物流体系提出新的要求，促使城市物流配送体系有更大的发展。

五 改变中国物流落后现状的必然选择

改革开放以来，中国物流取得了一些显著的成绩，表现在改革了物流管理体制，逐步转变管理职能，减少了计划管理的商品种类，积极发展了物流基础设施，提高了物流装备水平，等等（柴本澄，1996）。但是，20世纪90年代现代物流的概念及管理方式引入中国的时间还不长，仍然处于起步阶段，总体发展现状还有很多的不足。现代物流已被广泛认为是企业在降低物质消耗、提高劳动生产率以外创造利润的第三重要源泉，也是企业降低生产经营成本、提高产品竞争力的重要环节。鉴于中国物流整体比较落后的现状，借鉴西方发达国家的先进理论和经验发展现代物流已刻不容缓。

第一，对现代物流认识不足，全社会物流发展落后。政府有关部门对现代物流的重要性认识不足，现代物流观念尚未在工商企业中得到普及，对现代物流的认识有待提高（柴本澄，1996）。传统的物流运作方式导致中国物流发展严重落后。据中国物流与采购联合会测算，1991—1999年中国物流成本占GDP比重从24%下降为19.9%，虽有很大降幅，但与发达国家还存在很大差距，美国同期为10.6%和9.9%，中国物流成本占GDP比重是美国的两倍多。一般工商企业大多使用自己的物流系统，物流企业都是传统的运输、仓储，没有真正的第三方物流企业。自营物流比重高，物流服务需求和供给普遍不足，物流市场尚未形成，中国物流整体发展水平过低。因此，中国急需引进国外的先进经验，改变落后状态，发展现代物流成为必然。

第二，物流管理体制落后，管理水平低下。长期以来的计划经济体制造成了物流管理条块分割，形成采购、制造、运输、仓储、代理、配送、销售等环节彼此分割的局面，加之"大而全""小而全""自成体系"等传统观念，在"采购黑洞""物流陷阱"中造成的损失和浪费难以计算。1998年底，列入国家统计局统计的18.2万家独立核算工业企业产成品库存为6094亿元人民币，占其全年产品销售收入的9.6%；如果加上应收账款12315亿元，两项资金占用为产品销售收入的29.1%。1998年这18.2万家企业流动资产周转次数为1.41次。可见，中国企业在压缩资金占用和加快资金周转上大有潜力可挖（梁琳娜，2005）。这迫使中国改变落后的管理体制，加快发展现代物流的步伐。

第三，物流基础设施需进一步完善。虽然物流基础设施已初具规模，但为了适应现代物流的快速发展，现代化的设施仍存在着许多不足。其一，交通运输基础设施有待进一步发展。虽然国家财政加大了对物流基础设施建设的投资力度，但是，由于长期受"重生产，轻流通"的思想影响，中国物流基础设施总体规模仍然偏小：按国土面积和人口数量计算，中国运输网络密度分别为1344.48公里/万平方公里和10.43公里/万人，分别相当于美国的19.6%和4.1%、德国的9%和15.8%、印度的24.9%和48.3%、巴西的71.3%和8.8%，不仅落后于发达国家，而且同印度、巴西等发展中国家相比也存在较大差距。[①] 其二，各种运输方式有待合理衔接。运输方式杂乱，没有形成合理的分工，在同类货源上存在盲目竞争。集装箱运输发展落后，没有形成公路、铁路、水路快速衔接（陈秋双，2005）。

第四，地区物流发展不平衡。中国国土面积大，地区经济发展不平衡，东部沿海地区经济发达，基础设施完善，这就使得物流需求旺盛，所以物流发展的水平就相对来说比较高。而中西部地区由于区位条件、历史因素及资源等原因，经济发展比较落后，对物流也没有那么强烈的需求，所以发展现代物流的难度就较大。从粗略统计来看，1999年东部地区物流产值高达3140.59亿元，而中部和西部地区仅为1401.23亿元和476.81亿元，东中西部地区差距很大。这个差距给地区物流之间的合作带来了一定的难度，阻碍了现代物流的发展（南开大学现代物流研究中心，2003）。

第五，现代物流理论和教育落后，物流人才缺乏。尽管中国经历过苏联物资管理模式，学习和考察过日本流通管理模式和美国现代物流管理模式，但是在国内还没有真正开设物流管理专业的高校，也没有形成

---

① 邓志高：《我国交通运输业发展现状分析》，《经济研究参考》2000年第4期。

完整的现代物流管理体系，理论发展滞后于实践。在实践中，虽然知道开展现代物流的重要性，但囿于人才匮乏，现代物流发展显得力不从心。因此，中国急需研究与传播现代物流供应链管理理论，大力发展各层次的物流教育，为现代物流发展输送合格人才。

第三章

中国现代物流治理的缘起与战略构想

中国物流在计划管理时期（1949—1978）借鉴苏联物资管理模式，经济转型时期（1979—1998）学习日本物资流通管理模式，进入到了市场经济阶段（1999年以后）学习美国现代物流管理模式。由于中国与美国在政治制度、经济体制、历史文化等多方面的巨大差异，中国物流发展不能完全照搬美国。从中国现代物流发展历程看，1999年以后，中国宏观物流管理进入到了现代物流治理阶段。

第一节 现代物流治理理论基础

物流概念最早起源于20世纪初的美国，在过去一个多世纪的时间里，物流经历了概念产生（20世纪初—50年代）、快速发展（20世纪60—70年代）、合理化（20世纪80—90年代）和供应链管理（2000年以后）四个阶段（刘仁军，2008）。相应地，物流概念完成了从PD（实体配送）和Logistics（军事后勤学）两个分支到PD（分销物流），再到Logistics（现代物流管理），最后向SCM（供应链管理）的演变。一般而言，我们将20世纪80年代以后的物流（Logistics）称为现代物流，因为，此后的物流秉承了两大现代的核心理念：一是顾客服务至上；二是集成化的物流运作。

一 现代物流内涵

现代物流至少可以从三个角度加以理解，一是物流工程，即包括运输、储存、包装、装卸搬运、流通加工、配送和信息处理等功能性工程生产活动；二是物流管理，将企业采购物流、生产物流、销售物流、回收逆物流进行系统化管理活动；三是物流经济，作为一项服务性的产品，为客户提供配送、运输、库存管理以及综合物流等服务的活动。服务至上和集成化运作的现代物流理念出现，使物流从功能性的生产活动上升为一项管理活动，实现了企业物流合理化，即更低的成本获得更高的物流服务。于是，才有了专业性的第三方物流和供应链管理等企业的出现。

本书将现代物流定义为：通过运输、储存、包装、装卸搬运、流通加工、配送和信息处理等手段，高效（效果、效率和效益）地保障企业生产经营和其他人类活动所需物品及相关信息按需流转的服务性活动。现代物流有六大内涵：

第一，顾客服务至上的核心理念。顾客物流服务至上明确了现代物流的本质是服务。顾客包括任何单位或个人，可来自企业的外部，也可以是企业内部。现代物流工作的使命就是"7R"原则，即将恰当的产品和恰当的信息，按恰当的数量、恰当的质量，在恰当的时间，以恰当的价格送到恰当地点的顾客手中。

第二，效率第一原则的中心思想。效率第一始终是物流工作的指针，不同时期对物流理解不同，效率含义也不同。传统物流认为物流是一项功能性的生产活动，讲求工程效率，即要及时、齐备、质量良好地将物品提供给顾客，现代物流要同时考虑工程效率、管理效率和经济效率。管理效率是指物流合理化，即要做到及时、齐备、质量良好外，同时还要成本合理；经济效率是指物流活动的经济效益，即物流的投资回报率要高。现代物流讲求效率第一，综合考虑三种效率，因而也更加科学合理。但三种效率有时会产生冲突，对于一般的企业而言，通常排序是：经济效率＞管理效率＞工程效率，但军事物流和防洪抢险等应急物流的顺序就需要颠倒过来。

第三，系统分析的基本方法。从方法论角度考虑，系统分析方法是物流学科的基本方法（何明珂，2006）。由于物流活动过程中的"效益背反"（又称"二律背反"）现象尤为明显，即物流的运输、储存、包装、装卸搬运、流通加工、配送、信息处理等功能要素之间存在着损益的矛盾，正如美国学者所言，"物流是一片森林而非一棵棵树木"，因此，物流必须以成本为核心，按总成本最低的要求，使整个物流系统化。

第四，现代信息技术为重要工具。现代信息技术是现代物流的中枢神经，可以毫不夸张地说，没有现代信息技术就不会有现代物流。借助现代信息技术，物流服务的及时性、准确性和透明度得到极大提高、物流成本大为降低，如，条形码、RFID、GPS、GIS和互联网等技术，VMI（供应商管理库存）等的供应链信息管理系统，以及近年来广泛应用的无人机、无人车、大数据、区块链等智能物流技术等。

第五，供应链成为主战场。进入21世纪，现代物流进入到了供应链管理时代，美国物流管理协会（CLM）于2005年1月1日起正式更名为"供应链管理专业人员协会"（英文简称CSCMP）即是例证。20世纪80—90年代企业讲求内部物流整合，21世纪初以来的供应链整合是指供应商、制造商、零售商和客户整个供应链物流协同运作，物流管理从企业内部，拓展到企业之间，供应链成为现代物流的主要战场。

第六，第三方物流为主导力量。第三物流是专业化分工的结果，社会经济发展的必然，企业外包物流给第三方物流公司乃大势所趋。第三方物流具有信息网络化、关系契约化、功能专业化和服务个性化等特点，通过整合运作获取规模经济效率，因而，第三方物流是更具效率的物流组织形式，更易成为供应链管理的核心和主导力量。随着影响力提升和业务拓展，第三方物流企业逐步向供应链管理企业演变。

二　治理理论概述

20世纪七八十年代，"治理"一词频繁地出现在西方社会科学领域的相关文献中，由于应用过于广泛，以至于治理含义在学术上变得模糊不清（龚维斌，2016）。但学者普遍认为，"治理"与统治、管理、新公共管理等概念关系密切。

（一）治理与统治

在西方，"治理"（governance）和"统治"（govern）、政府（government）有着天然的联系。政府（government）有两种理解：一种是承担治理责任或任务的行动者，一种是作为"统治"（govern）理解，即政府是一套特定的制度结构或政策过程。由此可以看出，政府与治理基本同义或存在重叠，甚至西方的一些教科书有关政府的定义多采用治理

(governance)来界定(龚维斌,2016)。一般而言,政府将统治与治理联系在一起,但统治和治理的含义有所不同。"统治"(govern)是指公共权力的结构与功能,而治理是政府履行职能的方式,二者最本质的区别在于统治的机构一定是社会公共机构,但治理主体却不限于公共机构,私人机构可以参与或甚至主导治理事务(麻宝斌等,2013)。统治依靠政府法规命令、自上而下地强制实施,但治理偏重自愿平等的合作,是上下互动的管理过程。从政府的角度看,统治和治理是两者可以替代的政府管理方式;从公共利益的角度出发,社会事务与高效有序运行不一定依靠政府统治,但不能离开良好的治理。因此,治理的应用范围更广。

(二)治理与管理

管理是指组织中的管理者使他人与自己一起共同实现既定目标的活动过程,有计划、组织、领导、协调、控制等是管理的主要职能。管理是人类各种组织活动中最普通和最重要的一种活动,管理离不开组织。按照组织性质不同,社会组织可分为政府、企业和非营利组织三种类型。企业属于私人组织,以营利为目的。政府和非营利组织合称为公共组织,以追求公共利益为价值取向。非营利组织包含一切志愿团体、社会组织或民间协会,是介于政府与营利性企业之间的"第三部门"。管理学研究最多的两个领域:一是以政府组织为对象的公共行政管理;二是以工商企业组织为对象的公司管理。

管理概念含义比较宽泛,治理可以看作一种特殊的管理方式。管理通常发生在组织内,而治理更多地出现在组织间,治理约束多个组织,成为特定组织的管理机制和管理环境(麻宝斌等,2013)。但管理与治理之间存在区别:首先,主体关系不同。组织管理是一种自上而下的行为,实行严格的科层等级制,权力集中在最高层,主体间是从属关系。治理的主体是多元的,通过多方的主体互动、合作达成最终解决方案,决策权力是分散的,主体间关系相对平等。其次,运用手段和方式不同。管理通常运用行政命令的手段,采用分工方式达到目的。治理通常运用平等沟通、信任互惠协商的方式达成大家均认可的最终方案。分工管理有利于提升组织绩效,但是有时容易使人产生"自扫门前雪,休管他人瓦上霜"的思想,造成有些事务无人负责的局面。治理是一种更为积极的方式,通过打破原来的分工界限,组建跨组织和部门的网络,通过多方协商最终达成目的。最后，追求的目的不同。管理最终目的是单个组织的利益最大化，治理则是为各个参与治理的组织提供平等的机会，使彼此的利益都得到增进。

（三）治理与新公共管理

20世纪70年代，西方国家以分工和专业化为基础的科层公共行政管理受到了挑战，出现了公共管理运动的热潮，逐步成为公共部门改革的主导方式（麻宝斌等，2013）。新公共管理引入市场和竞争机制提高了公共服务效率，通过政府与社会各方的充分互动，实现公共领域和私人领域的相互渗透，在不断的竞争、冲突和磨合的过程中逐步达到合作，公共服务在这种"社会共同治理的政府"中产生出来。新公共管理是统合分门别类的契约化、市场化运作产生的公共服务，随着实践的不断深入，日益受到学者们的批判。学者们认为，新公共管理使公共服务的碎片化和公共性丧失，它把已经过时的私人领域中的管理技术移植到公共部门，其组织范式已经落后于时代（龚维斌，2016）。

尽管学术界对治理的定义、阶段划分和研究途径等方面存在着很多争议（Rhodes. R., 2000，韩兆柱、翟文康，2016），但一般比较认同治理至少有七个方面的含义（Rhodes, 2000）：公司治理、新公共管理、善治、国际间的相互依赖、社会控制论的治理、作为新政治经济学的治理和网络治理等。因此，从这个角度看，公共管理是治理中的一层含义，治理要比新公共管理要宽泛。

根据空间范围和研究层次不同，治理可分为全球治理、区域治理、国家治理、地方治理、社区治理、组织治理、公民治理（麻宝斌等，2013；韩兆柱、翟文康，2016）。治理包含公共治理和公司治理，由此可见，公共治理是治理的一个分支。公共治理研究公共部门如何治理好公共事务，如何更好地提供公共产品和公共服务。但公共治理不同于政府治理，公共治理的主体包括政府、社会组织和公民，非政府的公共组织作为治理主体，地位平等，政府发挥"元治理"作用。因此，政府治理是公共治理的一部分，公共治理包含政府治理和社会治理（韩兆柱、翟文康，2016）。

新公共治理理论是与新公共管理并行发展起来的，由于新公共管理带来的公共服务碎片化和公共性的丧失，饱受学者的批判，于是，新公共治理论逐渐占了上风（龚维斌，2016）。由此可以看出，西方公共行政管理理论经历了从20世纪70—80年代的传统科层公共行政和20世纪80年代末开始的新公共管理后，21世纪逐步转向到新公共治理理论（韩兆柱、翟文康，2018）。新公共治理将公共服务视为一个包含政府与其他相关组织的系统，公共服务是服务而非产品，遵循服务主导逻辑及方法，更加关注伙伴关系、合同关系和网络关系等，衍生出了很多新的理论（韩兆柱、翟文康，2018），如新公共服务理论、网络化治理理论、整体性治理理论、数字治理理论和公共价值管理理论等。

（四）网络化治理与治理机制

在新公共治理的众多理论中，网络化治理是一种备受关注的新公共治理模式（陈剩勇、于兰兰，2012；L. Albareda & S. Waddock，2018；Gerry Stoker.，2006），网络化治理是多元化治理主体共同参与社会公共事务的治理，除了政府部门间合作外，而是强调高程度的公私合作。网络化治理具有三个特点（田星亮，2012；Klijn E. H. & Koppenjan J. F. M.，2000，）：第一，政府角色转变。政府是公共价值的促动者，在由多元组织、多级政府和多种部门组成的关系网中发挥作用。第二，对合作网络的管理。本着互惠原则，政府部门和非政府部门（私营部门、第三部门或公民个人）等治理主体之间彼此之间合作，共同管理公共事务。第三，政策网络治理。在公共政策制定、执行过程中，在共同价值观的作用下，治理主体之间基于资源的相互依赖进行经常性互动，从而形成在政府和市场之外的第三种社会结构形式和治理模式。

公共行政管理所经历的传统公共行政、新公共管理和新公共治理三个阶段，分别对应政府、市场和网络等三种理想的治理模式，其治理机制有着本质差异。传统公共行政的政府层级制，是传统统治社会的产物，奉行中央集权式管理，强调职能分工，形成了自上而下的、正式的、僵化的内部组织关系，行政命令协调组织的行为，是一个典型的科层命令机制；新公共管理遵循市场逻辑，奉行个人主义，遵从自身利益最大化的个人选择，是一种自下而上的、多边竞争的公共服务治理形式，因此，价格机制成为新公共管理的治理机制；网络化治理奉行的是平等主义，讲求公共价值和公共服务，治理主体构建平等的、互惠互利的互动网络，通过彼此的相互合作，共同创造公共价值。政府和非政府部门之间互动以信任和互惠为基础，因此，信任机制是网络治理的运行机制。

三 现代物流治理

（一）现代物流治理的原因

现代物流整合了运输、仓储、装卸、包装、流通、配送、信息等功能要素、形成完整的供应链，为客户提供多功能、一体化的综合性服务。现代物流是一个新兴的复合性产业，涉及运输、仓储、货代、联运、制造、贸易、信息等行业。作为一个跨行业、跨部门、跨区域、渗透性强的复合型产业，目前世界上没有一个国家（地区）成立独立部门完全管辖，其物流管理职能都是分散在相关部门之中，因此，传统的职能分工管理体制显然不能适应现代物流发展需要。因此，多部门和全社会参与的共同协作治理才能有效促进现代物流发展。

现代物流是国民经济和社会发展的基石，现代物流的特殊地位需要将其纳入国家治理。作为国民经济的一部分，它具有服务现代经济、联络现代经济和调节现代经济的功能（刘仁军，2007），现代物流不仅是国民经济运行的基本保障，还是国民经济质量提升的重要发力点，通过现代物流发展降低社会物流总成本、提升经济运行速度、调整产业结构和区域结构，可以极大地促进经济高质量发展。现代物流还与人民生活密切相关，便捷、可靠的现代物流服务是人民生活水平不断提升的根本保障，发展现代物流有利于改善民生。由此可以看出，现代物流发展不仅是物流从业者的事情，它关乎国民经济发展和社会进步，因此，必须将其纳入国家治理。

（二）现代物流治理内涵

如上所述，治理包含公共治理和私人治理（公司治理）。从治理角度看，公共行政管理的三个发展阶段的治理机制分别为科层命令机制、市场价格机制和网络信任机制。公司业务治理中，企业交易通常选择企业治理、市场治理和网络治理三种基本模式。从组织角度看，企业是和政府具有相同的层次组织结构，本质上同样是科层命令机制。因此，在制度经济学看来，公司治理机制同样分为科层命令机制、价格机制和网络信任机制（威廉姆森，2016）。由此可见，公司治理和公共治理的治理机制是完全一致的。

中国现代物流发展经历了概念引进、理论学习、实践探索和全面推进的过程，本书以此为研究对象，更加关注现代物流发展环境的营造问题，因此，本书所指的现代物流治理是公共治理问题。具体而言，中国现代物流治理是在中国政府的引导下，政府部门、社会机构和企业等主体通过相互合作，频繁互动交流，逐步产生信任，对现代物流公共事务治理达成各方认同的结果，共同营造现代物流发展环境，从而达到促进中国现代物流业健康发展的目的。

(三) 中国现代物流治理的意义

中国现代物流治理是中国经济发展的必然选择，至少有以下三个方面意义：

第一，促进中国现代物流快速成长和发展。20 世纪末，中国经济发展已经进入到了市场经济发展阶段，加入 WTO 指日可待，经济全球化迫切需要发展现代物流。但是，在当时，一方面，中国对现代物流知之甚少，中国物流发展水平更是落后，非常不适应经济发展形势的需要，物流方式急需变革；另一方面，在国际上，现代物流正处于一个飞速发展时期，此时中国选择发展现代物流可以很快缩小与发达国家之间的距离。但是，如果继续沿袭传统的政府物流管理体制的话，发展现代物流很难快速成长和发展起来，只有广泛动员行业协会、科研机构和企业等全社会力量，群策群力，才能营造现代物流更好的发展环境，因此，中国现代物流治理就应运而生。

第二，促进政府部门宏观物流管理能力提升。在传统的中国宏观物流管理体制下，每个政府部门按照职责分工，根据独立判断提供相应的政策和资金等方面的支持即可。但是，在现代物流治理过程中，现代物流发展问题更复杂，政府部门必须改变原先各负其责的分工管理方式，一方面，需要各政府部门之间充分交流互动，协商合作；另一方面，各政府部门需要与行业协会、企业等治理主体充分交流，产生相互信任。在此环境下，对政府部门面临更大的考验和挑战，需要不断创新工作方式，从而有效促进中国宏观物流管理水平的提高。

第三，促进中国经济治理体系完善和治理能力现代化水平提升。党的十九届四中全会明确提出了要推进国家治理体系和治理能力现代化，现代物流业作为国民经济的一个战略基础性产业，现代物流治理可以丰富和完善经济治理体系内容，中国现代物流治理中积累的经验将会直接带动和间接促进整个经济治理能力现代化的提升。中国现代物流治理是国家治理现代化的重要组成部分，系统总结和评价中国现代物流治理模式，有助于建立中国特色的现代物流发展理论，具有填补理论空白的作用，同时也是坚持理论自信和坚持中国特色社会主义道路自信的表现。

第二节　中国现代物流治理的缘起

纵观20世纪90年代中国经济发展的内部和外部环境，大力发展现代物流成为改变中国物流落后现状的必然选择，如何借鉴国外物流业先进国家的发展经验就成为关注的焦点。为此，中国政府、企业及各部门都进行了一系列探索，其中，1999年由国家经贸委和世界银行主办的现代物流发展国际研讨会参会人员多、影响深远，是中国探索现代物流发展的奠基性会议，成为中国现代物流治理的源头。

一　1999年现代物流发展国际研讨会召开背景

从国际贸易角度看，自实行改革开放以来，中国经济与世界经济越来越紧密地融合在一起，伴随着经济全球化浪潮和中国积极加入WTO，更多的外资企业进入中国市场，中国企业及其产品也会更多地走向国际市场，国际贸易急剧增加，迫切需要现代物流提供支撑；从国内经济体制改革角度来说，要建立社会主义市场经济体制，必须发展社会化大生产，形成大市场、大流通、大交通，与之相适应，必须要有社会化的现代物流体系作为保障；从国内经济增长方式角度来看，中国正面临经济增长方式的根本性转变，首要问题是有效需求不足，现代物流在中国才刚刚起步，发展潜在巨大，相对传统的物流业，它属于产业优化升级，属于需要大力发展的第三产业，将成为新的经济增长点；从企业发展角度来说，现代物流是"第三利润源"，发展现代物流有利于企业降低成本，创造利润，从而提升企业的竞争力。总的来说，现代物流是时代发展的必然趋势，对中国经济和社会的发展具有重大意义。

在20世纪90年代，日本、荷兰和美国是物流最为发达的国家。日本通过物流管理的"三化"，即物流管理社会化、现代化和合理化，完全实现了物流机械化、自动化和电子计算机化,日本几十年来物流强有力地支撑了日本经济高速发展。荷兰是欧洲西部的一个国家,然而,由于地理位置等因素的影响,荷兰的商业和物流产业却十分兴旺发达,素有"贸易商之国"的称号。荷兰发达的物流业主要有三个特点:一是物流业在国民经济中处于十分重要的地位,倍受人们的重视;二是物流设施齐全、物流设备先进,物流业的生产效率高、生产能力大;三是物流方式先进合理,物流产业兴旺发达。美国是现代物流的发源地,物流业十分发达,拥有庞大的和位居世界前列的铁路、公路、航空、内河航运和管道运输网,美国先进的物流配送中心模式和完整的运输市场管制体系值得其他国家仿效。

20世纪90年代初期和中期,研究和学习现代物流理论的风气尚不浓厚,国内了解现代物流的人数甚少,仅限于少数高校的学者和一些政府部门的物流相关工作人员。现代物流相关的研究资料严重不足,只有几篇欧美考察团回国后的介绍性文章,在实践领域知晓现代物流者更是寥寥无几。鉴于全社会对现代物流认识不足,以国家经贸委等为代表的中国政府部门洞察需求,不断地寻找破局之策。1999年国家经贸委和世界银行共同主办了"现代物流发展国际研讨会",参会代表有中国物流相关政府部门高层代表,邀请了日本、荷兰等国外的政府和企业界代表。此次会议对中国物流业的发展产生了深远的影响,对现代物流而言是一个划时代意义的会议。此后,中国政府又陆续举办了其他的物流研讨会,包括现代物流与电子商务国际研讨会、现代物流业标准化国际研讨会、国际现代物流研讨会等,开始了对现代物流业发展的积极探索。

二 1999年现代物流发展国际研讨会基本情况

1999年11月25—26日,国家经贸委和世界银行在北京共同主办了"现代物流发展国际研讨会",会议主要有三个目的:一是借鉴国外现代物流发展的先进经验;二是提升政府和企业对物流业重要性的认识;三是推进中国现代物流的发展。中外代表分享了本国或本企业的物流管理经验,共同探讨中国现代物流发展对策。此次会议规格高、参与主体众多、涉及面内容广。

国务院吴邦国副总理出席了此次会议并发表了讲话,他指出:"加快中国现代物流发展，对于优化资源配置，提高经济运行质量，促进企业改革发展，推进中国经济体制与经济增长方式的两个根本性转变，具有十分重要的意义。"他还说："可以预料，二十一世纪，现代物流业将会成为中国经济发展的重要产业和新的经济增长点。"① 会议主要包含以下四个方面的内容：

一是国外现代物流发展经验学习。会议邀请了日本政府代表、4个国外机构代表和4个国外企业代表。日本政府代表介绍了日本物流业的行政机构和物流政策的经验；国外机构代表则阐述了现代物流在经济发展中的重要作用、中国物流发展的潜力机会以及要发展国际物流相关问题，以此来提高中国政府和企业对现代物流的重视程度，同时，荷兰国际配送委员会常务副主席还介绍了欧洲及荷兰物流业发展的现状和途径；国外企业代表虽然也谈到了物流重要性的问题，但更主要的是说明了现代物流未来发展的思路，包括中国物流借鉴国外经验进行发展、制定物流公司标准、确定物流管理办法、信息技术的应用和供应链管理等等。

二是中国政府部门介绍现代物流发展现状和建设思路。与会的国家经贸委、交通部和铁道部领导，中国民用航空总局和国家国内贸易局领导，结合所在的政府部门职责介绍了现代物流的发展现状，提出了未来现代物流发展思路。国家经贸委重点谈论了中国整体现代物流的发展思路，交通部、铁道部、中国民用航空总局则分别阐述交通运输、铁路、航空的建设思路，国家国内贸易局则说明了发展商品物流配送业的工作思路。国家计委综合运输研究所代表更深入详细地分析了中国发展现代物流业面临的核心问题、未来的发展趋势以及现代物流发展的对策措施。

三是企业现代物流发展经验总结和分享。会议邀请了10家物流服务企业代表，其中包含4个国有企业、5个民营企业和1个外资企业。企业代表根据自己的主营业务分别分享了现代物流建设的目标和对策，包括现代物流、交通运输、国际物流和第三方物流等发展情况。会议还邀请了3家物流服务企业，包括2家国有企业和1家民营企业，代表们分享了本企业的业务模式，提出了发展现代物流的建议。

---

① 吴邦国：《在现代物流国际研讨会上的讲话》，载中国航务周刊编《现代物流发展战略——现代物流发展国际研讨会论文集》，1999年12月，第1页。

四是物流专家对现代物流发展进行学术研讨。会议还邀请了3名中国物流专家对中国现代物流发展问题进行深入详细的剖析,有两位专家都表明传统运输业要尽快向物流业融合、转化,并详细分析了传统储运向现代物流转化的原因、条件和实现途径;一名专家详细分析了中国现代物流发展的问题、经济环境、发展战略和目标以及改革措施。

第三节　中国现代物流治理的战略构想

一　中国现代物流治理的基本思路

第一,将现代物流作为国民经济发展的重要产业和新的增长点。重视现代物流对经济发展的重要作用,山东、上海、北京、深圳、青岛、长春等许多地方政府,已将现代物流业列为政府支持发展的重点产业和新的经济增长点;山东省启动"优化企业物流管理"试点工作,深圳市已明确将现代物流业作为三大支柱产业之一。

第二,实现中国现代物流的跨越式发展。现代物流是跨越国界的系统工程,要坚持对外开放,在学习借鉴发达国家的先进技术和管理经验基础上,努力建设方便、及时、低成本和高效率的现代物流系统。但要从实际出发,循序渐进,注意东西部地区差异,防止一哄而上。

第三,政府部门要为现代物流发展创造有利条件。一是要政策引导,制定促进发展、加快发展的有关政策和措施;二是改进管理,创造公平竞争、规范有序的市场环境;三是搞好服务,在技术改造、财税金融等方面给予支持。

第四,企业应在现代物流的发展中发挥主体作用。工商企业要搞好企业物流,优化供应链,减少成本,提高产品附加值,增强企业竞争力,同时要提升对第三方物流的重视程度,扩大企业物流服务需求;交通运输、仓储配送等企业要以市场需求为导向,用户满意为目标,提供全过程、全方位的现代物流服务。

第五,大力发展第三方物流和供应链管理。工商企业将物流运作承包给第三方,企业集中力量抓核心业务,形成长期的战略联盟,充分发挥第三方物流在提高物流服务质量和降低物流成本的作用。工商企业要改善采购、制造、运输、仓储、代理、配送、销售等环节彼此分割的情况，平衡生产、库存、销售及运输各个环节，实行供应链管理。

第六，提高现代物流信息技术应用水平。互联网等现代信息技术可以找到各网点信息，便于沟通指挥，网络建立起客户与厂家之间的桥梁，并且通过高科技装备的使用提升物流效率，为现代物流发展插上腾飞的翅膀。

第七，加强宣传引导，加强研究探索，加强人才培养。加强宣传引导，使人们认识现代物流，接受现代物流的理念。加强理论研究和实践探索，使现代物流的理论知识与社会的实践活动有机地结合起来。加强人才培养，造就一大批熟悉物流运作规律并有开拓精神的管理人员和技术专家。

二 中国现代物流治理的主要领域

中国现代物流治理任务繁重，工作千头万绪，会议聚焦在以下几个重点领域：

第一，国际物流。发展现代国际物流业要实现：其一，货代公司在世界多个空、海港口具有较强的承运能力；其二，通过配套设施如仓库、车队等提供全面性的服务，如仓储、清关、运输、包装等；其三，货代公司要完善标准化技术，提供全球货运追踪服务；其四，企业要逐渐实现"贸易自由化"，任何人都可以借助因特网和电子邮件获得相关物流信息及运输设施；其五，货物流动过程中各个环节的人员训练有素，以及计算机设备和电子扫描仪等方面广泛使用。

第二，交通运输。促进交通运输发展的路径：其一，积极依靠科技进步提高铁路运输的服务质量。其二，改善公路运输车辆结构，改善公路运输经营组织与管理。其三，水运重视沿海港口特别是集装箱枢纽港建设，加强近、远洋集装箱船队的建设，改善内河船舶的技术等级和内河航道通航能力及港口设施。其四，航空运输要积极发展货运，增加支线运输。建立货运基地，增加机场建设及配套物流设施的投入。改革航空管制体制，提高服务质量。其五，综合运输要彻底打破各种运输方式之间的界限，实现各种运输方式统一、协调发展和经营管理的分工与协作。制定交通运输综合规划，积极发展各种运输方式能有机衔接的多式联运设备，大力发展多式联运经营人，积极向物流服务的第三方企业转型，为全社会提供优良的物流服务。

第三，第三方物流。其一，要加强对物流专业人才的引入和培养；其二，要建立信息网络系统，既要信息技术达到一定水平，还要有掌握相应技术的专业人才、投资和软、硬件设施；其三，要合理选择市场切入点。要进行市场调查，以顾客为核心，选择合适的企业作为突破口，提高和完善物流服务水平。

第四，企业物流管理。其一，政府有关部门要重视和支持企业物流的发展，建立发达完善的多式联运和物流网络；其二，建立统一的通讯和信息系统，把物流技术同计算机信息技术及当今世界的先进管理思想、管理模式和管理手段结合起来；其三，加强外部协作，开展战略联盟，发挥物流系统稳定与可靠作用；其四，建立综合物流中心，扩大服务范围，提高服务水平，增强市场竞争力。

第五，物流配送。大力推进物流配送发展：其一，把发展商品物流配送作为开拓市场、扩大内需的重大举措；其二，突出重点，带动整体，抓好一批示范性配送中心；其三，以现有设施的充分利用和技术改造作为主要途径来发展物流配送。提倡通过技术改造与功能整合，把现有的设施用活用好，在此基础上发展建设现代化、专业化、社会化的商品物流配送中心；其四，发展商品物流配送要与代理制、连锁经营等现代营销方式的改革与发展相结合；其五，引进外资，发展中外合资、合作的商品物流配送中心。

第二篇

中国现代物流治理二十年历程（2001—2020）

第四章

中国现代物流治理二十年（2001—2020）

第一节 中国现代物流二十年（2001—2020）治理的总体规划

中华人民共和国国民经济和社会发展五年规划（计划）纲要是国家的战略性、宏观性、政策性规划，描绘了各五年期间国民经济和社会发展的宏伟蓝图。它阐述了国家战略意图和政府中心工作，是全国各族人民共同奋斗的行动纲领。中国现代物流二十年恰逢国民经济和社会发展"十五"至"十三五"四个完整的五年规划时期，重温五年规划纲要内容，全面地、系统地梳理和分析有关现代物流的表述，不难发现中国现代物流二十年（2001—2020）治理的思路和逻辑。

一 "十五"时期（2001—2005）——现代物流发展奠基阶段

《中华人民共和国国民经济和社会发展第十个五年计划纲要》（以下简称"十五"纲要）中首次出现了"物流"字眼，具体表述出现在经济结构部分关于"发展主要面向生产的服务业"一节中：

> 积极引进新型业态和技术，推行连锁经营、物流配送、代理制、多式联运，改造提升传统流通业、运输业和邮政服务业……

"物流配送"和"多式联运"都是首次纳入国家五年计划纲要，表明国家高度关注现代物流发展的新动向和它对国民经济和社会发展的积极作用。2001年以前，"物流配送"和"多式联运"在西方发达国家已较为普及，被证明是先进的现代物流业态和技术，但在国内只在少数地区试点，知之者甚少，对大多数中国人而言还是新概念、新事物。发展"物流配送"和"多式联运"可提高传统物流运作效率，对改造提升传统流通业、促进运输业和邮政服务业等传统物流方式向现代物流转型具有重大意义，有利于实现提高经济运行质量和调整经济结构的战略目标，因而国家采取积极引进的态度。

"十五"纲要把"物流配送"和"多式联运"看成改造提升传统流通业、运输业和邮政业的手段，但没有明确提出现代物流概念。值得注意的是，"物流配送"和"多式联运"只是现代物流的代表性的业态和技术，引进新概念，试行新的物流组织方式，有利于引导大家深入理解现代物流，为全面发展现代物流奠定基础。因此，整个"十五"时期是现代物流国家治理的准备阶段。

二 "十一五"时期（2006—2010）——现代物流产业地位确立阶段

与"十五"纲要只有1次提及"物流"不同，《中华人民共和国国民经济和社会发展第十一个五年规划纲要》（以下简称"十一五"纲要）中出现"物流"字眼共16次，分布5篇6章6节内容，明显加大了发展现代物流的力度。纲要首次明确提出"大力发展现代物流业"，并在第四篇（"加快发展服务业"）第十六章（"拓展生产性服务业"）中作为第二节单独出现，这是纲要中对现代物流最为集中的阐述，表明国家要将现代物流作为一种新兴的生产性服务业来发展，从而确立了现代物流业在国民经济和社会发展中的战略产业地位。该节内容具体为：

> 推广现代物流管理技术，促进企业内部物流社会化，实现企业物资采购、生产组织、产品销售和再生资源回收的系列化运作。培育专业化物流企业，积极发展第三方物流。建立物流标准化体系，加强物流新技术开发利用，推进物流信息化。加强物流基础设施整合，建设大型物流枢纽，发展区域性物流中心。

"大力发展现代物流业"一节虽然只有短短四句话，但清晰和系统地概括了现代物流业发展的主要内容。第一句提出推广现代物流管理技术，促进和实现企业内部物流社会化和系列化运作，旨在推动企业物流管理模式和组织方式变革，扩大物流市场需求，提高企业物流运作效率。第二句从供给角度出发，培育专业化物流企业，尤其要积极发展第三方物流。所以，前两句阐述了现代物流业的市场发展问题。后两句涉及的是现代物流业市场运行相关的软硬件等基础建设问题。软件方面要重视物流标准化、物流新技术和物流信息化，硬件方面是物流基础设施整合，大型物流枢纽和区域性物流中心等建设问题。物流基础建设支撑物流市场发展，应该说"十一五"时期现代物流发展的主要任务是确定现代物流产业地位，培育物流市场，打牢物流产业发展软件和硬件基础。

除此之外，"十一五"纲要中还有五处提及"物流"，分别是：（1）"以信息化改造制造业，推进生产设备数字化、生产过程智能化和企业管理信息化，促进制造业研发设计、生产制造、物流库存和市场营销变革"（第三篇第十五章第一节"加快制造业信息化"）；（2）"积极发展连锁经营、特许经营、物流配送等现代流通方式和组织形式"（第四篇第十七章第二节"提升商贸服务业"）；（3）"加强物流中心等基础设施建设，完善市场体系"（第五篇第十九章第三节"促进中部地区崛起"）；（4）"鼓励外资参与软件开发、跨境外包、物流服务等"（第八篇第三十五章第三节"发展服务贸易"）；（5）"保持香港、澳门长期繁荣稳定。……支持香港发展金融、物流、旅游、资讯等服务业，保持香港国际金融、贸易、航运等中心的地位"（第十四篇第四十八章"健全规划管理体制"）。

现代物流业发展对工业结构优化、服务业发展、区域协调发展、深化体制改革和国家的统筹规划等方面具有重要影响。通过信息化改造促进"物流库存"变革，体现了信息替代库存所带来的制造业物流成本降低的作用，因此，"物流库存"变革就成为推进工业结构优化升级的一条新途径；"十五"纲要中"物流配送"属于生产服务内容，"十一五"纲要则将其定义为一种现代流通方式和组织形式，突出了它对商贸服务业的促进作用，将"物流配送"领域从生产服务拓展到包含生产和消费的整个服务业；"物流中心"等基础设施建设是中部地区崛起不可或缺的要素，有效支撑区域协调发展；发展"物流服务"贸易，有利于加快转变对外贸易增长方式，为深化体制改革作出贡献；支持香港物流服务业发展，可以促进香港、澳门长期繁荣稳定，有利于全国的统筹规划管理。

综上所述，"十一五"纲要不仅将现代物流确立为需要拓展的生产性服务业，而且将要发挥现代物流对国民经济和社会发展诸多领域的促进作用。

三 "十二五"时期（2011—2015）——现代物流产业发展成熟阶段

在《中华人民共和国国民经济和社会发展第十二个五年规划纲要》（以下简称"十二五"纲要）中，"大力发展现代物流业"依然被作为单独一节出现在第四篇（"营造环境推动服务业大发展"）第十五章（"加快发展生产性服务业"）中：

> 加快建立社会化、专业化、信息化的现代物流服务体系，大力发展第三方物流，优先整合和利用现有物流资源，加强物流基础设施的建设和衔接，提高物流效率，降低物流成本。推动农产品、大宗矿产品、重要工业品等重点领域物流发展。优化物流业发展的区域布局，支持物流园区等物流功能集聚区有序发展。推广现代物流管理，提高物流智能化和标准化水平。

"大力发展现代物流业"一节依然是四句话。第一句将建立现代物流服务体系摆在首要位置，强调第三方物流的主体地位，明确提出提高物流效率，降低物流成本；第二句指出现代物流业的重点发展方向，即农产品、大宗矿产品、重要工业品等领域；第三句谈物流业发展布局，发挥物流园区等物流节点的集聚作用问题；第四句谈现代物流管理的智能化和标准化水平提升问题。与"十一五"纲要相比，虽然标题相同，内容和篇幅都大致相同，但"十二五"纲要对现代物流业发展的理解和要求不同。首先，对现代物流业发展方向理解不同。"十一五"时期的首要任务是促进企业物流社会化，突出从需求面培育物流市场。"十二五"时期的首要任务是建立现代物流服务体系，强调从供给面做强、做大物流产业；其次，现代物流业发展任务更加具体。"十一五"纲要只是展现了现代物流业发展的基本领域,"十二五"纲要提出建立现代物流服务体系、发展农产品、大宗矿产品、重要工业品等重点领域物流、物流园区建设等,对如何发展现代物流业的任务表述更加具体;再次,对现代物流业发展水平诉求更高。"十二五"纲要明确提出提高物流效率,降低物流成本,提高物流智能化和标准化水平,是现代物流业对运行效率的本质要求,与"十一五"相比,对现代物流业发展水平有更高的诉求;最后,现代物流业发展理念更加突出。在硬件设施建设方面,"十一五"纲要只强调基础设施整合,物流枢纽、物流中心的建设,"十二五"纲要提出优化物流业发展的区域布局,支持物流园区等物流功能集聚区有序发展,突出了注重全局的系统发展理念和注重效率的科学发展理念。

"十二五"纲要推进现代物流的力度更大,共出现"物流"字眼19次,分布在5篇6章7节之中,除上述部分外,还有六处内容:(1)"积极发展电子商务,完善面向中小企业的电子商务服务,推动面向全社会的信用服务、网上支付、物流配送等支撑体系建设"(第三篇第十三章第二节"加快经济社会信息化");(2)"鼓励和支持连锁经营、物流配送、电子商务等现代流通方式向农村延伸,完善农村服务网点,支持大型超市与农村合作组织对接,改造升级农产品批发市场和农贸市场"(第四篇第十六章第一节"优化发展商贸服务业");(3)"完善政策措施,促进加工贸易从组装加工向研发、设计、核心元器件制造、物流等环节拓展,延长国内增值链条"(第十二篇第五十一章第一节"培育出口竞争新优势");(4)"扩大金融、物流等服务业对外开放,稳步开放教育、医疗、体育等领域,引进优质资源,提高服务业国际化水平"(第十二篇第五十一章第三节"大力发展服务贸易");(5)"继续支持香港发展金融、航运、物流、旅游、专业服务、资讯以及其他高增值服务业,支持香港发展成为离岸人民币业务中心和国际资产管理中心,支持香港发展高价值货物存货管理及区域分销中心,巩固和提升香港国际金融、贸易、航运中心的地位,增强金融中心的全球影响力"(第十四篇第五十七章第一节"支持港澳巩固提升竞争优势");(6)"稳步推进以生活保障、通用物资储备、装备维修等为重点的军队保障社会化改革,形成与国家人事劳动和社会保障法规体系相适应的军队职工管理制度,建立军民结合的军事物流体系和军地一体的战略投送力量体系"（第十五篇第六十章"推进军民融合式发展"）。

"十二五"纲要首次提出"建立军民结合的军事物流体系和军地一体的战略投送力量体系"，充分肯定了现代物流在推进军民融合式发展中的作用；在信息化提升产业竞争力方面和促进生活性服务业发展方面，突出"物流配送"的影响和作用，强调加强物流配送信息支撑体系建设，物流配送向农村拓展延伸，促进农村商贸服务业发展；在优化对外贸易结构方面，鼓励通过组装加工向物流等环节拓展提升加工贸易价值，努力将物流培育成为出口竞争新优势，也要扩大物流服务业开放，提高国际化水平来促进服务贸易发展；在维持保持香港长期繁荣稳定方面，支持香港物流服务业发展高价值货物存货管理等增值服务。

"十二五"纲要将现代物流业推向了一个新的高度，现代物流在国民经济和社会发展中扮演着更加重要的角色，由此可以看出，"十二五"时期将是现代物流业全面发展并逐步走向成熟的阶段。

四 "十三五"时期（2016—2020）——现代物流业融合发展阶段

"十三五"纲要中提及"物流"18次、"供应链"2次，相关内容分布在7篇11章13节内容之中，篇数占比35%，章数占比13.8%，与前几次五年规划比，"十三五"纲要涉及物流内容最多，力度最大。"十三五"纲要展示了现代物流业发展过程中与国民经济和社会相融合的各领域，充分体现了现代物流业的服务本质和与时俱进的融合发展特征。

第一，现代物流业与制造业融合，降低企业物流成本，促进实施制造强国战略。"提高物流组织管理水平，规范公路收费行为，降低企业物流成本。"（第五篇第二十二章第六节"降低实体经济企业成本"）

第二，现代物流业与其他生产性服务业一道走专业化发展之路，与其他服务业一起扩大开放，共同推动服务业优质高效发展。"加强物流基础设施建设，大力发展第三方物流和绿色物流、冷链物流、城乡配送"（第五篇第二十四章第一节"促进生产性服务业专业化"）；"面向社会资本扩大市场准入，加快开放电力、民航、铁路、石油、天然气、邮政、市政公用等行业的竞争性业务，扩大金融、教育、医疗、文化、互联网、商贸物流等领域开放，开展服务业扩大开放综合试点"（第五篇第二十四章第三节"完善服务业发展体制和政策")。

第三，现代物流业与互联网融合发展，推进供应链、物流链创新，形成"互联网＋"现代物流产业体系，拓展网络经济空间。"组织实施'互联网＋'重大工程，加快推进基于互联网的商业模式、服务模式、管理模式及供应链、物流链等各类创新，培育'互联网＋'生态体系，形成网络化协同分工新格局。"（第六篇第二十六章第二节"加快多领域互联网融合发展"）

第四，现代物流业与交通运输融合发展，打造一体衔接的综合交通枢纽，提升传统交通运输效率，成为现代基础设施网络的重要组成部分。"完善枢纽综合服务功能，优化中转设施和集疏运网络，强化客运零距离换乘和货运无缝化衔接，实现不同运输方式协调高效，发挥综合优势，提升交通物流整体效率。"（第七篇第二十九章第三节"打造一体衔接的综合交通枢纽"）

第五，现代物流业与京津冀、长江经济带协同，促进区域经济和社会发展。建设立体交通体系和现代物流体系，促进中部崛起；通过疏解北京区域性物流基地、河北重点建设现代商贸物流基地，推动京津冀协同发展；建立南京区域性航运物流中心，构建高质量综合交通走廊，推进长江经济带发展。"支持中部地区加快建设贯通南北、连接东西的现代立体交通体系和现代物流体系，培育壮大沿江沿线城市群和都市圈增长极。"（第九篇第三十七章第三节"促进中部地区崛起"）"积极稳妥推进北京非首都功能疏解，降低主城区人口密度。重点疏解高耗能高耗水企业、区域性物流基地和专业市场、部分教育医疗和培训机构、部分行政事业性服务机构和企业总部等。高水平建设北京市行政副中心。"（第九篇第三十八章第一节"有序疏解北京非首都功能"）"河北积极承接北京非首都功能转移和京津科技成果转化，重点建设全国现代商贸物流重要基地、新型工业化基地和产业转型升级试验区。"（第九篇第三十八章第二节"优化空间格局和功能定位"）"优化港口布局，加快建设武汉、重庆长江中上游航运中心和南京区域性航运物流中心，加强集疏运体系建设，大力发展江海联运、水铁联运，建设舟山江海联运服务中心。"（第九篇第三十九章第二节"构建高质量综合立体交通走廊"）

第六，现代物流业与节能环保产业融合发展，构建绿色供应链产业体系，为改善生态环境作贡献。"加快构建绿色供应链产业体系。"（第十篇第四十八章第一节"扩大环保产品和服务供给"）

第七，现代物流业与国际经济融合发展，有利于完善对外开放战略布局，推进"一带一路"建设，促进全方位开放新格局的形成。"支持企业扩大对外投资，深度融入全球产业链、价值链、物流链。"（第十一篇第四十九章第四节"提升利用外资和对外投资水平"）"建设上合组织国际物流园和中哈物流合作基地。积极推进'21世纪海上丝绸之路'战略支点建设，参与沿线重要港口建设与经营，推动共建临港产业集聚区，畅通海上贸易通道。推进公铁水及航空多式联运，构建国际物流大通道，加强重要通道、口岸基础设施建设。"（第十一篇第五十一章第二节"畅通'一带一路'经济走廊"）

第八，现代物流业与港澳经济融合发展，支持港澳地区长期稳定发展。"支持香港巩固和提升国际金融、航运、贸易三大中心地位，强化全球离岸人民币业务枢纽地位和国际资产管理中心功能，推动融资、商贸、物流、专业服务等向高端高增值方向发展。"（第十二篇第五十四章第一节"支持港澳提升经济竞争力"）

"十三五"纲要中首次提出"供应链"概念，并且带有"链"字的概念大量出现。"十一五"纲要中首次出现"产业链"，共提及6次；"十二五"纲要提及3次，同时出现"责任链""增值链""链接循环"各1次；"十三五"纲要出现"链"的相关概念达24次之多，包括"创新链""服务链""人才培养链"等，涉及现代物流业的有"供应链"和"物流链"各2次，"冷链物流"1次。"链"相关概念大量出现，说明国家对宏观经济的认识发生了变化，正在从网络视角重新审视企业和产业发展，网络治理的理念正在酝酿与形成之中。对于现代物流业而言，供应链管理理念逐步融入国民经济和社会发展中。因此，"十三五"时期的现代物流发展进入到了供应链管理新理念的萌芽阶段。

第二节　中国现代物流二十年（2001—2020）治理的主要措施

在2001—2020年中国现代物流二十年发展历程中，中国政府运用了多种形式、采取了一系列治理措施来促进现代物流发展，如机构改革与现代物流组织建设、现代物流立法与现代物流制度建立、政策文件颁布与现代物流重要会议召集、物流专项治理行动与物流发展阶段性表彰等。这些治理行动中，有许多不仅在当时引起了广泛关注，还对后来的物流发展产生了重大影响，成为现代物流治理的主要手段和措施。

一 立法行为与制度建立

（一）立法行为

1. 采购

2002年6月29日，第九届全国人民代表大会常务委员会第二十八次会议通过了《中华人民共和国政府采购法》，此法于2003年1月1日正式实施。这是与现代物流关系较密切的一部法律，旨在规范政府采购行为，提高政府采购资金的使用效益，维护国家利益和社会公共利益。同时，也有利于保护政府采购当事人的合法权益，促进廉政建设。

2. 邮政和快递

2009年，新修订的《中华人民共和国邮政法》（简称《邮政法》）10月1日起实施。《邮政法》于1986年首次颁布实施，进入21世纪以来，现代物流发展对传统邮政部门产生了重要影响，特别是民营快递企业的迅猛增长对传统邮政业务产生了巨大冲击。此次修订主要围绕着邮政专营和快递经营问题。新《邮政法》规定国务院规定范围内的信件寄递由邮政企业进行专营，同时，确立了快递业务经营许可制度，通过市场准入制给予快递企业平等发展机会。相比2012年和2015年两次小修订，2009年《邮政法》修订是适应现代物流发展需要的一次重大法律调整。

为促进快递业健康发展，保障快递安全，保护快递用户合法权益，加强对快递业的监督管理，根据《中华人民共和国邮政法》和其他有关法律制定了《快递暂行条例（草案）》。2018年2月7日国务院总理李克强主持召开国务院常务会议通过了《快递暂行条例》，自2018年5月1日起施行。《快递暂行条例》的出台促进了快递行业在法治轨道上提质升级，促成了快递业治理体系和治理能力现代化。

3. 现代物流业

2010年9月30日上午，《福建省促进现代物流业发展条例》在福建省十一届人大常委会第十七次会议上表决通过，并于 2011 年 1 月 1 日起施行。这是福建省在全国率先对物流业发展进行立法，也是迄今为止现代物流领域在全省范围内唯一的地方性法规。

2019 年 10 月 31 日，《鄂州市现代物流业发展促进条例》在鄂州市第八届人民代表大会常务委员会第二十二次会议上通过，同年 11 月 29 日，湖北省第十三届人民代表大会常务委员会第十二次会议批准，2021 年 3 月 1 日正式实施。这是全国首次地级市的物流立法，也是中国第二部以"促进现代物流业发展"命名的地方性法规。

虽然目前全国只有两部地方性法规，且直接作用范围较小，但它们对现代物流业发展的促进作用不容小觑，对完善现代物流治理体系和提升治理能力现代化水平也极具引领作用。

（二）制度建立

1. 现代物流工作重点企业联系制度

为密切政府与企业联系，及时发现和了解物流发展中存在的问题，为企业发展现代物流创造良好环境，2001 年 8 月底，国家经贸委发出《关于建立现代物流工作重点企业联系制度的通知》，确定了 34 家企业为现代物流工作重点联系企业，对其实行动态管理。现代物流工作重点企业联系制度的建立是现代物流治理中的重大事件，在其影响和带动下，交通运输部建立了重点物流园区、企业联系制度（2012），商务部建立了物流重点联系企业制度（2013），交通运输部等 12 部委联合建立了国际物流运输重点联系企业制度（2020）。由此可见，重点企业联系制度已成为现代物流治理的一种基本制度，现代物流工作重点企业联系制度起到了示范作用。

2. 全国物流社会统计核算制度

为全面掌握现代物流业的规模、结构和发展水平，及时监测分析中国现代物流业成长和运行状况，2004 年 10 月，国家发展改革委和国家统计局联合颁发了《关于组织实施〈社会物流统计制度及核算表式（试行）〉的通知》，建立了全国社会物流统计核算制度。该项工作由国家发展改革委、中国物流与采购联合会联合（以下简称中物联）组织实施，并会同国家统计局发布，具体工作委托中国物流与采购联合会承担。社会物流统计核算制度试行取得了良好的社会效果，经国家统计局批准，自2006年起将试行制度转为正式制度。2006年4月，国家发改委下发《关于组织实施社会物流统计核算与报表制度的通知》，至此，全国范围内的各级社会物流统计核算工作得以有序开展。

社会物流统计核算制度是中国现代物流治理制度的又一大进步，标志着中国现代物流运行监测管理已纳入国家统计体系之中。该项工作的开展为各级政府部门制定有关物流发展政策和发展规划、加强宏观管理和决策提供了依据，并能有效地指导企业生产经营活动。

3. 现代物流运行监测与信息发布制度

为科学有效地预测、监测现代物流和国民经济运行，相关部门和机构通过物流运行相关指标向社会定期公布物流运行监测信息。

（1）全国物流运行情况通报

2003年，在国家发改委和国家统计局指导推动下，中国物流与采购联合会、中国物流信息中心开始建立中国物流信息统计指标体系，并首次发布全国物流行业统计信息数据。此后，《全国物流运行情况通报》由中国物流信息中心定期发布社会物流总额、社会物流总费用、物流业增加价值（社会物流总收入）等信息，目前有月度、月度累计、季度、半年度、年度等相关信息发布。

（2）采购经理指数（PMI）

2005年1月开始中国正式推出制造业PMI指数，并由中物联在每个月的第一个工作日发布相关统计数据。国家统计局和中物联于2006年12月建立了中国非制造业PMI调查制度，并于2007年1月正式展开此项工作。2017年，中物联在北京首次发布全球制造业采购经理指数（CFLP-GPMI），每月第六个工作日向社会发布。目前，国家统计局服务业调查中心和中国物流与采购联合会每月定期发布中国制造业PMI指数和中国非制造业PMI指数。PMI指数已成为判断中国宏观经济走势的重要指标之一，体现了现代物流治理对中国经济治理现代化的巨大贡献，CFLP-GPMI指数更是展现了中国物流管理机构对全球经济治理的努力。

（3）物流行业产业损害预警系统

2008年7月2日，在商务部和中国物流与采购联合会共同推出的"物流行业产业损害预警系统"正式启动。建立损害物流产业预警机制，有利于维护行业和企业的合法权益，保护物流产业经济安全，推动中国现代物流产业健康、稳定、快速发展。

（4）物流业景气指数（LPI）

2011年，综合反映物流业总体运行状况与趋势的中国物流行业景气指数进入试运行阶段；2013年3月，中物联首次正式发布了中国物流业景气指数，并于以后的每月5日上午9点在中物联官网发布该指数。中国物流景气指数（LPI）发布，预测分析中国物流业运行趋势又添新指标，成为中国现代物流治理的有效工具。

（5）物流细分领域的指数

中国物流与采购联合会联合相关单位对物流细分领域进行了指标构建、编制、调查和对外发布。2006年，中物联委托并指导汇通天下信息技术有限公司完成具体的数据采集、加工处理和指数编制工作，首次联合发布"全国普通货物公路运价指数"，每月定期对外发布；2015年6月起，"中国公路物流运价指数"由中物联和广东林安物流集团联合调查，中国物流与采购联合会将于每月2日上午9时发布月指数，每周五上午9时发布周指数；2016年1月起，与中储发展股份有限公司联合调查，中物联每月2日9时对外发布"中国仓储指数"；2016年10月起，与京东合作联合调查，中物联每月2日上午9时对外发布"中国电商物流指数"；2017年12月5日，中物联首次发布了"中国快递物流指数"，此后每月5日上午9时发布上月指数。上述物流指数涉及公路运输、仓储、电商和快递等物流细分领域，表明中国现代物流预测、监测等治理体系日臻完善。

二　机构改革与组织建设

（一）物流标准化组织

2003年，经国家标准化管理委员会批准，全国物流标准化技术委员会和全国物流信息管理标准化技术委员会相继在北京成立，这是中国现代物流率先成立的两个重要的组织机构，表明标准化工作成为中国现代物流治理的第一个突破口。

（二）港澳台地区物流合作协议

2003年，中央政府分别与港澳地区签署关于建立更紧密经贸关系的安排，内地与港澳加快物流合作步伐。2010年，《两岸经济合作框架协议》（ECFA）开始实施，开启两岸物流合作新时代。合作协议的签订为畅通中国大陆与港澳台地区之间的物流奠定了基础。

（三）全国现代物流工作部际联席会议

2005年，全国现代物流工作部际联席会议（简称物流部际联席会）建立，成员有发改委、商务部、交通运输部等13个部委和中国物流采购联合会与中国交通协会2个行业协会，主要职能是提出全国现代物流发展政策、协调全国现代物流发展规划、研究解决发展中的重大问题，组织推动现代物流业发展等。部际联席会议是最权威的物流专业组织，它的建立是中国现代物流治理机制的重大改革。

（四）教育部物流类专业教学指导委员会

2006年，教育部高等学校物流类专业教学指导委员会和教育部中等职业学校物流专业教学指导委员会相继设立，在教育部领导下，它们分别开展高等学校本科和中等职业物流类专业教学研究、咨询、指导、评估、服务等工作。教育部高等学校物流类专业教学指导委员会是国内第一个吸收行业组织作为成员并将秘书处设在行业组织的高校教学指导委员会，开创了物流教育与行业组织相结合的先河。物流类专业教学指导委员会推动现代物流教育的大发展，为物流行业输送了大批优秀人才，因此，它们的成立是中国现代物流治理中的标志性事件。

（五）大部制改革

自21世纪开始，中国政府机构经历了三次大规模的改革，物流领域相关的政府机构改革主要目标是政企分开和成立交通运输部的大部制改革。2006年，原国家邮政局实行政企分开，重新组建新的国家邮政局和中国邮政集团公司；2008年，国务院组建交通运输部，原交通部、中国民航总局、国家邮政局归并其中；2013年，中国铁路总公司成立，原铁道部行政职责划入交通运输部，铁路系统实现政企分开。至此，一个涵盖公路、铁路、水运、民用航空和邮政等政府行政职能的交通运输部成立，大部制改革宣告完成。交通运输部有利于整合运输物流资源，促进了运输物流协同发展，为中国现代物流治理奠定了基础。

（六）现代物流运行专项组织

为有效推动中国现代物流发展，针对某类专项物流项目成立相应的临时性组织也是现代物流治理的重要手段。

1. 中欧班列运输协调委员会

中欧班列始于 2014 年，开行以来增长迅猛，仅 2017 年 1—5 月开行数量达 3271 列，超过前三年开行数量总和。为协调推动中欧班列优质可持续发展，打造中欧班列国际物流品牌，2017 年 5 月 26 日，中欧班列运输协调委员会成立大会在北京召开。中欧班列运输协调委员会较好地服务国家"一带一路"建设，2020 年中欧班列货运价值总量达 560 亿美元，是 2016 年的 7 倍。

2. 国家物流枢纽联盟

根据《国家物流枢纽布局和建设规划》的安排，2020 年 11 月 12 日，国家物流枢纽联盟在青岛宣告成立。该联盟是经政府部门评审认定的国家物流枢纽运营主体企业（单位）和为枢纽联盟提供运行支持单位自愿加入的全国性同业联系机制，业务上接受国家发展改革委、交通运输部主管司局的指导。国家物流枢纽联盟由中国物流与采购联合会牵头组建运行，45 家枢纽运营主体单位加入，发布《青岛宣言》。①

三　政策文件与重要会议

（一）政策文件

政策文件是中国物流治理的最基本手段，2001—2020 年，全国人大、中共中央和国务院（含各部委）有关物流发文共 586 项，形成了庞大的政策文件体系，从一些重要政策文件中可以清晰看出中国政府治理现代物流的努力方向。

1. 全国人大

国民经济和社会发展五年规划纲要是全国人民代表大会通过的文件，是中国国民经济计划的重要部分，属国家战略规划。"十五"纲要首次提及"物流配送"，也是唯一一次涉及"物流"字眼；"十一五"纲要将

---

① 中华人民共和国发展和改革委员会 交通运输部：《国家物流枢纽布局和建设规划》（https：//xxgk.mot.gov.cn/2020/jigou/zhghs/202006/t20200630_3321152.html）。

"大力发展现代物流业"单列一节，现代物流的产业地位得以确立；"十二五"纲要多处提及物流发展相关内容，并单列一节，再次强调"大力发展现代物流业"；"十三五"纲要与前几次五年规划比，涉及物流内容最多，力度最大。如前所述，在五年规划纲要的正确引导和助推下，中国现代物流经历了奠基、产业地位确立、产业成熟和产业融合等发展阶段，现代物流业已成为现代服务业的重要组成部分。

2. 中共中央

2003年，中共十六届三中全会文件提出：发展电子商务、连锁经营、物流配送等现代流通方式，这是党中央重大会议中首次提及物流；2005年，《中共中央关于制定国民经济和社会发展第十一个五年规划的建议》首次把"物流"列入要大力发展的现代服务业；2007年，中央1号文件提出，健全农村市场体系，发展适应现代农业要求的物流产业；2017年，党的十九大报告提出，加强"物流等基础设施网络建设"；在"现代供应链等领域培育新增长点、形成新动能"；2019年，中共中央、国务院印发《交通强国建设纲要》，提出到2035年基本建成交通强国，提出基本形成"全国123出行交通圈"和"全球123快货物流圈"构想；2020年，《中共中央关于制定国民经济和社会发展第十四个五年规划和二〇三五年远景目标的建议》明确要求构建现代物流体系。由此可见，中共中央时刻关注和助推现代物流业发展。

3. 国务院

国务院是最高行政级别的发文机构，国务院通过物流总体规划和专项治理措施治理现代物流业。2009年，为应对国际金融危机，国务院发布《物流业调整和振兴规划》，物流业是唯一入选十大产业振兴规划的服务业，这也是国家层面的第一个物流总体规划；2011年，国务院办公厅印发《关于促进物流业健康发展政策措施的意见》，提出九条政策措施；2014年，国务院发布《物流业发展中长期规划（2014—2020年）》，明确物流业为基础性、战略性产业。这三个文件成为中国现代物流业的总体规划。2016年，国务院办公厅转发国家发展和改革委《物流业降本增效专项行动方案（2016—2018年）》，推进物流业供给侧结构性改革；2017年，国务院办公厅颁发《关于加快发展冷链物流保障食品安全、促进消费升级的意见》《关于进一步推进物流降本增效、促进实体经济发展的意见》《关于积极推进供应链创新与应用的指导意见》，针对现代物流业发展中存在的问题提出了专门的指导意见。

国务院的其他文件中也涉及现代物流相关内容。首先，交通领域文件中涉及物流内容最多，如《全国沿海港口布局规划》（2006）、《综合交通网中长期发展规划》（2007）、《打赢蓝天保卫战三年行动计划》（2018）、《调整运输结构三年行动计划》（2018）和《交通强国建设纲要》（2019）等；其次是服务业领域，《关于加快发展服务业的若干意见》（2007）和《关于深化流通体制改革加快流通产业发展的意见》（2012）强调指出，提升物流的专业化、社会化、现代化水平，大力发展第三方物流，促进企业内部物流社会化；此外，还有其他领域提及物流。2004年，国务院首次将"物流服务业"纳入《国家科技发展中长期规划》，2017年，《国务院关于积极推进"互联网+"行动的指导意见》将"互联网+高效物流"纳入11项重点行动。

4. 部委联合

部委联合发文是政府间协同开展现代物流治理的重要形式。2001年，国家经贸委等六部委发布了《关于加快中国现代物流发展的若干意见》，开创了现代物流联合发文的先河；2004年，国家九部委联合发布《关于促进中国现代物流业发展的意见》，为现代物流业列入"十一五"纲要奠定了基础。此后，根据现代物流发展需要，不同部门进行协调，产生了大量的部委联合文件。如《全国物流标准2005年—2010年发展规划》（国家标准委和国家发改委，2005）、《关于推动农村邮政物流发展的意见》（交通运输部等8部委，2009）、《关于开展收费公路专项清理工作的通知》（交通运输部等5部门，2011）、《商贸物流发展专项规划》（商贸部等3部委，2011）、《关于物流企业大宗商品仓储设施用地城镇土地使用税政策的通知》（财政部和国家税务局，2012）、《关于鼓励和引导民间投资进入物流领域的实施意见》（国家发改委等11部门，2012）、《全国物流园区发展规划》（国家发改委等13部门，2013）、《推动物流高质量发展，促进形成强大国内市场的意见》（国家发改委等24部门，2019）、《关于做好2019年国家物流枢纽建设工作的通知》（国家发改委和交通运输部，2019）。部委联合发文贯穿中国物流治理全过程，是推动中国现代物流发展的一股重要力量。

5. 单个部委

部委发文是对物流日常事务管理的主要手段。各部委依据物流分工，履行各自职责。商务部主要负责物流企业和商贸物流问题，下发了《关于开展试点设立外商投资物流企业工作有关问题的通知》（2002）、《关于加快中国流通领域现代物流发展的指导意见》（2008）和《关于促进商贸物流发展的实施意见》（2014）；2003年劳动和社会保障部发布《物流师国家职业标准》，物流师认证工作启动；国家标准委负责物流标准化工作，颁布或修订国家标准《物流术语》（2001、2005）、《物流企业分类与评估指标》（2005）、《企业物流成本构成与计算》（2006）和《物流标准化中长期发展规划（2015—2020年）》（2015）等文件；此外还有一些有重要影响的部委文件，如2011年，工信部将智能物流列入《物联网"十二五"发展规划》重点领域应用示范工程；2013年，交通运输部《国家公路网规划（2013—2030年）》发布，2017年国家发改委等15个部委密集出台支持、促进、引导和规范物流业发展的政策文件等。

（二）重要会议

召集专门的主题会议研讨现代物流某些领域的问题，充分交流、达成共识，也是中国现代物流治理的重要手段。

1. 现代物流工作座谈会

2001年6月底，国家经贸委、铁道部、交通部、信息产业部、外经贸部、民航总局联合在上海召开了现代物流工作座谈会，发布了《中国物流发展现状及对策研究报告》，讨论了今后现代物流工作的思路。现代物流工作座谈会为现代物流协作治理机制的建立奠定了基础。

2. 中国物流学会年会

2002年，中国物流学会举办了首届年会，旨在集中探讨物流"热点"问题。此后，年会每年举办一次，截至2020年底已成功举办19届。目前，中国物流学会年会已成为中国物流领域"产学研结合、国内外交流"的重要平台。

3. 全国现代物流工作会议

2005年9月22日，首届全国现代物流工作会议在青岛召开。该会议由国家发展改革委员会牵头，全国现代物流工作部际联席会议15个成员单位参加。此后，每年针对不同主题召开1—2次全国现代物流工作会议。

4. 全国制造业与物流业联动发展大会

2007年9月24日，全国制造业与物流业联动发展大会在沪召开。此后，每年召开一次，至2020年为止，共召开了13届。两业联动大会由国家发展和改革委员会主办，中国物流采购与联合会承办，交通运输部、铁道部、国家标准委、现代物流工作部际联席会议办公室等部门都参与会议，旨在推动制造业与物流业联动发展。

5. 国务院常务会议

国务院常务会议对许多现代物流问题进行专题讨论，如研究部署促进物流业健康发展（2011）、推进互联网＋物流（2016）、进一步促进物流降本增效（2018）和国家物流枢纽布局建设（2018）等，并审议通过了《快递暂行条例》（2018）等物流行政法规和相关政策文件。

6. 中共中央相关会议

从十六届三中全会至十九大各次会议，中共中央出台了许多重要的现代物流相关政策文件。2019年，中共中央政治局就区块链技术发展现状和趋势进行集体学习。习近平总书记关于"要加快推动区块链技术和产业创新发展，积极推进区块链和经济社会融合发展"的重要指示，对于区块链技术在物流与供应链领域的应用具有重要指导作用；2020年，中央财经委员会第八次会议强调，统筹推进现代流通体系建设，培育壮大具有国际竞争力的现代物流企业。

7. 全国物流行业纪念改革开放座谈会

2008年11月28日，全国物流行业纪念改革开放30周年座谈会在北京召开，会议回顾了中国物流行业改革开放30年来的历程，总结了走中国特色物流发展道路的经验。2018年11月24日，纪念改革开放40周年座谈会召开，提出不忘初心，砥砺前行，为建设物流强国而努力奋斗。大会对物流行业产生了极大的鼓励，有助于提高中国特色物流发展的道路自信。

四 热点聚焦与行业观察

（一）热点聚焦

聚焦物流热点问题、开展专题调研、为政府决策提供服务成为物流治理的手段之一。2003年，全国政协经济委员会组织对现代物流开展专题调研活动，并向国务院提交调研报告。为应对国际金融危机对中国物流业的影响，2009年国务院出台《物流业调整和振兴规划》，为解决物流业发展遇到的土地、税收、收费、融资和交通管理等方面问题，中物联在深入调研基础上提出60条物流政策建议。

重大事件促进了物流发展。2003年，中国经济经受非典严峻考验，应急物流机制引起社会广泛关注；2008年，在抗击特大地震和雨雪冰冻两场自然灾害中物流行业作出了重要贡献。以后，应急物流得到极大发展。2008年北京奥运会、2010年上海世博会和广州亚运会等大型活动的成功举办，物流业提供了良好的保障，同时为赛事、会展等物流发展积累了宝贵的经验。

聚焦社会关注广泛物流问题，有助于物流业发展。2004年，中国履行入世承诺，12月11日起物流市场进一步放开，物流业迎来了机遇和挑战；2006年和2007年，国内和国际油价上涨，使物流全行业的运输成本大幅度提高；2011年，中央电视台连续三周播出《聚焦中国物流顽症》系列节目，集中报道中国物流业发展中遇到的突出问题；2012年，钢贸流通行业仓单重复质押问题引发多方债务纠纷，金融物流风险受到广泛关注。全社会关注现代物流，充分暴露存在的问题，有利于群策群力，有效促进物流业平稳顺利发展。

（二）行业观察

物流行业投资和企业动态是行业发展的风向标，关注物流投资和企业经营管理中的重大事件，了解和掌握行业发展动态。

1. 物流投资与融资

2001年，京泰集团和香港嘉里集团在北京投资110亿元人民币，建设中国内地最大的物流港，与此同时，上海投资百亿元建设物流基础设施；2009年，全国铁路全年完成基本建设投资6000亿元，营业里程跃居世界第二位，2010年中国高速铁路运营里程居世界第一；2013年，物流业成为资本投资热点,多家产业基金投资物流行业;2017年,全球第四、亚洲第一,以顺丰航空公司作为主运营公司的航空物流枢纽——湖北国际物流核心枢纽项目开工建设。2018年,物流类企业加快进入证券市场,年内有8家企业跻身国内主板,5家在境外证券交易所上市,45家登陆国内"新三板"。

2. 物流企业兼并重组

2005年,跨国物流巨头并购中国民营物流企业,物流行业重组整合步伐加快;2006年,联邦快递以4亿美元收购大田集团合资公司中50%的快递股份,成为物流行业最大外资并购案;2013年,物流行业新一轮兼并重组热潮涌动;2014年,阿里巴巴和京东相继上市,兼并重组案例频频出现;2015年,国企改革提速,四大航运央企启动重组;2018年,中远海控完成收购东方海外多数股权,顺丰收购DHL在华供应链业务,中国邮政寄递事业部成立,天地华宇并入上汽物流板块,满帮收购志鸿物流,万科物流并购太古冷链,物流企业兼并重组事件频发。

3. 物流企业经营创新

2001年,中远集团将由全球承运人向以航运为依托的全球物流经营人转变,为国内外客户提供第三方物流超值服务;2010年,中国网络购物出现"井喷",物流能力成为瓶颈。2013年,传化公路港、林安物流、卡行天下、安能物流等多种商业模式推动公路货运市场平台整合;同年,网上购物市场井喷式发展,阿里巴巴成立"菜鸟网络",大型电商企业全面开放物流平台;2014年,阿里巴巴和京东相继上市,货运平台等新模式受到资本市场追捧,与此同时,货运APP集中上线,传统产业O2O借助物流渠道,物流业互联网化加速推进;2015年,铁路货运深化改革,推动铁路向现代物流转型发展。2017年,全球最大自动化码头——上海洋山港四期开港试运营。2018年,物流"无人技术"发展迅速,如京东无人配送站、顺丰无人机航空运营,菜鸟物流物联网(IoT)战略,苏宁无人车,多家公司自动驾驶卡车测试,等等。2020年,物流企业数字化转型、智能化改造提速,表现为网络货运、多式联运、无接触配送、数字化仓库、自动驾驶、高铁货运、大型无人机载货、智能快递柜和无人配送车等物流新业态新模式新技术加快推广。

4. 物流行业发展动态

PMI 指数受到重视。2009 年，采购经理人指数（PMI）准确预测经济回升势头，引起国务院领导重视和全社会广泛关注。

A 级物流企业发展迅速。2010 年，全国 A 级物流企业超千家，2016 年超过 4000 家，覆盖全国（除港澳台外）所有省市自治区；2019 年《供应链服务企业分类及评估指标》团体标准批准发布，2020 年首批 A 级供应链服务企业名单发布。2020 年，中欧班列全年开行突破一万列，国际航空货运和航运板块逆市上扬，物流业为保持国际供应链稳定作出重大贡献。

快递和电商物流发展迅猛。2012 年，中国快递业务量全年完成 57 亿件，同比增长 55%，快递"爆仓"和延迟配送问题考验物流企业应对能力；2014 年，电商物流持续快速增长，物流网络全面向农村延伸，跨境电商加紧海外物流布局；2015 年，中国网络零售额达到 4 万亿元，电商物流"进社区""到农村""出国门"。

国家经济战略推动区域物流发展。2014 年，"一带一路"、长江经济带、京津冀协同发展上升为国家战略，区域物流互联互通成为突破口。

公路收费和 ETC 联网。2012 年，为期一年的收费公路专项清理工作取得阶段性成效，全国共排查出 771 个需要整改的项目，全面解决各类违规及不合理收费问题任务依然艰巨。2015 年，中国高速公路 ETC 实现全部联网，一卡实现畅行全国。2019 年底，取消全国高速公路省界收费站，年内新增 ETC 发行超 1 亿元，高速公路不停车快捷收费实现历史性跨越。

物流管理教育与研究。2019 年，物流管理被教育部列入首批"1＋X"证书制度试点领域，355 所院校成为首批试点院校。2020 年，《供应链管理》和《物流研究》杂志创刊。

五　示范试点与专项治理

（一）试点示范

试点是对新兴事物进行探索的重要手段，中国现代物流治理过程中采用了大量的试点工程，涉及国际物流、物流税收、物流行业信用、运输、城市物流配送、物流标准和物流教育等领域，具体详见表 4-1。

表4-1　　　　　　　　2001—2020年中国物流重要试点项目

年份	试点内容	下发单位	备注
2002	保税物流与自由贸易区	国务院等	2002—2014年
2005	物流企业营改增	国务院等	2005—2016年
2007	物流行业信用评级	国务院相关机构	首批A级信用物流企业产生
2011	甩挂运输	交通运输部、国家发改委	首批26个项目入选，2011—2020年每年一批
2014	城市物流配送	商务部	《关于促进商贸物流发展的实施意见》
2015	物流团体标准	中物联	国标委发布《物流标准化中长期发展规划（2015—2020年）》
2016	无车承运人	交通运输部	10月启动，交通运输部负责统筹指导，省级交通运输主管部门具体负责组织实施。
2018	供应链创新与应用	商务部等8部门	2018年55个城市、269家企业首批纳入；2019年《供应链服务企业分类及评估指标》团体标准批准发布
2019	交通强国建设	中共中央、国务院	《交通强国建设纲要》提到，河北雄安新区等13个区域入选首批交通强国建设试点地区
2019	物流管理"1+X"证书制度	教育部	355所院校成为首批试点院校

资料来源：作者根据相关资料整理。

在上述试点项目中，历时长、影响大的有两个：一是保税物流与自由贸易区试点；二是物流企业营改增试点。

保税物流与自由贸易区试点。2002年，外经贸部下发《关于开展试点设立外商投资物流企业工作有关问题的通知》，跨国物流企业加速进入中国。2004年，海关总署批准七个城市的保税区与邻近的港区开展联动试点，加快了保税物流发展步伐；2006年，国务院批准设立大连大窑湾和天津东疆两个保税港区，同时批准西安、昆山、宁波、上海松江、北京天竺、烟台、重庆共7个出口加工区进行叠加保税物流功能试点；2013年，国务院批准设立中国（上海）自由贸易试验区，2014年，广东、天津、福建特定区域再设三个自由贸易园区，保税物流和国际物流迎来发展新机遇；2014年，京津冀、长江经济带、广东地区三大区域通关一体化改革全面实施，通关模式创新助推贸易便利化。

物流企业营改增试点。2005年，国税总局发出《关于试点物流企业有关税收政策问题的通知》，37家物流企业列入营业税改革试点名单；2009年，税费改革，国家发改委、国家税务总局委托中国物流与采购联合会推荐物流税收试点企业，并将税收试点常态化；2012年起，在上海市开展交通运输业和部分现代服务业营业税改征增值税试点；2013年，铁路运输和邮政业纳入营业税改征增值税试点；2016年5月1日起，营业税改征增值税试点在全国范围内全面推开，明确无运输工具承运业务按照交通运输服务缴纳增值税，道路通行服务按照不动产经营租赁缴纳增值税。

确立项目、树立典型、建立标杆是引领和促进行业发展的重要手段。运用示范基地、实验基地、示范城市、示范工程、重大工程等确定现代物流重点推进领域，树立行业发展标杆，总结建设经验，探索行业发展的规律。表4-2列举了2001—2020年中国现代物流治理中重要影响的示范基地、示范工程、重点工程等活动。

表4-2　2001—2020年中国物流示范基地、示范工程、重点工程等

年份	示范名称	评定单位	被授予单位	备注
2001	中国物流示范基地	中物联	海尔集团（2001）、宝供集团（2002）	首次
2002	物流人才教育工程	教育部、劳动人事部、中物联等		在学历教育、证书培训、师资培养、实验条件和学科建设方面全面启动
2002	中国物流实验基地	中物联	中储总公司、炎黄在线物流、中海物流	首次
2009	流通领域现代物流示范城市	商务部	北京等46个城市	创建与评审
2011	智能物流应用示范工程	工信部		被列入《物联网"十二五"发展规划》重点领域
2015	现代物流重大工程	发改委		多式联运等十大工程纳入国家重大工程包

续表

年份	示范名称	评定单位	被授予单位	备注
2016	示范物流园区	发改委、国土部、住建部	北京通州物流基地等29家企业	中物联组织专家评定
2016	多式联运示范工程	交通运输部	16个项目入选	总数增至70个
2017	国家智能化仓储物流示范基地	发改委、商务部	京东、顺丰等10家企业	中物联组织专家评定
2019	百家骨干物流园区互联互通工程	国家发展改革委等24个部门	全国311家物流园区	中物联主导的《中国物流园区图谱》上线运行
2020	国家骨干冷链物流基地	发改委	北京平谷国家骨干冷链物流基地等17家企业	初步建设中

资料来源：作者根据相关资料整理。

（二）专项治理

为维护行业发展，对现代物流行业存在的突出问题进行集中的专项整治是保证物流业健康发展的重要手段。专项治理主要集中在邮政快递和运输两个领域。

邮政快递领域。2001年8月1日，中国邮政开始在全国范围内办理国内快递包裹业务，EMS提速，邮政布局全国最大快递网，邮政快递物流迎来大发展。2015年，针对危爆物品寄递物流问题，15个部门集中开展清理整顿专项行动。

运输问题一直是物流治理的重点。一是超载和车辆改装问题。2004年，国务院批准取消国际货代企业经营资格审批；交通运输部会同多部门在全国集中治理了道路运输超载超限等问题。二是新的运输方式试点。交通运输部与国家发改委等部门组织开展了甩挂运输（2010）和无车承运人（2016）等运输方式试点工作；2018年，交通运输部公布第三批共24个多式联运示范工程项目，多式联运示范工程项目增至70个。铁路货运改革方面，2012年，全国铁路试行货运业务网上办理和"实货制"运输组织方式；2014年，零散货物班列、电商班列、高铁行包等新兴业务推向市场。三是运输收费。2015年，国家放开民航货运、铁路运输价格和港口竞争性服务收费，清理规范港口、水运、物流等涉企收费。

2020年，高速公路省界收费站全部取消，货车通行费计费方式由计重收费改为按车（轴）型收费，疫情防控期间实施收费公路免收车辆通行费政策。

六　高层关注与奖励表彰

高层领导对现代物流发展的关注，是物流业发展的巨大推力。对现代物流探索与实践进行总结表彰，运用奖惩措施是中国现代物流治理中常用的手段。

（一）高层关注

21世纪以来，全国人大、党中央和国务院越来越关注现代物流，高层领导在多种场合对物流问题作出重要指示，促进了现代物流发展。2002年，江泽民总书记和朱镕基总理在省部级主要领导干部专题研究班上指出，要大力支持和推动连锁经营、集中配送等现代流通方式；2003年，温家宝总理在中日韩领导人第五次会晤时提出减少物流环节非关税壁垒，在上海合作组织成员国总理会晤时提出要建立物流合作机制；2011年，温家宝总理主持召开国务院常务会议，研究部署促进物流业健康发展工作。

党的十八大以来，党中央领导集体高度重视物流发展。2013年7月21日，习近平总书记冒雨考察武汉新港阳逻集装箱港区，他指出长江流域要加强合作，把全流域打造成黄金水道；2013年11月25日，习近平总书记来到中联物流有限责任公司考察，鼓励大家不断探索，向现代物流迈进，表明新一代领导集体重视物流业发展。李克强总理多次主持国务院常务会议，部署推进"互联网+"物流（2016）、进一步促进物流降本增效（2018）、物流枢纽布局建设（2018）、《快递暂行条例（草案）》等重大工作。2019年，习近平总书记在中央政治局集体学习时对区块链技术应用的指示，对现代物流发展具有指导作用。高层领导的关心和支持，极大地鼓舞了物流行业工作者的信心，促进了现代物流发展。

（二）奖励表彰

为推动物流科技创新，2002年，中国物流与采购联合会申请并经科技部批准设立了"中国物流与采购联合会科学技术奖"，该奖项是国家科技部唯一认定授权并登记备案的物流行业的社会力量奖励项目。该奖项 2003 年首次开评，此后每年一次。

为奖励物流领域卓越贡献人才，同时奖励品学兼优的学子，2000 年宝供创立了社会化公益性奖励基金"宝供物流奖"。2003 年，团中央光华科技基金会和中国物流与采购联合会发起"中国物流发展专项基金"，2004 年"宝供物流奖"基金被纳入"中国物流发展专项基金"。"宝供物流奖"每年评选一次。

2007 年，人事部（现为人力资源和社会保障部）和中国物流与采购联合会组织开展首次全国物流行业先进集体、劳动模范和先进工作者评选表彰工作，此后于 2011 年、2016 年和 2020 年分别进行了该表彰工作。2020 年，新冠肺炎疫情全球范围大流行，全国物流行业成为抗疫保供、复工复产的"先行者"，230 家企业荣获"全国物流行业抗疫先进企业"称号。此类表彰极大地激发了全国物流行业广大干部职工的积极性和创造性，促进了中国物流业健康发展。

第三节　中国现代物流二十年（2001—2020）治理的重要成就

为更好地宣传和推动中国现代物流发展，2002 年初，由《国际商报》《中国航务周刊》《中国交通报》《国际经贸消息》和中央电视台 2 套节目五大物流新闻媒体共同评选出了 2001 年中国十大物流新闻；2002 年 12 月 21 日，由物流行业媒体和业内专家推荐，经全国物流专家评选，中国物流与采购联合会向全社会公布了 2002 年中国物流行业十件大事。自此以后，中物联每年公布中国物流行业年度十件大事。盘点中国十大物流新闻和年度十件大事，有助于我们更好地观察和了解中国现代物流治理的主要着力点、发展历程和重要成就。

一　现代物流与供应链

（一）现代物流跃上国家发展平台，运行管理机制建立（2001—2006）

2001 年，国家经贸委等六部委发布的《关于加快中国现代物流发展的若干意见》成为中国第一个现代物流的正式文件，现代物流受到社会关注。2003年，全国政协经济委员会组织现代物流专题调研，并向国务院提交调研报告；同年，团中央光华科技基金会和中国物流与采购联合会发起的"中国物流发展专项基金"设立。2004年，国家九部委发布《关于促进中国现代物流业发展的意见》，"物流服务业"首次纳入《国家科技发展中长期规划》，中国履行入世承诺，12月11日起物流市场进一步放开；2005年，《中共中央关于制定国民经济和社会发展第十一个五年规划的建议》首次把"物流"列入要大力发展的现代服务业；2006年"十一五"纲要将"大力发展现代物流业"单列一节，现代物流的产业地位得以确立，标志着现代物流跃上国家战略发展平台。此后，"十二五"纲要再次强调"大力发展现代物流业"，并多处提及物流发展相关内容。至此，现代物流已成为国民经济与社会发展五年规划纲要的常规内容。

2001年6月，国家经贸委、铁道部、交通部、信息产业部、外经贸部、民航总局联合在上海召开了现代物流工作座谈会，同年8月，国家经贸委发出《关于建立现代物流工作重点企业联系制度的通知》，确定了34家企业为现代物流工作重点联系企业，实行动态管理；2005年，全国现代物流工作部际联席会议建立，首次全国现代物流工作会议召开。至此，中国现代物流运行管理机制基本建立。

（二）第三方物流和健康发展成为现代物流的重点（2007—2012）

2007年，国务院《关于加快发展服务业的若干意见》指出，提升物流的专业化、社会化、现代化水平，大力发展第三方物流；同年，国家发改委组织召开首届全国制造业与物流业联动发展大会；2008年，经国务院整顿和规范市场秩序办公室和国务院国资委批准，物流行业信用评级试点工作启动，首批A级信用物流企业产生；2008年，国务院办公厅印发《关于加快发展服务业若干政策措施的实施意见》，第三方物流成为单独一节。种种迹象表明，第三方物流是此阶段现代物流发展的重点。

2008—2012年，物流业经受住了各种考验，健康成为现代物流发展的关键词。2008年，中国物流行业在抗击特大地震和雨雪冰冻两场自然灾害中作出重要贡献；在北京奥运会（2008）、上海世博会（2010）和广州亚运会（2010）等大型展会、赛事中，物流保障工作圆满完成。2008年，国际金融危机爆发，中国物流业受到重大影响。在各种挑战下，健康发展成为现代物流关注的焦点。2009年，国务院发布《物流业调整和振兴规划》，中国物流与采购联合会提出60条物流政策建议；2010年，有关部门、地方政府出台政策、制定规划，落实国务院《物流业调整和振兴规划》。2010年，《农产品冷链物流发展规划》和《全国物流标准专项规划》两个物流业专项规划出台。2011年，温家宝总理主持召开国务院常务会议，研究部署促进物流业健康发展工作；国务院办公厅印发《关于促进物流业健康发展政策措施的意见》，中央电视台连续三周播出《聚焦中国物流顽症》系列节目，集中报道中国物流业发展中遇到的突出问题。

（三）新时代下的现代物流发展方向（2013—2020）

2013年，习近平总书记考察物流企业，新一代领导集体重视物流业发展，开启了现代物流发展的新时代。2014年，国务院发布《物流业发展中长期规划（2014—2020年）》，明确物流业为基础性、战略性产业。随着"一带一路"、长江经济带、京津冀协同发展上升为国家战略，区域物流互联互通成为突破口。此后，各年度的现代物流发展方向主要聚焦在：（1）物流园区。2013年，《全国物流园区发展规划》确定99个城市为物流园区布局城市，2019年，《中国物流园区图谱》上线运行，"入图"物流园区600家；（2）2015—2016年，推动"互联网+高效物流"，实施国家重大物流工程；（3）2016—2018年，落实《物流业降本增效专项行动方案（2016—2018年）》，促进物流业供给侧改革；（4）2018—2020年，部署推进物流枢纽布局建设，组建国家物流枢纽联盟；（5）2019—2020年，重视区块链技术在物流与供应链领域应用，推动物流业高质量发展。

（四）现代供应链发展相对较晚（2017—2020）

现代供应链工作开展相对较晚。2017年，党的十九大报告提出，"现代供应链等领域培育新增长点、形成新动能"，同年，国务院办公厅发出《关于积极推进供应链创新与应用的指导意见》。此前，《中华人民共和国采购法》颁布实施（2002）和第14届国际采购与供应管理联盟世界大会在北京召开（2005）等与供应链相关，但在全国范围内实质性的工作并未真正展开。2018年，商务部等8部门开展供应链创新与应用试点，55个城市列为试点城市，266家企业纳入试点企业名单；2019

年,供应链创新与应用试点相关成果展示推广,《供应链服务企业分类及评估指标》团体标准批准发布,供应链创新发展进入新阶段。2020年,首批 A 级供应链服务企业名单发布,《供应链管理》杂志创刊。

二 物流业务领域

(一) 运输物流

运输物流领域重要文件出台。代表性文件有:《全国沿海港口布局规划》(2006)、《综合交通网中长期发展规划》(2007)、《关于开展收费公路专项清理工作的通知》(2011)、《国家公路网规划(2013—2030 年)》(2013)、《打赢蓝天保卫战三年行动计划》(2018)、《调整运输结构三年行动计划》(2018)和《交通强国建设纲要》(2019)。

交通运输实力稳步增强。2007 年,中国"五纵七横"公路国道主干线基本贯通,全国高速公路通车总里程达 5.3 万千米,居世界第二位;中国大陆港口集装箱吞吐量突破 1 亿标准箱,连续 5 年列世界第一位;中国铁路第六次大提速,铁路货运能力提高 12%;2009 年,全国铁路全年完成基本建设投资 6000 亿元,营业里程跃居世界第二位;2010 年,中国高速铁路运营里程居世界第一;2017 年,全球最大自动化码头上海洋山港四期开港试运营。

公路运输秩序的整治一直是运输领域的重要工作。较有影响的整治行为:全国集中治理道路运输超载超限(2004)、整治货车非法改装专项行动(2016)、"整治公路货车违法超限超载行为专项行动"(2016)和"车辆运输车联合执法行动"(2016)、全部不合规车辆运输车不再驶入高速公路(2018)、"百吨王"超限超载治理专项行动(2019)。2019年起,全国停止销售低于国六标准的汽柴油,重点区域提前实施机动车国六排放标准。2019 年 12 月 16 日起,全国统一实施封闭高速公路收费站入口不停车称重检测,拒绝违法超载货车驶入高速公路。2011 年,交通运输部等五部门联合发出《关于开展收费公路专项清理工作的通知》,启动专项清理工作。

运输组织改革与商业模式创新。2010 年,交通运输部、国家发改委启动甩挂运输试点;2012 年,铁路试行货运业务网上办理和"实货制"运输组织方式;2013 年,传化公路港、林安物流、卡行天下、安能物流等多种商业模式推动公路货运市场平台整合；2014年，铁路货运改革深入推进，零散货物班列、电商班列、高铁行包等新兴铁路货运业务推向市场；2015年，中国高速公路ETC实现全部联网，铁路货运深化改革，推动铁路向现代物流转型；2016年，无车承运人试点工作10月启动；2018年，交通运输部公布第三批共24个多式联运示范工程项目，多式联运示范工程项目增至70个。2019年底，取消全国高速公路省界收费站，高速公路不停车快捷收费实现历史性跨越。

交通运输组织机构改革。2008年，国务院组建交通运输部，原交通部、中国民航总局、国家邮政局归并其中；2013年，中国铁路总公司成立，原铁道部行政职责划入交通运输部，铁路系统实现政企分开。

（二）国际物流

密切国际合作，营造国际物流发展环境。2003年，温家宝总理在中日韩领导人第五次会晤和上海合作组织成员国总理会晤时，分别提出减少物流环节非关税壁垒，建立物流合作机制；2004年，国务院批准取消国际货代企业经营资格审批。

内地与港澳台物流合作稳步推进。2003年，中央政府分别与港澳地区签署关于建立更紧密经贸关系的安排，内地与港澳加快物流合作步伐。2004年1月1日，内地与港、澳"关于建立更紧密经贸关系的安排"实施，港资物流企业加快进入内地步伐；2008年，海峡两岸海运直航、空运直航、直接通邮三项协议正式实施；2010年，《两岸经济合作框架协议》（ECFA）实施，开启两岸物流合作新时代。

开展保税区和自由贸易区试点。2004年，海关总署批准7个城市的保税区与邻近的港区开展联动试点；2006年，国务院批准设立大连大窑湾和天津东疆两个保税港区，批准西安、昆山、宁波、上海松江、北京天竺、烟台、重庆等7个出口加工区进行叠加保税物流功能试点；2013年，国务院批准设立中国（上海）自由贸易试验区，保税物流和国际物流迎来发展新机遇；2014年，广东、天津、福建特定区域再设三个自由贸易园区，推动更高水平对外开放；2014年，京津冀、长江经济带、广东地区三大区域通关一体化改革全面实施，助推贸易便利化。

中欧班列推动"一带一路"发展。2016年10月8日，推进"一带一路"建设工作领导小组办公室印发《中欧班列建设发展规划（2016—

2020年）》，全面部署未来5年中欧班列建设发展任务；2017年，由中国铁路总公司倡议发起的议事协调组织——中欧班列运输协调委员会成立；中欧班列已累计开行6235列，本年开行数量达3271列。2020年，中欧班列全年开行突破一万列，国际航空货运和航运板块逆市上扬，物流业为保持国际供应链稳定作出重大贡献。

（三）商贸物流

物流配送是早期现代流通方式创新工作的重要抓手。2001年，《中华人民共和国国民经济和社会发展第十个五年规划纲要》中指出，要用物流配送改造提升传统流通业；2002年，中央领导在省部级主要领导干部专题研究班上指出，要大力支持和推动连锁经营、集中配送等现代流通方式。同年，"全国推进流通现代化工作现场会"在上海召开，会议确定现代物流是流通现代化的三大发展重点之一。2003年，中共十六届三中全会提出：发展电子商务、连锁经营、物流配送等现代流通方式；商务部发布《关于加快中国流通领域现代物流发展的指导意见》。

商贸物流是流通领域全面推进现代物流转型发展的突出表现。2009年，商务部组织开展流通领域现代物流示范城市创建和评审工作；2011年，商务部、发展改革委、供销总社联合印发《商贸物流发展专项规划》。2012年，国务院发布《关于深化流通体制改革加快流通产业发展的意见》，提出大力发展第三方物流，促进企业内部物流社会化；同年，商贸流通行业仓单重复质押问题引发多方债务纠纷，金融物流风险受到广泛关注；2014年，商务部印发《关于促进商贸物流发展的实施意见》等系列文件，城市物流配送试点进一步扩围。

电商物流成为流通物流中发展最快的领域。2010年，中国网络购物出现"井喷"，物流能力成为瓶颈；2013年，网上购物市场井喷式发展，推动电商物流网络体系建设，阿里巴巴成立"菜鸟网络"，大型电商企业全面开放物流平台，提升物流社会化水平；2014年，电商物流持续快速增长，物流网络全面向农村延伸，跨境电商加紧海外物流布局。2015年，中国网络零售额达4万亿元，电商物流"进社区""到农村""出国门"。

（四）快递物流

快递物流是现代物流中发展非常迅猛的业务领域。治理领域主要集中在邮政快递网络建设、立法、机构改革、行业秩序整治等方面。2001年，EMS提速，邮政布局全国最大快递网。8月1日，中国邮政开始在全国范围内办理国内快递包裹业务；2006年，原国家邮政局实行政企分开，重新组建新的国家邮政局和中国邮政集团公司；2009年，新修订的《邮政法》10月1日起实施；2012年，中国快递业务量全年完成57亿件，同比增长55%，快递"爆仓"和延迟配送问题考验物流企业应对能力；2013年，国务院印发《关于促进快递业发展的若干意见》，中国快递业务量突破200亿件；2015年，物流安全问题引起重视，15部门集中开展危爆物品寄递物流清理整顿专项行动；2017年，全球第四、亚洲第一，以顺丰航空公司作为主运营公司的湖北国际物流核心枢纽项目开工建设；2018年，国务院常务会议通过《快递暂行条例（草案）》，促进快递行业在法治轨道上提质升级；2018年，京东无人配送站落成、顺丰获得无人机航空运营许可证，菜鸟启动物流物联网（IoT）战略，苏宁无人车投入运营，多家公司开展自动驾驶卡车测试，物流"无人技术"加快推进。

（五）农村物流

农村物流一直受到社会关注，但由于地域分散，农村物流经营成本较高，发展相对较缓慢。2007年，中央1号文件提出，健全农村市场体系，发展适应现代农业要求的物流产业；2009年，交通运输部等六部门联合下发《关于推动农村邮政物流发展的意见》；2014年，电商物流持续快速增长，物流网络全面向农村延伸；2015年，电商物流"到农村"。

三 物流投资与税费

（一）物流投资

第一，政府直接投资和政策支持现代物流发展。2001年，上海市政府计划直接投资10亿元带来百亿元的物流基础设施投资；2002年，国家首次以国债资金支持物流发展；外经贸部下发《关于开展试点设立外商投资物流企业工作有关问题的通知》；2004年，物流园区列入国家清理固定资产投资范围；2009年，落实"物流业调整和振兴规划专项资金""促进服务业发展专项资金"和"服务业聚集区专项资金"相继设立，一批物流项目得到财政资金支持，全国铁路全年完成基本建设投资

6000亿元；2012年，国家发改委、铁道部、交通运输部等多部门相继出台政策，鼓励和引导民间投资进入物流相关领域。

第二，物流投资来自企业兼并重组和资本市场。如京泰集团和香港嘉里集团在北京建设中国内地最大物流港（2001），跨国物流巨头并购中国民营物流企业（2005），联邦快递收购大田（2006），多家基金投资物流行业（2013），阿里巴巴和京东上市（2014），四大航运央企启动重组（2015），58家物流类企业分别进入证券市场（2017），中远海控、顺丰、天地华宇等并购（2018）等。

（二）物流税费

税收改革贯穿现代物流全过程，营业税改增值税是最为重要的内容。2005年，37家物流企业列入营业税改革试点名单；2009年起，物流税收试点常态化；2012年1月1日起，在上海市开展交通运输业和部分现代服务业营业税改征增值税试点；同年，财政部、国家税务总局联合发文，对物流企业大宗商品仓储设施用地，按所属土地等级适用税额标准的50%计征城镇土地使用税。在营业税改征增值税试点地区，交通运输业税负增加较多。李克强副总理要求认真总结试点经验，切实减轻运输企业负担。2013年，铁路运输和邮政业纳入营业税改征增值税试点；2016年5月1日起，营业税改征增值税试点在全国范围内全面推开。

成品油价格和物流收费同样广受关注。2008年，国务院出台成品油价格和税费改革方案；2009年，国务院批准自1月1日起实施成品油价格和税费改革，到年底13个省市取消了政府还贷二级公路收费，撤销站点1430个；2012年，收费公路专项清理工作取得阶段性成效，全国共排查出771个需要整改的项目；2015年，国家放开民航货运、铁路运输价格和港口竞争性服务收费，清理规范港口、水运、物流等涉企收费；2020年，高速公路省界收费站全部取消，货车通行费计费方式由计重收费改为按车（轴）型收费，疫情防控期间实施收费公路免收车辆通行费政策。

四　物流企业管理与统计监测

（一）物流行业管理

通过示范基地、实验基地、A级企业评估等手段进行物流行业管理，从中可看出现代物流发展足迹。2001年，海尔以其富有特色的现代物流管理模式——"一流三网"同步流程成为中国首个物流示范基地；2002年，"宝供物流"等四家企业被中国物流与采购联合会分别授予"中国物流示范基地"和"中国物流实验基地"；2005年，国家标准《物流企业分类与评估指标》开始实施；2010年，全国A级物流企业超千家。2016年，A级物流企业总数超过4000家，覆盖全国（除港澳台外）所有省市自治区；2016年7月8日，由国家发展改革委、国土资源部、住房和城乡建设部委托中国物流与采购联合会评定的首批29家示范物流园区名单发布。2017年，根据《国务院关于建立完善守信联合激励和失信联合惩戒制度、加快推进社会诚信建设的指导意见》，在国家发展改革委指导下，首批270家涉运输物流领域企业违法失信名单在"信用中国"网站公布；2017年，经中国物流与采购联合会组织评审，国家发展改革委、商务部发文确认，由京东、苏宁、顺丰、九州通、长春一汽、日日顺、菜鸟网络、招商物流、怡亚通和荣庆冷链等10家物流企业报送的仓储物流基地入选首批"国家智能化仓储物流示范基地"名单。

（二）物流统计监测

建立物流统计调查制度是现代物流前期治理的重点工作之一。2003年，在国家发改委和国家统计局指导推动下，中国物流与采购联合会、中国物流信息中心开始建立中国物流信息统计指标体系，并首次发布全国物流行业统计信息数据；2004年，国家发改委和国家统计局批准建立"全国社会物流统计调查制度"；2005年，国家发改委、国家统计局和中国物流与采购联合会首次联合发布中国物流经济运行统计数据；2006年国家发展改革委发出《关于组织实施社会物流统计核算与报表制度的通知》，中国社会物流统计核算制度正式建立。

此后，有关物流统计和监测工作集中在预测和监测指标的建立上。采购经理人指数（PMI）是物流领域产生的国民经济的预测性指标。2005年，中国首次定期发布采购经理指数（PMI）；2009年，PMI准确预测经济回升势头，引起国务院领导重视和全社会广泛关注。此后，"全国普通货物公路运价指数"发布（中物联和汇通天下，2006）、"物流行业产业损害预警系统"启动（2008）、中国物流行业景气指数试运行（2011）和正式发布（2013）、"中国仓储指数"和"中国电商物流指数"（中物联，2016）、全球制造业采购经理指数（CFLP-GPMI）（中物联，2017）。

五 物流标准化和信息化

（一）物流标准化

一是颁布和实施物流标准。自2001年始，标准化工作主要表现为制订和修订国家物流标准，代表性标准有：《物流术语》（GB/T 18354—2001，GB/T 18354—2006）、《物流师国家职业标准》（劳动和社会保障部，2003）、《物流企业分类与评估指标》（GB/T19680—2005，GB/T19680—2013）、《企业物流成本构成与计算》（GB/T20523—2006）、《食品冷链物流卫生规范》（GB31605—2020）等；2011年，中国专家发起和主导的第一个物流领域国际标准《ISO 18186：2011 货物集装箱—RFID货运标签系统》发布；2019年，中物联的物流团体标准《供应链服务企业分类及评估指标》（T/CFLP0020—2019）批准发布。

二是成立物流标准化组织。2003年，经国家标准化管理委员会批准，全国物流标准化技术委员会和全国物流信息管理标准化技术委员会成立。

三是制定物流标准化规划。2005年，国家标准化管理委员会和国家发改委等八部门联合颁布《全国物流标准2005年—2010年发展规划》；2010年，《农产品冷链物流发展规划》和《全国物流标准专项规划》两个物流业专项规划出台，物联网国家标准体系建设工作启动；2015年，国标委发布《物流标准化中长期发展规划（2015—2020年）》，中物联物流团体标准开始试点。

（二）物流信息化

2003年，全国物流信息管理标准化技术委员会成立。物流信息化的大量工作主要集中在物流统计、监测和预测信息的建立上。此外，物流信息化体现在推动物流产业互联网化和智慧化发展。2011年，智能物流列入工信部《物联网"十二五"发展规划》重点领域应用示范工程；2012年，中物联主导的"中国公共采购电子化平台建设方案"获得中央财经领导小组办公室批准，总平台建设基本完成并投入试运行；2014年，货运APP集中上线，传统产业O2O借助物流渠道，物流业互联网化加速推进；同年，"中国物流金融服务平台"上线运行；2020 年，网络货运、多式联运、无接触配送、数字化仓库、自动驾驶、高铁货运、大型无人机载货、智能快递柜和无人配送车等新业态新模式新技术加快推广，物流企业数字化转型、智能化改造提速。

五 物流科教发展

（一）物流科技

2002 年是中国物流科技治理制度形成的奠基之年。首先，2002 年，中国物流学会举行首届年会，此后，每年召开一次的中国物流学会年会，已成为中国物流界规模最大的学术交流平台。其次，2002 年，首部《中国物流年鉴》出版发行，全面记载了中国物流年度发展的重大事项，已成为每年定期出版的资料；再次，科技部批准设立"中国物流与采购联合会科学技术奖"，该奖项于 2003 年开评，每年评审一次，目前成为物流专业科技发展领域的最高级别奖项。

中国物流科技的治理行为基本沿着 2002 年所确定的轨道运行，直到 2020 年《供应链管理》和《物流研究》杂志创刊，物流科技发展出现了新的平台。

（二）物流教育

2002 年，中国物流人才教育工程全面启动，学历教育、证书培训、师资培养、实验条件和学科建设方面都有进展。2003 年，劳动和社会保障部发布《物流师国家职业标准》；2004 年，中国物流与采购联合会和全国物流标准化技术委员会全面启动物流师国家职业资格认证工作，年内获证超万人；2006 年，教育部高等学校物流类专业教学指导委员会和教育部中等职业学校物流专业教学指导委员会相继设立；2012 年，"物流管理""物流工程"列入教育部本科专业大类目录。2019 年，物流管理被教育部列入首批"1+X"证书制度试点领域，355 所院校成为首批试点院校。

第五章

中国现代物流治理机制形成

第一节　中国物流相关政府部门机构改革

新中国成立伊始，随着中国宏观经济体制确立和变革，物流相关部门机构也经历了从成立到改革的过程。新中国成立初期（1949—1956），物流相关部门相继成立：1949 年，最早成立了铁道部、中国民航总局、邮电局、交通部、海关总署等部门；1952 年成立了国家计划委员会、对外贸易部和商务部；1953 年，国家物资储备局成立；1956 年，国家经济委员会成立。而改革开放以后，中国经历了经济转型期（1978—1998）和市场经济时期（1999 年至今），总共发生了八次大规模的机构改革，分别发生在 1982 年、1988 年、1993 年、1998 年、2003 年、2008 年、2013 年和 2018 年。其中，对物流影响最大的主要有四次，即精简机构（1998）、转变职能（2003）、推行大部制（2008）和完善大部制（2013）等机构改革。具体如图 5-1 所示。

一　精简机构

改革开放以来，中国经济不断发展，社会主义现代化建设取得巨大的成就。但是，随着对外开放程度的持续加深，旧的行政管理体制与新经济体制的矛盾日益凸显。一方面，现有政府机构是在计划经济体制下设立的，政企不分现象严重，政府直接干预企业的生产经营活动；另一方面，政府机构内部出现冗余，容易助长贪污等不正之风。因此，历史的脚步呼唤一个全新的行政管理体制出现（张国庆，1998）。此次改革

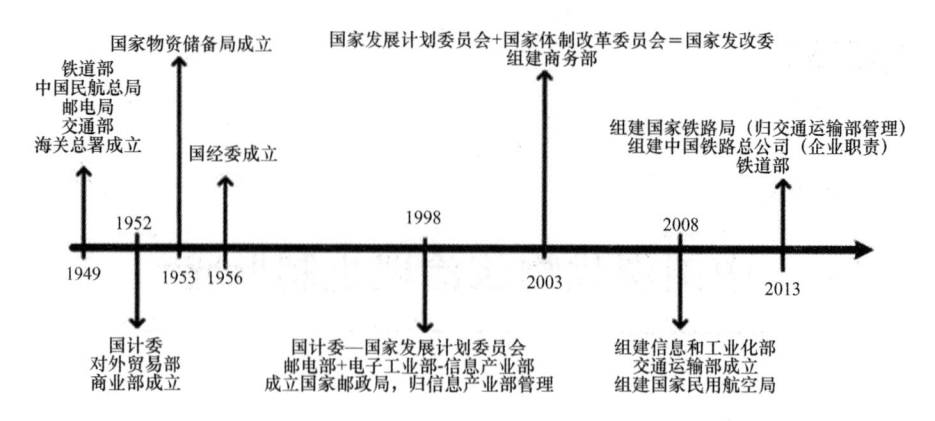

第二篇 中国现代物流治理二十年历程（2001—2020）

图5-1 物流相关政府机构变迁历程图

时间轴节点：

- **1949**：国计委、对外贸易部、商业部成立
- **1952**：铁道部、中国民航总局、邮电部、交通部、海关总署成立
- **1953**：国家物资储备局成立
- **1956**：国经委成立
- **1998**：国计委—国家发展计划委员会；邮电部+电子工业部-信息产业部；成立国家邮政局，归信息产业部管理
- **2003**：国家发展计划委员会+国家体制改革委员会=国家发改委；组建商务部
- **2008**：组建信息和工业化部；交通运输部成立；组建国家民用航空局
- **2013**：组建国家铁路局（归交通运输部管理）；组建中国铁路总公司（企业职责）；铁道部

重点是精简机构，除国务院办公厅外，国务院的组成部门从原先40个减少到29个，撤销了10个工业专业经济部门：电力工业部、煤炭工业部、冶金工业部、机械工业部、电子工业部、化学工业部、地质矿产部、林业部、中国轻工业总会、中国纺织总会，将它们全部降格转换成为国家经济贸易委员会下设的机构。29个部门包括外交部、国防部等12个国家政务部门，国家发展计划委员会、国家经济贸易委员会、财政部、中国人民银行等4个宏观调控部门，铁道部、交通部、信息产业部等8个专业经济管理部门，以及教育科技文化、社会保障和资源管理等5个部门。此次改革与物流相关部门的最大变动是邮电部和电子工业部合并，组建信息产业部，成立国家邮政局，由信息产业部管理。

工业专业经济部门是计划经济时代的产物，是资源配置的载体，是落实经济计划的依托。1998年的政府机构改革，结束专业经济部门直接管理企业的体制，消除了政企不分的组织堡垒，建立适应社会主义市场经济体制的中国特色行政管理体制。这次的改革开始探索政府职能的转变，通过集中宏观管理职能，下放微观管理职能，提高了政府的行政能力和效率（高小平、刘一弘，2008）。

二 转变职能

2003年，中国已经建立社会主义市场经济体制并逐渐完善，行政管理体制改革也要逐步推进、不断深化。随着经济体制改革的深入和加入世界贸易组织新形势的发展，现行政府机构仍存在一些问题，必须通过深化改革加以解决。党的十六大明确提出了深化行政体制改革的任务并且形成了《关于深化行政管理体制和机构改革的意见》（王忠禹，2003）。这次的改革并没有像1998年的改革一样走精简部门的路线，而是着重转变职能。深化国有资产管理体制改革，设立国务院国有资产监督管理委员会；完善宏观调控体系，国家经济贸易委员会被撤销，国家发展计划委员会和国家体制改革委员会合并为国家发展和改革委员会（杨平，2008）；健全金融监管体制，设立中国银行业监督管理委员会；继续推进流通管理体制改革，组建商务部，将国家经贸委的内贸管理、对外经济协调和重要工业品、原材料进出口计划组织实施等职能，国家计委的农产品进出口计划组织实施等职能，以及外经贸部的职能等整合起来，归商务部管理；将国家计划生育委员会更名为国家人口和计划生育委员会。经过改革，除国务院办公厅外，国务院组成部门设置28个（王忠禹，2003）。

2003年的政府机构改革既是1998年改革的深化，同时也是中国加入世界贸易组织和党的十六大召开后的第一轮政府机构改革（刘素华、杜钢建，2003）。

三 推行大部制

围绕转变政府职能和理顺部门职责关系，2008年开始探索大部门体制改革。经过前几次改革后，政府机构设置仍不尽合理，部门职能交叉，权责脱节，经济管理部门所占比例过大，社会管理和公共服务部门所占比例偏小（刘静、冯妍椒，2010）。为了能够使行政管理体制适应市场经济体制和发展社会主义民主政治的要求，行政体制改革再次被提上日程（周宝砚，2008）。在党的十七大上，提出探索实行"职能有机统一的大部制体制"，大部制是指将职能相同或相似的部门进行合并，由一个大部门进行管理。2008年的政府机构改革具体措施：合理配置宏观调控部门职能，加强能源环境管理机构，整合完善工业和信息化、交通运输行业管理体制，以改善民生为重点加强与整合社会管理和公共服务部门（华建敏，2008）。这次国务院机构改革，涉及调整变动的机构15个，正部级机构减少4个。改革后，除国务院办公厅外，国务院组成部门有27个，比原来的28个减少1个（刘静、冯妍椒，2010）。

此次政府机构改革一个亮点是推行交通运输部门的大部制改革。具体做法是：组建交通运输部，加快形成综合运输体系，将交通部、中国民用航空总局的职责，建设部的指导城市客运职责，整合划入交通运输部；组建国家民用航空局，与国家邮政局一起由交通运输部管理；保留铁道部，继续推进改革，不再保留交通部、中国民用航空总局（杨平，2008；华建敏，2008）。2008年的改革是中国首次正式实行"大部制"改革，交通运输大部制改革是顺应现代物流发展的形势需要，对物流管理体制改革意义重大，它有利于实现物流中运输功能要素的最大程度上的整合，为现代物流效率提升奠定了基础。这样做一方面可以精简政府机构，另一方面也可以减少部门间协调的困难。实行大部制体制，是社会主义市场经济体制深层次的需求（熊文钊、张伟，2007）。

四 完善大部制

2013年的政府机构改革是2008年改革的延伸，重点围绕转变职能和理顺职责关系，稳步推进大部制改革，实行铁路政企分开，整合加强卫生和计划生育、食品药品、新闻出版和广播电视电影、海洋、能源管理机构（马凯，2013）。2013年铁路政企分开，对铁路行业意义非凡。铁路实行政企分开，将铁道部拟定铁路发展规划和政策的行政职责划入交通运输部；组建国家铁路局，由交通运输部进行管理，承担铁道部的其他行政职责，负责拟定铁路技术标准，监督管理铁路安全生产、运输服务质量等；组建中国铁路总公司，承担铁道部的企业职责，负责铁路运输统一调度指挥，经营铁路客货运输服务等；国家继续支持铁路建设，加快推进铁路融资体制改革和运价改革；建立健全规范的公益性线路和运输补贴机制，继续深化铁路企业改革。不再保留铁道部，新的交通运输部开始管理国家铁路局、中国民航总局和国家邮政局三个部门。此次改革后，国务院正部级机构减少4个，其中组成部门减少2个。

2013年的完善"大部制改革"与2008年的"推行大部制"目标基本一致，重点仍是转变政府职能（竹立家，2013）。铁路的政企分开，促进了交通运输大部制的实现，对现代物流发展具有重大意义：一是中国铁路总公司成立，使铁路企业成为自主经营、自负盈亏的经营主体，有利于进一步改善铁路服务，促进铁路物流的发展。二是随着新组建的国家铁路局并入，有利于加快铁路、公路、水路等各种交通工具间综合运输体系的建成，真正实现了运输功能要素整合（李章泽，2013）。

第二节　分工治理机制——中国现代物流政府部门职能管理体制

计划经济时期（1949—1978），中国已经建立起了以计划经济为特征的国家职能管理体系，奠定了政府部门管理的基础。同时，也带来了政府权限越来越大、政府机构越来越臃肿的问题。改革开放后，中国进入到了从计划经济逐步向市场经济过渡的经济转型时期（1979—1998），要求政府理顺关系，精兵简政；转变职能，实现政企分开；调整部门职责权限，明确职责分工。在市场经济时期（1999年至今），需要政府逐步规范行政管理，以职能转变为核心，稳步推进大部制改革，继续简政放权、提高行政效能，努力推进国家治理体系和治理能力现代化。从改革历程可以看出，部门职能管理体制是中国政府管理的基础，职能转变是政府机构改革的核心。

一　部门职能管理体制内涵

部门职能管理体制是中国政府部门一贯采用的以职能分工为基础的分工管理体制，它是一种自上而下的垂直管理分工治理机制：从国务院各部委到地方各级政府部门，按照职能分工各司其职、各负其责，形成一种条块分割管理的模式。如国家发展与改革委员会（简称国家发改委）主要职责是拟定实施国民经济发展规划、研究经济体制改革、监测宏观经济和社会发展态势等；交通运输部的职责主要有综合运输体系规划协调，编制规划，指导交通运输枢纽规划和管理、拟订并监督实施公路、水路、民航等行业规划、政策和标准等；商务部承担拟订国内外贸易和国际经济合作的发展战略、规划，推进流通产业结构调整，指导流通企业改革等职责；国家标准化管理委员会（简称国标委或国家标准委）主要负责起草、修订国家标准化法律、法规，制定国家标准化事业发展规划等工作。

为保证中央政府部门的政令畅通，地方政府设置对应的机构来执行。各省、市（州）、县、镇政府部门要服从上级政府的条线领导，承接和执行上级政府政令，同时受当地政府直接领导，负责所在地政府职能管理。例如，公安部、交通运输部和商务部等在省级政府层面一般下设厅或委员会机构，在地市州政府设局（处），县级设局（科级）、乡镇设所（站）等，但海关实行全国统一管理，海关总署目前共有46个直属海关单位（广东分署，天津、上海特派办，41个直属海关，2所海关院校），600个隶属海关和办事处以及近4000个通关监管点。

部门职能管理体制是一种分工治理机制，最大优点是在全国范围内统一实行自上而下的职能分工，具有规模经济性，极大地促进专业化的发展，从而提升了管理的效率。但是，分工治理机制可能带来一些问题，比如，职能部门不愿主动承担责任，在有些问题上会出现互相推诿的现象；基层面临"上面千条线，下面一根针"的局面，基层工作人员疲于应付上面政策，对一些需要及时处理的重要事情，往往没有政策而又无暇顾及。此外，由于政出多头，政策有时会出现冲突，基层工作人员时常会处于无所适从的尴尬境地。

二 物流部门职能管理机构及分工

在部门职能管理体制下，中国没有与物流完全对应的职能管理部门，但与物流相关职能部门甚多。国家发改委主要拟定现代物流业相关政策、规划等；交通运输部分管现代物流中的运输职能；商务部承担流通业相关职能以及国际物流相关事宜；海关总署主要负责进出口、保税等事务；公安部工作重点在于物流治安问题，如危险品运输安全、冷链物流运输；国家标准委主要负责物流标准化管理工作；工信部主要承担电子商务相关工作；等等（赵效民、宋则，1989）。

国务院的组成部门及直属机构中，有10个部（局）与现代物流相关最为密切，即交通运输部、商务部、海关总署、公安部、工信部、国标委、工商总局等，以及交通运输部管理的国家铁路局、中国民用航空局和国家邮政局。在涉及物流事务的政府部门中，都没有设置专职现代物流事务的二级机构，现代物流管理职责被分散在各部委的多个司局部门之中，具体如表5-1所示。

表 5-1　　　　　　　　　　　　现代物流相关部门职责

部门	司局部门	物流相关职责
国家发改委	经济贸易司	拟订现代物流业发展战略规划，协调流通体制改革中的重大问题
	经济运行调节局	(1) 发布各物流业相关指标统计 (2) 发布物流业相关会议内容和纪要 (3) 发布各部门工作重点
交通运输部	政策法规司	(1) 起草交通运输相关法律法规，负责宣传与监督工作 (2) 指导公路、水路行业体制改革 (3) 指导交通运输业节能减排政策的实施与监督
	综合规划司	(1) 规划综合运输体系并协调 (2) 参与物流业规划政策与发展战略的拟定 (3) 负责综合交通运输统计、监测分析、发布信息工作
	水运局	(1) 港口、船舶管理 (2) 国际和过境运输及对台运输的航道管理 (3) 协调组织国家重点物资运输和紧急客货水路运输
中国民用航空局	发展计划司	(1) 提出综合运输体系相关规划的建议 (2) 参与综合交通发展规划制定
	运输司	(1) 民航运输市场管理 (2) 指导监督民航行业相关协会工作 (3) 协调特殊航空运输，审核企业运输业务
国家铁路局	综合司	(1) 监测分析铁路运行情况 (2) 铁路行业统计工作
	科技与法律司	(1) 铁路发展规划研究 (2) 政策体制改革工作
	运输监督管理司	(1) 规范铁路运输市场秩序 (2) 监管铁路运输安全、运输服务质量 (3) 拟订铁路运输市场政策并监督实施
国家邮政局	政策法规司	(1) 拟订邮政业发展战略、规划政策 (2) 提出邮政与交通运输统筹发展的政策建议
	市场监管司	(1) 依法实行快递等邮政业务的市场准入制度 (2) 拟订邮政通信安全等相关政策 (3) 组织或参与邮政行业重大突发事件的统筹调度、协调疏导、调查处置工作

续表

部门	司局部门	物流相关职责
商务部	政策研究室	(1) 研究国内外贸易流通和管理体制改革 (2) 现代市场体系和现代流通方式的研究
	对外贸易司	(1) 拟订国际物流发展政策 (2) 参与多双边运输协定的谈判
海关总署	统计分析司	发布海关统计信息与数据
	口岸监管司	(1) 进出口货物通关规章制度的提出和监管 (2) 拟订物流监控、监管作业场及经营人管理制度 (3) 监管国家禁止或限制的进出口货物
公安部	交通管理局	(1) 制定道路交通管理政策 (2) 剧毒化学品道路运输审批
国标委	标准创新管理司	(1) 协调物流业标准化工作 (2) 开展与国际先进标准对标达标和采用国际标准相关工作
	标准技术管理司	拟订物流相关行业标准，并对外通报发布
工信部	产业政策与法规司	拟订通信业产业政策并监督执行
	运行监测协调局	(1) 监测分析通信业运行与国内外行业形势 (2) 统计发布通信业相关信息

资料来源：作者根据相关资料整理。

三 部门职能管理体制评价

物流业是融合运输业、仓储业、货代业和信息业等的复合型服务业，涉及国民经济多个部门。在部门职能管理体制下，这些政府部门负有物流管理之责，但现代物流可能是其职责中的一小部分，或是其附带的责任。再者，现代物流系统性强，牵扯政府部门多，需要其他部门的配合协同，有些职责难于明确划分，因此，物流工作经常不受重视，极有可能被边缘化。比如，商务部主管商业流通，负责推进流通产业结构调整，指导流通企业改革、商贸服务业和社区商业发展，提出促进商贸中小企业发展的政策建议，推动流通标准化和连锁经营、商业特许经营、物流配送、电子商务等现代流通方式的发展。物流配送是商务部负责的一项职能，但是，一方面，物流配送仅仅是商务部的一小部分工作，商务部只负责流通环节的配送问题，工厂的生产配送并不在其管理之列；另一方面，物流配送不仅与流通产品的供应链有关，还牵涉城市用地、车辆使用、城市交通、社区管理和城市安全等一系列问题，需要进行综合协同治理。因此，仅仅依靠商务部一家难以管理好物流配送。

大部制改革将国家铁路局、中国民用航空局、邮政管理局纳入交通运输部管辖，有力地促进了政企分开，运输功能要素管理的整合，使得综合交通运输体系初步成形。但是，一方面，大部制的一部三局的组织架构运行机制仍然不畅通，在行业统筹、信息共享等方面的沟通效率低，铁路、航空、邮政快递与公路、水运还是单独运行；另一方面，综合交通需要与国家改革委、公安部、住建部、国家旅游局等部门协调，因此，综合交通运输体系的管理效果未完全发挥到位。

虽然历经多次政府机构改革，但是传统部门职能管理体制下的分工治理机制，对综合性、系统性较强的现代物流问题仍显得力不从心，因此，现代物流需要实行治理机制改革。

第三节　协作治理机制——全国现代物流工作部际联席会议制度

一　联席会议制度产生

鉴于传统部门职能管理体制对现代物流治理的局限，中国政府部门尝试通过多个部门合作来促进现代物流发展。2001年，国家经贸委、铁道部、交通部、信息产业部、外经贸部、民航总局等6个部门联合印发了《关于加快中国现代物流发展的若干意见》，文件认为现代物流将成为我国经济新世纪发展的重要产业和新的经济增长点，敦促各地政府抓住时机，加快现代物流发展步伐。该文件首开了两个以上部委就物流问题联合发文的先河，吹响了中国发展现代物流的号角，被认为是中国现代物流的第一号文件。2004年，国家发改委、商务部、公安部、铁道部、交通部、海关总署、国家税务总局、中国民用航空总局、国家工商行政管理总局等9个部门联合印发了《关于促进中国现代物流业发展的意见的通知》，通知中明确指出："现代物流是一个新兴的复合性产业，涉及运输、仓储、货代、联运、制造、贸易、信息等行业，政策上关联许多部门。"建议加强对现代物流工作的综合组织协调，建立由国家发展改革委牵头，商务部等有关部门和协会参加的全国现代物流工作协调机制。2005年2月25日，国家发展改革委下发《关于建立全国现代物流工作部际联席会议制度的通知》，明确了全国现代物流工作部际联席会议（以下简称联席会议），明确了联席会议的职责、成员单位、工作规则，及其办公室职责、工作规则，并公布了联席会议成员、办公室成员及联络员名单，此文件出台，标志着全国现代物流工作部际联席会议制度的正式建立。

二 联席会议组织及工作机制

（一）联席会议组织

全国现代物流工作部际联席会议成员有国家发改委、商务部、铁道部（国家铁路局）、交通部（交通运输部）、信息产业部、民航总局、公安部、财政部、海关总署、工商总局、税务总局、质检总局、国家标准委等13个部门和中物联与中交协2个物流协会。国家发改委是联席会议牵头单位，联席会议办公室设在国家发改委经济运行局，承担联席会议日常工作。国家发展改革委的领导为联席会议召集人，成员为成员部门副部长和行业协会会长，办公室成员为13个部门的相关副局级以上领导及两个行业协会的常务副会长。联络员由相关各司的处长及副处长担任，负责处理日常工作。

（二）联席会议工作机制

联席会议主要有五大工作职责：一是全面掌握全国现代物流发展情况，分析发展中存在的问题；二是综合协调涉及现代物流发展的政策、战略和规划；三是统筹推进现代物流基础性工作，如物流标准化、信息化、统计指标体系、人才培养等；四是对各省、自治区、直辖市人民政府及其职能部门的现代物流工作的指导责任；五是通过建立协调机制全面推进现代物流工作，发现并协调解决涉及相关部门的有关问题，促进部门协作配合，实现信息共享，建立长效机制。

联席会议制度规定，联席会议每年召开1—2次，可根据具体情况，召开临时会议，会议由部际联席会议召集人主持。会议纪要反映议定事项，经与会单位同意后抄报国务院，由各成员单位分工负责、贯彻落实。

联席会议制度设立目的在于推进现代物流发展。不同于部门职能分工治理机制，联席会议是政府同级部门及行业协会之间的议事机制，成员之间不存在行政隶属关系，最突出工作特点是综合协调，其实质是一种横向的、多主体的协商机制。联席会议重点把控现代物流发展方向，统筹规划现代物流系统建设，协调解决突出问题，因而它是中国现代物流发展最重要的制度。然而，现代物流发展的一切问题均需通过各个职能部门才能最终落到实处，因此，联席会议制度以部门职能管理体制为基础，协作治理机制的作用成效取决于分工治理机制能否很好地发挥作用。

（三）地方联席会议制度

联席会议制度一项重要职责就是指导各省、自治区、直辖市人民政府及其职能部门的现代物流工作。但是，联席会议与地方政府及其职能部门之间只是业务上的指导关系，而非行政的上下级关系。受全国现代物流工作部际联席会议制度启发，许多省、自治区、直辖市建立了现代物流工作联席会议制度，其运作机制也是各级政府部门的协作治理。具体详见表5-2。

表5-2　部分省、（直辖市）现代物流工作联席会议制度

省（直辖市）	现代物流治理制度	牵头部门	参与部门	建立时间
浙江省	现代物流工作联席会议	浙江省发改委	21	2001.8
湖南省	现代物流业发展工作领导小组	湖南省发改委	20	2003
四川省	四川省人民政府现代物流业发展推进小组	四川省发改委	17	2005.3
陕西省	现代物流工作联席会议	陕西省发改委	15	2006.6
辽宁省	现代物流工作联席会议	辽宁省发改委	35	2007.1
贵州省	现代物流工作联席会议	贵州省发改委	7	2012.11
天津市	天津市物流业调整和振兴工作组	天津市发改委	20	2012.11
湖北省	现代物流工作联席会议	湖北省发改委	32	2013.12
青海省	现代物流工作联席会议	青海省发改委	23	2015.5
江西省	现代物流工作联席会议	江西省发改委	19	2017.5
山西省	现代物流工作联席会议	山西省发改委	19	2017.12

资料来源：作者根据相关资料整理。

各地市州甚至有些县级政府都建立相应的治理机构,由于中国各省市对物流的理解不同,造成各地方物流管理部门也不一样(崔忠付,2007)。例如,联席会议牵头单位有的是发改委,有的是政府办公室,有的设置在交通部门。

省级以下政府的现代物流管理职能组织与机构共有三类,分别是口岸与物流办公室、现代物流业发展工作领导小组和物流发展局。

现代物流业发展工作领导小组是负责审定全市物流业发展工作政策及战略的组织,主要职责包括协调、指导全市物流业的发展工作,推动物流业主要项目的建设等。目前已成立工作领导小组的城市有深圳市(2002)、焦作市(2009)、武汉市(2012)和咸宁市(2014)。

口岸与物流办公室是专门负责各市口岸建设以及物流业发展的政府机构,主要工作不仅包括全市口岸的建设与管理、解决口岸相关问题,还需要协助构建现代物流服务体系,引导物流产业结构优化,推动口岸与物流业相关政策的实施。目前设立了口岸与物流办公室的城市有抚州市(2012)、宜宾市(2012)、南充市(2014)、成都市(2015)、重庆市(2018)、达州市(2019)、泸州市(2019)、自贡市(2019)、长沙市(2019)、郑州市(2019)、济南市(2019)等。

物流发展局与联席会议制度不同,属于道路运输业转型过程中产生的机构,主要负责辖区内传统运输业向现代物流业的转型与交通物流业的发展建设等工作。湖北省(2009)率先成立了省级物流发展局,下设各地市级和县级物流发展局,全面推进湖北交通运输领域现代物流转型发展工作。

三 联席会议运行情况

部际联席会议办公室会议每季度召开一次,一年召开3—4次,会议纪要明确会议议程和议定事项,经由与会单位同意后印发各有关单位,并抄送给国务院,各单位具体落实。部际联席会议最终解决的问题会形成文件,根据文件内容决定是由部际联席会议成员联合发文还是交由国务院来进行发布。部际联席会议起到了承上启下的作用,上连国务院,下接各部委。自部际联席会议成立以来,各部委结合其自身工作职能,加强配合,做了大量的工作(见表5-3)。

表5-3　　全国现代物流工作部际联席会议及办公室会议

年份	内容
2005年	全国现代物流工作部际联席会议制度建立 (1) 通过《全国现代物流工作部际联席会议办公室工作规则》 (2) 审议并批准《全国现代物流工作会议方案》
2006年	大力发展物流业 (1) 审议《2006年各部门现代物流工作重点》 (2) 讨论《全国性、区域性现代物流公共信息平台建设的指导意见》
2007年	(1) 全国现代物流业"十一五"规划编制 (2) 物流企业实行营业税差额纳税试点工作 (3) 审议《2007年各部门现代物流工作重点》
2008年	建立"全国现代物流工作部际联席会议专家委员会" (1) 通报2007年中国现代物流业发展情况和一年来联席会议各成员单位所做的工作 (2) 通报《现代物流业发展规划》编制工作进展情况； (3) 审议通过《关于建立全国现代物流工作部际联席会议专家委员会的方案》 (4) 审议并通过《2008年各部门现代物流工作重点》
2009.6	(1) 通报第二批物流企业税收改革试点工作 (2) 讨论建立物流工作重点联系企业制度的情况 (3) 讨论《全国性、区域性现代物流公共信息平台建设的指导意见》（修改稿） (4) 讨论解决轿车运输车正常通行的问题
2010年	制造业与物流业联动发展 确认130家企业为全国制造业与物流业联动发展示范企业
2011年	就央视反映的有关物流问题进行专题研究："城市配送车辆管理""道路交通管理""多式联运发展"等方面存在的问题和解决思路
2011.3	(1) 通报"十一五"时期中国现代物流业发展情况 (2) 研究"十二五"时期物流部际联席会议办公室的工作思路
2012.3	(1) 通报2011年全国物流业发展情况 (2) 落实《国务院办公厅关于促进物流业健康发展政策措施的意见》
2014年	(1) 讨论《物流业发展中长期规划》工作分工方案和三年行动计划（2014—2016） (2) 研究了物流信用体系、物流通道建设、降低物流成本和春运客流错峰调节等重点工作
2015.3	(1) 落实《促进物流业发展三年行动计划》 (2) 汇报《关于推广"公路港"物流经验的通知》近两年落实的有关情况 (3) 研究和协商了14个重点问题（缺失）

续表

年份	内容
2015.6	(1) 制定物流业高新技术税收优惠政策问题 (2) 车型标准化与托盘标准的衔接问题 (3) 城市配送车辆通行问题 (4) 降低涉企收费问题
2015.11	(1) 道路货运市场信用体系建设 (2) 非标准车辆运输车治理思路和重点工作 (3) 推进无车承运人发展 (4) 落实《国务院关于促进快递业发展的若干意见》2016年重点工作
2016年	重点联系物流企业分享上半年企业运行态势和相关政策落实情况
2016.9	(1)《汽车、挂车及汽车列车外廓尺寸、轴荷及质量限值》落实情况 (2) 讨论《快递服务制造业联合示范行动计划（2016—2018年）》

资料来源：作者根据相关资料整理。

部际联席会议成员部门每年还开展物流企业税收试点工作。自2005年开始实行物流税收试点工作后，已有八批共1329家物流试点企业。通过解决试点企业营业税重复纳税和增值税抵扣的问题，减轻了企业税务负担，有力地支持了物流产业的发展（如图5-2所示）。

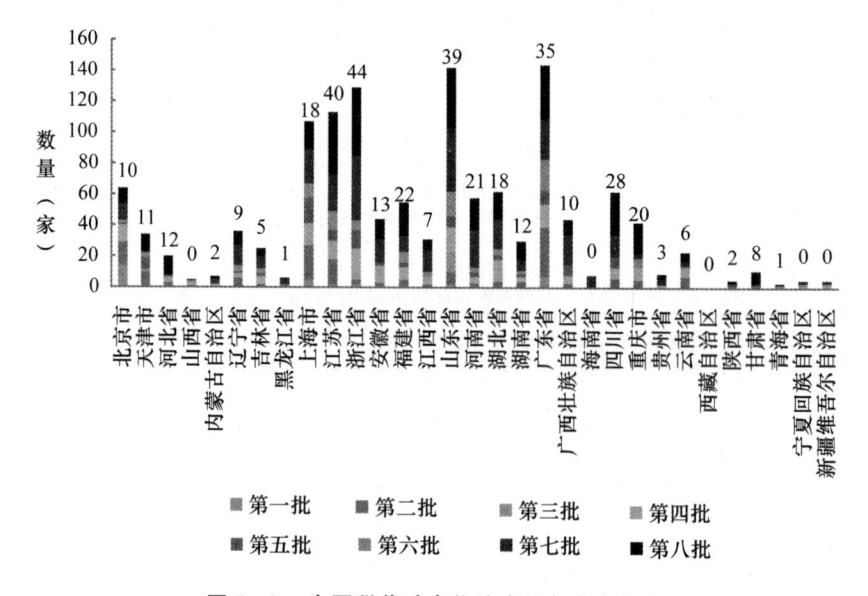

图5-2 中国税收试点物流企业各省市分布

资料来源：作者根据相关资料整理。

2011年，经国务院批准，财政部、国家税务总局联合下发营业税改增值税试点方案。同年，国务院办公厅发布《关于促进物流业健康发展政策措施的意见》，要求减轻物流企业税收负担（娄欣轩，2012）。因此，自2012年1月1日起，在上海交通运输业和部分现代服务业首先开展营业税改增值税试点工作。2014年1月1日起，又将铁路运输和邮政服务业纳入营业税改征增值税试点，至此交通运输业已全部纳入营改增范围。2016年3月18日召开的国务院常务会议决定，自2016年5月1日起，中国全面推开营改增试点，将建筑业、房地产业、金融业、生活服务业全部纳入营改增试点，从此，营业税退出历史舞台。

四 联席会议机制评价

全国现代物流工作部际联席会议制度在中国物流业的发展过程中，起到了积极的作用（王慧敏，2008）。从本质上说，部际联席会议制度属于协调机制，在中国现代物流业的发展中上接国务院，下连各职能部门，起到承上启下的作用。部际联席会议制度是主要解决现代物流重大的综合性问题，如现代物流业发展、物流运行中的突出问题、物流基础设施建设、物流标准化、物流企业税收、现代物流统计制度、现代物流教育与人才培养等等。联席会议制度加强了全国现代物流工作的综合组织协调，促进政府部门间的合作，有效推进了中国现代物流发展。

尽管如此，联席会议制度并未完全发挥它的作用。一是前期部际联席会活动相对频繁，工作成效显著，但后期有所懈怠，并没有保持与前期同样的工作力度。二是部级联席会议的信息交流与共享机制并不完善。虽然其成员单位每年都会召开会议，共同探讨物流问题，提出解决方案，但并没有专门网站来公布以及专门的统计资料，会议报告或问题解决方案发布在诸如国家发改委、中物联等不同的网站上，资料混乱，不易查找。由于部际联席会议是由发改委牵头，因此，可以在国家发改委网站中专门划分出部际联席会议的内容，使社会公众对于该制度有更多的了解和认识。

第六章

中国现代物流产业政策推动

学术界对产业政策尚未有统一的定义，但一般有广义和狭义两种理解：狭义的产业政策是指产业部门政策，而广义的产业政策则包括一切和产业相关的法令和政策。中国法律体系包含全国人大制定的宪法和法律，国务院及其部委制定的行政法规和部门规章，地方人大和政府颁布的地方法规和规章，以及国家技术监督部门组织制定、批准和发布的技术标准等（王凤鸣，2018）。本书将法律体系中除技术标准以外的内容统称为法律法规，因此，本书所指的现代物流产业政策推动包含物流法律法规推动、物流政策文件推动和物流标准化推动三种方式，它是中国现代物流治理的基本手段和主要特色。

第一节 物流法律法规

物流法律法规是指运输、仓储、包装、装卸搬运、流通加工、配送、信息处理等物流活动以及物流企业、物流行业等方面相关法律和法规的有机结合。根据市场经济法律体系的分类，结合物流产业的特点，可将物流法律法规分类如下：

一是按法律效力划分。本书的物流法律法规包含全国人大颁发的物流法律、国务院及其各部委颁布的物流行政法规和地方法规。由于地方性规章只针对某一地区的问题，普适性不强，法律效力层次低，其影响力小；另外，地方性规章涉及全国各个地区，搜集较为困难。因此，本书暂不考虑地方性规章。

二是按物流业务内容划分。按照物流产业领域的内容分类，物流产业法律法规分为功能物流、行业物流和综合物流三大类。功能物流法律是指规范某一项或几项物流功能的法律法规，涉及运输、仓储、包装、装卸搬运、流通加工、配送、信息处理等具体内容；行业物流法律法规规范各个行业所发生的物流活动，涉及某一类产品或者某一个经济部门，如包括危险品、药品、食品、粮食、煤炭等产品或行业；综合类是指规范或促进整个物流业发展的法律法规，并不局限于功能要素以及行业，涉及综合性的现代物流活动，如第三方物流、供应链物流等。

三是按适用性质划分。按照法律法规的适用性质，可分为专项物流法律和通用物流法律。专项物流法律是专门针对物流活动的立法，以物流领域内容为主，较少涉及与物流无关的内容，如《中华人民共和国邮政法》；通用物流法律不是特地为物流而设定，包含的范围更广，物流只是其中一部分，如《中华人民共和国铁路法》，它还涉及客运等其他方面，所以它属于通用物流法律。

综上，物流相关的领域主要有：功能物流（运输、包装、仓储、保税、快递、配送、信息等）、行业物流（产品、农业、商贸、应急）和综合物流（物流业）。

一 物流法律法规推动主体

由于物流法律法规具有广泛性、综合性等特征（王凤鸣，2018），同时会涉及通用类和专项类法律法规，因而，立法主体也是多元的，物流法律法规的主体主要有全国人大、国务院及各部委和地方政府。

（一）全国人民代表大会

全国人民代表大会是中国的最高权力机关，全国人大及其常务委员会行使国家立法权。1979年第五届全国人民代表大会第二次会议制定了《中华人民共和国中外合资经营企业法》（以下简称为《中外合资经营企业法》），首次提到物流企业的设立及市场准入等方面的法律规范，后续还颁布专项物流法律，如《海关法》等。

（二）国务院及各部委

中华人民共和国国务院也称中央人民政府，是最高国家权力机关的执行机关，以贯彻全国人大及其常委会的宪法、法律和其他规范性法律文件为基本任务或职能，并根据宪法和法律，规定行政措施，制定行政法规，发布决定和命令，同时可以向全国人民代表大会及其常务委员会提出法律议案。

国务院行政机构分为国务院办公厅、国务院组成部门、国务院直属机构、国务院办事机构、国务院组成部门管理的国家行政机构和国务院议事协调机构。根据法律、行政法规的规定和国务院的决定，这些行政机构在其权限范围内制定和发布的调整本部门范围内行政管理关系的规范性文件称为部门规章。物流部门规章主要来自国家发改委、交通运输部、商务部、海关总署等国务院组成部门和直属机构，国家标准委、中国民用航空局、国家铁路局、国家邮政局等部管机构。

（三）地方政府

地方各级人民政府基本上分为省（自治区、直辖市）、县（自治县、市）、乡（民族乡、镇）三级。地方各级人民政府是地方各级人民代表大会的执行机关和地方各级国家行政机关，按照法定的权限，在不与宪法、法律和行政法规相抵触的前提下，在中央对物流进行规范立法后，制定和颁布在其行政区域范围内实施的地方性法规。

二　物流法律法规立法规划

2000年7月1日颁布实施的《中华人民共和国立法法》第五十二条规定，全国人民代表大会常务委员会通过立法规划、年度立法计划等形式，加强对立法工作的统筹安排。全国人大常委会制定年度立法工作计划是从1993年八届全国人大开始，2008年开始正式改为立法工作计划。

从八届（1993—1998）到十一届（2008—2013）全国人大常委会立法规划都将立法项目分为两类：第一类是条件比较成熟、任期内拟提请审议的法律草案，第二类是需要抓紧工作、条件成熟时提请审议的法律草案。从十二届（2013—2018）全国人大开始，立法规划增加了第三类项目，即立法条件尚不完全具备，需要继续研究论证的立法项目。每一届全国人大常委会在上任第一年会出台五年立法规划，称为全国人大常委会立法规划，对五年的法律进行审议规划。由于2000年后中国物流立法才开始全面规划，且早期颁布的物流专项法律并未有立法规划，因此，我们从十届人大常委会立法规划开始统计（见表6-1）。从表6-1可以看出物流立法通用类法律偏多，专项类法律集中在《邮政法》和运输相关的《航空法》和《铁路法》等。除此之外，中国极为重视民生、公共安全和环境，如制定和修订《食品安全法》，修订《药品管理法》《道路交通安全法》《海上交通安全法》《突发事件应对法》和《土壤污染防治法》等。通过制定立法规划和立法计划这种方式，中国将需要制定法律的项目列入规划和计划，并列明提出法律草案的大致时间。

表6-1　　　　2000年以后全国人大常委会涉及物流内容的相关立法（法律）规划

计划名称	立法类别	新订	修订
十届全国人大（2003—2007）	一类	物权法；企业破产法；企业所得税法；反垄断法	公司法；合伙企业法；固体废物污染环境防治法；土地管理法
	二类	无	无
十一届全国人大（2008—2012）	一类	循环经济促进法；增值税等若干单行税法；食品安全法	药品管理法；税收征收管理法；邮政法；土地管理法；突发事件应对法
	二类	出境入境管理法	无
十二届全国人大（2013—2017）	一类	民法典；船舶吨税法；航道法；关税法；土壤污染防治法；增值税法；资源税法	食品安全法；土地管理法；环境保护法；水污染防治法；大气污染防治法；税收征收管理法；铁路法
	二类	航空法	海上交通安全法；药品管理法
十三届全国人大（2018—2023）	一类	民法典；关税法；车辆购置税法；土壤污染防治法；增值税法；资源税法；消费税法	药品管理法；土地管理法；固体废物污染环境防治法；出口管制法；税收征收管理法；海上交通安全法；铁路法
	二类	航空法	公司法；道路交通安全法；民用航空法；反垄断法

资料来源：作者根据相关资料整理。

国务院根据全国人大常委会提出的立法规划制定年度立法计划，制定法律草案后提请全国人大常委会审议，同时根据宪法和法律制定行政法规，下属各部委制定部门规章。2000年以后，在各届人大期间，国务院立法重点如下：

（一）十届全国人大（2003—2007）

制定有关"整顿和规范市场经济秩序"和"维护社会稳定与公共安全"等法律法规项目，在2003年到2007年这个阶段，物流法律法规立法重点在市场准入方面，如《公司法》《合伙企业法》等，修订了物流相关法律法规。

（二）十一届全国人大（2008—2012）

制定有关"完善宏观调控和市场监管制度"和"完善社会主义市场经济体制"等的法律法规项目，此阶段立法着重于税收、出入境等，并且开始计划对《邮政法》进行修订，计划制定限制过度包装条例等专项物流法规，但专项物流立法力度较弱。

（三）十二届全国人大（2013—2018）

以"及时完成深化经济和行政体制改革"和"保障和改善民生、推进生态文明建设、维护国家安全"为指导，这个阶段是中国专项物流制定和修订法律最多的时期，对铁路法、海上交通安全法等与物流相关的法律进行修订，且由于快递业的快速发展，制定了两项与快递相关的法规。

（四）十三届全国人大（2018—2020）

"加强重要领域立法"和"提高立法质量"，这个阶段中国计划对农业物流和商贸物流加强立法，且计划对环保领域进行立法规划，同时计划对一些产品的流通与运输事项进行监管，如粮食流通管理条例等。

整体来说，国务院根据每一届全国人大期间的工作重点来调整立法内容：十届全国人大期间，着重于税务和交通安全；十一届全国人大开始对各种运输方式及海关事项进行立法；十二届和十三届全国人大对快递、港口和国际运输有了立法项目，可以看出，物流业的立法推动力度在逐年增加。

三 物流法律法规新订、修订与废止

图6-1是2001—2020年中国物流法律法规年度新订、修订与废止统计。

从图6-1可以看出，2001—2020年新订物流法律法规187项、废

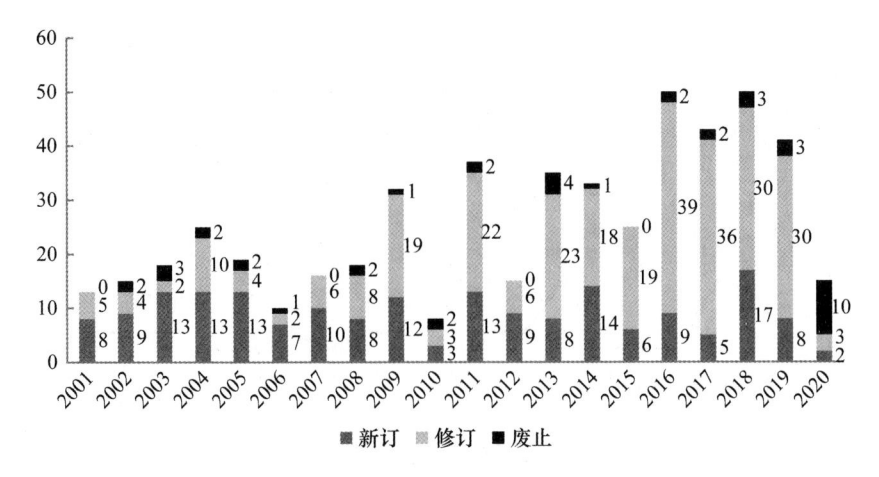

第六章　中国现代物流产业政策推动

图 6-1　2001—2020 年中国物流法律法规年度新订、
修订与废止统计（单位：项）

资料来源：作者根据相关资料整理。

止 42 项，新增 145 项，新订、废止和新增物流法律法规年平均分别为 9.35 项、2.1 项和 7.25 项，修订物流法律法规平均每年 14.45 项；2001—2020 年物流法律法规变动量（新订、修订和废止总和）年平均 25.9 项，足见中国物流法律推动力度之大。从物流法律法规的变动量看，后十年（2011—2020）平均每年 34.4 项，明显大于前十年（2001—2010）的 17.4 项，主要原因在于修订和废止力度增加。平均年修订量，后十年 22.6 项是前十年 6.3 项的近 4 倍；平均年废止量，后十年 2.7 项是前十年 1.5 项的 1.8 倍多。事实上，平均年新订量，前十年 9.6 项还略高于后十年 9.1 项；平均年新增量（新订减去废止），前十年 8.1 项高于后十年的 6.4 项。由此可以看出，中国物流法律法规前十年（2001—2010）着眼于布局新的内容，表现在数量增加更明显，后十年（2011—2020）侧重在内容修订和质量提高上，表现在数量增加缓慢，修订力度增幅较大。

（一）新订

图 6-2 是 2001—2020 年中国现代物流法律法规新订数量统计。

图 6-2 表明，2001—2020 年间，中国现代物流法律法规新订 187 项，其中法律 20 项，法规 167 项。物流法律新订数量相对较小，平均每

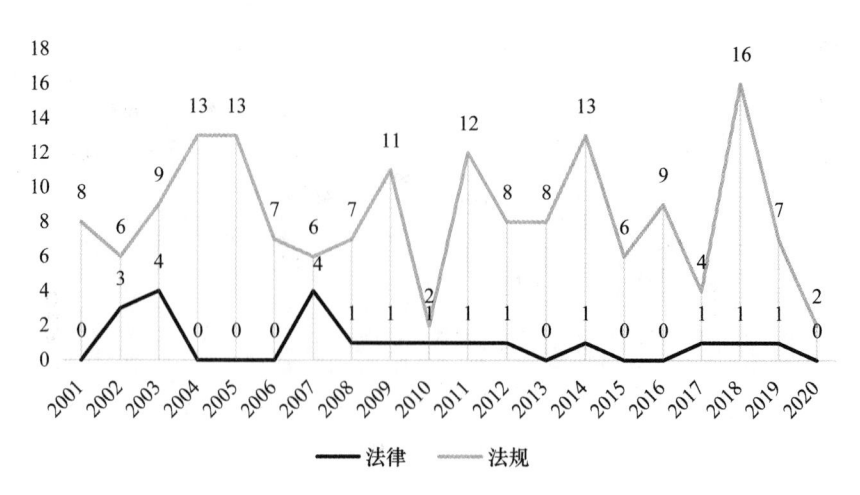

图 6-2　2001—2020 中国现代物流法律法规新订数量统计（单位：项）

资料来源：作者根据相关资料整理。

年 1 项，但 2002 年、2003 年均有 3 项新订，2007 年有 4 项新订。前十年（2001—2010）物流法律新订共 14 项，远超后十年（2011—2020）的 6 项；物流法规新订数量较大，平均每年新订 8.35 项，2010 年和 2020 年最少 2 项，最多在 2018 年，达到 16 项，前后两期大致持平。

其中，2002 年新订法律为《政府采购法》《清洁生产促进法》《安全生产法》；2003 年新订法律为《行政许可法》《道路交通安全法》《港口法》《放射性污染防治法》；2007 年新订法律为《城乡规划法》《反垄断法》《企业所得税法》《突发事件应对法》。此外，还有《循环经济促进法》（2008）、《食品安全法》（2009）、《石油天然气管道保护法》（2010）、《车船税法》（2011）、《出境入境管理法》（2012）、《航道法》（2014）、《船舶吨税法》（2017）、《车辆购置税法》（2018）、《外商投资法》（2019）。

（二）修订

修订是指有立法权的国家机关对一定时期和范围内的规范性法律法规文件集中审查、整理，废止和修改有关文件，重新确认有关文件效力等行为。2013 年开始，全国人大及其常委会既重视立新法、修旧法，又加强授权决定和法律解释工作，立、改、废、释、编、授等多种立法手段协调配合、形成合力，从维度上丰富了立法形式，比如，对于法律立改废条件暂不成熟而实践又迫切需要的，通过授权方式先行先试，如《邮件快件寄递协议服务安全管理办法（试行）》等。

2001 年至 2020 年，共有 140 项物流法律法规有过修订，累计修订 289 次，表 6-2 是 2001—2020 年中国物流法律法规修订次数及数量统计。

表 6-2　　　　2001—2020 年中国物流法律法规修订情况统计

修订次数	数量	部分修订的法律法规名称
1	55	《政府采购法》《航道法》《航道管理条例》《合伙企业法》《营业税暂行条例》《民法通则》《水路货物运输合同实施细则》等
2	47	《大气污染防治法》《铁路法》《港口法》《中外合资经营企业法》《刑事诉讼法》《水污染防治法》《土地管理法》等
3	18	《海洋环境保护法》《中外合作经营企业法》《邮政法》《国境卫生检疫法》《河道管理条例》等
4	15	《中外合资经营企业法实施条例》《进出口关税条例》《海关法》《公司法》《公路法》等
5	4	《固体废物污染环境防治法》《道路货物运输及站场管理规定》《防治船舶污染海洋环境管理条例》《港口经营管理规定》
6	1	《外商投资产业指导目录》
总计	140 项/289 次	

资料来源：作者根据相关资料整理。

从表 6-2 可以看出，2001—2020 年间，共有 140 项法律法规有过修订，修订次数 1—6 次不等。《政府采购法》等 55 项物流法律法规修订过 1 次，《外商投资产业目录》修订最多，高达 6 次。

（三）废止

物流法律法规的废止分为两种情况：其一，由于社会发展而被淘汰的法律法规，直接被颁布部门予以废止；其二，由于社会更迭后与其他法律法规合并或相应部门对该项法律法规进行大规模修改后重新发布，此处视为替代。

2001 年至 2020 年底，根据统计结果，共有 5 部法律被替代，包括 2008 年被替代的《中外合资经营企业法》《外资企业法》，2020 年被替代的《民法通则》《中外合作经营企业法》《城市规划法》。22 部法规被替代，如《道路货物运输业户开业技术经济条件》等，15 部法规被废止，如《营业税暂行条例》等。另外，法律法规的废止情况波动性不大，总体上处于平衡状态，中国大部分法律法规的失效原因是被其他法律法规替代，但也有少数部分直接被相应部门废止，所以在总体数量上保持平稳状态。

截至 2020 年底，中国现有物流产业法律法规 325 项，包括地方性法规 2 项，分别是《福建省促进物流发展条例》和《鄂州市促进现代物流发展条例》。截至 2020 年底，除地方性法规外，中国生效的物流法律法规共有 323 项，具体数量统计见表 6-3。

表 6-3　　2020 年底中国生效的物流法律法规分类数量统计　　（单位：项）

法律物流业务内容		法律效力				法律适用性质
		法律	行政法规	部门规章	通用	专项
功能物流(213)	运输（163）	15	37	111	70	93
	包装（4）	0	0	4	1	3
	仓储（11）	1	0	10	0	11
	保税（8）	0	0	8	2	6
	快递（20）	0	2	18	0	20
	配送（3）	0	0	3	0	3
	信息（4）	0	2	2	0	4
	小计	16	41	156	73	140
行业物流(52)	产品（28）	5	17	6	20	8
	农业（2）	0	0	2	1	1
	商贸（21）	4	5	12	13	8
	应急（1）	1	0	0	1	0
	小计	10	22	20	35	17
综合物流(58)	物流业（58）	41	8	9	56	2
	总计（323）	67	71	185	164	159

资料来源：作者根据相关资料整理。

截至2020年底，除地方规章外，中国物流法律法规数量323部，按物流业务内容分，功能物流最多213项，其次为综合物流58项，行业物流最少52项；按法律效力来看，物流法规（行政法规和部门规章）256项，物流法律67项；按适用性质分，通用物流法律法规164项，稍多于专项的159项。由此可知，中国物流法律法规推动特点表现为：物流功能推动力度较大，但综合物流和行业物流推动力度有待加强；物流法规推动为主，物流法律效力层次低；专项物流法律法规需要继续加大，因为还有大量的通用物流法律法规。

中国物流法律在业务内容上具有如下特点：首先，运输数量最多达163项，占总数的一半以上。运输法律与法规比例接近1∶10，且专项运输法律法规大于通用的法律法规；其次，物流业数量居次，占58项，其中物流法律41项，物流法规17项，并且通用占到56项，专项只有两项。这说明有关物流业的法律法规在操作性上不足，且大量分布在法律的内容中。因此，中国现代物流法律法规建设任重而道远；再次，产品物流（28项）、商贸物流（21项）、快递物流（20项）的法律法规占有相当的比重，其他普遍是专项多、法规偏多，因此，这些领域的法律法规可操作性较强；最后，还有仓储物流（11项）、保税物流（8项）、配送物流（3项）、物流信息（4项）相关的法律法规，其数量不是很多，但普遍具有专项多和法规多的特点。对于专项偏多和法规偏多的领域，如何将法规上升为法律，提高物流法律法规效力层次是今后的工作重点。

四 物流法律法规推动阶段及其特征

中国物流产业法律法规推动与中国特色社会主义法律体系的形成是分不开的。新中国成立以来，中国法律体系建设历经了奠基阶段（1949—1978）、起步阶段（1978—1992）、初步形成阶段（1992—2002）、基本形成并日臻完善阶段（2002年以后）（刘先春、朱延军等，2009）。本书分析2001—2020年中国物流法律法规处于中国法律体系建设的基本形成并日臻完善阶段，图6-3展示了2001—2020年中国法律法规各年度生效的数量。

从图6-3可以看出，2001—2020年生效的物流法律法规数量总体

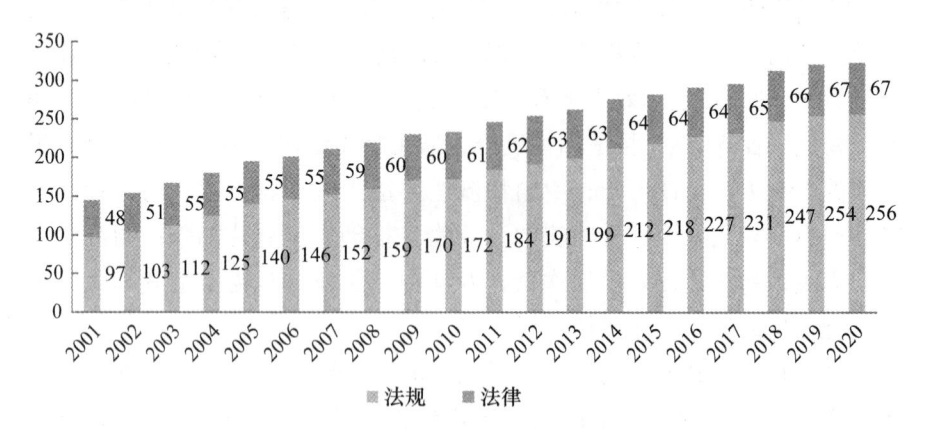

图 6-3　2001—2020 年中国物流法律法规年度生效的数量统计（单位：项）

资料来源：作者根据相关资料整理。

呈上升趋势，从 2001 年的 145 项上升到 2020 年的 323 项，增长超过 1 倍。其中，物流法律数量虽有增加，但增幅有限；增长主要来源于物流法规，从 2001 年的 97 项增加到 2020 年的 256 项，增长 1.55 倍。从前文分析可以看出，中国物流法律法规前十年（2001—2010）着眼于布局新的内容，后十年（2011—2020）侧重在内容修订和质量提高上。因此，我们将中国物流法律法规政策推动简单分为两个阶段：

（一）传统物流向现代物流立法转型期（2001—2010）

2000 年初，中国生效的法律法规 137 项物流立法，其中法律 48 项，法规 89 项，而 31 项是对物流功能——运输活动的各种规范，余下是有关药品、煤炭的行业物流的规范，表明在此期间，中国政府和政策制定主体对运输活动的重视，而关于仓储类、物流信息等均没有涉及，说明该阶段，中国仍停留在传统物流发展阶段。

2001—2010 年，物流立法工作取得了长足的进步与发展，总体增加了 96 项物流法律法规，年度颁布数量最高达 17 项。其中有关行业物流的有 25 项，大幅度拓展了对行业物流的相关规定，物流活动进一步细化到各个行业，这也充分说明物流越来越受到国家的重视。在第十个五年规划期间，法律法规颁布总数呈递增趋势，其中功能物流如运输类、配送类增加较为明显，均呈倍数增长，行业物流也呈复苏趋势，几乎每年都有对行业物流法律法规的颁布；在"十一五"规划期间，现代物流已作为一个新兴产业进入人们的视野，并且2009年国务院出台的《物流业调整和振兴专项投资管理办法》对整个物流业的发展指明了方向。因此在该阶段，传统物流在慢慢地向现代物流转型。

（二）现代物流立法质量提升期（2011—2020）

在这一阶段，物流立法工作得到进一步完善，突出特征是修订工作大幅增加，就物流法律法规年修订量而言，后十年（2011—2020）22.6项是前十年（2001—2010）6.3项的近4倍。2011—2020年间共颁布了91项物流法律法规，不仅囊括了如运输、仓储、包装等多种物流功能的规范，还涉及各个行业物流的规范。我们可以看到，"十二五"规划期间，颁布数量呈缓慢波动上升的趋势，在此阶段还首次颁布了对综合物流专项资金方面的规定。在第十三个五年规划中，各类法律法规不断完善，特别是对新型的物流业态也作出了相应的规定。在这一阶段，中国现代物流发展已经慢慢步入正轨。并且在接下来的时间里，物流法律法规也将得到进一步的补充与完善。

第二节 物流政策文件

中国现代物流发展肇始于2001年国家经贸委等六部委联合发文《关于加快中国现代物流发展的若干意见》，此后，有关现代物流发展的重要制度和重大行动等都是依靠政策文件来推动的。政策文件是指各个部委颁布的引导国家产业发展方向、协调国家产业结构的政策文本（叶必丰、刘道筠，2000）。与物流法律法规相比，政策文件具有较低的法律效力，且时效性更短，修订次数更少，中国现代物流治理的最重要的手段是政策文件推动。

一 物流政策文件推动主体

政策文件主体是制定和颁布政策文件的机构，主要是各级人民政府及其部门，其行政级别决定了政策文件的重要程度。本书第四章详细介绍了国家层面的物流政策文件颁布主体主要有五个：全国人大、中共中央、国务院、部委联合和部委单独。全国人大和中共中央所发文件一般是对国务院所制定文件的审批，因此，对于日常行政事务而言，通常不考虑全国人大和中共中央这两个文件主体。此外，地方各级政府部门是地方政策文件的主体。地方各级人民政府分为省（自治区、直辖市）、地市州、县（自治县、市）、乡（民族乡、镇）四级，在不违反相应法律法规的情形下，各级政府部门依照上级政策文件要求，结合地方特征与具体情况，出台物流相关政策文件。但由于地方政府政策文件数量多且冗杂，所以本书不探讨地方政府的物流政策文件。因此，中国现代物流政策文件推动主体有三个：国务院、部委联合和部委单独。

二　物流政策文件发展规划

正如前文所述，依靠一系列政策文件，中国政府成功地将名不见经传的物流推上了国家发展平台，现代物流成为国家大力发展的新兴产业。中国现代物流发展依靠政策推动，而如何推动现代物流发展则直接体现在各类发展规划的政策文件上，具体包括三类规划：一是国民经济和社会发展规划；二是现代物流业的专项规划；三是物流细分领域的相关规划。

（一）国民经济和社会发展规划

中国现代物流二十年（2001—2020）治理是在国民经济和社会发展的各期五年描绘的宏伟蓝图下指引发展的。表6-4列出了"十五"至"十三五"国民经济和社会发展规划纲要有关物流内容的表述。

表6-4　"十五"至"十三五"国民经济和社会发展规划纲要物流内容

年份	规划期	物流相关工作重点
2001	"十五"规划	首次出现了"物流"字眼，出现在经济结构部分关于"发展主要面向生产的服务业"一节中："积极引进新型业态和技术，推行连锁经营、物流配送、代理制、多式联运，改造提升传统流通业、运输业和邮政服务业……"
2006	"十一五"规划	"物流"共出现16次，分布5篇6章6节内容；首次明确提出"大力发展现代物流业"，并在第四篇（"加快发展服务业"）第十六章（"拓展生产性服务业"）中作为第二节单独出现

续表

年份	名称	物流相关工作重点
2011	"十二五"规划	"大力发展现代物流业"依然被作为单独一节出现在第四篇("营造环境推动服务业大发展")第十五章("加快发展生产性服务业")中。"十二五"规划推进现代物流的力度更大,"物流"出现19次,分布在5篇6章7节之中
2016	"十三五"规划	"十三五"规划纲要中提及"物流"18次、"供应链"2次,相关内容分布在7篇11章13节内容之中,篇数占比35%,章数占比13.8%,与前几次五年规划比,"十三五"规划涉及物流内容最多,力度最大

资料来源:作者根据相关资料整理。

从表6-4可以看出,各期规划的物流篇幅占比呈现增长趋势,在"十三五"规划中达到顶峰。现代物流历经发展奠基—现代物流产业地位确立—现代物流产业发展成熟—现代物流业融合发展,通过国民经济和社会发展各期规划引领,中国现代物流产业逐步走向成熟。

(二)现代物流业的专项发展规划

国民经济和社会发展规划引领了中国现代物流的发展,但是,由于它是一个综合性的规划,在相当长的一段时间内,中国还是缺少一个总体性的、能具体指导物流业发展的专项规划。2009年初,为应对国际金融危机,国务院出台了《物流业调整和振兴规划》,规划期为2009年到2011年。该文件出台对中国现代物流发展具有划时代意义:第一,该文件是在物流业作为唯一第三产业代表入选国家十大振兴产业的背景下出台的,说明物流业对国民经济和社会发展的重要性,以及国家对现代物流发展的重视程度;第二,该文件是国务院颁发的第一个物流专项文件,以往的物流文件都是由各部委或者部委联合下发,该文件出台表明,中国现代物流已进入到了国务院主导的国家治理时期;第三,该文件是中国第一个现代物流专项发展规划,它是全面的、系统的和具体的全国性规划,对现代物流工作更具指导意义。

2011年6月10日,国务院总理温家宝主持召开国务院常务会议,研究部署促进物流业健康发展工作,推出了推动物流业发展的8项配套措施,被业界称为物流业的"国八条"。"国八条"是《物流业调整和振兴计划》之后的又一项现代物流业的专项发展规划。2014年9月，国务院印发《物流业发展中长期规划（2014—2020年）》，成为新一轮的专项物流发展规划。该规划明确提出，到2020年，中国要基本建立布局合理、技术先进、便捷高效、绿色环保、安全有序的现代物流服务体系，全社会物流总费用与国内生产总值的比率下降到16%左右，物流业对国民经济的支撑和保障能力要得到进一步增强。

从2009—2020年，现代物流业的专项发展规划无缝衔接，为中国现代物流工作提供了具体指导。

（三）物流细分领域的相关规划

2001—2020年间，中国现代物流各细分领域的相关规划见表6-5。

表6-5　　2001—2020年中国物流各细分领域的相关规划

序号	名称	规划年限	领域
1	交通体系建设五年规划（"十一五""十二五""十三五"）	2005—2020	综合交通体系
2	综合交通网中长期发展规划	2007—2020	
3	交通强国建设纲要（基本/全面建成交通强国）	2035/2050	
4	公路水路交通五年规划（"十五""十一五""十二五""十三五"）	2000—2020	公路水路交通
5	公路五年规划（"十五""十一五""十二五""十三五"）	2000—2020	
6	公路水路交通中长期科技发展规划纲要	2006—2020	
7	全国公路水路交通运输环境监测网总体规划	2012—2030	
8	国家高速公路网规划	2004—2020	
9	国家公路网规划	2013—2030	
10	农村公路建设规划	2005—2020	
11	国家公路运输枢纽布局规划	2004—	
12	铁路五年规划（"十五""十一五""十二五""十三五"）	2000—2020	铁路
13	中长期铁路网规划	2004—2020、2016—2025	
14	铁路标准化"十三五"发展规划	2015—2020	
15	"十三五"铁路集装箱多式联运发展规划	2015—2020	

续表

序号	名称	规划年限	领域
16	民用航空五年规划（"十一五""十二五""十三五"）	2005—2020	航空
17	通用航空"十三五"发展规划	2016—2020	
18	邮政业发展五年规划（"十一五""十二五""十三五"）	2005—2020	邮政及快递
19	快递业五年规划（"十二五""十三五"）	2010—2020	
20	邮政普遍服务五年规划（"十二五""十三五"）	2010—2020	
21	邮政业标准化"十二五"发展规划	2011—2015	
22	邮政普遍服务基础设施布局规划	2016—2020	
23	邮政强国建设行动纲要（基本/全面建成邮政强国）	2035/2050	
24	贸易发展五年规划（"十五""十一五""十二五""十三五"）	2000—2020	商贸
25	电子商务五年规划（"十五""十一五""十二五""十三五"）	2000—2020	
26	电子口岸五年规划（"十二五""十三五"）	2010—2020	
27	商贸物流发展专项规划	2011—2015	
28	商贸物流发展"十三五"规划	2016—2020	
29	全国电子商务物流发展专项规划	2016—2020	
30	国家物流枢纽布局和建设规划	2018—2025	物流枢纽

资料来源：作者根据相关资料整理。

从表6-5可以看出，物流各细分领域规划主要有综合交通体系、公路水路交通、铁路、航空、邮政及快递、商贸和物流枢纽等。具体规划有以下几个类型，首先，最多的是五年规划，与国民经济和社会发展规划纲要五年规划保持一致，每个大类都有此类规划且具有连贯性，公路水路、铁路和商贸从"十五"时期开始，综合交通体系、航空和邮政及快递从"十一五"时期开始；其次，10年以上的中长期规划，如《公路水路交通中长期科技发展规划纲要（2006—2020年）》《综合交通网中长期发展规划（2007—2020年）》等；此外，还有一些规划期不足十年，且与五年规划期不对应的，如《国家枢纽城市布局与建设规划（2018—2025年）》。综上所述，公路、水路、铁路、贸易、电子商务这些基础领域规划开展得早且具有连续性，民航、综合交通和邮政及快递起步相对较晚，物流枢纽是最近拓展的业务规划。

三　物流政策文件内容、渠道和形式

政策文件推动是政府公开信息的一种具体形式，包括公开主体、公开内容、公开渠道和监督保障等基本要素（段尧清、尚婷等，2019），对政策文件研究而言，监督保障并非核心内容，但政策文件形式（黄凯丽、赵频，2018）事关文件实施的难易程度，则显得至关重要。因此，重点对物流政策文件内容、渠道和形式加以分析。

（一）政策文件内容

文件内容即政策文件中涉及的议题核心内容，此处特指与物流有关的内容。政策文件内容包含综合物流、功能物流和行业物流三大部分。第一，物流包括运输、储存、包装、装卸搬运、流通加工、配送、物流信息等七大功能要素，它们是现代物流运作和物流业态演进的基础，称之为功能物流。功能物流既有运输和仓储等传统业态，也含快递、配送、保税和信息等现代物流业态；第二，现代物流强调以顾客服务为中心，是建立在功能物流基础上的整合物流运作模式，第三方物流服务和供应链物流服务等是现代物流的核心内容，可称之为综合物流；第三，物流为国民经济各部门发展提供物资保障，在第三方物流的积极作用下，物流产业与各行业融合，不断细化分工，形成了具有行业特色的现代物流，如商贸物流、农业物流、产品（煤炭、危险品、汽车等）物流、应急物流等。理论上讲，行业物流是综合物流在各行业的延伸发展，应包含在综合物流之中，但政策文件需要区分，只有物流业整体才能称为综合物流，涉及特定行业的属于行业物流。

（二）政策文件渠道

文件渠道是指文件内容的表达途径。不同于报刊、广告、电视、网站、微博、微信和信息平台等信息传播途径，物流政策文件渠道关注文件议题来源与物流的密切程度。如《关于促进中国现代物流业发展的意见》只含物流议题，称为专项物流政策文件（简称专项文件），但《"十一五"规划纲要》则以其他内容为主、物流内容蕴含其中，属于通用物流政策文件（简称通用文件）。所以，物流政策文件分为专项和通用两种渠道。

（三）政策文件形式

文件形式是指文件下达的具体形式，通常冠以"规划""计划""纲

要""意见""通知""公告""方案""办法""规范""要点"和"暂行办法"等字眼。从操作的难易程度可归结为五种形式：指导意见、发展规划、通知公告、实施细则和暂行办法。进一步可归为两种类型，前两种为指导类文件，后三种为操作类文件。

物流政策文件时效性短，一般通过新文件对旧文件进行覆盖，被覆盖的文件自新文件出台时开始失效。文件有明确失效时间的，以文件规定为准；没有规定失效期的文件，按中国经济五年规划特点，以出台日期到五年规划结束时间为物流政策文件有效期。2001年至2020年中国物流政策文件要素的共现数量统计见表6-6。

表6-6 2001—2020年中国物流政策文件要素的共现数量统计 （单位：项）

文件内容		文件形式					文件渠道	
		指导意见	发展规划	通知公告	实施细则	暂行办法	通用	专项
功能物流(336)	运输(247)	46	50	128	18	5	147	100
	包装(3)	2	0	0	1	0	0	3
	仓储(7)	3	1	2	1	0	0	7
	保税(13)	0	2	11	0	0	1	12
	快递(51)	18	12	18	2	1	1	50
	配送(11)	3	1	5	1	1	0	11
	信息(4)	2	0	0	0	0	3	1
	小计	74	66	165	24	7	152	184
行业物流(189)	产品(31)	14	3	11	3	0	18	13
	农业(17)	5	2	8	2	0	11	6
	商贸(138)	67	19	42	10	0	113	25
	应急(3)	0	2	1	0	0	2	1
	小计	86	26	62	15	0	144	45
综合物流(61)	物流业(61)	20	17	19	3	2	29	32
	总计(586)	180	109	246	42	9	325	261

资料来源：作者根据相关资料整理。

2001—2020 年中国共颁发 586 条物流政策文件，从表 6-6 可以看出中国政策文件的要素特点。首先，从政策文件内容上看，功能物流、行业物流和综合物流政策文件分别有 336、189 和 61 项。功能物流占比最高，为 57.3%，主要来自运输（42.2%）和快递（8.7%）。行业物流其次，占比 32.3%，主要来自商贸物流（23.6%）和产品物流（5.3%）；其次，从政策文件渠道看，通用文件 325 项，多于专项文件的 261 项。进一步分析发现，运输、快递、物流业、商贸、产品和保税等专项文件相对较多，运输、商贸、物流业、产品和农业通用文件较多。通用文件明显多于专项文件的有运输、商贸和农业，专项文件明显多于通用文件的有快递、保税、配送、仓储和包装，其他通用文件和专项文件大致相当。最后，政策文件从形式上看，指导类文件和操作类文件分别为 289 和 297 项，总体呈持平状态，而通知公告类文件有 246 项，占比最多，达 42%，而更具操作性的实施细则和暂行办法采用较少，相对而言操作性政策文件还是偏少。

四　物流政策文件推动阶段及其特征

由于国民经济和社会发展规划五年为一个周期，物流业发展规划也要趋于与各期规划纲要相一致，由此，物流政策文件数量增长同样具有周期性特征。从 2001 年开始，中国经历了四期"五年规划"，现代物流的推动力度逐期加大，政策文件数量快速增长。图 6-4 反映了中国现代物流产业政策文件的增长特点：（1）政策文件数量增长势头明显。统计显示，以"十五"时期为基期，政策文件年平均数量各期同比分别增长了 0.75 倍、3 倍、5.2 倍；（2）"十二五"时期政策文件增长。从环比增长看，从"十五"时期起，后三期的政策文件年平均数量环比增长率分别为 76%、133%、56%，可见"十二五"时期的增速最为显著。（3）各"五年规划"期内的增长并不平稳，出现了波峰波谷现象。

虽然中国物流业总体规划与"五年规划"在时间上尚未取得同步，但中国现代物流产业政策文件体系形成依然呈现出周期性阶段特征：

1. "十五"时期（2001—2005）：启动奠基阶段

六部委联合发布的《关于加快中国现代物流发展的若干意见》（2001）是首度提出"现代物流"的国家政策文件，成为中国正式启动

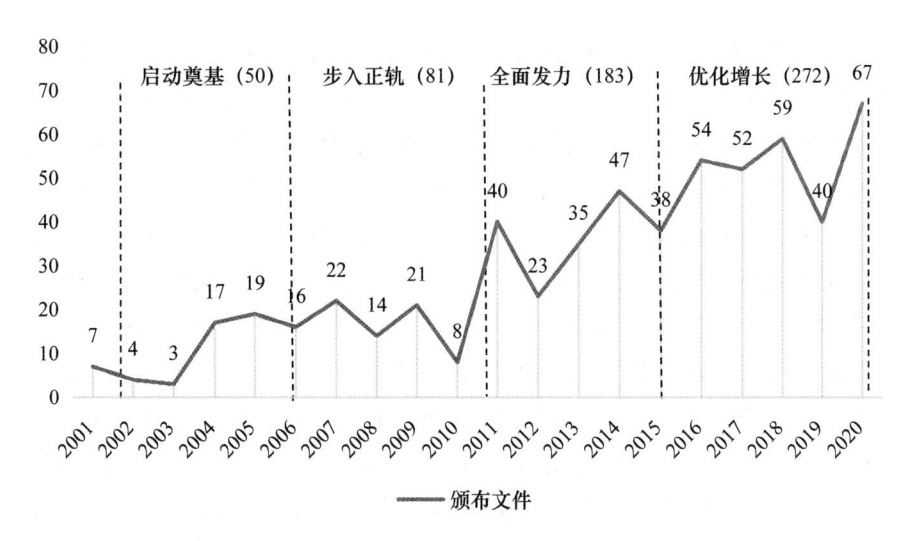

图 6-4 物流政策文件发展阶段（单位：项）

资料来源：作者根据相关资料整理。

现代物流发展的标志，该文件对后续政策产生较大影响。2001—2003 年文件数量总共才 14 项，2004 年九部委联合颁发的《关于促进中国现代物流业发展的意见》才是"十五"时期影响力最大的文件，一方面，它明确了现代物流的产业地位，为后期推上国家发展平台打下了基础；另一方面，它确立了"全国现代物流工作部际联席会议制度"，使中国现代物流宏观管理机制得以完善。在该专项物流文件的影响下，出现了第一个政策文件高峰：2004 年和 2005 年分别发文 17 项和 19 项，超过 2001—2003 年文件数量总和。"十五"时期还出台了《全国物流标准 2005 年—2010 年发展规划》《物流企业税收和外商投资》等综合物流文件，《关于加强药品监督管理促进药品现代物流发展的意见》等行业物流文件，以及保税物流园区、快递包裹和集装箱运输等功能物流文件。虽然物流政策文件总体数量相对较少，但初步形成了政策文件体系整体框架。总之，"十五"时期启动了现代物流发展，并为政策文件体系形成奠定了理论、管理制度和体系框架等基础，部际联席会是政策推动的主导力量。

2. "十一五"时期（2006—2010）：步入正轨阶段

《"十一五"规划纲要》（2006）使现代物流发展从部委管理层次跃

上了国家推动的新平台；国务院颁发的《物流业调整和振兴规划》（2009）开启了国家物流产业专项规划的先河。此两项文件不仅使现代物流产业地位上升，社会认知度更高，同时首次形成了"五年规划"纲要通用文件和国家物流业规划专项文件的"双轮驱动"机制，使物流产业政策文件体系形成步入了正轨。受其影响，2007年和2009年出现了两个文件高峰，因此，此两项文件在"十一五"时期影响最大。该阶段形成物流政策文件81项，其中，发布了《物流业调整和振兴规划》等综合物流文件4项；行业物流文件计37项，有《关于搞活流通扩大消费的意见》（2008）通用文件（30项）和《农产品冷链物流发展规划》等专项文件（7项）；功能物流文件40项，虽然运输领域文件力度（29项）很大，但变化最大的当属快递物流（7项）。随着国家邮政局、民航总局并入交通运输部，出台了《邮政业"十一五"规划》，以及快递行业监管、快递与民航产业、区域（长三角和珠三角）整合的相关政策文件。"十一五"时期，现代物流政策文件已由部委联合推动转由国务院统领，"双轮驱动"的政策文件形成机制见效，政策文件数量有较大增长，政策文件内容不断丰富，标志着政策文件体系形成步入了正轨。

3. "十二五"时期（2011—2015）：全面发力阶段

"十二五"时期，政策文件183项，其中，综合物流12项，行业物流54项，二者均达到"十五"和"十一五"时期各自文件数量的总和，功能物流117项，接近前两期总和的两倍。该阶段以下物流领域政策文件变化显著：（1）配送物流：首次将配送纳入物流政策文件范围，形成6项文件，基本完善了城市配送、共同配送和智慧配送物流体系建设等配送政策；（2）快递物流：《快递服务"十二五"规划》（2011）是第一项快递总体规划的专项文件，共有快递服务向制造业、网络零售、区域拓展，以及市场监管等内容的文件17项；（3）运输物流：运输物流形成文件89项，形成运输类的税收文件（24项）和运价文件（7项）。（4）商贸物流：《商贸物流专项发展规划》（2011）为首项商贸物流规划专项文件，48项商贸物流文件中包含专项文件11项。

4. "十三五"时期（2016年至今）：优化增长阶段

"十三五"时期，物流政策文件数量环比增速虽有所放缓，但仍然高达56%，所以，它依然处于政策文件的高速增长阶段。2016—2020年物流政策文件272项,是整个"十二五"时期的1.48倍,是"十五"与"十一五"时期文件数量的2.08倍。此阶段,《国民经济和社会发展第十三个五年规划纲要》(2016)是最具影响力的文件,故在2016年形成了一个小的政策文件高峰。由于《物流业发展中长期规划(2014—2020年)》(2014)继续生效,因此,"双轮驱动"的合力使得政策文件数量持续在高位上增长。

从2016—2020年的数据可以部分地看出"十三五"时期政策文件体系优化的特点:(1)政策文件主体参与度和积极性普遍提高。国务院和8家部际联席会成员单位(以发改委和交通部等为代表)的发文数量均超过了"十二五"时期;(2)充实政策空白领域,强化综合物流和物流效率提升的政策内容。首先,应急物流和物流信息皆为首次纳入政策文件范围,填补了空白;其次,综合物流政策文件数量(39项)增长力度最大,超过整个"十二五"时期,强调了综合物流的引领作用;再次,政策文件更加关注物流效率提升,如物流业的降本增效、"互联网+"物流、物流服务质量提升、供应链创新等内容,回归到了发展现代物流的本质;(3)重视政策文件实施效果。专项文件119项,通用文件153项,总体相差不大,物流操作性文件153项超过指导性文件119项,说明物流政策文件的专业性和可操作性增加。

第三节 物流标准化

物流标准化是指将物流作为一个大系统,制定并实施保证系统协调、安全、高效运行的标准,推动物流业健康、有序发展的标准化活动(周爱莲等,2003)。物流标准化包含物流设施设备标准化、物流技术方法标准化、物流管理标准化、物流服务标准化和物流信息标准化(柳飞等,2015)。物流标准化作为降低物流成本、提高物流效率、推动物流业健康发展的重要手段,是推动中国物流创新和规范发展的主要动力。物流标准化为物流信息化、集约化、智能化发展提供有力支撑,是实现物流转型升级的基础(甘卫华等,2017;Michaela Balzarova & Pavel Castka,2018;宋敏等,2019;Geerten van de Kaa, Marijn Janssen and Jafar Rezaei,2018),已成为影响中国物流市场利益最大化、消除国际贸易壁垒、实现中国与世界接轨的关键因素（周爱莲等，2003；柳飞等，2015；Luca Urciuoli，2018）。

一　物流标准化管理组织

2003年起，国家标准管理委员会先后批准成立了全国现代物流信息管理标准化技术委员会（SAC/TC 267）和全国物流标准化技术委员会（SAC/TC 269），专门负责全国物流标准化工作。随后，其他物流标准化相关技术委员会相继成立，共同推进物流标准化发展。

（一）全国现代物流信息管理标准化技术委员会

全国现代物流信息管理标准化技术委员会（SAC/TC267）于2003年8月12日经国家标准化管理委员会（国标委）批准成立，负责物流信息基础、物流信息系统、物流信息管理、物流信息应用等领域的物流信息标准化工作。其秘书处设在中国物品编码中心，受国家标准化委员会直接领导，负责全国现代物流信息方面的标准化技术归口工作，其主要职责：国家物流信息标准化技术支持工作；本专业标准的制修订组织工作；向国际标准组织提出国际标准工作；物流领域应用信息技术的技术支持工作；对口国际对应机构，组织推动国内物流信息方面的标准化工作。

（二）全国物流标准化技术委员会

2003年9月4日，经国标委批准，全国物流标准化技术委员会（SAC/TC 269）成立，该委员会是国标委直属管理、在物流领域从事全国性标准化工作的技术组织，其秘书处设在中物联。全国物流标准化技术委员会（SAC/TC 269）按《全国专业标准化技术委员会章程》进行管理和开展工作，主要负责物流基础、物流技术、物流管理和物流服务等领域的物流标准化工作。

全国物流标准化技术委员会（SAC/TC 269）成立后，通过征求物流标准化研究项目成果，举办标准编制研讨会和论证会，组织标准课题组，向公众征求标准意见，进行标准审查、申报和发布，编制《物流标准目录手册》（2011）等工作推动物流标准的完善；通过参与全国物流标准发展规划工作、设立分技术委员会（2008）、成立标准化工作组、定期编辑《物流标准化动态》电子刊来公布物流标准化工作动态（2009）、召开全国物流标委会、组织委员会换届、进行国家标准化专业知识培训等活动推动物流标准化发展。目前,全国物流标准化技术委员会包含6个分技术管理委员会、4个标准化工作组和3个团体标准工作组,共同推进物流各领域的标准化工作(如表6-7所示)。

表6-7　　全国物流标准化技术委员会下设组织

下设组织	成立年份	委员会名称	负责专业范围
分技术委员会	2008	物流作业分技术委员会(SAC/TC269/SC1)	物流领域中物流作业通用及专用规范等
	2008	托盘分技术委员会(SAC/TC269/SC2)	物流系统中货物搬运用托盘
	2008	第三方物流服务分技术委员会(SAC/TC269/SC3)	第三方物流服务程序、内容、质量要求等
	2008	物流管理分技术委员会(SAC/TC269/SC4)	物流系统中通用性、基础性的物流管理等
	2009	冷链物流分技术委员会(SAC/TC269/SC5)	物流领域中冷链物流技术、服务、管理等
	2009	仓储技术与管理分技术委员会(SAC/TC269/SC6)	仓储技术与管理等
标准化工作组	2015	化工物流标准工作组(TC/269/WG1)	化工物流标准化
	2015	医药物流标准化工作组(TC269/WG2)	医药物流标准化
	2016	钢铁物流标准化工作组(TC269/WG3)	钢铁物流标准化
	2018	逆向物流标准化工作组(TC/269/WG4)	逆向物流标准化
团体标准工作组	2016	物流信息平台团体标准工作组(WG3)	满足物流信息平台标准化需求
	2016	大宗商品现代流通团体标准工作组(WG4)	满足大宗商品现代流通标准化需求
	2016	中国物流与采购联合会汽车物流团体标准化工作组(WG5)	满足汽车物流的团体标准需求

资料来源:作者根据相关资料整理。

（三）物流标准化相关技术委员会

中国陆续成立了包括物流包装、仓储、运输、信息等领域的其他物流标准化技术委员会，基本覆盖到了物流系统的基本功能，这些标准化组织机构的成立对推动中国物流领域的标准化工作起着至关重要的作用，物流标准化技术委员会的分布如表6-8所示。此外，国家质量监督检验检疫总局成立了全国供应链过程管理与控制标准化技术委员会，并制定颁布了《全国供应链过程管理和控制标准化技术委员会章程》推动物流标准化发展（彭宝玲，2017）。

表6-8　　　　　　　　物流标准化相关技术委员会

领域	标准化委员会	负责专业范围
物流包装	全国包装标准化技术委员会（TC49）	负责全国包装专业的基础标准、方法标准、包装容器和包装材料的综合标准等
物流运输	全国道路运输标准化技术委员会（TC521）	客货运输管理的运输企业、运输从业人员、运输生产组织及运输场地建设等管理方面的技术要求；道路运输装备和产品的使用要求、运输作业及监管装备要求等
	全国航空运输标准化技术委员会（TC464）	航空运输管理
	全国综合交通运输标准化技术委员会（TC571）	两种及以上运输方式协调衔接和共同使用（包括综合客运枢纽、综合货运枢纽、复合通道及交叉设施、旅客联程运输、货物多式联运衔接、运载单元、专用载运工具、快速转运设备、换乘换装设备以及统计、评价、安全应急与信息化等）
	全国智能运输系统标准化技术委员会（TC268）	智能运输系统
	全国国际货运代理标准化技术委员会（TC489）	国际货运代理行业术语、作业规范、岗位资质及国际货运代理企业资质与等级评定
物流仓储	物流仓储设备标准化技术委员会（TC499）	物流仓储设备
	全国集装箱标准化技术委员会（TC6）	集装箱
物流管理	物流管理标准化技术委员会（TC269/SC4）	物流系统中通用性、基础性的物流管理等

资料来源：作者根据相关资料整理。

二 物流标准化发展规划

（一）物流标准化发展的总体规划

2001—2004年，物流标准化工作主要依照一般的现代物流相关政策文件推进，没有全国物流标准化发展的总体规划。2001年3月，由原国家经贸委等6个部门联合印发的《关于加快中国现代物流发展的若干意见》中指出，应借鉴国际上比较成熟的物流技术和服务标准，加快对中国物流服务相应技术标准的研究制定工作；2001年4月17日，《物流术语》（GB/T 18354—2001）的发布标志着物流标准化建设活动的正式展开；2003年12月，现代物流专题组完成的《关于中国现代物流情况的调研报告》认为应通过加强物流标准化和信息化建设来克服中国物流信息化、标准化程度低的问题；主要推动物流基础、物流技术、物流管理和物流服务等标准化技术工作的开展。2004月5日，国家发改委会同商务部等9个部门联合发布的《关于促进中国现代物流发展的意见》明确提出要加快制定和推进物流基础设施、技术装备、管理流程、信息网络的技术标准，建立完善协调统一的物流技术标准体系，物流标准化已被列为国家扶持和发展现代物流业的基础性工作；2004年8月18日，全国物流信息管理标准化技术委员编制了《物流信息标准体系表》。

2005年，《全国物流标准2005年—2010年发展规划》作为第一个物流标准化发展专项总体规划出台。以"物流标准体系表"为中心，提出中国物流标准2005—2010年发展规划的指导思想、工作目标，明确了13个领域制修订国家标准和行业标准的重点任务，确定了主要措施和具体标准项目，对物流标准化工作发展提供重要的指导意义；2010年，国家标准委联合国家发改委等11个部门印发《全国物流标准专项规划》，该规划与《物流业调整与振兴规划》相配套，期限为2009—2011年三年，在落实《全国物流标准2005年—2010年发展规划》的基础上补充完善了基础通用标准，加大了专业类物流标准制定力度，强调了高新技术在物流业的应用；2011年，国家标准化管理委员会印发的《标准化事业发展"十二五"规划》中指出要开展物流服务等领域的标准的研制，实现物流标准化领域的拓展；为贯彻《物流业发展中长期规划（2014—2020年）》（2014）和《深化标准化工作改革方案》（2015），国家标准委联合国家发改委等部门编制了《物流标准化中长期发展规划（2015—2020 年）》（2015），促进物流标准体系完善、物流标准修订和实施、物流标准化工作机制改善和物流领域国家标准化工作的开展。

（二）物流标准化发展工作重点

物流标准化发展的重要政策文件工作重点汇总如表 6 – 9 所示。物流标准化政策文件印发涉及多个部门，是多部门联合作用的产物。国家发展和改革委员会、商务部、交通部、国家标准化管理委员会等部门是物流标准化政策制定的核心部门，其他部门的参与则因物流标准化政策文件侧重的方向不同而有所差异。整体而言，多部门联合印发物流标准化相关政策体现了政府对物流标准化工作的重视，通过各部门共同努力，能有效协调物流标准化发展，推动物流标准化进程。

表 6 – 9　　　　　　　　　　物流标准化相关政策文件

年份	名称	工作重点	印发部门
2001	《关于加快中国现代物流发展的若干意见》	广泛采用标准化、系列化、规范化的运输、仓储、装卸、搬运、包装机具设施及条形码等技术，加快物流服务相应技术标准研究制定工作。	国家经贸委、铁道部、交通部、信息产业部、外经贸部、民航总局
2004	《关于促进中国现代物流发展的意见》	建立和完善物流技术标准化体系；推广先进适用的物流标准化专业设备	国家发改委、商务部、公安部、铁道部、交通部、海关总署、税务总局、民航总局、工商总局
2005	《全国物流标准2005 年—2010 年发展规划》	推动物流业基础性、通用性标准和当前社会急需标准的制修订工作，解决物流标准管理分散、标准体系不统一、制修订工作等问题	国标委、国家发改委、商务部、铁道部、交通部、民航总局、国家质检局、国家统计局
2009	《全国物流标准专项规划》	提出 2009—2011 年物流技术、物流信息、物流服务、道路运输、铁路运输、国际货运代理、仓储、粮食物流、冷链物流、医药物流、汽车和零部（配）件物流、邮政（含快递）物流、应急物流等 13 个领域的制修订国家标准和行业标准的任务	国标委、国家发改委、科学技术委员会、工信部、交通运输部、铁道部、商务部、国家质检局、国家粮食局、民航总局、国家邮政局

续表

年份	名称	工作重点	印发部门
2015	《物流标准化中长期发展规划（2015—2020年）》	根据现代物流市场发展需求，着力推进重点领域关键技术标准制修订，注重物流标准之间及与其他产业标准的协调配套，提高物流相关标准的国际化水平，促进物流服务体系高效运转	国标委、国家发改委、工信部、公安部、农业部、商务部、海关总署、国家质检局、国家粮食局、国家铁路局、中物联、全国供销合作社、中铁总公司

资料来源：作者根据相关资料整理。

三 物流标准制定、实施与废弃

物流及相关标准的制定和实施是物流标准化发展的基础，物流标准大致可按照以下两种形式进行分类：

（一）物流标准层次

根据物流标准层次的不同，物流标准可分为国家标准、行业标准、地方标准、企业标准、团体标准和国际标准等六大类。据2021年版《物流标准目录手册》的数据显示，截至2021年6月30日，中国已颁布的现行物流国家标准674项、行业标准522项。企业积极参与物流标准化的工作，很多企业都制定了本企业的物流标准，如以中储物流在线有限公司为代表的企业制定《徽码仓库应用系统规范》《物资银行》《物流仓储业务服务规范》等标准，还在有效运行的物流企业标准有《物流智能管理系统》《物流服务合同准则》《中型物流搬运系统》等；物流领域已经备案的团体标准达到100多项；此外，中国物流国际标准占比约为30%，主要围绕包装、标志、运输、储存几个主要方面，物流作业标志、社团代码、商品条形码等方面也间或采取了部分国际标准（甘卫华等，2017）。

（二）物流标准类型

根据标准内容的不同，物流标准又可分为基础类标准、公共类标准、专业类标准和标准化工作指导性标准四类，在四类标准中，根据标准内容又可进一步细分为多类标准，具体分类如表6-10所示。目前，中国物流标准的内容已涉及运输、仓储、包装、装卸搬运、配送、流通加工、信息处理全环节，中国物流标准体系分类翔实，发展较为完善。

表6-10 物流国家、行业标准内容分类表

标准类型		标准内容	国家标准数量	行业标准数量	标准总量
基础类标准		术语	33	8	41
		导则	7	0	7
		图形符号与标准	11	4	15
公共类标准		综合类标准	29	15	44
	物流设施设备标准	货架	6	15	21
		仓库	2	8	10
		货运场站	2	3	5
		托盘	24	10	34
		叉车	1	5	6
		集装箱袋	18	7	25
		装卸搬运设备	27	15	42
		包装	31	2	33
		运输设备	13	12	25
	物流技术、作业与管理标准	仓储	1	5	6
		装卸搬运、运输	13	27	40
		包装	16	2	18
	物流信息标准	单证	17	9	26
		编码	53	20	73
		信息系统	25	18	43
		报文	63	3	66
		信息交换	13	2	15
		信息技术应用	2	0	2

续表

标准类型	标准内容		国家标准数量	行业标准数量	标准总量
专业类标准	农副产品、食品冷链物流标准	农副产品、食品冷链物流基础标准	6	1	7
		农副产品、食品冷链物流设施设备标准	19	19	38
		农副产品、食品冷链物流技术、作用与管理标准	41	61	102
	其他农副产品、食品物流标准		5	13	18
	汽车物流标准		8	17	25
	医药物流标准		5	11	16
	家电物流标准		2	4	6
	煤炭物流标准		1	4	5
	粮油物流标准		18	21	39
	电子商务物流与快递标准		22	51	73
	出版物流标准		7	3	10
	烟草物流标准		4	29	33
	进出口物流标准		43	14	57
	化工和危险货物物流标准		34	43	77
	酒类物流标准		0	10	10
	钢铁类物流标准		0	8	8
	应急物流标准		2	2	4
	棉花物流标准		1	4	5
	其他物流标准		5	17	22
标准化工作指导性标准			44	0	44
总计			674	522	1196

资料来源：2021年版《物流标准目录手册》，时间截至2021年6月30日。

四 物流标准化推动阶段及其特征

2001年后，政府部门、行业组织和企业积极推进物流标准制修订和实施工作，物流标准化发展迅速。2001—2020年中国现代物流标准化工作大致分为三个阶段。

(一) 物流标准化工作起步阶段 (2001—2004)

2001年,《关于加快中国现代物流发展的若干意见》出台后不久,《物流术语》颁布,对物流活动中的物流基础术语、物流作业服务术语、物流技术与设施设备术语、物流信息术语、物流管理术语和国家物流术语进行了定义,促进了中国传统流通理念和方式的变革,对现代物流的发展产生了积极深刻的影响。2003年,全国现代物流信息管理标准化技术委员会和全国物流标准化技术委员会先后成立,为物流标准化组织工作奠定了基础。2004年,《关于促进中国现代物流发展的意见》的印发,集装箱、物流专业车辆等物流专业设备得到推广,物流技术标准化体系逐渐建立,物流行业广泛地采用标准化、系列化、规范化的运输、仓储、装卸、包装机具设施和条形码、信息交换等物流技术。2001—2004年可归为现代物流标准化工作的起步阶段。

(二) 统一规划和物流标准化体系形成阶段 (2005—2014)

《全国物流标准2005年—2010年发展规划》(2005) 颁布实施,标志着全国物流进入到了统筹规划阶段。首先,物流标准制修订工作全面展开,包括物流术语、物流企业、物流成本、物流园区、物流服务、物流统计、物流中心、通用平托盘和国际货运代理等方面的通用类标准项目相继完成;冷链、港口、出版物、汽车和零部(配)件物流等方面的专业类标准制定工作开始起步,综合物流标准化实现快速发展。其次,《全国物流标准专项规划》(2009) 确立了以物流基础通用类、公共类和专业类物流标准为主体结构的物流标准体系总体框架,促进了交通运输、仓储配送、快递物流、商贸物流、设施设备等物流领域的标准化发展,功能物流标准化逐步推进。截至2010年底,中国已发布物流标准700余项,其中国家标准491项,行业标准234项,地方标准15项(晏绍庆,2011)。最后,行业物流标准化发展 (2011—2014)。中国冷链物流、医药物流、应急物流、汽车物流等专业类物流标准的制修订工作在这四年间深入推进,截至2014年6月30日,中国已发布的各类物流标准达794项,逐步实现物流各领域"有标准可依"。经过物流标准化统筹规划,综合物流、功能物流和行业物流标准化工作达到协同推进,物流标准化体系基本形成。

（三）物流标准化体系完善和实施（2015—2020）

《物流标准化中长期发展规划（2015—2020 年）》（2015）的颁布实施，推动物流标准体系逐步完善和物流标准制修订工作顺利推进。截至 2021 年 6 月 30 日，中国已颁布的现行物流国家标准 674 项、行业标准 522 项，共计 1196 项。此外，国家标准委积极推动"服务业标准化试点"工作的开展，截至 2015 年 6 月 30 日，已有物流服务标准化试点 43 个；2016 年，国家标准化管理委员会组织联合财务部和商务部发布《关于 2016 年开展物流标准化试点工作的通知》，围绕京津冀、长三角、珠三角区域周边、长江经济带扩大物流标准化试点工作，通过实施新修订的通用平托盘标准，促进了中国通用平托盘规格的统一，提高了物流效率，为进一步在中国建立托盘共用系统奠定了基础；通过国际货运代理标准的实施，进一步规范了国际货运代理服务，提高了服务质量，推动了更多企业走出国门；条码、电子数据交换报文等标准在物流领域的推广实施，促进了物流信息采集、识别和管理的统一（宋敏等，2019），加快了物流信息标准化的发展。

2001—2020 年间，物流标准的制定、修订和实施都取得了重大进展，物流标准得以迅速发展并逐步完善。但由于物流标准的制定主要靠各级政府和行业部门主导，仍未形成由行业协会主导、以企业最佳实践为引领的标准形成机制；且存在大量物流标准是推荐性国家标准、物流及相关企业对物流标准化意识缺乏等问题，物流标准的推广实施实际受到制约，未充分发挥作用；此外，中国采用的国际物流标准占比偏低，物流标准国际化的进程有待加快。

第七章

中国现代物流预测、监测与统计

为了客观反映现代物流发展现状,有效监测物流业运行,准确预判物流业乃至整个宏观经济发展走势,为政府、企业和社会各界提供真实可靠的现代物流运行信息,中国现代物流 20 年的治理过程中,建立了一套相对完善的现代物流预测、监测与统计的指标体系,形成了独特的现代物流信息管理制度。

第一节 中国现代物流预测

一 采购经理指数(PMI)

(一)形成

PMI 是国际上通行的经济监测指标,许多国家通常将其与 GDP、就业指数、生产价格指数(PPI)、汇率、股指等并行,用来衡量经济的发展阶段。1923 年美国供应链管理协会着手进行 PMI 的调查研究,并于 1948 年开始每月发布调查数据和基于调查的商务报告。在亚洲,新加坡的采购和材料管理协会 1999 年 1 月开始正式发布 PMI 调查结果,日本制造业 PMI 数据的收集和建立开始于 2001 年 10 月,全球目前已有 20 多个国家建立了 PMI 体系(张利斌、冯益,2012)。

采购经理指数(PMI)体系是一套综合性的经济先行指标体系,涵盖生产与流通、制造业与非制造业等领域,无论对政府部门、金融机构、投资公司,还是一般的工商企业来说,PMI 在经济预测和商业分析方面都有重要意义,因而成为国际上通用的监测宏观经济走势的指标之一

（何跃、杨小朋，2013）。

长期以来，CPI、PPI 等是预测、监测中国经济运行情况的主要经济指标，其尽管起到了一定作用，但在时效性和预测性方面的效力略显不足（张利斌、冯益，2012）。因此，为更准确有效地预测宏观经济运行，在借鉴成功国家经验的基础上，中国推出了有自身特色的 PMI 指数。

2002 年，国家统计局和中物联共同启动了中国制造业 PMI 的合作编制工作，经过相关调查统计工作，2005 年 1 月正式推出制造业 PMI 指数，并由中物联每月第一个工作日发布相关统计数据（丁勇、姜亚彬，2016），同时撰写商务报告，直接报送国务院研究室、国家发改委、商务部、财政部、中国人民银行、国务院发展研究中心等政府决策机构。中物联和国家统计局官网可获取 PMI 相关数据。

PMI 由国家统计局和中物联双方共同负责调查问卷的编制、调查方案和指标体系的制定、前期调研和试点工作。国家统计局企业调查总队负责企业调查的具体实施，中物联和中国物流信息中心负责数据分析、商务报告的撰写以及对外合作与发布等事宜。

为了适应服务业迅速发展的形势，拓宽采购经理调查的行业覆盖面，充分发挥 PMI 的经济预测和预警作用，2006 年 12 月，国家统计局和中物联又建立了中国非制造业 PMI 调查制度，并于 2007 年 1 月正式展开调查，发布统计数据。

（二）调查统计过程

1. 调查对象

制造业 PMI 调查涉及《国民经济行业分类》（GB/T4754—2011）中制造业的 31 个行业大类，调查样本不断扩大，自 2013 年 1 月起，国家统计局按照最新经济结构、行业标准和企业规模划分方法，将样本从 820 家扩充到 3000 家左右；非制造业 PMI 涉及《国民经济行业分类》中非制造业的 27 个行业大类，从全国非制造业企业中抽取 1200 家样本进行调查。

采购活动作为供应链物流活动的第一步，其扩张和收缩体现了企业未来生产及交付活动的趋势,而采购经理作为企业一线采购业务的负责人,熟悉全球物料市场以及本企业需求的未来走势,通常要预测未来经济形势并以此决定采购活动。因此,采购经理或主管采购业务的副经理成为PMI调查的具体对象。

2. 调查内容

中国制造业PMI指数体系包括13个指数,分别是生产、新订单、新出口订单、在手订单、成品库存、采购量、进口、主要原材料库存、从业人员、供应商配送时间、生产经营活动预期等13个指数指标,其中出厂价格指数于2017年1月正式发布。

中国非制造业PMI体系则由商务活动、新订单、新出口订单、在手订单、存货、投入品价格、销售价格、从业人员、供应商配送时间、业务活动预期等10个分类指数构成。

3. 统计方法

PMI相关指标问卷调查采用PPS(Probability Proportional to Size)抽样方法,即将所选行业大类作为层,行业样本按其增加值占全部行业增加值的比重分配,层内样本按照与企业经营业务收入分布的概率来抽取。

4. 计算方法

各项分类指数通过计算扩散指数而得,制造业PMI综合指数按分类指数对经济的先行影响程度加权计算而成,具体如式7-1。

$$PMI = 新订单 \times 30\% + 生产 \times 25\% + 从业人员 \times 20\% + 供应商配送时间 \times 15\% + 库存 \times 10\% \quad (式7-1)$$

此外,由于没有合成的非制造业综合PMI指数,通常用商务活动预期指数反映非制造业经济发展的总体变化。无论是制造业PMI还是非制造业PMI,高于50%时反映相关行业经济扩张,低于50%时反映该行业经济收缩。

(四)数据分析

1. 样本分析

表7-1选取了2020年12月制造业、非制造业的PMI指数。

表7-1　　　　　2020年12月制造业、非制造业PMI指数

制造业PMI			非制造业PMI		
指标	数值（%）	增幅（%）	指标	数值（%）	增幅（%）
制造业PMI	51.9	-0.2	非制造业PMI	55.7	-0.7
生产指数	54.2	-0.5	新订单指数	51.9	-0.9
新订单指数	53.6	-0.3	新出口订单指数	47.5	-1.5
积压订单指数	47.1	0.4	在手订单指数	44.7	-0.5
产成品库存指数	46.2	0.5	存货指数	47.0	-1.8
采购量指数	53.2	-0.5	投入品价格指数	54.3	1.6
进口指数	50.4	-0.5	销售价格指数	52.3	1.3
购进价格指数	68.0	5.4	从业人员指数	48.7	-0.2
出厂价格指数	58.9	2.4	供应商配送时间指数	51.2	-0.6
原材料库存指数	48.6	0	业务活动指数	60.6	-0.6
从业人员指数	49.6	0.1			
供应商配送时间指数	49.9	-0.2			
生产经营活动指数	59.8	-0.3			

资料来源：http://www.chinawuliu.com.cn/zt/pmi/，2020年12月6日。

从表7-1可以看出，2020年12月制造业PMI综合指数51.9%，相对上月降低0.2%，表明整个经济仍然处于扩张阶段，但势头比上月有所降低。同上月相比，购进价格指数和出厂价格指数增幅较大，反映了生产资料供求关系，也预示企业生产活动将趋向平稳；积压订单指数、产成品库存指数、从业人员指数有所上升，原材料库存指数持平，其余6个指数均有所下降，这些指数变动在-0.5%和0.5%之间，市场总体平稳，企业市场预期比较稳定，经济平稳增长态势没有改变。

当月，非制造业PMI指数为55.7%，环比下降0.7个百分点，表明商务活动呈扩张态势，但与上月比扩张势头有所减弱，其原因可能是受年末影响，建筑业和大宗商品批发业活动明显回调。在各单项指数中，投入品价格和销售价格指数环比有所上升，升幅分别为1.6和1.3个百分点；新订单、新出口订单、在手订单、存货、从业人员和供应商配送时间和业务活动指数环比有所下降，降幅在0.2%至1.5%之间。业务活

动预期指数尽管有所下降，仍保持在60.6%以上的较高水平，表明企业对节后市场预期较为乐观。

制造业PMI和非制造业PMI显示的趋势总体保持一致，未来的经济形势依然是扩张态势，但增长趋缓。

2. 走势分析

图7-1是制造业PMI和非制造业PMI自正式发布以来至2020年12月中国PMI的走势图。从图7-1可以看出，我国制造业及非制造业的PMI指数在50%上下波动，总体上保持在50%以上的水平。其中，有两个明显的波谷：一次发生在2008年下半年，一次发生在2020年2月左右。2008年7月至2009年3月间，中国制造业PMI从2008年6月的52%一路下行，至2008年7月（48.4%）、8月（48.4%），9月（51.2%）短暂回升，10月下跌至44.6%、11月至谷底33.8%，12月缓慢回升至41.2%，2009年1月（45.2%）和2月（49%）陆续回升，3月（52.4%）以后逐步进入到经济扩展区。中国制造业PMI准确预测了2008年国际金融危机对中国宏观经济的影响，为自己赢得了名声，扩大了社会影响，自此以后成为中央电视台等主流媒体定期公布的指标。众所周知，2020年初新型冠状病毒肺炎在全球蔓延，PMI指数业较好地反映了突发事件对经济的影响，中国制造业只在2020年2月PMI为

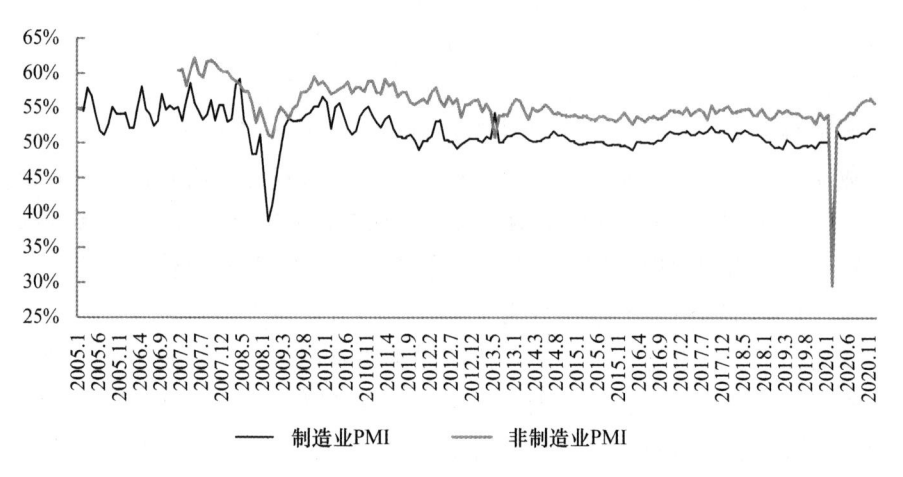

图7-1 截至2020年12月中国PMI指数走势

资料来源：作者根据相关资料整理。

35.7%，非制造业商务活动为29.6%，PMI指数处于扩张区间，2020年3月双双恢复到50%以上。

PMI指数还能反映周期性的经济活动特点。在每年1—2月左右，制造业PMI和非制造业PMI普遍明显偏低，在前后的其他月份相对偏高。这可能是由于1—2月份是中国的春节期间，家人团聚是中国文化传统，春节假期的经济活动自然有所减弱，无论是生产制造业还是服务业活动都会受到影响。

此外，整体来说，非制造业PMI指数一直高于制造业PMI指数，波动幅度方面制造业PMI小于非制造业PMI。上述现象说明，非制造业对经济形势判断更为乐观，且受经济形势变化的影响要更大。

二 中国物流业景气指数（LPI）

（一）形成

我国于20世纪80年代中期就开始了景气研究（郭茜、吴海建，2011），许多行业均已建立相应的景气指数以促进行业的发展，如1997年房地产业发布了国房景气指数（贾海，2000），2010年中国航运景气指数发布，银行景气指数、工业景气指数等发布。相当一段时间内，中国缺乏物流业景气指数。

自2007年以来，世界银行每两年发布一次《世界银行物流绩效指数报告——联结以竞争：全球经济中的贸易物流》，通过物流绩效指数（LPI）衡量陆上贸易供应链效率或物流绩效。尽管LPI报告及其相关构成要素有助于各国了解自己和贸易伙伴开展国际物流的环境，但对中国内部及各国物流业景气状况不能进行有效预测。

PMI指数的成功经验为中国物流业景气指数（LPI）的编制增强了信心，它有助于中国把握物流业整体运行态势及运行走向，及时向相关决策部门发出预警信号，缓解物流市场各种矛盾。中国物流业景气指数（LPI）是中物联在国家发改委、国家统计局的支持下取得的一项成果。2010年，中物联完成了《中国物流业景气指数编制与研究》课题报告，2011年完成了《中国物流业景气指数调查实施方案》，此后经过一系列的调查，2013年3月，中物联首次正式发布了中国物流业景气指数，并于以后的每月5日上午9点在中物联官网发布该指数。

(二)调查统计过程

调查对象。LPI调查涉及《国民经济行业分类》(GB/T4754—2011)中物流相关行业的8大行业大类,并抽取300余家企业进行调查。

调查内容。中国物流业景气指数体系主要由业务总量、新订单、从业人员、库存周转次数、设备利用率、平均库存量、资金周转率、主营业务成本、主营业务利润、物流服务价格、固定资产投资完成额、业务活动预期12个分项指数和一个合成指数构成,其中,合成指数由业务总量、新订单、从业人员、库存周转次数、设备利用率5项指数加权合成,构成中国物流业景气指数,即LPI。

统计方法。采用PPS抽样方法,按照各物流行业对物流业主营业务收入的贡献度,兼顾样本的区域分布、企业类型分布、规模分布,确定行业的样本数。该调查利用统计联网直报系统对企业物流业务经理进行问卷调查。

计算方法。计算时,对12个指标分别计算扩散指数,即正向回答的企业个数百分比加上回答不变的百分比的一半,而LPI则是按照一定的权重比例进行加权得出。LPI反映物流业发展的总体变化情况,高于50%时表明物流业经济扩张;低于50%时表示物流业经济收缩。

(三)数据分析

1. 样本分析

选取2020年12月中国物流业景气指数进行分析。2020年12月,中国LPI为56.9%,较上月回落0.6个百分点,变化幅度略大,反映其对变化的敏感性,此外指数仍处于较高增长区,表明物流业增长放缓,物流运行态势仍较为稳定。

业务总量指数(56.9%)和设备利用率指数(55.2%)在55%荣枯线以上,但比上月分别降低0.6%和1.1%;资金周转率指数(54.8%)和从业人员指数(52.5%)均低于55%,虽然资金环境有所改善,回升0.3%,但春节前物流人员供应不足现象显得较为严重,从业人员指数比上月回落0.5%。

2. 走势分析

如图7-2所示,自2013年3月正式发布LPI以来,除疫情期间,我国物流业景气指数一直围绕55%的荣枯线波动,绝大部分月份保持在

50%以上的水平，表明我国物流业总体处于平稳较快的发展阶段。2020年2月因疫情影响，LPI经历了数据发布以来的最低值26.2%，2016年2月、2018年2月，LPI均跌至50%，说明物流行业受节日影响较强，呈现出明显的季节性变化，LPI走势与PMI走势大致相同。

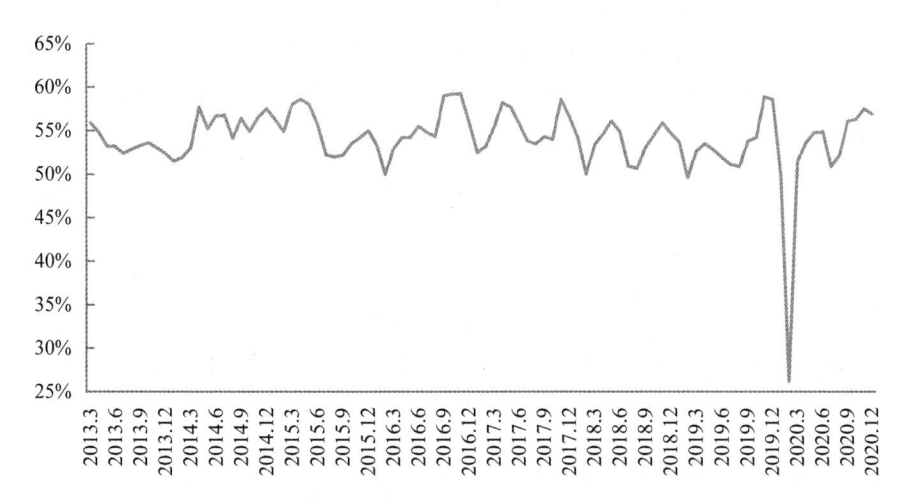

图7-2　中国物流业景气指数走势

资料来源：作者根据相关资料整理。

第二节　中国现代物流监测

一　公路、水运行业指数

（一）航运类价格指数

航运价格指数客观地反映航运市场上价格变动趋势，使航贸相关人士及时地了解市场供求状况，成为企业经营决策、政府主管部门政策制定的重要依据（顾伟红，2000）。20世纪90年代后期，上海航运交易所在相关部门协助下，陆续编制了一系列运价指数，并于每周五发布，但相关数据对外不免费。

1. 中国出口集装箱运价指数CCFI

CCFI于1998年4月正式发布，是中国（远东）运价指数系列中第一个正式发布的指数。CCFI反映了中国出口到世界各主要港口航线上集装箱班轮运价的波动，国内出发港包括大连、天津、青岛、上海、南京、宁波、厦门、福州、深圳、广州十大港口，航线覆盖亚洲、美洲、非洲、大洋洲、欧洲及地中海地区。CCFI客观、及时地反映集装箱运输市场"阴晴"变化和运价走势，自发布之日起被逐渐认同和广泛采用，成为继波罗的海干散货运价指数和巴尔的摩油轮运价指数之后世界第三大海运运价指数（陈丽江、余思勤，2004）。

CCFI由1项综合指数和11项分航线指数组成，以运价、运费和运量为基本权重，使用拉氏公式进行编制，基期为1998年1月1日，基期指数为1000点。计算公式7-2和7-3（陈丽江、余思勤，2004）。

$$CCFI = \sum Pi \frac{W\alpha}{P\alpha} \quad （式7-2）$$

$$W\alpha = \frac{P\alpha Q\alpha}{\sum P\alpha Q\alpha} \quad （式7-3）$$

其中，P为价格，Q为运量，i为航线，α为某船运公司，W为船运公司权重。CCFI对各航线的运价进行加权平均，其权重是一个固定权数，是运费收入和成交价格的比例（即$\frac{W\alpha}{P\alpha} = \frac{P\alpha Q\alpha}{\sum P\alpha Q\alpha} \cdot \frac{1}{P\alpha}$）。

CCFI指数一方面可以正确反映中国出口集装箱运输市场上的运价，使货主、船公司、代理经纪人等航运相关人士及时了解市场供需变化特征，成为企业市场分析与经营决策的工具；另一方面，政府主管部门可以根据CCFI指数走势，掌握中国出口集装箱运输市场的动态，科学决策并制定出符合实际需要的行业政策。

CCFI的编制及发布不仅填补了国际航运市场班轮指数的不足，也是中国水运市场体系建设不断趋于完善的标志之一（顾伟红，2000）。虽然CCFI指数可以反映价格变动水平，但是，它不能及时反映中国出口集装箱运输成交量的变化。此外，随着市场、经济环境的变化，在计算CCFI时所选取的航线、船公司需要根据实际情况进行相应调整。比如，航线由11条基本航线增加到14条，增加了波红航线、台湾航线，并将南非南美航线拆成两条航线。

2. 中国沿海（散货）运价指数CBFI

2001年3月，国家计委和交通部下发了《关于全面开放水运价格有关问题的通知》，同年5月1日起，中国水运客、货运价格全面开放（敏华，2002）。这一价格体制的重大变革打破了沿海运输市场由少数企业垄断的经营格局，随着价格放开，水运市场进入主体越来越多，面对更加激烈的竞争，市场供需迫切需要及时的市场信息，了解沿海运输市场价格水平的变化。2001年11月28日，在交通部的指导下，上海航运交易所正式发布中国沿海（散货）运价指数（CBFI）。

以2000年1月为基期，基期指数为1000点，CBFI由一个综合指数和五种货种指数构成，这五种货种指数分别是煤炭、粮食、金属矿石、成品油、原油指数，数据来源于不同的样本航线及船型。

作为继CCFI后我国航运市场推出的第二大指数，CBFI能准确、客观地反映沿海航运市场的贸易状况以及相应的运输价格变动趋势，是沿海（散货）运输市场的晴雨表，成为沿海运输市场管理的有力工具（陈永平，2011）。CBFI的编制和发布不仅对规范航运市场发展起到了积极作用，更是推动了航运统计体系甚至现代物流统计体系的发展。

3. 其他航运运价指数

中国航运市场运价指数除了CCFI、CBFI外，还包括上海集装箱运价指数、中国进口干散货运价指数、中国进口集装箱运价指数等等，这些运价指数的发布可以促进对航运市场的全面了解，推动其积极有力地发展，从而为现代物流的发展提供助推力。各类指标及相关情况如表7-2所示。

表7-2　　　　　　　　中国航运系列运价指数

指数	首发日期	发布时间	应用领域	指标
中国出口集装箱运价指数	1998.4.13	每周五	集装箱运输市场	综合指数、日本航线、欧洲航线、美西航线、美东航线、韩国航线、东南亚航线、地中海航线、澳新航线、南非航线、南美航线、东西非航线、波红航线
中国沿海（散货）运价指数	2001.11.28	每周五	散货市场	散货综合运价指数、煤炭货种运价指数、金属矿石货种运价指数、粮食货种运价指数、成品油货种运价指数、原油货种运价指数
上海出口集装箱运价指数	2009.10.16	每周五	集装箱运输市场	综合指数、分航线（欧洲、地中海、美西、美东、波斯湾、澳新、西非、南非、南美、日本关西、日本关东、东南亚、韩国）

续表

指数	首发日期	发布时间	应用领域	指标
中国沿海煤炭运价指数	2011.11.27		沿海运输市场	综合指数、分航线指数（秦皇岛—广州、福州、宁波、上海、张家湾、南京；天津—上海、镇江；黄骅—上海；京唐/曹妃甸—张家港）
中国进口原油运价指数	2013.11.28		进口原油运输市场	包括2条航线：中东湾拉斯坦努拉—中国宁波、西非马隆格/杰诺—中国宁波
台湾海峡两岸集装箱运价指数	2014.11.27	每周三	集装箱运输市场	综合指数、出口成分指数［华东地区（上海）—台湾地区（基隆、台中、高雄）、东南地区（厦门、福州）—台湾地区、北方地区（天津、青岛）—台湾地区］、进口成分（台湾地区—华东地区、东南地区、北方地区）
中国进口集装箱运价指数	2015.11.30	每周三	集装箱运输市场	综合指数、分航线指数（欧洲航线、地中海航线、美西航线、美东航线、澳新航线）
东南亚集装箱运价指数	2015.11.30	每周五	集装箱运输市场	包括东南亚指数和6条航线市场运价指数，分别为新加坡、越南、泰国、菲律宾、马来西亚、印度尼西亚航线
中国进口干散货运价指数	2017.11.28		散货市场	运价指数、租金指数
中国（上海）海员薪酬指数（CCRI）	2017.6.25	每月最后一个周二	中国海员市场	包括船长、大副、二副、三副、轮机长、大管轮等15个职位，航区分为中国国际海员薪酬和中国沿海国际海员薪酬，各航区细分集装箱、干散货、油轮和化学品船等四个不同船型市场
"一带一路"航贸指数	2017.7	每月最后一周星期三	"一带一路"	包括"一带一路"贸易额指数、"一带一路"货运量指数、"海上丝绸之路"运价指数三大类指数
中国沿海成品油运价指数	2017.11.28	每周五		包括1个综合指数、2个成分指数（市场运价指数、配送运价指数）以及9条航线的市场运价
远东干散货指数	2017.11.28		散货市场	包括1个FDI综合指数、5个成分指数（FDI运价指数、FDI租金指数和三个分船型租金指数），以及20条航线指数

资料来源：上海航运交易所。

自远东干散货指数发布以及同一天中国沿海成品油运价指数从 CBFI 中独立出来后,经过近二十年的发展,"上海航运指数"已有十三个,形成了全面的、综合的航运指标体系,覆盖了集装箱、干散货、油轮、买卖船、"一带一路"、船员薪酬、船运企业景气度等与航运相关的各大细分市场领域。"上海航运指数"品牌系列已成为航运市场走势的风向标,为政府制定产业政策、企业进行经营决策提供了客观依据,其中部分指数在指数挂钩协议、以指数为结算标的运价衍生品等多个领域发挥了创新性、决定性作用。

(二)公路物流运价指数

1. 形成

为贯彻《物流业中长期发展规划(2014—2020 年)》,顺应中国公路物流市场提质增效、有序发展的客观需求,中物联携手广东林安物流集团联合开展了中国公路物流运价指数(Freight Price Index,简称 FPI)的调查与编制工作,于 2015 年 6 月 12 日正式发布,此后每月 2 日上午 9 时发布月指数,每周五上午 9 时发布周指数,中物联官网公布相关数据。

2. 调查统计过程

调查内容。中国公路物流运价指数(FPI)是一套立足于微观公路运输车辆的承运人、承运单位,运用大数据的方法挖掘公路物流平台运价数据,通过翔实、动态的数据信息反映国内各类公路运输状况和发展变化趋势的指标体系。FPI 以公路运价为基础,包含了各类公路物流运价指数,如图 7-3 所示。

调查方法。中国公路物流运价指数 FPI 实时读取以林安物流网为代表的公路物流平台的动态交易信息,运用"大数据""云计算"的调查分析方法综合而成。采集的价格数据涵盖全国 9 大物流区域、38 个重点城市,涉及 74 个物流节点平台、1406 条公路运输线路以及 200 万辆货运车辆。FPI 以 2012 年 12 月最后一周的平均价格作为基期,周指数的基点为 1000,其他时期指数的基点均为 100。

3. 数据分析

(1)样本分析

我们选取 2020 年 12 月中国公路物流运价指数进行分析,具体数据如表 7-3 所示。

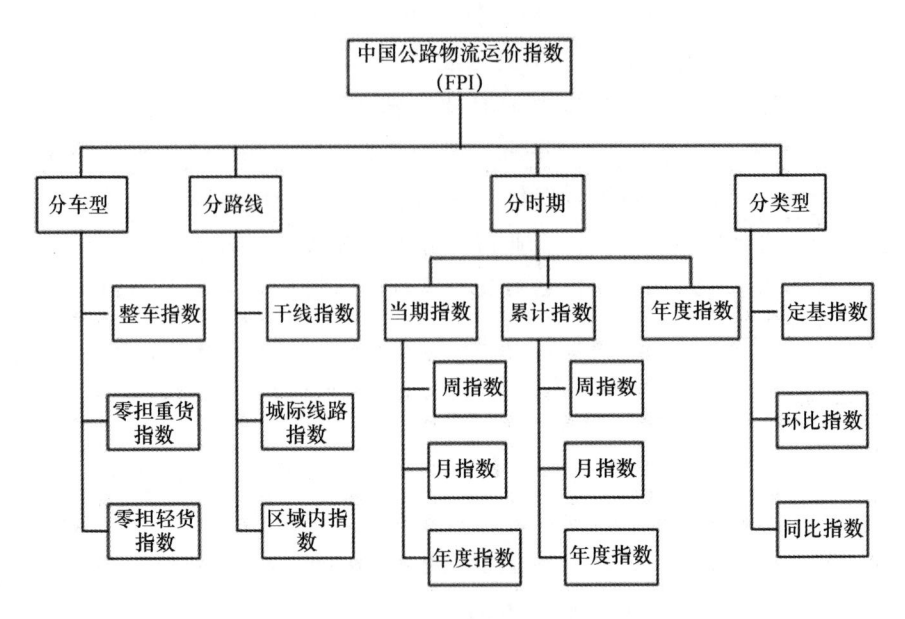

第二篇　中国现代物流治理二十年历程（2001—2020）

```
                    中国公路物流运价指数
                           (FPI)
        ┌──────────┬──────────┴──────────┬──────────┐
      分车型      分路线               分时期      分类型
        │          │                     │          │
     整车指数    干线指数    当期指数  累计指数  年度指数  定基指数
        │          │           │         │                  │
     零担重货   城际线路     周指数    周指数              环比指数
      指数       指数
        │          │           │         │                  │
     零担轻货   区域内        月指数    月指数              同比指数
      指数       指数
                              │         │
                           年度指数   年度指数
```

图 7-3　中国公路物流运价指数分类

资料来源：作者根据相关资料整理。

表 7-3　　　　　2020 年 12 月中国公路物流运价指数

	数值	增幅（%）
中国公路物流运价指数	98.9	0.40
整车指数	99.4	0.49
零担轻货指数	97.1	0.25
零担重货指数	99.2	0.33

资料来源：http://www.chinawuliu.com.cn/zt/pmi/，2021 年 1 月 10 日。

2020 年 12 月中国公路物流运价指数为 98.9 点，比上月回升 0.40%，FPI 总指数还是分车型指数，环比全面回升，同比继续保持增长。以大宗商品及区域运输为主的整车指数回升最高 0.49%，达到 99.4 点，比上年同期回升 0.76%；零担轻货指数为 97.1 点，比上月回升 0.25%，比上年同期回升 0.42%；零担重货指数，比上月回升 0.33%，比上年同期回升 0.76%，为 99.2 点。数据显示公路物流需求总体保持平稳增长,受冬季用煤旺季影响,部分区域、线路煤炭等大宗物资需求加快回升,随着春节假期临近,公路物流需求将呈现稳中趋缓的运行态势。

(2) 走势分析

图7-4为2015年7月至2020年11月中国物流公路运价月指数走势情况。该指数表明,中国公路物流运价前期波动较大,后期趋于平稳,总体有轻微下降趋势。具体而言,在2015年7月至2018年1月,运价指数波动较大,2017年1月达到最大值119.4点,此后逐步回落,2018年后长期处于100点以下。这说明公路物流市场前期比较火爆,后期逐步趋于平稳。

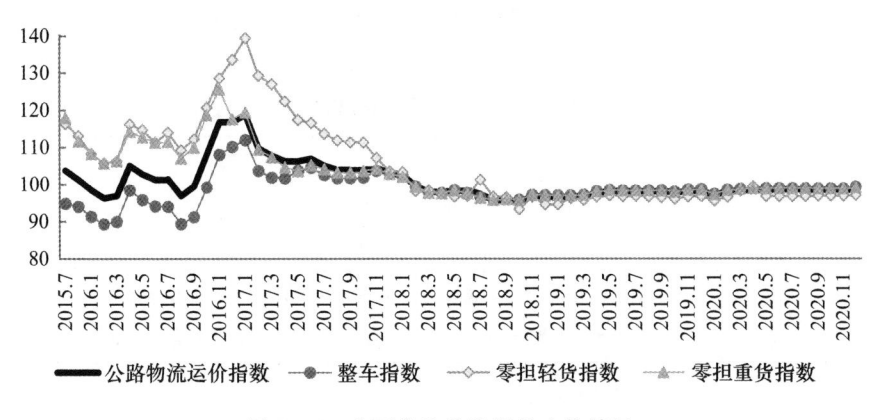

图7-4 中国公路物流运价走势情况

资料来源:作者根据相关资料整理。

三种车型运价指数与总体运价指数保持一致,但在波动的幅度上有所不同。零担轻货指数波幅最大,最高时接近140点,但在2018年后的相当长的一段时间里比总指数还低,总体说来呈现下降趋稳态势;零担重货指数与零担轻货指数表现特征大体相同,只是幅度稍小一些;整车指数也是先波动后逐步趋于平稳,但总体是上升趋势。三种车型运价指数表明,前期(2015年1月至2017年1月)零担市场尤其零担轻货市场较为火爆,后期趋于平稳;整车市场前期重视程度不够,表现低迷,后期变现好于零担市场。

二 仓储、快递业指数

（一）中国快递发展指数

2014年中国快递业务规模达到140亿件，首次突破百亿件大关，业务收入突破2000亿元大关，双双创历史新高，标志着中国快递业取得了重大的发展。快递业发展已引起国家、政府及社会的高度关注。同年，国务院对快递业进行了新的定位，国家邮政局推出中国快递发展指数以适应新的发展形势需要。

2015年3月26日，在中国快递论坛上，国家邮政局首次发布了中国快递发展指数（China Express Development Index，简称CEDI）。CEDI由4个一级指标和11个二级指标构成，如表7-4所示。

表7-4　　　　　　　　中国快递发展指数指标构成

指数	一级指标	二级指标
中国快递发展指数（CEDI）	发展规模指数	业务量、业务收入
	服务质量指数	满意度、时限准时率、有效申诉率
	发展普及指数	快递深度、网点人口密度、网点面积密度
	发展趋势指数	业务量增长预期、业务收入增长预期、经理人预期

资料来源：作者根据相关资料整理。

CEDI采用指数评价方法，通过标准值实现数据的无量纲化后加权合成中国快递指数。其中，国家邮政局提供了大部分快递相关统计数据，GDP、人口数量、非制造业PMI等部分数据来源于国家统计局，而经理人预期指数相关数据则来源于业务排名靠前的16家重点快递企业。

CEDI以2010年为基期，基期指数设定为100，基期每五年要进行一次轮换。

（二）中国快递物流指数

为深度挖掘快递与国民经济相关关系，展现快递物流领域研究的最新成果，2017年12月5日，中物联发布了自行研发的中国快递物流指数，从商务快递活动角度反映宏观经济及其相关产业的运行情况，定于每月5日上午9时在中物联官网上发布上月指数。

中国快递物流指数包括商务快件、农村快件、跨境快件、时效、人员、成本、质量、便利度等8个分项指数和一个综合指数，其中综合指数由前6个分项指数加权合成。中国快递物流指数调查的地区覆盖全国（除港澳台外）各省、自治区和直辖市。调查单位主要是规模较大并且商务快件业务占有一定比例的快递物流企业。

中国快递物流指数不仅立足于快递业本身，更着眼于发掘商务快递与产业行业的关系，为观察产业活动、监测宏观经济运行提供了新视角。通过监测发展规模、速度、效益和活跃程度，能够更好地发现和把握经济转型过程中出现的新业态、新动能、新亮点，通过指数数据进行分析预测，可以实时监测市场的走势、特点、变化以及拐点。

（三）电商物流指数

电商物流指数（ELI）由中物联和京东联合调查，自2016年10月25日正式发布后，以后由中物联每月2日上午9时在官网上对外发布。

ELI由9个分项指数和一个合成指数构成，分项指数包括总业务量、农村业务量、库存周转、物流时效、履约率、满意度、实载率、成本、人员等。除农村业务量指数、库存周转指数外，将其他7个指数加权合成形成合成指数。ELI采用大数据、云计算技术进行数据采集，以京东商城平台物流数据为基础，融合其他电商和快递企业调查数据，调查地区覆盖全国（除港澳台）各省、自治区、直辖市。该指数按照对比基期，可分为定基指数、环比指数和同比指数，其中，定基指数以2015年1月为基期，基点为100；按照国民经济区域，可分为东部地区指数、中部地区指数、西部地区指数和东北地区指数。

图7-5是电商物流指数走势情况，可以看出，前期（2018年以前）ELI一直维持在120点左右的高位运行状态，后期大部分处于110点的中位运行，说明我国电商物流发展由火爆状态逐步回归正轨状态。2017年11月指数达到最大值124.8点，大部分得益于"双十一"活动的影响，其后随着购物热潮的消退，电商指数一直处于递减状态。随之而来的春节也对电商的发展有着极大的影响，2018年2月指数甚至降到105.5点，接近基值，说明整个电商业的发展有所缓慢，而在3月份，春节假期结束后，指数上升到了109.7点，回升4.2个点，但

是此后一直没有超过115点。2020年疫情带来历史最低值96.6点，随之缓慢恢复，2020年底时达到111.7点，虽未完全恢复，但处于稳定增长中。

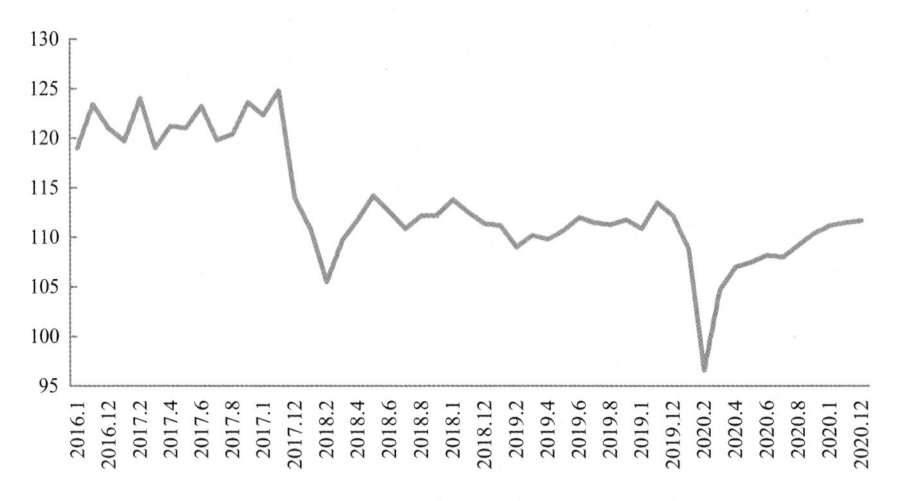

图7-5 电商物流指数走势情况

资料来源：作者根据相关资料整理。

（四）仓储指数

1. 形成

2016年1月6日，中国仓储指数由中物联和中储发展股份有限公司联合正式发布，此后于每月2日上午9时对外发布，相关数据可从中物联官网获得。

党的十八届五中全会和中央经济工作会议明确提出要贯彻创新、协调、绿色、开放、共享的发展理念，明确要求加强供给侧结构性改革，抓好去产能、去库存、去杠杆、降成本、补短板的五大任务，努力适应经济发展新常态。通过仓储指数客观反映仓储业经营、效率、成本、就业状况，以及重要商品库存的变化动向，编制中国仓储指数对于有效落实五大任务意义重大。

2. 调查统计过程

中国仓储指数体系调查包含生产资料和消费品两大类，调查地区覆盖了全国（除港澳台、新疆和西藏等外）的省市和地区，调查的企业主要是为社会提供第三方仓储及配套服务的物流企业，仓储企业主要涉及综合性仓库和专业性仓库，不包括生产企业的自营仓库和用户自用仓库。

中国仓储指数是基于仓储企业快速调查的一套指数体系，由相互关联的若干指标构成，包括业务量、新订单、延伸业务量、设施利用率、收费价格、业务利润、主营业务成本、期末库存、平均库存周转次数、企业员工、业务活动预期11个分项指数和1个合成指数。合成指数由期末库存、新订单、平均库存周期次数和从业人员4个权重指数合成，并构成中国仓储指数，各单项指数的权重依次为30%、25%、25%、20%，其中，单项指数计算采用扩散指数方法。

3. 数据结果

（1）样本分析

现以2018年2月为样本加以说明。2018年2月中国仓储指数为48.4%，较上月回落3.5个百分点，表明整个仓储业形势变差，处于收缩时期。新订单、业务量、企业利润和周转率等主要指数均有不同程度下降，客观反映出了春节因素的影响，如业务量指数回落13.3个百分点，将至40.0%，表明生产经营活动基本停滞，业务需求大幅下降，行业整体处于备货阶段，货物周转明显减慢，期末库存回升。但是，业务活动预期指数达近一年新高，为63.5%，说明大家对节后生产经营活动恢复、需求回暖和仓储行业向好充满信心。

（2）走势分析

图7-6是截至2020年底的中国仓储指数。中国仓储指数走势相对较平稳，大部分时间在50%至55%期间，说明中国仓储业整体发展较好。从2016年1月到2020年12月，除了2016年前两月，2017年7月，2018年的2、6、7月，2019年的2、7月，以及因疫情影响的2020年2月指数为39%外，其他时间仓储指数均高于50%，处于扩张区间，可以看出这一段时间我国仓储业运行情况总体较好。此外，2016年2月、2017年1月、2018年2月、2019年2月这四个时间点处于春节期间，且都是该区间附近的最低点，说明受春节假期的影响，尽管食品、日用品等生活消费品需求旺盛，但如钢材、煤炭、建材等生产资料的终端市场需求会明显趋弱，从而导致了整个仓储指数的偏低。

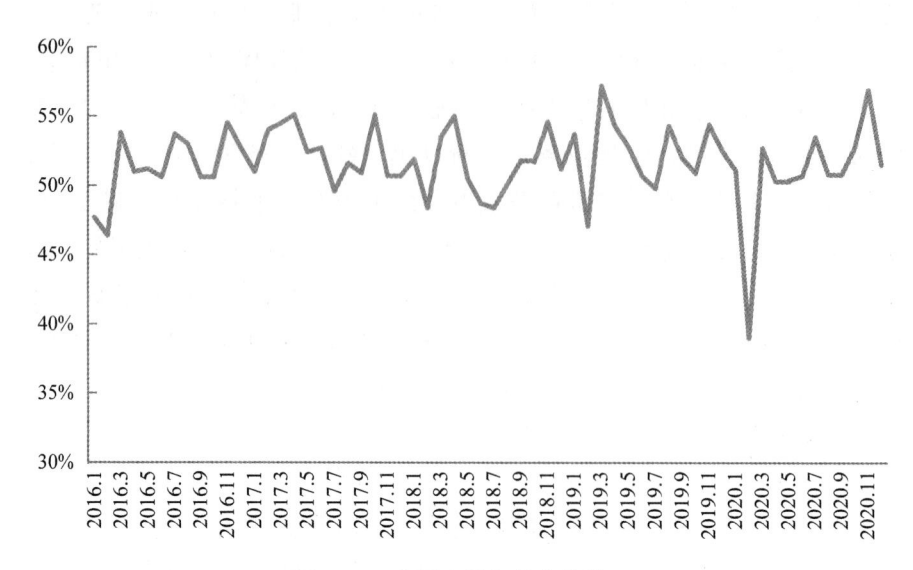

图 7-6　中国仓储指数走势情况

资料来源：作者根据相关资料整理。

第三节　中国现代物流统计

长期以来，中国物流业只有关于交通运输、仓储和邮政业的统计。国家统计局负责发布这些统计数据，交通运输部、国家铁路局、民航总局、国家邮政局等相关部门也会发布行业统计公报。在国家发改委和国家统计局的委托下，2004年起，中物联发布中国物流运行情况通报，增加了很多现代物流业的统计指标。可以说，交通运输、仓储和邮政业的统计是中国物流业的基础统计，中国物流运行情况通报进一步完善了中国现代物流业统计。

一　物流业基础统计

（一）物流业固定资产投资

交通运输、仓储和邮政业的固定资产投资基本代表中国物流业的投资，图7-7是2001—2020年物流业固定资产投资额及占比情况，相关数据根据国家现行固定资产投资统计数据资料分行业项目加工取得。中国物流业固定资产投资额总体呈上升趋势，从 2001 年到 2020 年 20 年间，投资额增长了 13.6 倍，除了 2011 年投资额略有下降，其余期间均以稳定的速度增长。而从占比情况看，除 2001 年之外，2019 年物流业固定资产投资额占全社会固定资产总投资额的比重达到最高 12.8%，其后占比为 12.6%，代表物流业固定资产投资额稳定增长。

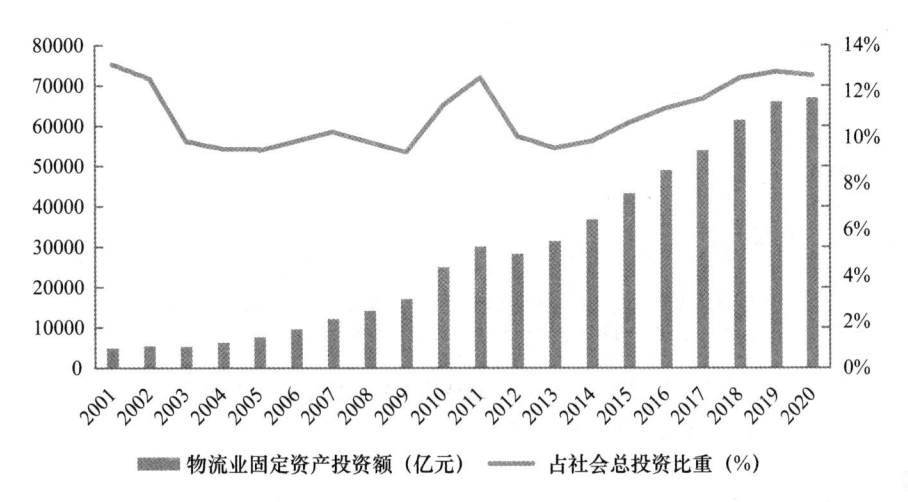

图 7-7　2001—2020 年物流业固定资产投资额及占比情况

资料来源：作者根据相关资料整理。

（二）货运量、货物周转量

货运量指在一定时期内，各种运输工具实际运送的货物重量，它是体现运输为国民经济和人民生活服务数量的指标，也是运输领域制定和检查生产计划、研究运输发展规模和速度的重要指标。

货物周转量指在一定时期内，由各种运输工具运送的货物数量与其相应运输距离的乘积之总和。货物周转量是运输和生产总成果的具体体现，编制和检查运输生产计划、计算运输效率、劳动生产率以及核算单位成本需要依赖这一指标。①

货运量、货物周转量是运输物流的两个重要指标。两项指标均涉及铁路、公路、水路、民航和管道五种运输方式的统计数据。

---

① 国家统计局：《运输邮电相关指标解释》。

图 7-8 和图 7-9 分别是 2001—2020 年五种运输方式的货运量及货物周转量走势情况。从图中可以看出，货运量与货物周转量一直呈递增趋势，这说明物流运输保持良好的发展势头。

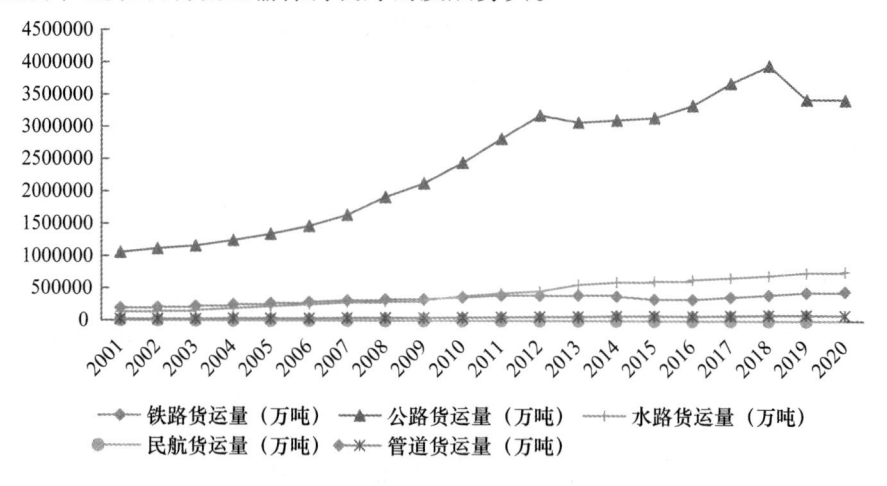

图 7-8　2001—2020 年五种运输方式货运量走势情况

资料来源：作者根据相关资料整理。

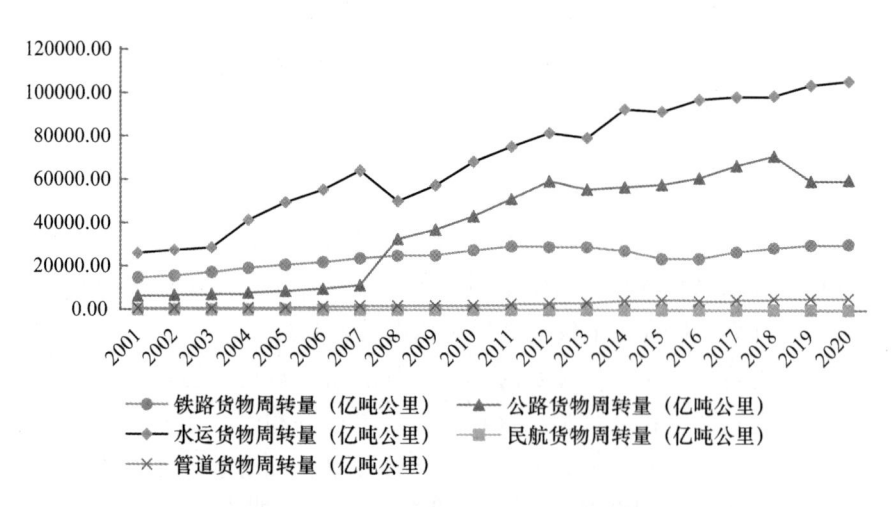

图 7-9　2001—2020 年五种运输方式货物周转量走势情况

资料来源：作者根据相关资料整理。

货运量方面，公路运输占比最大且增长速度快，近几年略有放慢；在 2001—2010 年间，铁路位列第二，2011 年以后水运超过铁路，并逐步拉开距离；管道和民航虽然占比不高，但都有一定程度增长，尤其管道货运量增加明显。货物周转量方面，水运增长势头较快，且一直位居第一；2008年，公路全面超越铁路成为第二；管道和民航货物周转量变化趋势大致与它们的货运量趋势相同。

（三）港口货物吞吐量与集装箱吞吐量

港口货物吞吐量是经由水运进出港区范围，并经过装卸的货物数量，货物吞吐量的货物种类构成及其流向，是衡量港口生产能力大小的重要指标。

2020年我国港口货物吞吐量为145.50亿吨，较上年增长4.3%，其中，外贸货物吞吐量为44.96亿吨，比上年增长4.0%。港口货物吞吐量保持持续增长态势，但增速从2011年开始不断下降，从2011年到2015年，增速下降近十个百分点，直到2016年开始显示上升的势头。2011年，外贸货物吞吐量占总港口货物吞吐量的27.75%，2020年，这一比例上升到30.96%，由此可以看出，随着全球化的不断深入，我国对外货物贸易市场也在不断发展。

表7-5　　　　　2011—2020年全国港口货物吞吐量

年份	全国港口货物吞吐量		其中：外贸货物吞吐量	
	吞吐量（亿吨）	增长速度（%）	吞吐量（亿吨）	增长速度（%）
2011	100.41	12.4	27.86	11.4
2012	107.67	7.3	30.56	9.7
2013	117.67	9.2	33.60	9.9
2014	123.52	5.8	35.90	6.9
2015	127.50	2.4	36.64	2.0
2016	132.01	3.5	38.51	5.1
2017	126.42	6.4	40.93	6.3
2018	133.45	2.9	42.00	2.0
2019	139.51	8.8	43.21	4.8
2020	145.50	4.3	44.96	4.0

资料来源：作者根据相关资料整理。

集装箱运输是现代物流运输的重要发展趋势。集装箱吞吐量是反映港口在国内物资交流和对外贸易运输中所起的作用,也是进行港口规划和基本建设的依据,其一般可以用来衡量一个港口所在城市国际贸易市场需求量的大小。

从图7-10可以看出,全国港口集装箱吞吐量整体保持上升趋势,但增速较低,且在逐年下降,从2002年的35.41%到2020年的1.2%,增速下降了30倍,说明我国国际贸易市场发展态势逐渐趋于稳定。

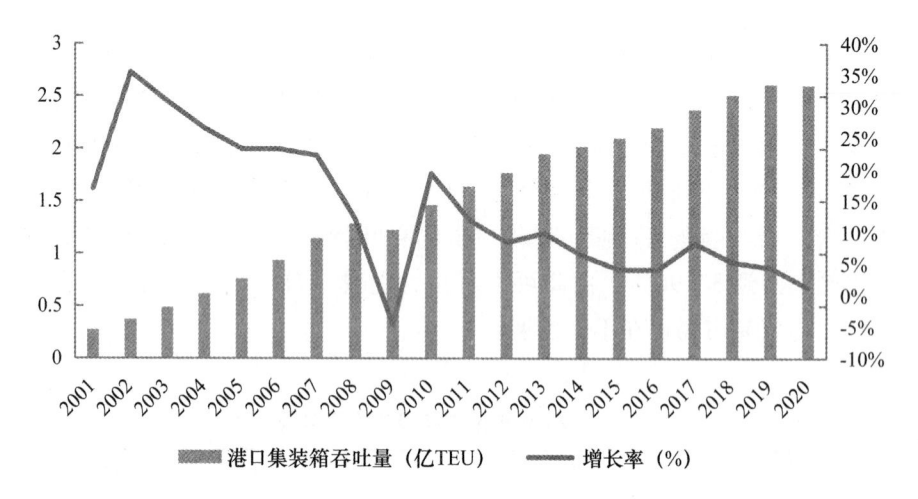

图7-10 2001—2020年全国港口集装箱吞吐量

资料来源：作者根据相关资料整理。

（四）机场货邮吞吐量

图7-11是全国机场货邮吞吐统计。2020年中国机场货邮量为1607.5万吨,增速为6%,除2008年、2015年和2019年,机场货邮吞吐量增速为3%、3.9%和2.1%之外,其余年份增速均在5%以上,整体保持上升趋势。

（五）快递业务量

近年来,受电子商务迅猛发展驱动,我国快递业发展势头迅猛,快递业务量持续保持高速增长态势,如图7-12所示,从2001年到2020年,20年的时间里快递业务量翻了近800倍。其中2007年快递业务量同比增长率为峰值347%,其后增速急剧下降,说明2007年我国快递业发展良好，民众开始流行网上购物。2001—2016年，年均增速保持在50%以上，在2018年和2019年增速处于波谷，为26.3%和25.3%，2020年开始有上升迹象。

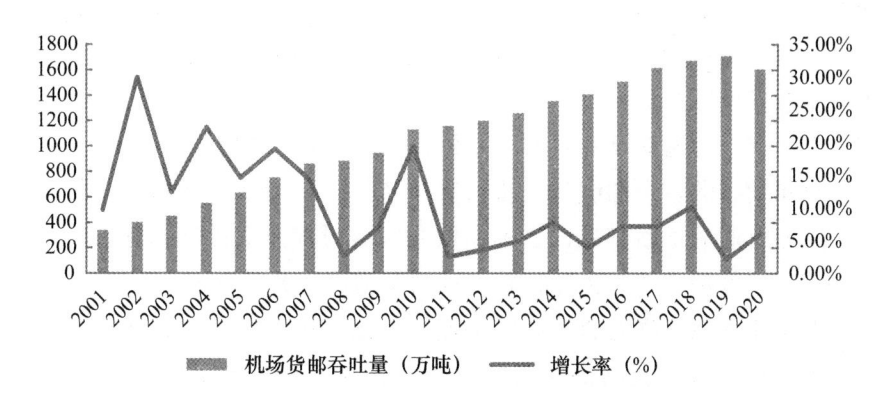

图 7-11　2001—2020 年全国机场货邮吞吐量统计

资料来源：作者根据相关资料整理。

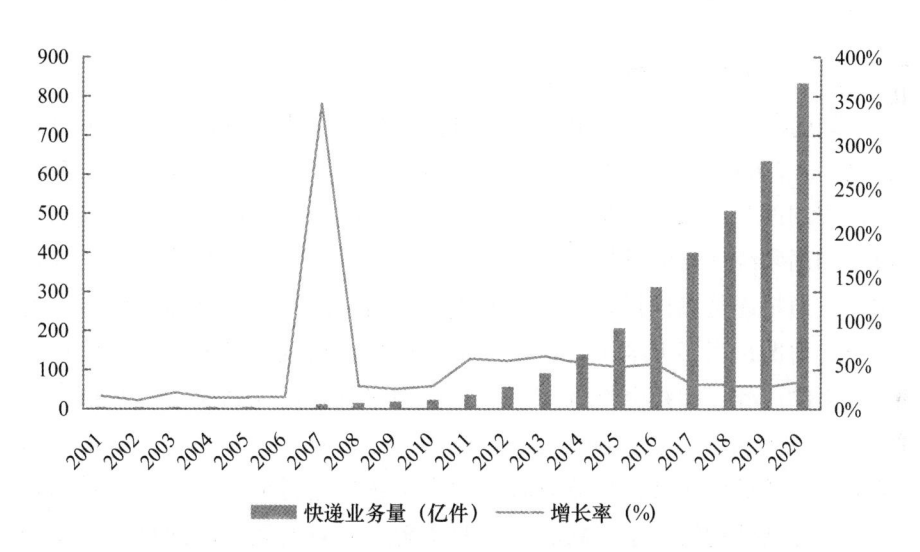

图 7-12　2001—2020 年全国快递业务量及其增长情况

资料来源：作者根据相关资料整理。

（六）各物流相关部门统计情况

我国物流业统计指标除了以上几个主要反映物流总体规模的指标外，

通过各物流相关行业发布的与本行业相关的统计资料，也可以从不同角度和方式更为全面地观测物流业的运行情况。

从商贸物流角度出发，商务部发布了商贸物流运行报告、商贸物流动态专刊，以更具体的角度从微观方面了解我国商贸物流运作、物流企业以及相关行业物流的发展现状，从而为我国物流的发展提供更好的解决措施及发展方向。

中国交通运输部及下属的国家铁路局、中国民用航空局等相关运输部门每年发布的各自的统计公报，除了货运量、货物周转量等传统指标外，随着行业的不断发展，也不断增添富有时代意义的新指标，如能源消耗与环境保护类相关指标，新出现的基础设施类指标等。

近年随着现代物流的发展，快递业兴起，国家邮政局发布的年度统计公报中就有涉及我国快递业的业务量、业务收入等相关内容。此外，中物联还发布了物流园区（基地）调查报告，以求更为详尽地了解我国物流园区的发展现状。

二　全国物流运行情况通报

如前所述，建立物流统计调查制度是中国现代物流治理前期重点工作之一。2004年，国家发改委和国家统计局批准建立"全国社会物流统计调查制度"，2006年在全国正式实施。为响应该制度要求，在国家发改委和国家统计局的委托下，2004年起中物联发布中国物流运行情况通报，该通报逐月累计报告，因而形成了季报、年报等，且当月发布上月的统计情况，当年上半年发布前一年的通报。物流运行情况主要包括三个方面的内容，即社会物流总额、社会物流总费用和物流业增加值，其中，2015年开始，社会物流运行情况通报中不再发布有关物流业增加值的数据，转成发布社会物流总收入。全国物流运行情况通报成为中国现代物流业统计的第一手资料，是及时了解和有效监测中国现代物流运行的重要窗口。

（一）社会物流总额

社会物流总额，即报告期内社会物流物品的价值总额。它包括农产品、工业品、进口货物、再生资源、单位与居民物品等五个方面的物流总额，其中，农产品包括农业产品、林业产品、畜牧产品和渔业产品等方面。国家统计局农业、工业、批发贸易等统计数据资料,以及国家邮政局、海关、银行等相关统计资料,成为该项指标的重要数据来源。

社会物流总额在很大程度上决定社会物流产业活动的规模,是物流需求的重要体现,同时也代表现代物流对国家经济的支撑。社会物流总额反映的是一个动态过程,包括半成品和成品的流通过程及价值变化过程(李晴,2011)。

图7-13是2001—2020年中国社会物流总额及其增长率情况。20年间,从社会物流总额19.4513万亿元增加到300.1万亿元,增加了近14倍,且每年都保持增长的态势。2008年前一直保持双位数增长,多数年份在20%—35%之间。2009年,社会物流总额同比增长7.4%,较2008年的19.5%,增速下降了12.1%,这意味着国际金融危机严重影响了中国经济的发展,物流业也遭受了一定的冲击。2010年增速有所上升至15%,之后呈现一路下降趋势,至2019年的5.9%,但都保持在5%以上。2020年,新冠肺炎疫情严重影响到物流业发展,社会物流总额增速下降到3.5%。

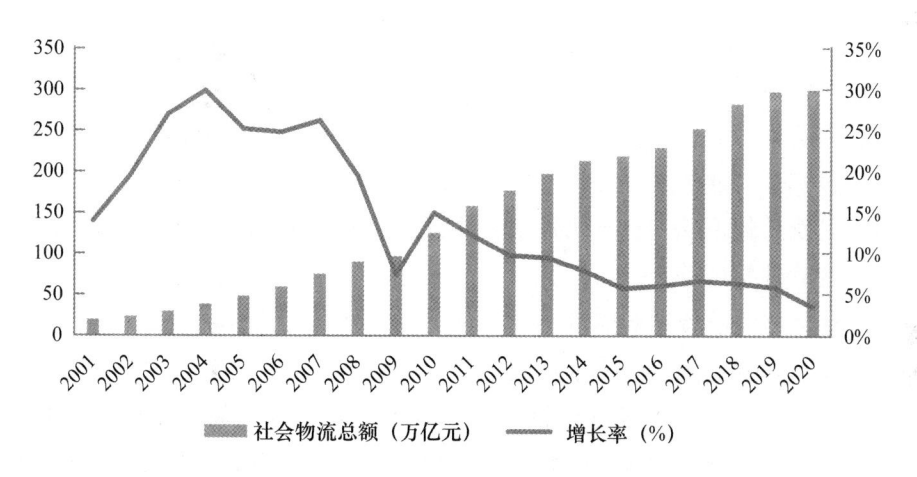

图7-13 2001—2020年中国社会物流总额及其增长率

资料来源:作者根据相关资料整理。

图7-14是2001—2020年中国物流需求强度(社会物流总额/GDP)。从图7-14可以看出,自2001年现代物流发展以来,该指标逐

步上升，自 2007 年起中国物流需求强度基本保持在 3.0—4.0 之间，说明现代物流业良好地支撑了国民经济的发展。

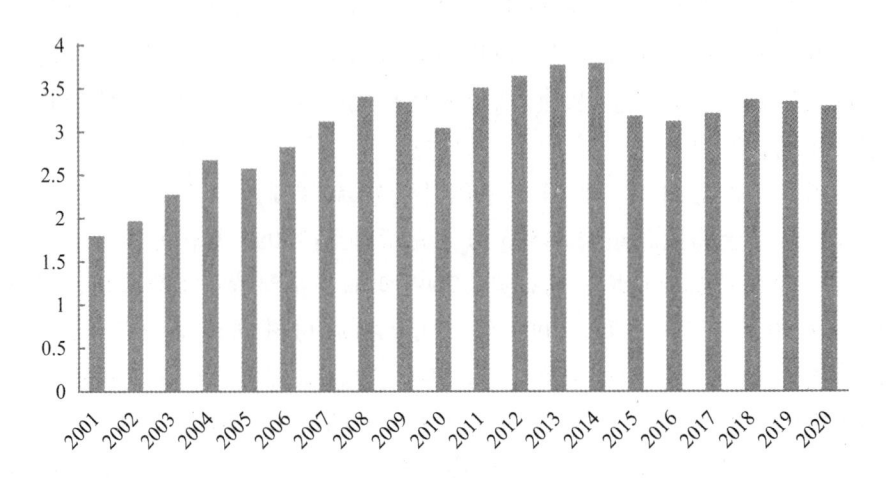

图 7-14 2001—2020 年中国物流需求强度

资料来源：作者根据相关资料整理。

（二）社会物流总费用

社会物流总费用是指报告期内，国民经济各方面用于社会物流活动的各项费用支出。包括：支付给各个物流环节（运输、储存、装卸搬运、包装、流通加工、配送、信息处理等）的费用；应承担的物品在物流期间发生的损耗；社会物流活动中因资金利息支出；社会物流活动中发生的管理费用等。

社会物流总费用调查范围包括农业、工业、交通运输、仓储、邮政、批发贸易、海关等。其中，从现行农业、工业、交通运输、仓储、邮政、批发贸易、海关统计等统计年报或年鉴加工取得各产品物流总额资料，各项费用的平均费用率资料根据企业调查资料加工取得。社会物流总费用核算分为运输费用、保管费用、管理费用三大部分。具体核算方法可参照《社会物流统计核算与报表制度》的相关规定。

社会物流总费用是物流行业年度发展过程中的一个重要经济指标，也是体现国民经济运行所支出的总费用。如图 7-15 所示，自 2001 年以来，中国社会物流总费用尽管总体保持上升趋势，但上升速度每年有所不同，且其占 GDP 的比重，从 2001 年的 21.17% 下降到了 2020 年 14.7%，由此可以看出物流业总体上保持着较好发展趋势，中国经济运行质量在不断提高。但与发达国家相比，中国社会物流总费用占 GDP 的比重仍然偏高，说明中国现代物流发展任务任重道远。

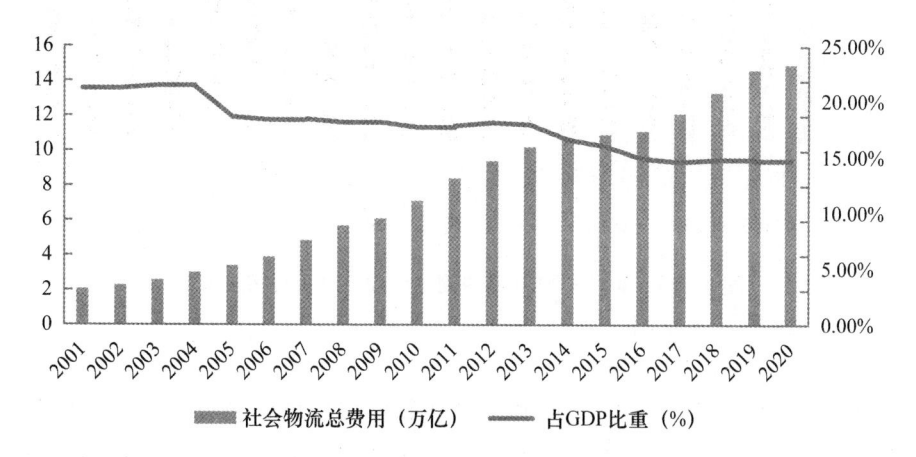

图 7-15　2001—2020 年中国社会物流总费用及其占 GDP 情况

资料来源：作者根据相关资料整理。

图 7-16 是 2011—2020 年中国社会物流总费用构成情况。如图 7-16 所示，在中国社会物流总费用构成中，运输费用占比最大，均保持在 50% 以上的水平，其次是保管费用，在总费用三分之一的水平上下变动，而管理费用则占比最少，不到总费用的 15%，总的来说，三大费用构成占比情况变化幅度不大，管理费用较前期有略微提升，但总体较为稳定。但是，相对于美国等发达国家，中国保管费用占比和管理费用占比均偏高，说明降低社会物流总费用不仅要关注运输费用，加强库存、仓储配送和供应链管理是发展中国现代物流业的重要方向。

总之，社会物流总费用的不断增加，一方面意味着中国物流市场在不断扩大，另一方面也表明中国现代物流业整体水平偏低，经济运行质量存在较大的改进空间。

（三）物流业增加值

物流业增加值是指物流产业在一定时期内通过物流活动为社会提供的最终成果的货币表现。物流业增加值反映了物流产业对国内生产总值

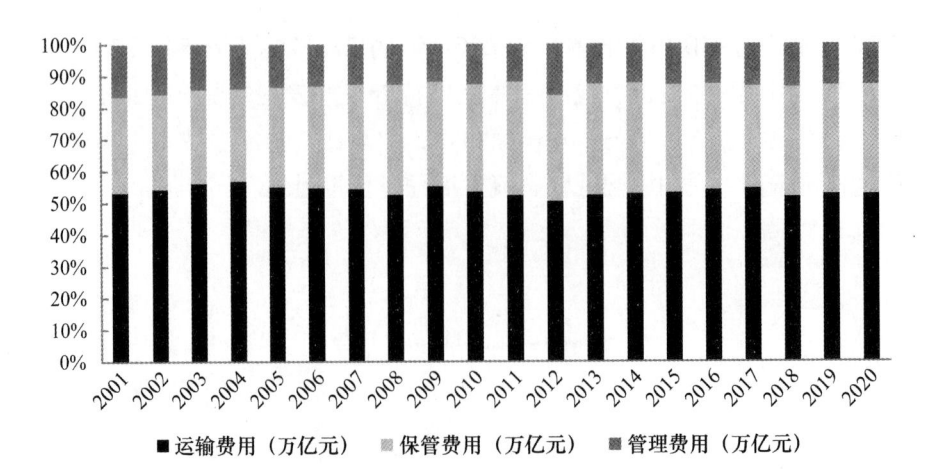

图 7-16　2011—2020 年中国社会物流总费用构成情况

资料来源：作者根据相关资料整理。

的贡献，包括交通运输、仓储和邮政业物流增加值，包装配送加工物流增加值和批发、贸易业物流增加值等。自 2004 年起，社会物流运行情况通报正式发布物流业增加值。

图 7-17 是 2001—2020 年中国物流业增加值及其增速。自 2001 年开始，我国物流业增加值一直呈递增趋势，说明我国物流业整体发展态势较好，但在 2009 年，增长率降至 7.3%，这表明受国际金融危机的影响，我国物流业发展受到一定冲击。物流业增加值年增长率在不断变化，总体呈波浪形变化，大部分保持在 10% 的年增长率，除 2020 年外，年增长率均超 5%。

2015 年开始，社会物流运行情况通报中不再发布有关物流业增加值的数据，转成发布社会物流总收入。社会物流总收入是物流相关行业的总产出，反映了国内物流市场总规模，主要包括参与社会物品物流过程中运输、储存、装卸搬运、包装、流通加工、配送、信息处理等各个方面业务活动的收入。从图 7-17 可以看出，社会物流总收入逐年递增，我国物流市场规模总体发展态势较好。2015 年，社会物流总收入增长率降至 4.5%，处于最低水平，2016 年增长率基本保持不变，2017 年增长率明显上升，增长了 2 倍多。而后在 2019 年和 2020 年增长率降低，说明我国的物流业受疫情冲击较大。

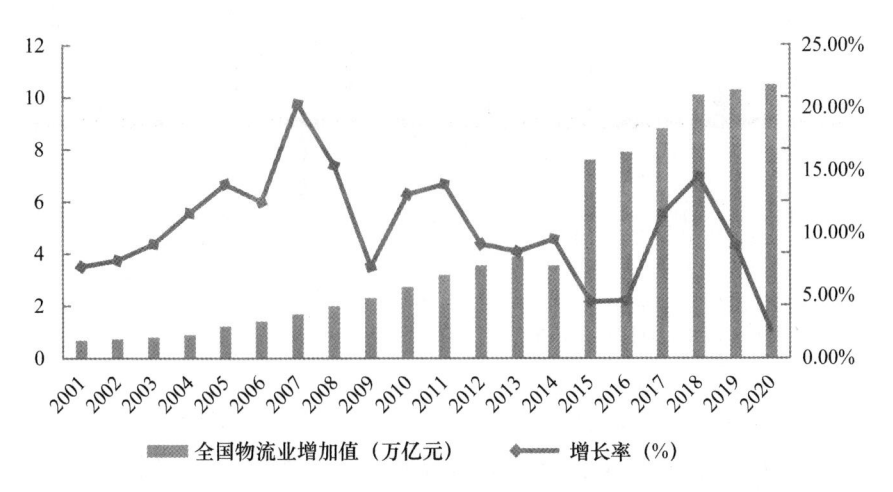

图 7－17　2001—2020 年中国物流业增加值及其增长率统计

资料来源：作者根据相关资料整理（注：其中 2015 年往后为物流总收入）。

第四节　总结与应用评价

一　总结

目前，以国家统计局、国家发改委主导，以中物联、上海航运交易所为代表，在其他部门支持下，中国现代物流预测、监测与统计已取得了一定成果。图 7－18 和图 7－19 分别为中国现代物流运行监测指数发布时间和中国航运运价指数。

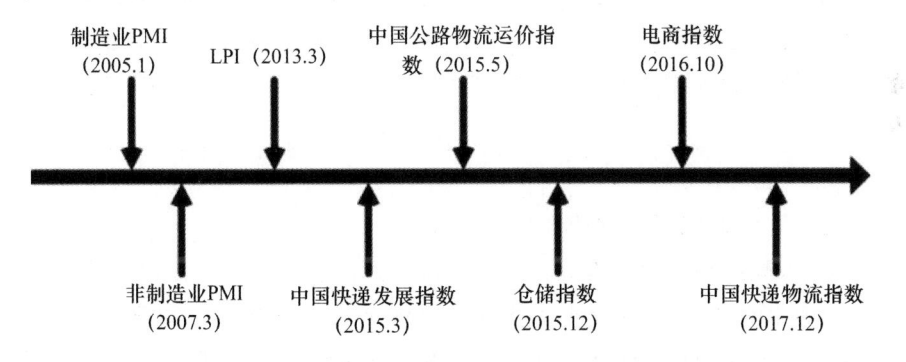

制造业PMI（2005.1）　LPI（2013.3）　中国公路物流运价指数（2015.5）　电商指数（2016.10）

非制造业PMI（2007.3）　中国快递发展指数（2015.3）　仓储指数（2015.12）　中国快递物流指数（2017.12）

图 7－18　中国现代物流运行监测指数发布时间

资料来源：作者根据相关资料整理。

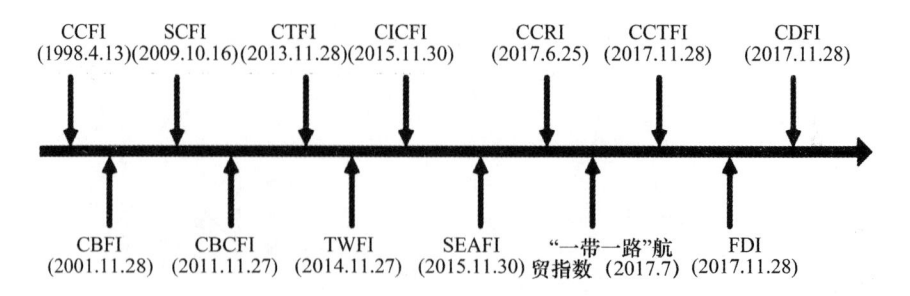

```
CCFI          SCFI           CTFI          CICFI         CCRI          CCTFI         CDFI
(1998.4.13)(2009.10.16)(2013.11.28)(2015.11.30)  (2017.6.25)   (2017.11.28)  (2017.11.28)
     ↓            ↓             ↓             ↓             ↓             ↓             ↓
─────────────────────────────────────────────────────────────────────────────────────────→
     ↑            ↑             ↑             ↑             ↑             ↑
   CBFI         CBCFI          TWFI          SEAFI       "一带一路"航     FDI
(2001.11.28) (2011.11.27)  (2014.11.27)  (2015.11.30)   贸指数(2017.7)  (2017.11.28)
```

图 7-19 中国航运运价指数

资料来源：作者根据相关资料整理。

从图 7-18、图 7-19 可以看出，自 1999 年"现代物流"概念提出以来，随着政府及社会各界对物流的日益重视，中国编制并运行了各类物流类指数：采购经理人指数 PMI、物流业景气指数 LPI，中国公路物流运价指数 FPI、中国快递发展指数 CEDI、电商物流指数 ELI 和仓储指数等。航运运价指数系列中，除中国出口集装箱运价指数、中国沿海（散货）运价指数两大主要航运运价指数外，各类集装箱运价指数、煤炭运价指数等均得到扩展，而"一带一路"航贸指数的发布更是体现了时代发展的特色。因此，中国现代物流业运行预测与监测指数以促进物流发展为基本理念，随着社会的进步、物流水平的提高而在不断完善。

社会物流运行情况通报的发布，意味着我国现代物流业统计的又一大进步，其不再依托于其他行业的统计间接反映物流业的发展现状，而是以一种更直观的方式表述中国现代物流业的发展水平，极大地促进了中国现代物流的理论和实践发展。

二 应用评价

（一）预测指数应用评价

1. 采购经理指数（PMI）

PMI 指数自发布以来便受到许多媒体平台的重视，中物联官网上用中英文发布该指数数据和简版的商务报告。中国 PMI 指数得到全球著名财经媒体和新闻社（如道琼斯、路透社、彭博资讯等）的转载和刊登，国内各大主流媒体（如新华社、《经济日报》、第一财经、《证券时报》

等) 连续全文刊登, 2009 年《人民日报》开始对 PMI 指数进行相关报道, 每月月末央视新闻联播会对当月 PMI 指数相关内容进行解读。

PMI 指数成为学者们研究热点。中国制造业 PMI 的研究虽然发现了 PMI 对宏观经济 (GDP) (张利斌、冯益, 2012)、工业增加值 (赵松、负晓哲, 2012)、价格指数 (PPI、CPI) (宋科进, 2014)、股票指数 (上证指数、深证指数和沪深 500 指数) (匡益成、屈博, 2020) 等具有一定的预测效应, 刘仁军和马樱格 (2022) 的研究表明: 中国制造业 PMI 对港口货物吞吐量同比增长率有提前 1 个月的预测效应, 对工业增加值、货运量、货物周转量同比增长率和房地产投资累计增长率有提前 2 个月的预测效应, 对 PPI、国际贸易和 CPI 有提前 3 个月的预测效应, 对 GDP 同比增长率有提前 6 个月的预测效应。

目前, PMI 指数已经得到广泛应用。其一, 在宏观经济方面, 分析 GDP 走向、股市的走向、经济结构的走向、行业的走向、就业形势的走向等, 从中找到某些规律性趋势, 或发现突出性矛盾, 以求采取措施加以解决 (丁俊发, 2017); 其二, PMI 指数指导企业经营决策。PMI 各项分项指标反映了企业供应与采购活动的各个侧面, 如某企业可以借助价格指数分析原材料购进价格走势, 从而决定生产规模; 其三, PMI 指数用于金融投资决策。投资者通过对 PMI 这一先行的经济指标进行分析, 判断某行业的走势, 从而为自己的投资决策提供相应的依据。如通过 PMI 的新订单指数, 可以对相关行业如食品饮料、机械制造、能源的发展前景进行判断, 投资者可以基于此并结合其他经济数据预测、规避风险, 决定投资方向 (尤建新, 2006), 如 2016 年 2 月 PMI 指数触底, 为 49%, 而 A 股也在同时创出了股灾的最低点, 此后 PMI 指数回升, A 股也随之逐步上涨。排除非正常的驱动因素, 企业的新订单增加, 开工足、存货下降, PMI 指数就会呈现上升态势, 反映在股市上则意味着企业的盈利能力增加, 股票也随之上涨。

2. 物流业景气指数 (LPI)

表 7-6 展示了各物流指数之间、物流指标之间以及物流指数与物流指标之间的相关关系, 1、2、3 个 * 分别表示变量间至少在 10%、5%、1% 的显著性水平上相关。通过分析相关关系, 可进一步了解物流业的预测、监测和统计指标之间的内在联系。

表7-6　　物流指数与相关物流指标的相关性分析

	LPI	FPI	CEDI	ELI	仓储指数	货运量	货物周转量
LPI	1						
FPI	0.250**	1					
CEDI	0.293*	0.200	1				
ELI	0.583***	0.721***	0.014	1			
仓储指数	0.620***	0.138	0.169	0.394***	1		
货运量	0.468*	-0.1643	0.348**	0.2164	0.436***	1	
货物周转量	0.416*	-0.1324	0.476***	0.1942	0.441***	0.938***	1
快递业务量	0.079	-0.367***	0.893*	-0.395***	0.179	0.539***	0.638***

资料来源：作者根据相关资料整理。

如表7-6所示，LPI与FPI、CEDI、ELI、仓储指数都存在显著的正向相关关系，表明可借助LPI先行性特征对其他物流指数进行预测；由于LPI反映了我国物流业发展运行的总体情况，因此也可通过其他物流指数间接观察物流业的运行情况。此外，LPI与货运量、快递业务量、港口货物吞吐量等物流相关指标，以及工业生产、进出口贸易、固定资产投资、货币投放等经济指标具有较高的关联性，LPI还与货运量、货物周转量均具有显著相关性。

中国物流业景气指数的发布不仅弥补了我国物流业在预测方面的不足，还增加了观察、预测、分析我国物流行业运行发展趋势的新视角，更为进一步密切物流运行与国民经济发展的联系奠定了基础，为指导企业生产经营与投资等活动提供了依据。

（二）监测指数应用评价

1. 中国公路物流运价指数（FPI）

中国公路物流运价指数FPI的建立与发布丰富了我国现行的物流统计体系，增加了观察、分析我国公路物流行业市场运行发展趋势的新视角。FPI指数在公路物流领域新增的公开、透明、系统的价格信息体系，帮助公路物流企业及时了解价格行情，合理议定价格，从而规范市场竞争；FPI指数可以发挥价格信息的市场导向作用，调节市场供需之间总量与结构的平衡，有利于引导公路物流行业健康有序发展；FPI 指数有利于政府主管部门全面把握公路物流市场动态，加强宏观调控。

如表 7-6 所示，中国公路物流运价指数 FPI 与 LPI、ELI、快递业务量均存在显著相关性。其中，FPI 与 LPI、ELI 存在正相关性，表示可通过 LPI 与电商物流指数 ELI 间接观测公路物流行业市场情况，也可通过 FPI 间接反映电商物流与现代物流业的发展现状；FPI 与快递业务量则是负相关性，表明公路运价越高时，快递量将显著减少，与现实情况相符。

2. 中国快递发展指数（CEDI）

中国快递发展指数一方面可以科学地评估判断快递业的整体发展水平，预测未来一定时期内快递发展趋势，为政府部门制定快递相关政策和法规提供依据；另一方面，可作为中国宏观经济的一个晴雨表，在一定程度上反映国民经济的活跃程度，以及快递业与整个国民经济发展的匹配程度。

CEDI 指数是反映快递业发展状况的指标，具有一定的预测作用。根据表 7-6 可知，CEDI 与 LPI 存在显著正相关性，表明快递业与物流业发展存在一定程度的联系，二者发展情况的变化可相互反映对方的发展情况。CEDI 与货运量、货物周转量和快递业务量存在显著正相关性，表明 CEDI 与物流业相关指标具有较高关联性，通过 CEDI 的预测特性可预测相关指标的变化趋势。

3. 电商物流指数（ELI）

由表 7-6 可知，ELI 与 LPI、FPI 和仓储指数都存在显著正相关性，表明电商物流与公路物流业、仓储业以及物流业整体之间存在高度关联，物流各行业的发展情况都可间接反映电商物流业的发展水平，通过 ELI 也可间接监测物流各行业的发展现状。此外，ELI 还与快递业务量呈负相关性，其原因可能是电商物流业所囊括的快递种类不全，与国家邮政局所统计的快递量存在差异，因此不如中国快递发展指数一般能科学、准确评估快递业的发展情况。

通过对 ELI 分析，能够对电商物流领域有一个深层次的把握，客观反映行业发展问题，从而满足企业经营决策的需要。此外，电商物流指数的相关统计数据不仅能作为相关研究人士的参考资料，更是政府科学制定决策和政策的有力支撑。

4. 仓储指数

仓储指数的创建一方面适应了中国物流业发展的基本要求，对引导仓储业健康发展、促进物流业转型升级具有重大现实意义，另一方面也为更好地挖掘我国库存数据的变化规律和发展趋势，把握仓储行业运行的总体态势提供了新的手段，填补了我国仓储领域指数调查工作体系的空白。

早在试运行阶段就表明，仓储指数不仅能够较好地反映我国仓储行业运行的总体情况，还与出口总值、货物运输量等相关物流指标、经济指标有较强的相关性。表7-6显示，仓储指数与货运量、货物周转量高度正相关，表明货运量和货物周转量等物流业指标可间接反映仓储业的发展水平；仓储指数还与LPI、ELI之间都存在显著正相关性，表明仓储业、电商物流业与物流业整体之间存在高度正向关联的特性，仓储指数的监测特性可用于间接观测电商物流业与物流业总体的发展情况，引导相关行业有效、高质量发展。

因此，作为一个开放体系，中国仓储指数除了在指标设置、内容覆盖等方面可以不断拓展外，还可以加强与其他相关物流或经济指标关联程度的研究，从而不断丰富其内涵，充分发挥对仓储行业乃至宏观经济的监测预警作用，引领仓储行业健康有序发展。

第八章

中国现代物流重点联系企业制度与行业管理

政府部门大部制改革实现了中国现代物流政企分开。所谓政企分开是指政府和企业的职能分开，政府由对企业的微观管理转变为宏观管理，由对企业的直接管理转变为间接管理，由部门管理转变为行业管理。政企分开让物流企业摆脱不必要的束缚，提高了劳动生产率，增强了物流企业的经济效益。但是，政企分开会造成政府对企业和行业发展动态了解不清等问题。政府要全面了解现代物流行业运行状况，就需对企业进行调查，但大面积的调查工作任务繁重，且耗时太久，因此，需要在企业与政府部门之间建立一种沟通机制，于是现代物流重点联系企业制度应运而生。

第一节 物流重点联系企业制度

重点联系企业制度是根据统计学原理，在行业内选择具有行业代表性的样本企业，根据行业管理的要求，通过一系列的联系方法和联系制度，了解这些企业的经营状况，国家法律法规、政策文件和行业标准等的执行情况，存在的内外部矛盾和重大问题等，从而合理推断行业的整体情况及动态。

2001年国家经贸委首次提出了现代物流工作重点企业联系制度，要求加强政府和企业的联系，了解物流发展存在的问题；2012年交通运输部建立重点物流园区（企业）联系制度，目的是搭建起政府与企业、行业协会之间的沟通桥梁；2013年商务部要求进一步推进物流重点联系企业制度，促进物流业发展；2020年交通运输部等12部门为解决疫情期间国际物流存在的问题，确定了54家国际物流运输重点联系企业。

一 现代物流工作重点企业联系制度——国家发改委

2001年国家经贸委等六部委联合文件《关于加快中国现代物流发展的若干意见的通知》中指出：要减少政府的不正当干预，政府部门要强化服务意识，积极帮助解决物流企业经营过程中遇到的实际困难。为贯彻落实该文件相关精神，2001年8月30日国家经贸委决定建立现代物流工作重点企业联系制度，以加强政府与企业的沟通与联系，及时了解掌握物流发展中存在的问题，以便政府部门协调解决，为企业发展现代物流创造更好的发展环境，并确定了34家企业为现代物流工作重点联系企业，实行动态管理。这34家企业来源广泛、代表性强，涉及生产、流通、运输、第三方物流、信息技术等领域。

为推进物流重点联系企业制度的实施，国家经贸委根据需要每年召开若干次重点联系物流企业运行形势座谈会，座谈会主要是交流上阶段物流重点联系企业的经营状况、物流业务需求变化以及企业运营过程中存在的重要问题，表达重点联系企业的政策诉求，听取企业的相关意见建议，提出物流重点联系企业和物流行业发展的思路和建议，并对下阶段的运行形势作出分析讨论。通过重点联系物流企业运行形势座谈会，改善了物流重点联系企业制度的不足，促进了物流重点联系企业和物流行业的发展。

二 重点物流园区（企业）联系制度——交通运输部

为贯彻落实国务院《关于促进物流业健康发展政策措施的意见》精神，促进物流园区健康、可持续发展，交通运输部办公厅于2012年6月13日下发了《关于建立交通运输行业重点物流园区（企业）联系制度的通知》。文件要求按照"政府推动、协会组织、企业自愿"原则，充分发挥政府、协会和市场优势，通过政府积极推动引导，协会组织协调和企业自愿参与，形成相对稳定、高效的动态跟踪机制。重点物流园区（企业）联系制度搭建起政府与企业、行业协会之间的桥梁，可以方便政府部门实时了解和掌握交通运输行业重点物流园区、企业生产经营情况，并根据发展动态，制定和完善相关政策；相关的物流园区和企业也可通过联系制度及时了解行业发展动向和政府支持重点，提高市场敏锐度，在行业协会的协调下，增进交流、学习与合作，提升交通运输行业物流园区和企业的发展质量和效益。

重点物流园区（企业）联系制度的主要内容包括：（1）建立定期报送数据制度。跟踪重点联系交通运输行业物流园区（企业）的运营情况，及时了解物流园区（企业）发展动态。（2）建立信息反馈制度。定期印发介绍物流园区经验和发展信息的《重点物流园区（企业）发展动态》。（3）定期或不定期组织召开重点联系物流园区（企业）研讨会、经验交流会。重点物流园区（企业）联系制度由交通运输部综合规划司负责指导和协调，中国交通企业管理协会具体负责物流园区联系制度组织与实施工作。

三　物流重点联系企业制度——商务部

为贯彻落实2011年商务部等颁布的《商贸物流发展专项规划》和2012年国务院颁布的《关于深化流通体制改革加快流通产业发展的意见》相关文件精神，商务部在2013年11月4日建立物流重点联系企业制度，旨在密切政府与企业联系，深入了解企业需求，及时掌握行业发展现状和趋势。一方面，促进政府部门研究制定和完善支持物流业发展的政策；另一方面，引导企业创新商业模式，加强交流与协作，推动物流业技术进步和标准化应用。最终达到进一步优化企业发展环境，促进物流业持续、健康、协调发展的目的。

物流重点联系企业制度按照公开、公平、自愿、兼顾行业分布的原则确立。申报企业类型包括：（1）为客户提供仓储、配送等综合物流服务的专业化第三方物流企业；（2）商贸流通、电子商务、生产制造企业自建物流公司；（3）提供信息服务、交易撮合、管理咨询等服务的平台型综合物流企业。企业申报必须满足四方面条件，一是成立3年以上，经营良好；二是在省（区、市）内规模较大的龙头企业，代表性强，有一定的影响力；三是物流技术及信息化技术应用水平高，创新成效突出；四是近3年内无重大违法违规行为和安全事故记录。商务部负责组织物流重点联系企业制度的组织工作。各省（区、市）分批次申报，每次申报数量不超过10家。符合条件的物流企业，由注册地商务主管部门逐级推荐，省级商务主管部门审核汇总后报商务部。商务部严格筛选、择优择强、综合平衡的基础上，确定并公布物流重点联系企业名单，建立内部数据库档案。

四 国际物流运输重点联系企业制度——交通运输部等12部委

为协调解决疫情期间国际物流中存在的问题，统筹各种运输方式，全面提升国际货运能力，做好保通保运保供工作，2020年5月6日，在国务院复工复产推进工作机制下，交通运输部会同外交部、工业和信息化部、商务部等12个部门成立了国际物流工作专班（简称专班），专班决定建立国际物流运输重点联系企业制度。专班要求各企业重点做好组建专门国际物流保障队伍，及时完成国际物流保障任务，按时接入国际物流信息系统，并认真做好相关信息报送，全力维护国际物流供应链稳定。

2020年5月6日，专班组织遴选了首批54家国际物流运输重点联系企业，其中包括招商局集团有限公司等4家综合物流企业；苏州市国际班列货运有限公司等10家中欧班列运营企业；中国远洋海运集团有限公司1家国际航运企业；中国国际货运航空有限公司和中国货运航空有限公司2家国际航空货运企业；中国邮政集团有限公司和深圳顺丰泰森控股（集团）有限公司2家国际寄递物流企业；中国石油运输有限公司东乌珠穆沁旗分公司等35家国际道路运输企业。按照要求，各重点联系企业要认真履职尽责，紧紧围绕国际供应链保通保运保供，重点做好各方面工作。

第二节　行业推进管理

物流行业管理是由国家发改委等相关部门通过召开会议、讲座、座谈会及颁布政策条文等方式逐步推进的，包括对现代物流及其重点发展领域推进、物流业基础管理、物流业与其他行业的联动发展等。

第八章 中国现代物流重点联系企业制度与行业管理

一 中国现代物流重点推进领域

（一）现代物流总体规划与运行

1. 全国现代物流工作部际联席会议

物流工作部际联席会议从2005年开始每年召开1—2次，会议由国家发改委牵头，商务部、交通运输部等15个成员单位与会，会议召开的目的主要是通报上一年的物流业发展情况，交流各成员单位上一年的主要工作，并通报当年度物流工作思路，这是宏观物流工作总结及物流发展规划的重要会议，例如，2011年的物流工作部际联席会议通报了"十一五"时期中国物流业发展情况和当年物流工作思路，2015年的物流工作部际联席会议介绍了《促进物流业发展三年行动计划》的落实情况，2014年的主要工作和2015年的工作计划。

2. 物流企业运行形势分析座谈会

为落实现代物流工作重点企业联系制度，国家发展改革委经济运行调节局和中国物流信息中心，结合月度、季度、年度的物流运行情况不定期地召开物流企业运行形势分析会。会议邀请物流重点联系企业参加，以物流运行和企业经营情况交流为核心，着眼解决问题，共同讨论解决方案，并对下一步的工作提出指导，会议成为政府、协会及企业三方交流的平台。

（二）交通运输物流

1. 交通运输与物流运行形势分析会

交通运输与物流运行形势分析会是由发改委运行局不定期组织交通运输部、民航总局、铁路总公司、发改委综合运输所、中物联、中交协等相关机构工作人员的会议。主要是对一段时期内的交通运输和物流运行状况进行交流，并对运行走势进行综合研判，讨论交通物流行业发展中出现的新情况、新问题和苗头性、倾向性、潜在性现象，为下一步的交通运输物流工作提出有关意见建议。

2. 全国运输协调工作座谈会、部分地区运输形势分析会

国家发改委经济运行调节每年不定期召开一次全国运输协调工作座谈会，各省、自治区、直辖市及计划单列市、副省级城市发展改革委、经信委（经委、经贸委、工信厅）、交通委等相关部门的负责同志参加，

会议通报全国交通运输和物流运行情况，全面总结了全国综合运输协调工作经验，探讨了下一步工作思路，安排布置了下一年的重点工作。此外，国家发改委经济运行局还经常组织全国的部分地区交通运输部门召开会议，研判地区运输形势，暴露运行中存在的问题，并讨论相关解决方案，以及对下一个半年走势进行初步判断。

3. 运输问题专项治理

运输治理重点主要在三个方面：一是超载和车辆改装问题；二是开展试点和示范工程，2011年开始甩挂运输试点、2016年无车承运人的试点，2016年多式联运示范工程，此后这些试点和示范工程每年评选一批；三是取消不合理运输收费，高速公路省界收费站全部取消等。

（三）商贸物流

商贸物流是与批发、零售、住宿、餐饮、居民服务等商贸服务业及进出口贸易相关的物流服务活动，商贸物流属于产业物流，是商品流通的重要组成部分。商务部是商贸物流的主责部门，主要工作如下：

1. 提供政策支持

2011年3月14日，商务部、发展改革委、供销总社组织编制了《商贸物流发展专项规划》，规划期为2011—2015年；按照国务院京津冀发展规划纲要要求，2015年6月11日商务部同相关部门启动了《京津冀商贸物流发展专项规划》编制工作；2015年7月13日，商务部根据《商务部办公厅关于开展商务发展"十二五"规划实施情况总结评估工作的通知》，对2011年发布的《商贸物流发展专项规划》实施情况进行总结评估；2016年3月17日，商务部等六部门联合发布了《全国电子商务物流发展专项规划（2016—2020年）》。2017年2月19日，商务部等五部门联合发布《商贸物流发展"十三五"规划》。针对商贸物流标准化，大量系列文件出台。如2014年就有《关于促进商贸物流发展的实施意见》（商务部）、《关于加快推进商贸物流标准化工作的意见》（国家标准委、商务部）和《商贸物流标准化专项行动计划》（商务部办公厅、国家标准委办公室）等三个相关文件，2015年，商务部又发布了《关于发挥行业协会作用，推进商贸物流标准化专项行动的通知》。

2. 开展全国商贸物流工作会议

从2013年开始商务部每年组织开展一次全国商贸物流工作会议，会议主要对全国商贸物流工作进行经验交流，讨论商贸物流发展工作中存在的矛盾、问题及解决方案，并且提出下阶段商贸物流发展规划。

3. 商贸物流标准化推进成为突破口

为加快推动商贸物流各项工作进展，商务部流通发展司多次组织不同主体的全国商贸物流工作培训班。其中，每次培训几乎都以商贸物流标准化为主题。2013年关于商贸功能区和城市共同配送体系建设、物流技术和标准应用及信息化、供应链管理等模式创新等培训；2016年，解读《商贸物流发展"十三五"专项规划（征求意见稿）》和商贸物流标准化培训；2018年，重点推进城乡高效配送和单元化物流的培训。根据《商务部办公厅关于推荐商贸物流标准化专项行动重点推进企业（协会）和智慧物流配送示范单位的函》（2015）要求，从2014年开始每年评选一批商贸物流标准化专项行动重点推进企业。2014年确定40家为第一批重点推进企业（协会），包括4家托盘租赁服务企业、9家大型商贸连锁企业、6家快速消费品生产企业、3家托盘生产企业、8家第三方物流企业、10家物流信息服务平台；2015年，313家单位提交申报材料，最后150家入选第二批重点推进企业（协会）。此后，越来越多的机构成为全国商贸物流标准化专项行动重点推进企业（协会）。

（四）供应链

供应链推进工作开展相对较晚，2017年10月13日，国务院办公厅下发的《关于积极推进供应链创新与应用的指导意见》，成为推进供应链相关工作的纲领性文件。明确了供应链推进工作的责任主体，主要推进领域：（1）农业部、商务部等负责农业供应链体系建设，农业供应链信息平台建设，产品和食品冷链设施及标准化建设，推进农村一、二、三产业融合发展；（2）工信部、国家发改委、科技部、商务部等负责推进供应链协同制造，产业服务供应链转型，制造供应链可视化和智能化；（3）商务部、国家发改委、质检总局、人民银行等负责流通供应链创新转型，流通与生产的供应链协同平台建设，供应链服务企业培育；（4）人民银行、国家发改委、商务部、银监会、保监会等负责供应链金融服务实体经济，有效防范供应链金融风险；（5）国家发改委、工信部、环保部、商务部、质检总局等负责推动绿色制造供应链体系建设，推行绿色消费和流通，优化供应链逆向物流网点布局，建立绿色逆向物流体系；(6) 商务部、国家发展改革委、交通运输部、人力资源和社会保障部、质检总局等负责建设本地化的供应链体系，积极融入全球供应链，建立全球供应链风险预警机制，参与全球供应链规则制定等工作。

2017年8月，商务部、财政部将天津、上海、重庆、深圳、青岛、大连、宁波、沈阳、长春、哈尔滨、济南、郑州、苏州、福州、长沙、成都、西安等17个城市列为全国供应链体系建设试点，主要在商务领域推广物流标准化、各类供应链平台建设和完善、重要产品追溯体系建设等方面。2018年10月，商务部等8部委公布了全国供应链创新与应用试点城市和试点企业名单，北京等55个城市和TCL集团股份有限公司等266家企业入选。2021年7月13日，商务部等8部门公布了首批全国供应链创新与应用示范城市和示范企业名单，北京、上海、张家港、杭州、宁波、厦门、青岛、武汉、广州和深圳共10个城市，安徽合力股份有限公司、宝供物流企业集团有限公司等94家企业入选。

（五）冷链物流

随着居民消费水平的提高和食品药品安全意识的增强，中国冷链运输物流需求快速增长，但总体上看，中国冷链运输物流企业集中度不高，专业化服务能力不强，运输效率低、成本费用高等问题仍然比较突出。因此，政府从政策、座谈会及示范基地等多个方面来促进中国冷链物流发展。

1. 政策文件推动

为进一步促进中国冷链运输物流企业健康发展，提升冷链运输物流服务水平，2014年12月26日，国家发改委等10部门联合颁布了《关于进一步促进冷链运输物流企业健康发展的指导意见》，文件提出要大力提升冷链运输规模化、集约化水平，加强冷链物流基础设施建设，进一步完善冷链运输物流标准化体系。

2. 国家骨干冷链物流基地建设

为贯彻落实党中央、国务院关于城乡冷链物流设施补短板和建设国家骨干冷链物流基地的决策部署，2020年7月7日，国家发展改革委印发《关于做好2020年国家骨干冷链物流基地建设工作的通知》，公布2020年17个国家骨干冷链物流基地建设名单，包括平谷国家骨干冷链物流基地、晋中国家骨干冷链物流基地、巴彦淖尔国家骨干冷链物流基地、营口国家骨干冷链物流基地等。

3. 冷链物流发展座谈会

冷链是近年来国家着力推动的物流领域，围绕"十四五"冷链物流发展规划，2021年国家发改委多次召开冷链物流发展座谈会，其中3月份召开了3次。可以预见，冷链物流高质量发展将成为中国现代物流的重要推进方向。

（六）快递物流

快递业是现代服务业的重要组成部分，是推动流通方式转型、促进消费升级的现代化先导性产业，快递物流是现代物流中发展非常迅猛的业务领域。前面第四章已经介绍快递物流经历了一系列重大事件：EMS提速邮政布局全国最大快递网（2001），原国家邮政局实行政企分开（2006），新《邮政法》（2009），快递业务量年完成57亿件（2012），国务院出台《关于促进快递业发展的若干意见》（2013），危爆物品寄递物流清理整顿专项行动（2015），顺丰国际物流核心枢纽项目开工建设（2017），国务院常务会议通过《快递暂行条例（草案）》（2018），京东、顺丰、菜鸟和苏宁的多家公司物流"无人技术"加速推进（2018）等。政府促进快递物流的发展主要通过政策驱动和会议推进两种方式。

1. 政策扶持

2015年国务院为了适应快递业业务规模持续扩大的现实情况，印发了《关于促进快递业发展的若干意见》来指导快递业健康发展；2018年国务院常务会议通过《快递暂行条例》，在促进快递行业发展、保障快递安全的基础上，完善了无法投递快递的处理程序，增加了鼓励共享末端设施、诚信体系建设等内容。近两年来，国家邮政局大力出台相应政策文件推动快递物流发展：为促进快递业绿色包装发展，2018年12月12日，审议并原则通过《快递业绿色包装指引》《邮政业"三新"单位核实认定工作方案》和《国家邮政局推进一体化在线政务服务平台建设实施方案》等文件；为了推动邮政普遍服务和电商物流发展，2019年5月30日审议并原则通过《2018年邮政普遍服务监管报告》和《关于规范快递与电子商务数据互联共享的指导意见》等文件。

2. 国家邮政局局长办公会

国家邮政局局长办公会是国家邮政局的例行工作会议，由邮政局局长主持、局领导出席，该会议主要是讨论邮政业发展情况，并通过相关标准或工作细则等，从而指导快递邮政业的发展。据国家邮政局官网报道，2015年12月8日，国家邮政局召开2015年第21次局长办公会，主要审议并原则通过两项行业标准（《快递电子运单》和《快递安全生产操作规范》）和一项部门规章《智能快件箱投递服务管理规定（暂行）》。该会议每年多次召开，是快递物流行业最高级别行政会议。

3. 国家邮政局党组会议

国家邮政局党组会议由书记主持，局党组成员参会，该会议主要是为了贯彻学习中共中央政治局会议、习近平总书记重要讲话的精神，并确保重要指示精神落实到位。党组会议结合政治形势发展需要，党组成员坚持政治学习，并结合工作实际制定相关政策，确保党中央的重要指示精神落实到邮政快递行业，确保邮政快递行业在工作中坚持正确的政治方向。如从2020年开始，党组会议开始贯彻学习推进快递业发展的相关精神，6月9日，党组会议传达贯彻《关于加强中央和国家机关各部门机关党委自身建设的意见》《关于加快推进社会治理现代化开创平安中国建设新局面的意见》，审议《国家邮政局平安中国建设领导小组组建方案》；7月9日，会议学习《党委（党组）意识形态工作责任制实施办法》和《关于当前意识形态领域情况的通报》精神，强调要以习近平总书记重要讲话精神为指导，统筹做好邮政快递业改革发展各项工作。

4. 工作会议

国家邮政局为了快递邮政业的正常、高质量运行，每年都会召开一次全国性的工作会议。除此之外，还有一些专题性会议，如2016年国家邮政局召开了快递业务旺季服务保障工作会议，会议是为了保障2016年的"双11""双12"电商促销期间和圣诞节快递旺季安全畅通、平稳运行；2018年召开快递业绿色包装工作专题会议，稳妥推进快递包装治理工作；2020年7月的邮政业安全和应急工作领导小组会议，对邮政快递业防汛救灾和新冠肺炎疫情防控工作进行再研究、再部署。

（七）物流园区

物流园区是现代物流发展出来的一种新业态，是传统职能分工管理体制所无法涵盖的业务领域，中物联协助国家发改委负责物流园区的推进工作。

第八章　中国现代物流重点联系企业制度与行业管理

1. 全国物流园区工作年会

自 2003 年以来，中国物流与采购联合会一年一度召开物流园区工作会议，至 2020 年已经成功举办 18 次，得到了政府、协会、园区和企业的持续关注和支持，成为通报物流园区情况、发布政策、交流经验、探讨问题、促进合作、推动发展的行业例会。

2. 示范物流园区

根据《关于开展示范物流园区工作的通知》，中物联组织开展示范物流园区的评选工作，评审结果经国家发展和改革委、国土资源部、住房和城乡建设部主管司局复核审定，并进行网上公示。各省、自治区、直辖市及计划单列市、新疆生产建设兵团发展改革委同自然资源主管部门按照《通知》要求，指导推荐有意愿、符合申报条件的物流园区认真编制申报材料，并进行审核，省级发改委负责将推荐的物流园区名单、申报材料和审核意见寄送中物联，原则上每个省份推荐不超过 3 家。从 2016 年至今共评选了三批示范物流园区，2016 年发布首批示范物流园区，确定北京通州物流基地等 29 个物流园区为首批示范物流园区。2017 年确定邢台好望角等 27 个物流园区为第二批示范物流园区，2021 年确定平谷区马坊物流基地等 24 个物流园区为第三批示范物流园区。

3. 全国物流园区综合评价工作

为了解中国物流园区发展状况，中国物流与采购联合会先后于 2006 年、2008 年、2012 年、2015 年和 2018 年进行了 5 次全国物流园区（基地）调查，并发布了《调查报告》，通过调查摸清了家底、发现了问题，为物流园区评价和发展奠定了基础。自 2013 年以来，中物联物流园区专委会连续每年开展"全国物流园区综合评价"工作，评选并表彰"优秀物流园区"和"示范物流园区"，通过综合评价了解过去一年中国物流园区发展变化，树立行业标杆，便于行业对标工作。调查对象为全国各地冠名为物流园区（基地、中心、公路港、物流港、无水港等）的基地，占地规模需达到一定入选水平，通过调查问卷方式由物流园区如实填写，从基础设施、服务能力、运营效率、社会贡献、经营特色等多个方面实施综合评价。

（八）其他重要领域

1. 农村物流

政策上国务院和交通运输部等六部委对农村物流均出台指导性的文件。2007年中共中央国务院出台一号文件《关于积极发展现代农业扎实推进社会主义新农村建设的若干意见》，提出要加强"三农"工作，积极发展现代农业，扎实推进社会主义新农村建设，全面落实科学发展观，构建社会主义和谐社会，加快社会主义现代化建设；2009年交通运输部、国家发改委、财政部、农业部、商务部、国家工商总局六部门联合下发《关于推动农村邮政物流发展的意见》，提出推进农村邮政基础设施建设、支持邮政进入农资市场、鼓励发展连锁经营、完善政策扶持机制、加强规划引导工作五条政策措施，以进一步做大做强农村邮政物流，充分发挥邮政企业服务"三农"的作用。

2. 应急物流

应急物流是在一次次突发事件及应对经验总结中不断推进的。2003年非典期间，非典重灾区与其他地区道路被人为阻断，现代物流体系遭受重大冲击，这一现象被称为非典型物流，当年《物流技术与应用》杂志首次提出应急物流的概念，并在国内第一次提出尽快建立并完善中国现代物流应急机制，提出了物流应急系统架构，并针对应急事件评估体系、预测预警体系、应急指挥体系、监控与反馈体系、调度运作体系等进行了深入探讨与分析；2008年全国物流行业在抗击特大地震和雨雪冰冻两场自然灾害中作出重要贡献；在《物流业发展中长期规划（2014—2020年）》中，应急物流工程被列为十二项重点发展工程之一。同时，发改委加紧编制应急物流发展规划；2020年新冠肺炎疫情暴发，同年6月，中央全面深化改革委员会第十三次会议审议通过了《关于健全公共卫生应急物资保障体系的实施方案》（国家发改委等多部门联合颁发），着力打造医疗防治、物资储备、产能动员"三位一体"的保障体系，推动了公共卫生应急物流体系建设。

二 物流行业基础管理

（一）物流基础设施建设

物流基础设施是开展现代物流必须具备的基础条件，物流基础设施主要包括铁路、公路、内河航道、港口、车站（铁路与公路）、运输工具、仓储设施（各类仓库）等。

1. 有关物流基础设施建设与布局的政策

除了《铁路运输法》《公路运输法》《航空运输法》《管道运输法》《水上运输法》《铁路法》《公路法》《港口法》等专项政策对物流相关基础设施建设与布局作出规划，2009年国务院印发的《物流业调整和振兴规划》、2014年国务院印发的《物流业发展中长期规划（2014—2020年）》等文件中不断提到要加大对物流基础设施的投资、建设和布局，要加强物流基础设施建设的衔接与协调，政策的目的是对物流基础设施的投资、建设、布局、使用、管理、维护等进行规范，以保证物流基础设施的数量不断增加，功能不断完善，布局日趋合理，使用效率不断提高。

2. 有关鼓励物流基础设施投资政策

出台相关政策文件吸引并鼓励民间进行物流基础设施投资，主要内容：实现铁路、公路、港口、机场、物流网点的有机结合，以满足用户的物流需求；加强公路、铁路建设，消除或缓解交通上的瓶颈制约；加快国际中心港口、机场的建设。具体来说，就是要解决城市公路交通的拥挤与混乱：建设高标准的全国性干线公路网、地方公路网，并形成网络；建设与主要物流网点相连接的各种疏港（站）道路；提高主要铁路干线的货物运输能力；建设适应国际海上集装箱港（站）、综合性国际港站开展水、陆、空一体化运输的物流中心等。

（二）物流标准化管理

物流标准化是保障物流运作安全便利、高效畅通的重要手段，对于提高物流服务水平，降低物流成本，促进中国物流业健康发展，增强国际竞争力具有重要作用。为促进中国物流标准化工作有序开展，更好地为物流业发展提供技术支撑，国家标准化管理委员会协同国家发改委、工业和信息化部等部门联合制定物流标准化相关政策推进其发展。关于物流标准化组织和规划，标准的制定、实施和废弃，以及中国物流标准化推动阶段及其特征详见第六章第三节。

（三）物流业投资和税费管理

物流业投资是现代物流发展的必要条件，鼓励和引导民间投资进入物流领域也一直是中国政府部门努力的方向。需要特别补充的是，2012年是民间资本投资进入物流领域较为重要的一年。2012年5月31日颁布了《关于鼓励和引导民间投资进入物流领域的实施意见》，强调要引导民间资本投资第三方物流服务领域、加快形成支持民间资本进入物流领域的管理体制、为民营物流企业创造公平规范的市场竞争环境等；2012年4月5日，国家发展改革委经济贸易司组织召开"鼓励民间投资进入物流领域有关问题座谈会"，对民间投资进入物流领域、民营物流企业发展等问题进行了讨论，听取了部分民营企业代表的建议。

物流税费改革是现代物流治理的重点，在第四章第三节中有具体描述。税费改革贯穿现代物流全过程，营业税改增值税是最为重要的内容。2005年，国家税务总局发出《关于试点物流企业有关税收政策问题的通知》，首批37家物流企业列入营业税改革试点名单，共有八批1329家企业成为营改增试点企业，有力地推动了整个物流业行业的税收改革。成品油定价和物流收费问题是政府部门常规性工作，较为突出的变化见第四章第三节内容。

（四）物流信用体系建设

中国物流业发展迅猛，但市场主体"小、散、乱"现象较为突出，部分企业经营管理不规范，违法违规违约现象时有发生，社会对物流业诚信的认可度总体偏低，严重影响了物流业的健康可持续发展。因此，建立健全物流业信用体系迫在眉睫。

2014年11月18日，国家发展改革委印发《关于中国物流业信用体系建设的指导意见》，强调要加强物流信用服务机构培育和监管，推进物流信用记录建设和共享，构建守信激励和失信惩戒机制，等等。2017年8月24日，国家发展改革委、人民银行等多部门联合签署了《关于对运输物流行业严重违法失信市场主体及其有关人员实施联合惩戒的合作备忘录》；2018年12月21日，交通运输部印发《交通运输守信联合激励和失信联合惩戒对象名单管理办法（试行）》的通知；2019年8月1日，国家发展改革委会同有关部门研究起草了《关于加强和规范运输物流行业失信联合惩戒对象名单管理工作的实施意见（征求意见稿）》，在书面征求有关部门意见的基础上，同时向社会公开征求意见。

早在2007年，中物联就开展了A级物流企业信用等级评价，具体有

A、AA、AAA 三个等级，截至 2020 年底，共评价 27 批，共有 A 级以上信用等级企业 818 家。

（五）物流统计工作

物流统计是促进物流业发展的基础性工作。为不断提高《社会物流统计报表制度》对物流统计工作的指导作用，国家发改委在 2014 年、2016 年和 2017 年等多次对《社会物流统计报表制度》进行修订，并要求行业认真组织实施。

全国物流统计工作会议是重要的推动方式。2006 年 9 月 14 日，全国物流统计工作会议在南京召开，会议有国家发改委、国家统计局和中物联三家联合组织。此次会议是自《社会物流统计核算与报表制度》实施以来的首次会议，此后每年不定期在不同城市举办一次。会议的主要目的是交流物流统计工作开展情况、存在问题和有关建议，并对下一步重点工作进行了安排。2020 年 12 月 11 日，全国物流统计工作座谈会在北京召开，会议总结回顾了"十三五"时期物流统计工作进展和成效，研判了未来一个时期物流运行趋势，对做好"十四五"时期物流统计工作进行安排。

三　物流业与其他产业的联动发展

（一）制造业与物流业联动发展

1. 推进制造业与物流业联动工程

2009 年国务院印发《物流业调整和振兴规划》中提到，要制定制造业与物流业联动政策，组织实施一批两业联动示范工程和重点项目，促进现代制造业与物流业有机融合、联动发展。《物流业发展中长期规划（2014—2020 年）》中又指出，提高供应链管理和物流服务水平，形成物流业与制造业、商贸业、金融业协同发展的新优势。鼓励传统运输、仓储等物流企业向供应链上下游延伸服务，建设第三方供应链管理平台，集成制造企业的供应链计划、采购物流、入厂物流、交付物流、回收物流和供应链金融以及信息追溯等相关服务。

2. 制造业与物流业联动发展大会

2007 年 9 月 24 日，由国家发改委主办、中物联承办的首届全国制造业与物流业联动发展大会在上海召开，交通运输部、铁道部、国家标准委、现代物流工作部际联席会议办公室等部门都参与会议。大会以"推动制造业物流外包,促进制造业流程再造,提升物流业服务水平,引导制造业与物流业共同发展"为主题,经过大会报告、专题讲座、互动交流和现场参观等活动,最后有24家制造企业和物流企业签署了框架合作协议;此后,2009年10月29日国家发改委、云南省人民政府、中物联在昆明联合召开了第二届全国制造业与物流业联动发展大会;2011年12月15日,国家发改委在南京召开第三届全国制造业与物流业联动发展大会,会议还公布了130家物流企业为"全国制造业与物流业联动发展示范企业";2013年12月20日,国家发改委、工信部、中物联在北京联合主办了第四届制造业与物流业联动发展大会,来自制造业和物流企业以及二十多个省(自治区、直辖市)的工信和发改等主管部门约150人参加了会议。此外,中国交通运输协会一直举办制造业与物流业发展大会,每年1届,如2021年7月8日,第十四届年会在安徽合肥成功举办。本届年会由中交协主办、中交协物流技术装备专业委员会承办,以"融合共生、智见未来"为主题。

(二) 快递业与制造业深度融合发展

2020年4月2日,国家邮政局和工信部印发的《关于促进快递业与制造业深度融合发展的意见》提出:到2025年,快递业要深度融入汽车、消费品、电子信息、生物医药等制造领域,形成覆盖相关制造业采购、生产、销售和售后等环节的供应链服务能力。要创新融合发展模式,促进仓配一体化、入厂物流、国际供应链、海外协同等融合发展,并培育出100个深度融合典型项目和20个深度融合发展先行区。文件明确了八大重点任务,即深化产业合作、协同产业布局、提升服务能力、丰富服务产品、打造智慧物流、发展绿色物流、实施海外协同、推动重点突破等。

(三) 电商与快递协同发展

2012年工业和信息化部印发了《电子商务"十二五"发展规划》,要求引导电子商务企业与物流企业、金融机构之间的合作;2018年国务院颁布了《关于推进电子商务与快递物流协同发展的意见》,就完善电子商务快递物流基础设施、规范运营,电子商务配送通行管理和服务创新,快递末端服务能力和协同运行效率提升,以及绿色生态链发展等方面提出指导意见；2019 年，国家邮政局和商务部联合下发《关于规范快递与电子商务数据互联共享的指导意见》对电子商务与快递数据互联共享管理、数据中断通知报告制度、数据安全防护和政府监管提出政策指导意见。

2009 年 9 月 12—13 日，首届电子商务与快递物流协同发展大会在杭州举行。国家邮政局、中国快递协会、浙江省商务厅、阿里巴巴等企业相关领导出席会议并讲话，会议探讨了电商与快递产业间深化合作的模式与途径；2016 年 4 月 7 日，第六届电子商务与快递物流协同发展大会在信阳市举行，工信部、商务部及当地政府部门，以及行业协会、大专院校、科研机构、企业代表参会；2018 年 4 月 25 日，第八届电子商务与快递物流协同发展大会在杭州隆重召开，会议主题"引领全球电商物流经济、构建绿色协同发展生态圈"，500 余名代表参加了此次盛会。

中国电商物流大会由中国采购与物流联合会及中国物流信息中心主办，从 2010 年开始，每年举办一届。2020 年 9 月 24 日，第十一届中国电商物流大会在上海召开，会议以"新动能 新基建 新物种"为主题，快递即配行业上下游数百家企业及相关机构参会。会议还举行了"2020 中国电子商务物流与供应链大奖"和"2020 中国同城即时物流行业年度大奖"颁奖典礼。

第三节 物流企业的分类与评价管理

一 物流企业分级评估

（一）A 级物流企业

2005 年，《物流企业分类与评估指标》（GB/T19680—2005）国家标准正式颁布实施，为现代物流企业分类和评估提供了依据。按照物流服务功能的主要特征及其延伸情况，将物流企业分为运输型、仓储型和综合服务型三种类型。A 级物流企业综合评估分为 5 个等级，即 5A、4A、3A、2A、1A。

2015 年，中国物流与采购联合会启动中国物流企业等级评估工作。A 级物流企业综合评估是在国家标准的严格约束和企业完全自愿申报的条件下进行的，评估流程包括自检、申报、评审、现场评审和评估报告审核等过程，评定结果在中物联官网上公示。依据国家标准《物流企业分类与评估指标》，中物联在有关部门指导下对申报物流企业的资产、经营、管理、服务、人员素质等全面评估，经物流企业综合评估委员会审定确定 A 级物流企业名单，为保证评估工作的公正性，还设定了投诉和举报程序。

从 2005 年开始 A 级物流企业评估连续进行，每年评估 1—2 次。截至 2020 年底，共评出三十批、8125 家 A 级物流企业，其中 5A 级 367 家，具体结果详见表 8-1。

表 8-1　　　　2005—2020 年中国 A 级物流企业数量　　　　（单位：家）

年份	批次	总和	5A	4A	3A	2A	1A
2005	第一批	26	9	5	7	5	0
2006	第二批	32	6	12	9	5	0
	第三批	74	7	19	38	10	0
2007	第四批	43	5	10	21	7	0
	第五批	63	1	28	26	8	0
2008	第六批	79	4	31	32	12	0
	第七批	74	3	32	32	7	0
2009	第八批	160	9	49	60	42	0
	第九批	237	11	60	123	42	1
2010	第十批	166	10	57	76	21	2
	第十一批	199	11	45	74	62	7
2011	第十二批	246	9	69	113	48	7
	第十三批	316	14	99	134	67	2
2012	第十四批	337	12	105	153	65	2
2013	第十五批	301	13	79	153	53	3
	第十六批	382	25	131	163	59	4
2014	第十七批	261	8	82	125	41	5
	第十八批	356	18	129	160	43	6

续表

年份	批次	总和	5A	4A	3A	2A	1A
2015	第十九批	301	21	92	144	40	4
	第二十批	331	18	115	136	52	10
2016	第二十一批	232	9	66	111	42	4
	第二十二批	402	18	129	212	43	0
2017	第二十三批	287	8	100	152	27	0
	第二十四批	495	19	172	245	57	2
2018	第二十五批	358	11	105	177	64	1
	第二十六批	496	20	166	241	64	5
2019	第二十七批	379	18	107	204	45	5
	第二十八批	565	17	177	301	67	3
2020	第二十九批	341	6	104	187	42	2
	第三十批	586	27	199	284	70	6
总计		8125	367	2574	3893	1210	81

资料来源：作者根据相关资料整理。

（二）星级冷链物流企业

为了规范冷链行业发展，提升冷链企业服务水平，2014年国家质检总局、标准委颁布国家标准《物流企业冷链服务要求与能力评估指标》（GB/T 31086—2014）。2015年，中物联评估办、中物联冷链委员会启动星级冷链物流企业评估工作。

参加星级冷链物流企业评估的前提条件是成为A级物流企业，和A级物流企业评估一样，入选企业也必须通过自检、申报、评审、现场评审、评估报告审核等评定程序。依据《物流企业冷链服务要求与能力评估指标》，中物联评估办和中物联冷链委对申报的冷链物流企业进行审核最终确定星级冷链物流企业名单。

与A级物流企业有一定的一致性，星级冷链物流企业包含五个级别（五星、四星、三星、二星、一星）和三种类型（综合型、运输型、仓储型），从2015年开始连续每一年或半年评选一次，2015—2020年的星级冷链物流企业评估结果如表8-2所示。截至2020年底，共评选出十一批、98家星级冷链物流企业，其中五星级22家。

表8-2　2015—2020年中国星级冷链物流企业评估结果　（单位：家）

年份	批次	企业星级					企业类型			总和
		五星	四星	三星	二星	一星	综合型	运输型	仓储型	
2015	第一批	8	2	3	0	0	7	2	4	13
2016	第二批	5	5	2	0	0	4	5	3	12
	第三批	2	6	3	0	0	5	1	5	11
2017	第四批	1	3	1	0	0	2	0	3	5
2018	第五批	1	8	3	0	0	4	4	4	12
	第六批	0	3	3	0	0	3	0	3	6
2019	第七批	1	5	3	0	0	6	1	2	9
	第八批	1	3	6	1	0	7	3	1	11
2020	第九批	0	2	2	0	1	5	0	0	5
	第十批	3	5	4	2	0	6	1	7	14
总计		22	42	30	3	1	49	17	32	98

资料来源：作者根据相关资料整理。

（三）担保存货管理及质押监管企业

为规范物流市场秩序，促进物流业健康发展，商务部流通业发展司和中国银行业协会于2014年开始依据《质押监管企业评估指标》行业标准和中物联质押监管企业评估的相关制度办法，按照企业自检、申请、审核、现场评估、审定和公示等规范的评估程序，从企业的基本条件、管理状况和诚信情况三个方面，按照公平、公开、公正的原则对担保存货管理及质押监管企业开展综合评估。

第一批和第二批只评选出了质押监管企业，也没有具体分级，从2015年的第三批开始评估担保存货管理及质押监管企业，并且分为五个等级（A+、AA-、AA、AA+、AAA-），从2014年开始连续每一年或半年评选一次，2014—2020年的担保存货管理及质押监管企业评估结果如表8-3所示。截至2020年底，共评选出十三批125家担保存货管理及质押监管企业，AAA-级企业32家。

表8-3　2014—2020年中国担保存货管理及质押监管企业评估结果（单位：家）

年份	批次	总和	AAA-	AA+	AA	AA-	A+
2014	第一批	19	0	0	0	0	0
2015	第二批	33	0	0	0	0	0
	第三批	21	12	6	2	1	0
2016	第四批	5	1	2	2	0	0
	第五批	10	3	4	3	0	0
2017	第六批	7	4	1	1	0	1
	第七批	8	3	3	1	1	0
2018	第八批	1	1	0	0	0	0
	第九批	5	1	2	2	0	0
2019	第十批	6	3	2	0	0	0
	第十一批	3	1	1	0	0	1
2020	第十二批	3	0	3	0	0	0
	第十三批	4	3	1	0	0	0
合计		125	32	25	12	2	2

资料来源：作者根据相关资料整理。

二　A级物流企业信用等级评价

2007年初，全国整规办、国务院国资委下发了《关于加强行业信用评价试点管理工作的通知》，确定中物联为首批开展行业信用评价试点的行业协会。2007年，中物联严格按照《物流企业信用信息管理办法》和《物流企业信用评级管理办法》等规定积极开展物流企业信用评价工作，进行A级物流企业信用等级评价需要经过自检、申报、评审等相关评定程序，最后确定入选企业的等级评定结果。A级物流企业信用等级评价对提高企业品牌竞争力，约束和规范企业经营行为，营造公平竞争、诚信经营的市场环境起到了积极的作用。

物流企业信用主要有三个等级（3A、2A、1A），其中，评分90—100分（含90分）的企业是3A级信用等级，这说明企业经营处于良性循环状态，盈利水平很高，债务的偿还能力很强；评分80—90分（含80分）的企业是2A级信用等级，这说明企业经营处于良性循环状态，盈利水平较高，债务的偿还能力较强；评分70—80分（含70分）的企业是1A级信用等级，这说明企业经营正常，盈利水平较高，有一定的债务偿还能力。从2007年开始连续每一年或半年评选一次，2007—2020年的A级物流企业信用评估结果如表8-4所示。截至2020年底，共评选出二十七批818家A级物流企业信用等级，其中3A级信用企业540家。

表8-4　　　2007—2020年中国A级物流企业信用评估结果　　　（单位：家）

年份	批次	总和	3A	2A	1A
2007	第一批	24	21	3	0
	第二批	11	4	7	0
2008	第三批	31	13	16	2
2009	第四批	26	9	12	5
2010	第五批	32	25	6	1
2011	第六批	17	10	7	0
	第七批	18	15	2	1
	第八批	13	11	2	0
2012	第九批	15	11	4	0
	第十批	41	13	15	13
2013	第十一批	43	32	11	0
	第十二批	38	24	14	0
2014	第十三批	48	31	13	4
	第十四批	21	16	5	0
2015	第十五批	8	8	0	0
	第十六批	45	36	8	1
	第十七批	21	11	10	0
2016	第十八批	38	24	14	0
	第十九批	28	17	11	0
2017	第二十批	35	28	7	0
	第二十一批	25	14	11	0

续表

年份	批次	总和	3A	2A	1A
2018	第二十二批	28	17	10	1
	第二十三批	44	34	10	0
2019	第二十四批	49	38	11	0
	第二十五批	39	24	15	0
2020	第二十六批	37	25	12	0
	第二十七批	43	29	14	0
合计		818	540	250	28

资料来源：作者根据相关资料整理。

三　中国物流示范基地、物流实验基地

"中国物流示范基地"和"中国物流实验基地"是中国物流与采购联合会为总结推广中国物流行业发展中的先进经验，探索现代物流发展的模式与方法，在物流行业中树立的学习榜样，其在行业中的影响力日益扩大，得到了行业内外的广泛认同，对促进中国物流业的发展起到了积极的作用。

"中国物流示范基地"是具有行业引领和示范作用的物流实体，必须成功地运用与创新国内外物流理论，在物流实践中取得显著成效，表现在优化供应链管理、降低物流成本和提高核心竞争力等方面；"中国物流实验基地"是指在中国现代物流发展中具有代表性的物流实体，它能够运用物流理论，在企业物流业务重组、现代物流转型、区域性物流中心与社会化配送中心建设、第三方物流发展和物流技术进步等方面表现优秀。

本着"自愿申请、科学评审、定期复审，不搞终身制"的原则，"中国物流示范基地"和"中国物流实验基地"每年评审一次，1—8月为申报期，10月为专家评审期；联合会成立专家评审委员会，根据情况选聘相应的评审专家；联合会收到申请后，在一个月内核实研究申请材料，提出受理意见并通知申请单位；专家评审委员会通过后，联合会向申请单位发出书面通知，授予"中国物流示范基地"或"中国物流实验基地"称号，颁发牌匾及证书；被授予"基地"称号的物流实体，由专

家评审委员会进行三年一次的复审，复审参照评审程序。2003—2020年的"中国物流示范基地"与"中国物流实验基地"评审数如图8-1所示。截至2020年底，共评选出58个物流示范基地和117个物流实验基地。

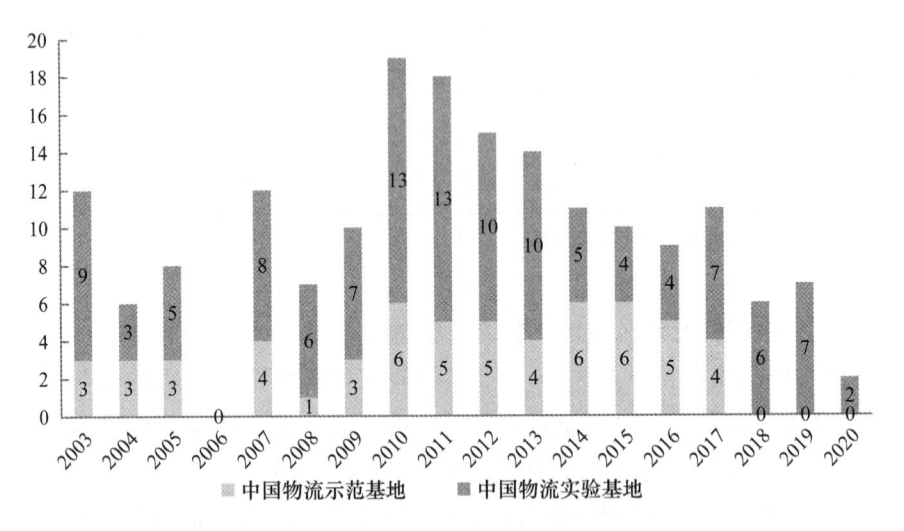

图8-1　2003—2020年"中国物流示范基地"与
"中国物流实验基地"（单位：家）

资料来源：作者根据相关资料整理。

四　年度优秀物流园区

为配合"国家级示范物流园区"创建工作，建立物流园区考核评价指标体系，促进行业管理水平提升，中物联物流园区专业委员会（以下简称专委会）从2013年开始，每年开展"年度物流园区综合评价"工作。中物联从基础设施、服务能力、运营效率和社会贡献几个方面进行了统计分析和综合评价排序，最后确定应该表彰的"年度优秀物流园区"。2014年选定中国（上海）自由贸易试验区（物流园区）、天津港集装箱物流中心、大连保税物流园区等50个物流园区为"年度优秀物流园区"；2015年中物联选定天津港集装箱物流中心、秦皇岛临港物流园区等55家单位为"年度优秀物流园区"；2016年中物联选定普洛斯首都机场航空货运基地等74个物流园区（基地、陆港、公路港、物流港、物流产业集聚区等)为"年度优秀物流园区";2017年中物联选定北京通州物流基地等87家物流园区为"年度优秀物流园区";2018年中物联选定北京通州物流基地等122家物流园区为"年度优秀物流园区";2019年中物联选定普洛斯北京空港物流园区等120家物流园区为"年度优秀物流园区";2020年中物联选定普洛斯北京空港物流园等123家物流园区为"年度优秀物流园区"。年度优秀物流园区评选既激励了物流园区企业,也为行业树立了标杆,有力地推动了现代物流发展。

五 中国物流企业排名

做大做强物流企业是推进中国现代物流发展的重要途径,开展中国物流企业排名是这项工作的基础,其意义十分重大。首先,物流企业的规模和效益体现了物流企业的强弱,开展物流企业排名有利于直观了解中国现代物流发展现状。其次,有利于建立健全物流统计制度。企业排序建立在统计制度的基础之上,靠"数据"来说话,将更有说服力和公信力。再次,有利于培育中国现代物流企业。物流企业排名让大家做到"心中有数",可以跟国际物流企业比较,寻找差距并力争尽快赶上世界知名物流企业,做大做强中国的现代物流企业。

2004年10月,国家发改委、国家统计局联合印发了《关于组织实施〈社会物流统计制度及核算表式(试行)〉的通知》,中物联组织实施社会物流统计核算和重点物流企业统计调查工作。依照社会物流统计调查的结构,中物联会向社会发布物流企业50强排序,相对国内外其他的物流企业排名,该排名具有较强的客观性、科学性和权威性。首先,数据来源于社会物流统计调查,根据国家物流统计制度和方法,因而真实可靠,科学合理;第二,得到了许多地方政府和企业的大力支持,数据真实且具有权威性;第三,数据的收集,采用国际惯例,按主营业务收入指标进行排序,具有科学可比性;第四,该排名不向企业收取任何费用,没有专家评审的环节,减少了人为干预,因此具有客观公正性。

从2005年开始中国物流与采购联合会每年评定一次中国物流企业50强,2005—2020年物流企业50强中第一名、第五十名以及前五十名的主营业务收入变化情况如图8-2所示。从中可以看出,2005年到2020年,第一名的主营业务收入从2005年的934亿元增长到2020年的2437亿元,增长近1.6倍；前五十名物流企业的主营业务收入总和从2210亿元上升到1.1万亿元，增长了3.98倍。入选第五十名的企业规模从2.6亿元上升到37亿元，增长了13倍。这说明中国物流企业在20年间整体在成长，龙头企业的增长偏慢，但大批大规模物流企业在快速成长。

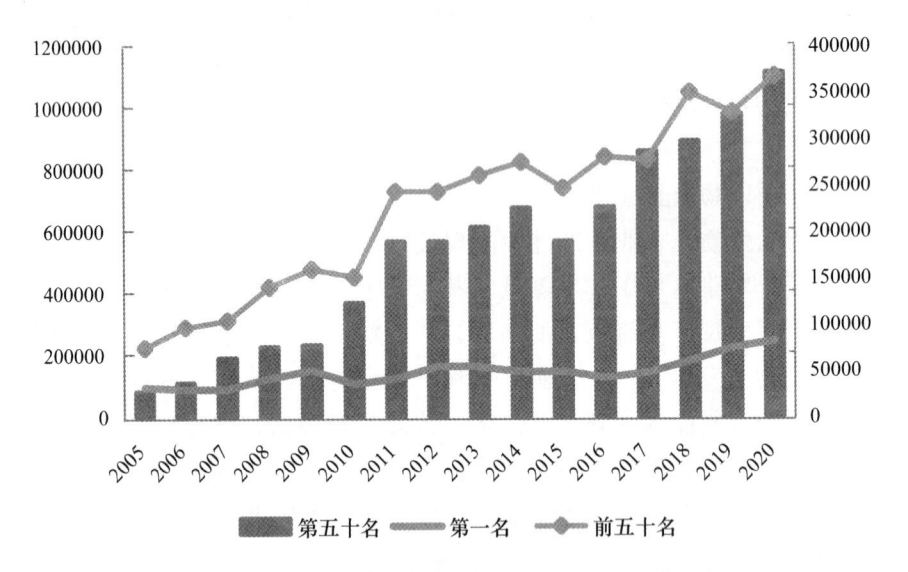

图8-2　2005—2020年物流企业50强部分主营业务收入排序结果（单位：万元）

资料来源：作者根据相关资料整理。

第四节　物流行业总结表彰

一　先进集体、劳动模范和先进工作者

为树立榜样，弘扬正气，激励和引导全国物流行业职工创造性地工作，进一步推动物流行业的健康发展，从2007年开始，人事部、中国物流与采购联合会决定评选表彰一批全国物流行业先进集体、劳动模范（先进工作者）。

全国物流行业先进集体、劳动模范（先进工作者）评选，坚持以公开、公正、公平、民主为原则，经所在单位民主推荐，在充分听取物流行业主管部门、物流行业协会的意见后，在所在单位公示5至7天后，逐级审核上报。在评选时，严格按照思想政治表现、工作业绩和贡献大小等衡量标准作为评选条件，充分体现评选典型的代表性、先进性和示范性。为了突出评选重点，要面向基层和生产一线，原则上单位正职领导比例不超过20%，各级政府的物流行业主管部门司局级（含）以上单位和个人不参加评选，推荐企业负责人的，必须经过当地县级以上多个政府部门签署意见，甚至还需征求纪检和监察部门意见。从2007年开始先进集体、劳动模范、先进工作者评选大概4—5年进行一次。截至2020年底，共评选了四届，共评出先进集体208个，劳动模范849名，先进工作者155名，具体如表8-5所示。

表8-5　　　　　中国物流行业先进集体、劳动模范
（先进工作者）历届评选数量

届数	年份	先进集体	劳动模范	先进工作者
第一届	2007	53	241	45
第二届	2011	50	239	58
第三届	2016	56	182	24
第四届	2020	49	187	28
合计		208	849	155

资料来源：作者根据相关资料整理。

二　物流业改革开放表彰

（一）物流业改革开放30周年表彰

2008年，中物联发起组织的全国物流行业纪念改革开放30周年座谈会在北京召开，全国现代物流工作部际联席会议部分成员单位，地方政府相关牵头部门、企业、高校和行业协会新闻媒体等单位的代表共200多人参加了会议。会议发布了中国物流改革开放30年重大事件，16家旗帜企业和17位突出贡献人物受到表彰。16家旗帜企业：中国远洋运输（集团）总公司、中国对外贸易运输（集团）总公司、中国海运（集团）总公司、中国邮政集团公司、中铁快运股份有限公司、招商局物流集团有限公司、中国物资储运总公司、青岛海尔物流有限公司、宝

供物流企业集团有限公司、顺丰速运（集团）有限公司、远成集团有限公司、北京长久物流有限公司、传化公路港物流发展有限公司、九州通集团有限公司、上海外高桥物流中心有限公司、昆明船舶设备集团有限公司。

（二）物流业改革开放 40 周年表彰

2018 年 11 月 24 日，"物流行业庆祝改革开放四十周年大会"在济南隆重召开。交通运输部、山东省和中物联等相关领导，原物资部、原内贸部等部门相关领导，商务部、发改委等部委相关工作人员参加。

根据党中央、国务院关于组织开展改革开放 40 周年纪念和表彰活动的精神，充分展现改革开放 40 年来的伟大成就，中物联经组织评定，决定对改革开放 40 年来在中国物流业发展过程中表现突出、贡献巨大的一批企业和个人进行表彰，授予宝供物流企业集团有限公司等 40 家企业"改革开放 40 年物流行业代表性企业"称号；授予万霖等 40 名企业家"改革开放 40 年物流行业企业家代表性人物"称号；授予丁俊发等 30 名专家"改革开放 40 年物流行业专家代表性人物"称号；授予林有来等 30 名协会工作者"中国物流 40 年行业组织代表性人物"荣誉称号。

三 新冠肺炎疫情特殊表彰

2020 年初暴发的新冠肺炎疫情，传播速度快、感染范围广、防控难度大，物流行业经受住了严峻考验。为激励物流行业的抗疫先进企业，2020 年 11 月 21 日，在青岛召开 2020 年中国物流企业家年会上，中物联公布《关于表彰"全国物流行业抗疫先进企业"的决定》，授予九州通医药集团物流有限公司等 230 家企业"全国物流行业抗疫先进企业"称号并颁发奖牌。

第九章

中国现代物流合作制度与科教发展

第一节　产学研合作制度

离开不断创新的物流科技成果支撑，现代物流发展将变得不可持续，而高质量的物流教育是保证现代物流理论创新与实践发展的基石。中国二十年的现代物流治理中，重视现代物流教育和科技发展，走产、学、研相结合之路，形成了富有特色的产学研合作制度。所谓产学研合作制度是由政府、企业、高校和科研院所等多主体依照"利益共享、风险共担、优势互补、共同发展"的原则共同开展技术创新、投资研发的活动，能有效促进企业技术创新、加速科技成果转化，推动科技经济融合发展。2008年，中国物流学会产学研基地开始建设，成为产学研结合、校企深度合作的平台（戴四新等，2011）；2009年3月10日，国务院印发《物流业调整和振兴规划的通知》，明确鼓励企业与大学、科研机构合作；2013年，中共十八届三中全会通过的《中共中央关于全面深化改革若干重大问题的决定》指出，要通过建立产学研协同创新机制来发展创新型国家（曾萍、李熙，2014）。在政策激励下，现代物流产学研合作的力度日益增加。

中国现代物流起步晚、发展速度快，单纯依靠学校教学培养物流人才的传统模式难以适应现代物流发展的实践要求。因此，构建产学研合作制度，组织企业、高校和科研院所多方参与的科研创新活动，发现和培育物流人才，尤其是物流高端人才，成为实现中国现代物流可持续发展的有效举措。通过组建物流行业协会和学会、举办物流赛事、认证物流职业资格、设立物流奖项、合作编写中国物流发展报告等方式,中国物流产学研合作制度得以不断丰富和完善。

一 组建物流行业协会和学会

(一) 物流行业协会

物流行业协会作为沟通政府、企业、科研院所的桥梁,是产学研合作制度的重要推手。物流行业协会能通过公开物流信息、接受政府课题委托、举办物流相关赛事、专家授课、高峰论坛、物流沙龙等形式,协调政府、企业和科研院所的工作;发挥企业解决物流服务、技术有关问题的作用;发挥政府解决物流产业发展的制度环境问题的作用;发挥学术界解决物流发展理论研究问题的作用。

自 2003 年中国物流与采购联合会成立后,20 多个省市相继成立了物流行业协会,共同推进物流业的发展。其中影响力较大的物流行业协会主要有中国物流与采购联合会和中国交通运输协会。

1. 中国物流与采购联合会

中国物流与采购联合会(China Federation of Logistics & Purchasing,简称 CFLP)是国务院政府机构改革过程中经国务院批准设立的中国唯一一家物流与采购行业综合性社团组织,也是中国第一家物流行业协会。中国物流与采购联合会是由 1980 年成立的中国物资经济学会、1984 年成立的中国物流研究会、1995 年成立的中国物资流通协会经多次演变而来,2001 年更为现名。

中物联的主要任务是推动中国物流业发展,推动政府与企业采购事业发展,以及生产资料流通领域的改革与发展等。联合会具有政府授予的外事、科技、行业统计和标准制修订等项职能。中物联是全国现代物流工作部际联席会议成员单位,与许多国家的同行保持广泛的联系与合作,还是亚太物流联盟和国际采购联盟的中国代表。中国物流与采购联合会代管 25 个相关行业学会(见表 9-1),共有 8 个事业单位(见表 9-2)。2002 年,中物联首部《中国物流年鉴》出版发行,标志着中国作为一个物流大国正在崛起。

第九章 中国现代物流合作制度与科教发展

表9-1　　　　　　　　中国物流与采购联合会代管协会

中国物流学会	中国机械工业供销协会	中国机电产品流通协会
中国拍卖行业协会	中国经济信息报刊协会	中国建筑材料流通协会
中国物流技术协会	中国煤炭城市发展联合促进会	中国燃料流通协会
中国物资储运协会	中国医药物资协会	中国菱镁行业协会
中国物资再生协会	中国拆船协会	中国木材流通协会
中国铁道物资流通协会	中国水利电力物资流通协会	中国汽车流通协会
中国基建物资承包协会	中国金属材料流通协会	中国农业机械流通协会
中国机械设备成套工程协会	中国化工轻工物资流通协会	
中国散装水泥推广发展协会	中国轮胎循环利用协会	

资料来源：作者根据相关资料整理。

表9-2　　　　　　　　中国物流与采购联合会事业单位

中国市场杂志社	物资流通国际合作事务中心	中国物流信息中心
中国物资出版社	木材节约发展中心	中国物流事业服务中心
物资节能中心	职业经理研究中心	

资料来源：作者根据相关资料整理。

2. 中国交通运输协会

1982年，经原国家计委批准，交通运输、铁道、民航、邮政和军事交通等部门和单位共同发起，成立了中国交通运输协会（China Communications and Transportation of Association），简称中国交协。中国交协是具有法人资格的全国性、行业性、非营利性社会组织，由从事交通运输、物流等有关企事业单位及个人自愿结成，协会的工作目标是促进中国交通运输和现代物流的发展。作为全国现代物流部际联席会议的成员单位，中国交协现拥有会员3000多家。

中国交协有秘书处、专家委员会和标准化委员会等3个工作机构，同时下设地方客运写作工作委员会等31个分支机构（如表9-3所示）、物流时代周刊等8个直属单位（如表9-4所示）。从其机构设置看，中国交协聚焦于交通领域的现代物流发展，致力于在政府和企业之间起桥梁、纽带作用及参谋助手作用。

表9-3　　　　　　　　　中国交通运输协会分支机构

地方客运协作工作委员会	新技术促进分会	静态交通产业分会
信息专业委员会	驾驶培训分会	城市物流分会
青年科技工作者工作委员会	清洁能源车船分会	物流投融资分会
邮轮游艇分会	危化品运输专业委员会	现代客运枢纽分会
快运分会	交通绿色发展专业委员会	低空交通与经济专业委员会
运输与物流分会	法律工作委员会	路空协同立体交通分会
多式联运分会	大件物流专业委员会	轨道交通安全技术专业委员会
共享出行分会	一带一路物流分会	托盘与单元化物流分会
智慧物流专业委员会	航运物流分会	电商物流产业分会
交通工程设施分会	供应链信息化分会	
物流技术装备专业委员会	通用航空产业促进分会	

资料来源：作者根据相关资料整理。

表9-4　　　　　　　　　中国交通运输协会下设直属单位

北京华协交通咨询公司	《物流时代周刊》杂志社	中交协永泰（北京）轨道安全技术有限公司
中国交通年鉴社	《人民交通》杂志社	中交协永泰（北京）多式联运有限公司
中国航务周刊	上海凌云航运公司	

资料来源：作者根据相关资料整理。

中国交协每年举办各种定期、不定期的有关运输和物流的中外会议、展览和考察等活动，已成为中国交通运输和物流界对外交流的一个重要窗口。中国交协主办的《中国交通年鉴》《物流时代》《航务周刊》和《人民交通》等全国性刊物，为中国交通运输和现代物流的进步与发展作出了贡献。

（二）物流学会

中国物流学会是连接政府、企业、科研院所的纽带，是产学研合作制度的另一重要体现。中国物流学会是经民政部核准登记的全国性物流学术研究社团组织，其前身是成立于20世纪80年代的中国物资经济学会和中国物流研究会，承担着学术研究、政策建议、人才培养、行业标准、规划咨询、科技创新、新闻出版和对外交流等方工作职能，致力于政府、产业界和学术界的紧密合作。中国物流学会现有会员10000余人，涵盖物流领域政产学研各界，具有较强的资源整合能力和广泛的社会影响力，已形成一批具有广泛影响力的"品牌服务项目"。如"中国物流学术年会""中国物流学会产学研结合工作会议"、按年度审核新增产学研基地、新聘特约研究员以及《中国物流发展报告》《中国物流重点课题报告》等定期出版物。

1. 中国物流学术年会

2002年，中国物流学会举办了首届年会，集中探讨物流"热点"问题。截至2020年底，中国物流学术年会已举办18届，其主办方主要是中国物流学会、中国物流和采购联合会。中国物流学术年会通过邀请国内外物流、采购与供应链管理方面的知名专家，集中介绍学术理论前沿，最新研究成果和案例，评选表彰优秀论文、学会课题、图书等最新研究成果，促进了学界和政界交流。

2. 中国物流学术特约研究员

"中国物流学术特约研究员"是中国物流学会开展物流学术理论研究、管理创新、科技攻关和产学研结合的骨干力量，也是有志于物流研究工作的会员提升研究能力的工作平台。从2015年11月换届至2020年，中国物流学会已聘任四批、共266名特约研究员和9名助理特约研究员。中国物流学术特约研究员具有优先承担中国物流学会、中国物流与采购联合会委托研究项目等权益，实现了学术界和政府的合作。

（三）定期出版物

中国物流学会和中物联有着天然的联系，从历史渊源上看，两个机构都脱胎于原物资部，管理人员互有兼职，办公位于同一地点，只不过前者偏物流学术理论、后者偏现代物流实践推动。两个机构经常共同主办一些活动，如中国物流学术年会、出版物流行业发展报告等。自成立以来，中物联和中国物流学会一直是中国物流行业中最具影响力的行业协会，协作政府制定和落实现代物流政策，帮助企业解决物流经营管理难题，开辟现代物流高等教育与职业教育，助力物流科技发展与进步，搭建了许多产学研合作平台，是产学研合作制度的最重要的开创者和最积极的实践者。

由中国物流与采购联合会、中国物流学会主编的《中国物流发展报告》《中国物流学术前沿报告》和《中国物流重点课题报告》，逐步形成了物流行业年度系列报告。该系列报告不仅记录了中国物流业发展的历史进程，推进了物流实践发展和物流学科体系建设，也为国家物流规划和政策的出台提供了理论方面的准备，是产学研合作制度的成果之一。

二 举办物流赛事

物流大赛是产学研合作制度的另一种呈现形式，物流协会、相关企业、科研院所、教育机构等是主办物流大赛的主体。基于现代物流发展要求和物流人才缺乏的现状，物流大赛能成为学生展示才华、企业引智选人的重要平台，对物流人才培养和企业发展起到积极的推动作用。

表9-5是2001—2020年中国较有影响的物流赛事基本情况。从中可以看出，物流赛事举办时间不一，届数不等。2006年举办的全国大学生物流设计大赛是最早的全国性物流赛事，该赛事每两年一届，由教育部高等学校物流类专业教学指导委员会和中国物流与采购联合会主办，

表9-5　2001—2020年中国较有影响的物流赛事基本情况

赛事名称	首次举办时间	举办频次	举办届数	举办单位
全国大学生物流设计大赛	2006	2年	6届	教育部高等学校物流类专业教学指导委员会、中国物流与采购联合会主办
日日顺创客夏令营	2016	1年	5届	中国物流学会、日日顺物流联合主办
全国大学生物流仿真设计大赛	2016	1年	6届	中国物流生产力促进中心主办
全国大学生智慧供应链创新创业挑战赛	2018	—	2届	中国商业企业管理协会（2018）、中国商业经济学会（2019）主办
全国供应链大赛	2020	1年	2届	中国物流与采购联合会主办
顺丰杯物流创新大赛	2020	—	1届	顺丰集团主办、智联招聘协办

资料来源：作者根据相关资料整理。

赛事通常由一个企业冠名，如第一届至第七届的冠名分别为："安得杯""邯运杯""顺丰杯""安吉杯""郑明杯""马钢杯"和"中国外运杯"。全国大学生物流设计大赛参赛人数最多，是全国最具影响的赛事。物流赛事的举办单位多由物流行业协会（如中国物流与采购联合会、中国物流学会、中国物流生产力促进中心、中国交通运输协会等）主办、企业协办，并由高校承办；部分赛事由企业主办（日日顺创客夏令营、顺丰杯物流创新大赛）。物流赛事的参赛对象均为各大高校学生。

通过设置企业物流运作的真实场景，引入企业真实的案例资料，物流赛事让学生在较短时间内、最大可能地融入企业的实践场景之中。学生在对物流行业有关的热点问题提出自己的想法以及解决方案时，还可以参观和调研，对企业物流发展战略、物流经营决策、物流供应链网络设计、物流供应链业务流程优化、运输路线优化、供应链库存优化、绿色物流供应链、智慧物流供应链等关键问题展开深入的调研，更好地将自身的理论知识与实践结合。对高校而言，一方面，丰富的实践教学，更能激发学生问题导向的专业学习兴趣；另一方面，物流赛事帮助了解学生优势与短板，有利于高校改进教学方式，促进教学水平和人才质量的全面提升。对企业而言，可以免费获得企业现存问题的解决方案，拓展企业发展思路，解决技术和管理难题；同时，还能发现和挑选企业所需的物流人才。物流赛事是协会、企业和高校共同搭建形成的、各方受益的产学研合作平台。

三 物流职业资格认证

物流职业资格认证是产学研合作制度的又一成果。政府部门或行业协会组织相关物流职业资格认证，学员通过理论学习和培训，经考试合格以后，颁发物流行业广泛认可的职业资格证书。建立科学的物流职业资格体系能促进物流人才脱颖而出，缓解物流产业人才供需矛盾，从而推动现代物流发展。

2003年，劳动和社会保障部（2018年改名为人力资源和社会保障部）发布《物流师国家职业标准》，中物联会和国家标准委全面启动物流师国家职业资格认证工作；2004年，物流师国家职业资格首开考试，年内获证超万人。物流职业资格认证的相关统计结果如表9-6所示。

物流职业资格认证在现代物流发展早期起到了积极作用，但对于物流高等教育和职业教育的发展，其作用也有所下降。基于降低制度性交易成本、推进供给侧结构改革的决定，国家取消了一些不必要物流职业资格认证，如表9-6中的物流师职业资格证书（中物联）、注册采购师、中国物流职业经理资格证书、报关员资格证书等。目前，仍保留的物流职业资格认证有物流师职业资格证书（人力资源和社会保障部）、注册采购经理（CPM）和ILT物流证书。

表9-6　　　　　　　　中国物流职业证书基本情况

证书	认证单位	开始时间	是否被取消	取消时间
物流师职业资格证书	中国物流与采购联合会	2004年	是	2016年
物流师职业资格证书	人力资源和社会保障部	2003年	否	—
中国物流职业经理资格证书	中国交通运输协会和全国高等教育自学考试指导委员会	2008年	是	2016年
注册采购师	中国物流与采购联合会	2004年	是	2016年
注册采购经理（CPM）	美国供应管理协会	1997年	否	—
报关员资格证书	海关总署组织	2006年	是	2013年
ILT物流证书	英国物流学会和英国交通学会	1999年	否	—

资料来源：作者根据相关资料整理。

四　合作编写现代物流发展报告

2002年，由国家经济贸易委员会经济运行局和南开大学现代物流研究中心合作编写的《中国现代物流发展报告》首次出版。《中国现代物流发展报告》属于年度报告，它及时追踪中国现代物流业的发展过程，客观反映一年来物流行业发展现状，把握中国现代物流市场的最新动态，深入研究当年中国现代物流的热点与难点问题，为社会各界研究和了解中国现代物流发展提供参考。

由于机构改革，原国家经济贸易委员会撤销，部分职能划归国家发改委，但是南开大学与政府部门合作一直保持不变，这样，南开大学一直是国家发改委物流产业管理的智库与研发中心。至此，国家发改委与南开大学之间由传统的项目合作、专家合作转变为制度化的战略合作，形成了以《中国现代物流发展报告》为平台的官、产、学、研合作机制。

截至2020年底,《中国现代物流发展报告》已连续出版19部。在有关中国现代物流发展研究报告中,该报告历史最久,且最具持续性。

五 设立物流奖项

设立物流奖项密切了高校、企业和政府间的联系,是产学研合作制度的有效实践。代表性的物流奖项主要有宝供物流奖和中国物流与采购联合会科学技术奖。

(一)宝供物流奖

1999年,"宝供物流奖"由宝供物流企业集团(以下简称宝供集团)捐资成立,后被纳入光华科技基金会中国物流发展专项基金(2004),宝供集团每两年向该基金会提供100万元资金和技术支持。宝供物流奖下设宝供物流科技创新奖、宝供物流理论创新奖、宝供物流管理创新奖和宝供物流推动贡献奖四个奖项,另设有专门奖励物流专业学习优异者的宝供物流奖学金。宝供物流奖用以奖励在物流科技、理论、管理、实践领域的突出贡献者。宝供物流奖设一等奖、二等奖和三等奖3个级别,分别资助3万元、1万元和0.5万元(均含税)。宝供物流奖每年奖励3000人,奖励学生数量和学校也相对固定,每年从北京交通大学等30所院校的物流学生中评选60名优秀学生进行奖励。截至2000年底,有1300多名学生获得奖励。

"宝供物流奖"是典型产学研合作成果,它由企业提供资金,物流行业协会从中协调,对优秀的高校人才提供资金支持,对企业和高校都是有利的。奖励范围囊括现代物流科技、理论、管理、实践和教育各个领域,将这些领域的成就集中在一个平台,有利于企业、高校与各种行业协会产学研合作,对物流行业的发展产生了积极的推动作用,也对科技公益事业进行了大力扶助和支持。"宝供物流奖"成为由企业提供资金支持的产学研合作成功范例。

(二)中国物流与采购联合会科学技术奖

2002年,科技部批准中国物流与采购联合会设立"中国物流与采购联合会科学技术奖"。该奖项旨在奖励物流与采购科技工作中作出突出贡献的单位和个人，激发科技工作者的积极性和创造性，促进物流与采购行业科技进步，从而使得物流业能更快地发展。该奖项也是产学研合作制度的重要体现。

参加中国物流与采购联合会科学技术奖评选的单位和个人要提交相关申请材料，由中国物流与采购联合会科学技术奖项相关机构管理委员会、评审委员会和工作办公室等对单位提交的材料进行评审，最终确定科学技术奖获奖名单，由中物联向项目主要完成人和完成单位颁发获奖证书，并从中择优向上报国家科技部，推荐参评国家科学技术奖励项目。

自 2003 年开始，中国物流与采购联合会科学技术奖每年评审一次，包括科技发明奖和科技进步奖，设立一等奖、二等奖、三等奖 3 个等级。评选标准：一等奖项目应达到或接近国际先进水平（需提供国家确认的查新单位出具的查新报告），技术难度很大，能推动行业的科技进步，并经实践验证有重大经济效益和社会效益；二等奖项目达到国内领先水平，技术难度大，对技术进步有较大推动作用，经济效益和社会效益很大；三等奖项目应达到国内先进水平，在各方面的影响略低于二等奖。中物联科学技术奖总体呈增长趋势，2020 年（265 项）是 2003 年（16 项）的 16.6 倍。2003—2020 年，18 年共评出各类一等奖 342 项，二等奖 758 项，三等奖 976 项，总计 2076 项。2003—2020 年中国物流与采购联合会科学技术奖数量统计如表 9-7 所示。

表 9-7　　　　2003—2020 年中国物流与采购联合会
科学技术奖数量统计　　　　（单位：个）

年份	一等奖	二等奖	三等奖	总和
2003	1	6	9	16
2004	2	7	9	18
2005	3	9	8	20
2006	4	8	10	22
2007	11	6	9	26
2008	6	8	0	14
2009	4	11	16	31

续表

年份	一等奖	二等奖	三等奖	总和
2010	9	20	35	64
2011	12	27	41	80
2012	20	31	54	105
2013	15	29	44	88
2014	37	60	73	170
2015	27	67	85	179
2016	40	87	105	232
2017	34	95	96	225
2018	46	118	128	292
2019	34	75	120	229
2020	37	94	134	265
合计	342	758	976	2076

资料来源：作者根据相关资料整理。

中物联科学技术奖项数量的增加，表明越来越多的高质量物流科技成果产生，体现了中国现代物流的科技进步，为现代物流的持续发展提供了支撑和保障。该奖项特别重视物流科技所产生的经济效益和社会效益，申报者可以是高校、科研机构、企业、行业协会、政府部门、其他事业单位等，共同的交流平台能有效促进产学研合作。

第二节 高等教育发展

一 物流高等教育发展现状

如前所述，2002 年中国物流人才教育工程全面启动，2006 年教育部高等学校物流类专业教学指导委员会成立，2012 年"物流管理"和"物流工程"列入教育部本科专业大类目录，这些都成为中国物流高等教育发展的重大事件。

为了解物流高等教育的发展状况，本书从各高校官网中收集相关信息和数据，发现开设本科以上（本科、硕士和博士）物流相关专业的高校共有476所。除所在省市、学校性质等基本信息外，对各高校开设本科以上物流相关专业的专业名称（研究方向）、学科名称、专业所属学院、初始招生时间等信息进行了收集。截至2020年12月底，476所高校中省级/市级/区级机构管理高校373所，省部（财政部、国土资源部等）共建高校76所，中央部门（单位）直属高校27所，占比分别为78.3%、16.0%、5.7%。从高校投资性质看，公立高校339所，民办高校137所。从中可以看出，中国物流高等教育的主力军是地方高校，中央高校占比偏低；中国物流高等教育以公立高校为主流，民办高校也占一定比重。此外，物流相关专业主要在管理学科（管理科学与工程、工商管理、经济管理、工程管理等）有315所，占66.2%，其中经济管理76所；在商学院和工商管理学院有161所，占33.8%；工程学科背景17所；以物流冠名的学院和高校有27所，有的与电商、贸易和营销合在一起，也有的与交通、工程、管理等放在一起。这表明，中国物流高等教育发展以管理学为主，经济学和工学为学科支撑，符合物流学科融合性的特色。中国开设本科及以上物流相关专业高校分类情况见图9-1。

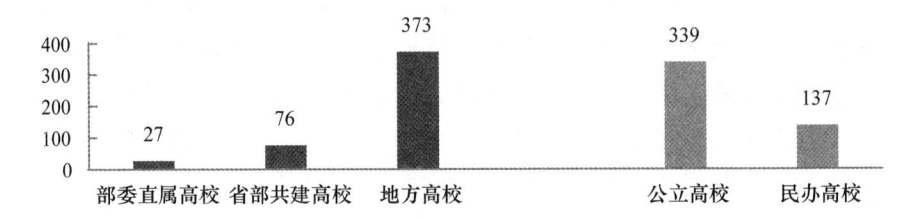

图9-1 中国开设本科及以上物流相关专业高校分类情况（单位：所）

资料来源：作者根据相关资料整理。

二 物流本科开设现状

在476所开设物流相关本科专业的高校中，国家985工程及211工程高校有10所，国家211工程及985优势学科创新平台（简称985平台）大学有13所，国家211工程建设大学有20所。属于一流建设高校有12所，属于一流学科建设高校有31所，具体学校名称如表9-8所示。

表9-8 招收物流相关专业本科生的985、211高校及双一流建设情况

学校类型	学校名称	总计
985工程及211工程	大连理工大学、吉林大学、东南大学、中国海洋大学、华中科技大学、同济大学、浙江大学、武汉大学、中山大学、山东大学威海分校	10所
211工程及985平台	北京交通大学、中南财经政法大学、暨南大学、长安大学、北京化工大学、中央财经大学、华北电力大学、上海财经大学、合肥工业大学、武汉理工大学、西南交通大学、西南大学、西南财经大学	13所
211工程	对外经济贸易大学、上海大学、安徽大学、南昌大学、海南大学、成都理工大学、宁夏大学、广东外语外贸大学、东华大学、太原理工大学、延边大学、东北师范大学、苏州大学、福州大学、山东大学、华南师范大学、贵州大学、云南大学、新疆大学、石河子大学	20所
一流建设高校	大连理工大学、吉林大学、东南大学、中国海洋大学、华中科技大学、同济大学、浙江大学、武汉大学、中山大学、山东大学威海分校、华侨大学、中央财经大学	12所
一流学科建设高校	北京交通大学、哈尔滨商业大学、上海大学、安徽大学、南昌大学、中南财经政法大学、海南大学、长安大学、东华大学、北京化工大学、华北电力大学、天津科技大学、太原理工大学、延边大学、东北师范大学、上海财经大学、苏州大学、南京邮电大学、南京信息工程大学、合肥工业大学、福州大学、河南大学、武汉理工大学、西南交通大学、西南大学、西南财经大学、贵州大学、云南大学、新疆大学、石河子大学、宁波大学	31所

资料来源：作者根据相关资料整理。

在专业设置上，中国物流高等教育主要有物流管理和物流工程专业。综合类高校和财经类高校通常开设物流管理专业，工科高校除了物流管理专业外，还会开设物流工程专业。在476所高校中，有461所高校设有物流管理专业，有29所高校设有物流工程专业。除此之外，有些学校还开设了供应链管理、采购管理、物流金融等与物流相关的本科专业，在476所高校中，有9所学校开设了供应链管理专业，有4所学校开设了采购管理专业，有1所学校开设了物流金融专业。其中，2000年之前招收物流管理本科专业的高校只有2所，分别是大连交通大学和广西科

技大学，2000年至2010年期间招收物流管理本科专业的高校有296所，2011年起至今招收物流管理本科专业的高校有78所。有些高校设有两门或以上与物流相关的专业，这些专业一般属于同一学院，例如哈尔滨商业大学的物流管理专业和物流工程专业同属于管理学院，河南工业大学的物流管理专业和供应链管理专业同属于管理学院。但与之不同的是，北京交通大学的物流管理专业属于经济与管理学院，于2002年开始招生，物流工程专业则属于交通运输学院，于2011设立本科专业。

此外，中国培养的物流管理人才数量也越来越多，2002年至2005年的4年间，全国高校共招收大学生167588名。截至2020年底，每年都会有高校开设物流管理专业并招生。由此可见，中国越来越重视物流人才的培养。

三 物流专业硕士、博士开设现状

根据收集的相关数据，在476所开设物流相关本科专业的院校中有101所招收物流方向的硕士研究生，有29所招收物流方向的博士研究生，分别占22%和6%。这表明中国现代物流人才培养向高层次拓展，物流学科教育得以迅速发展，但同时也反映出物流高等教育体系需要进一步完善发展。

（一）招收物流方向硕士研究生院校现状

第一，省部共建高校较多，主管部委庞杂。101所院校包含省属院校38所（占比38%）、部属院校19所（占比19%）、省部共建院校44所（占比43%），其中省部共建高校的主管部委有教育部、商务部、财政部、司法部、国土资源部、国家林业局、国家粮食局、国家烟草专卖局、水利部、工业和信息化部、中国民用航空局和交通运输部等多部门。

第二，物流人才培养体系逐步完善。据统计，101所院校中包含7所985工程及211工程高校和20所211工程高校，分别占开设物流方向本科专业的10所985工程及211工程院校和33所211工程院校的70%和60.6%；同时101所院校包含8所双一流高校和22所双一流建设学科高校，分别占开设物流方向本科专业的12所双一流高校和31所双一流建设学科高校的66.7%和70.97%。资料收集结果显示：尽管有部分高校未招收物流方向硕士研究生，但物流人才培养的重要性仍得到了高校的普遍认可。

第三，物流研究方向拓展，主要有物流工程，物流或供应链管理，物流系统规划，物流与电商、冷链、营销，供应链金融五大类。101所院校中有44所招收物流工程方向硕士生，有53所招收物流或供应链管理方向硕士生，11所招收物流系统规划方向硕士生，招收后两类方向研究生的院校共5所，其中部分院校会招收多个方向的物流研究生。统计结果表明物流工程和物流与供应链管理是当前硕士生培养的主要方向，部分院校注重物流系统规划，少数院校将物流与系统、电商、冷链、营销和金融等挂钩，拓展了物流研究方向，如图9-2所示。

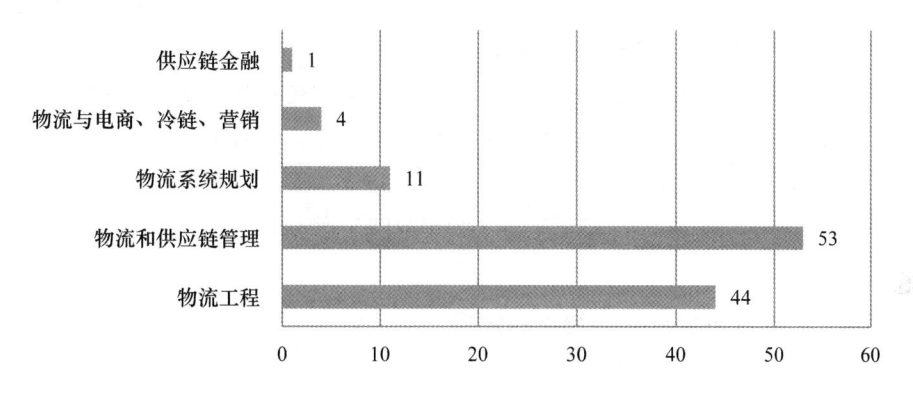

图9-2 开设物流研究方向硕士专业的高校数量（单位：所）

资料来源：作者根据相关资料整理。

（二）招收物流方向博士研究生院校现状

第一，部属高校为主。29所招收物流方向博士研究生的院校包含省属院校5所（占比17%）、部属院校15所（占比52%）、省部共建院校9所（占比31%），其中省部共建高校的主管部委主要有教育部、财政部、国家海洋局、中国气象局、中国国家铁路集团和交通运输部等部门。

第二，应鼓励更多的优质高校增设物流方向博士点。据统计，29所院校包含5所985工程及211工程高校和14所211工程高校，分别占开设物流方向硕士专业的7所985工程及211工程院校和20所211工程院校的71.43%和70%；同时包含6所双一流高校和14所双一流建设学科高校，分别占开设物流方向硕士专业的8所双一流高校和22所双一流建设学科高校的75%和63.7%。数据表明：招收物流方向博士研究生的院校与硕士研究生的院校具有很高的重合度，基本都是985、211、双一流、双一流学科建设高校。这不仅意味着物流方向博士点的设立要求较高的学校资质，也表明中国物流高等教育发展仍然不足，只有少部分高等院校可以培育物流顶尖人才，亟须配套相应措施推动物流人才培养体系的完善。

第三，物流系统规划研究方向价值彰显。物流博士研究生研究方向主要有物流工程、物流或供应链管理、物流系统规划三类，在29所院校中有7所招收物流工程方向博士生，20所招收物流或供应链管理方向博士生，4所招收物流系统规划方向博士生，其中部分院校招收多个方向的博士研究生。博士研究生培养的主要方向仍是物流工程和物流与供应链管理，但招收物流系统规划方向博士研究生院校占比较硕士阶段更高，这表明在更高层教育中，物流系统规划的重要性逐渐提升。

第三节 学术研究发展

一 物流研究机构和智库的发展

（一）高校物流研究所发展

将高校物流研究所的研究领域进行划分，可以分为理论研究、政策研究、工程技术、商贸流通、咨询服务和智慧物流六类。

1. 理论研究类

创新理论类高校物流研究所主要借助高校的管理科学、信息技术等相关学科的综合优势，从事物流和供应链管理的创新理论方法和关键应用技术的研究与推广，代表机构有1986年创办的北京交通大学（原名北京交通大学）现代物流研究所、1999年创办的山东大学现代物流研究中心以及2006年创办的复旦大学上海物流研究院等。

2. 政策研究类

高校研究所的中心研究领域主要侧重于物流产业与政策、区域物流规划、物流理论研究以及交通运输经济与管理等方面，偶尔还会协助编写相关规划类文件，代表机构有1999年创办的南开大学现代物流研究中心以及复旦大学现代物流管理研究中心等。

3. 工程技术类

高校研究所主要侧重于港口、航运、物流工程技术研发、集装箱多式联运以及供应链管理等方面，代表机构有2002年创办的清华大学现代物流研究中心以及2003年创办的上海海事大学物流研究中心等。

4. 商贸流通类

高校研究所主要结合全球化和信息化的时代背景，研究中国转型时期的相关产业政策问题，对商贸企业现代物流等方面进行研究，代表机构有2002年创办的广东财经大学商贸流通研究院以及2004年创办的浙江工商大学现代商贸研究中心等。

5. 咨询服务类

高校研究所主要对物流产业经济、现代物流管理、智能物流及物流信息化等方面向企业与政府提供咨询和技术支持，代表机构有2005年创办的北京交通大学深圳研究院以及2006年创办的中远物流大连海事大学物流研究院等。

6. 智慧物流类

高校研究所主要致力于解决传统物流带来的规划、交通和成本费用等一系列问题，结合大数据和云计算平台等新兴技术，对城市群智能物流枢纽进行规划，对智慧物流技术应用前景进行探讨，代表机构有2018年创办的南开大学城市智能物流研究院以及合肥工业大学智慧物流技术创新与应用研究院等。

(二) 物流智库发展

20世纪50年代初至今，各省份相继成立了省级的交通运输科学研究院，2001年后，随着现代物流的发展，许多现代物流研究院出现。除中国台湾、香港特别行政区和澳门特别行政区未作统计外，中国省级行政区均有物流智库，其中北京、天津、四川、浙江和湖北等地智库数量相较其他省份而言稍多。根据各省智库侧重方向的不同，总体来说可分为工程技术类、管理服务类和综合服务类。

工程技术类智库主要从事对公路建设、水运工程、物流装备以及市政道路桥梁等方向的工程技术问题的研究，以及为这些领域的工程建设提供咨询服务，其代表机构有1958年创办的福建省交通科学技术研究所、1959年创办的辽宁省交通科学研究院有限责任公司以及2001年创办的湖北省交通科学研究所等。

管理服务类智库主要以规划、预测和咨询为起点，对物流各环节进行技术分析和研究，同时协助进行编写相关规划，代表机构有2001年创办的北京中交协物流研究院、2002年创办的中物联物流规划研究院以及2009年创办的河南省现代物流研究院等。

综合服务类智库主要对公路、市政、建筑、城市轨道、电力等行业，提供投资决策、规划咨询、科技研发、勘察设计等领域产业链服务，代表机构有1970年创办的山西省交通科学研究院、1976年创办的青海省交通科学研究院、1984年创办的江西省交通科学研究院以及2000年创办的物流生产力促进中心等。

图9-3是2001—2020年中国物流机构和智库发展趋势。由此可以看出，高校物流研究机构的发展要快于物流智库的发展，近年来趋于稳定。总体上说，中国物流研究机构和物流智库力量有待增强。

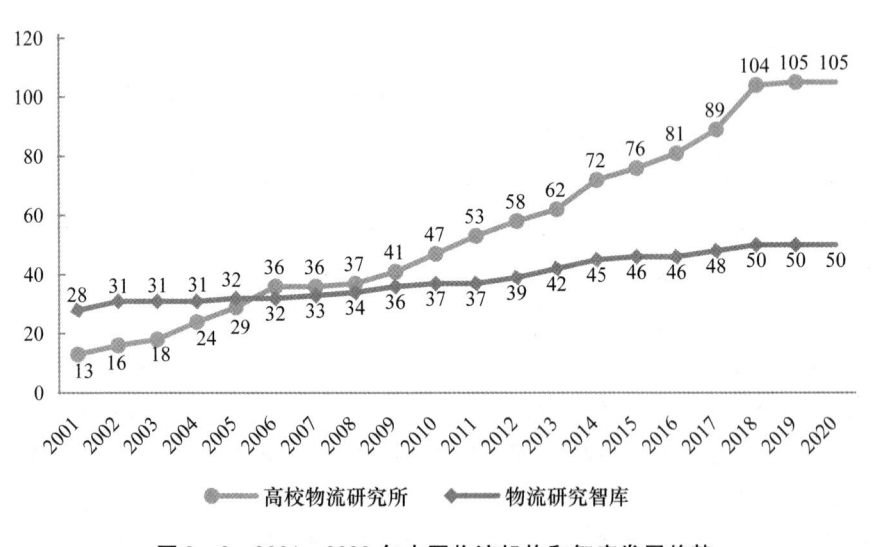

图9-3 2001—2020年中国物流机构和智库发展趋势

资料来源：作者根据相关资料整理。

二 中国物流学术前沿发展

《中国物流学术前沿报告》是中国物流学术年会的重要成果。中国物流学会在召开年会前向学会会员征集一年来的优秀论文，聘请专家进行匿名评审,按一定比例评选出四类获奖论文,分别是一等奖、二等奖、三等奖和优秀奖。然后,挑选出其中部分代表性论文集结成书,形成年度《中国物流学术前沿报告》。学会通过征集论文、课题研究推动产学研结合,以期培养物流人才、提供成果交流的大平台,并成为国内物流界的"首选智库"。本节先总结中国学术年会获奖情况,然后重点分析一等奖论文的获奖作者及所在机构情况。

(一)中国物流学术年会论文获奖概况

2005—2020年中国物流学术年会共评选出获奖论文4165篇,其中一等奖151篇,二等奖324篇,三等奖1526篇,优秀奖2159篇,占比分别为3.63%、7.78%、36.64%、51.84%。从图9-4可知,一、二、三等奖和优秀奖保持着较稳定的比例关系,总体来说获奖比例依次增多。从时间趋势上来看,不难发现,从2005年至2013年各等级获奖论文篇数总体呈现递增的发展趋势,而从2013年到2016年获奖论文篇数呈下降趋势,2017年后有所回升,2020年又达到最高点。三等奖论文篇数保持上升势头,一、二等奖论文篇数较为稳定。

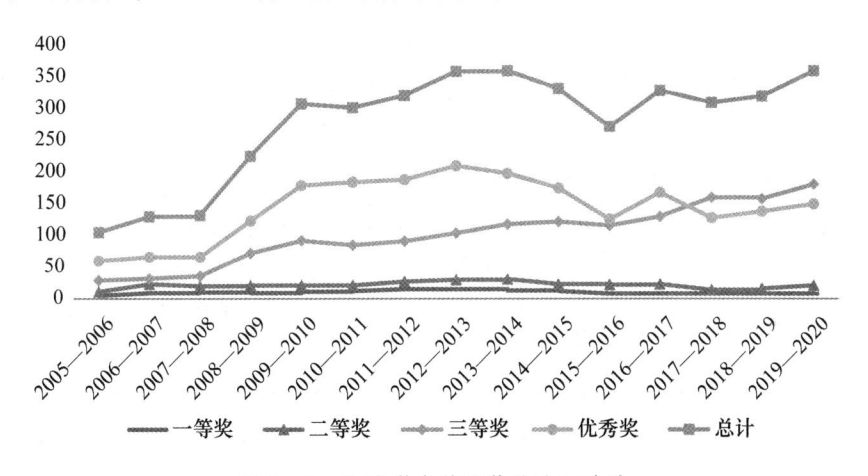

图9-4 物流学术前沿获奖论文统计

资料来源:作者根据相关资料整理。

(二)中国物流学术前沿一等奖获奖论文分析

2005年到2020年,共有151篇论文185位作者获得论文一等奖。其中,获奖次数最多的作者是刘伟华(天津大学)达8次;其次是华国伟

（北京交通大学）、李毅学（江西财经大学）、钟祖昌（广东外语外贸大学）和李红启（北京航空航天大学）四位作者，各获奖3次；何娟等15位作者获奖2次；戢守峰等165位作者获奖1次。

由表9-9可知，从2005年到2020年，95所一等奖获奖机构中，获奖数量最多的机构是天津大学，共获奖13次；其次是北京交通大学，获奖8次；而北京物资学院、北京工商大学两所学校并列第三，各获奖7次；获奖5次的机构为重庆大学；另有4所机构获一等奖4次，分别是西南交通大学、武汉大学、浙江工商大学、香港理工大学；获奖3次的机构有8所，获奖2次的机构有15所，获奖1次的机构有63所。

表9-9 《中国物流学术前沿报告》一等奖获奖次数2次及以上机构排名（2005—2020）

次数	获奖机构
13	天津大学
8	北京交通大学
7	北京工商大学、北京物资学院
5	重庆大学
4	西南交通大学、武汉大学、浙江工商大学、香港理工大学
3	福建师范大学、广东外语外贸大学、江西财经大学、西安交通大学、深圳大学、同济大学、北京航空航天大学、中央财经大学
2	清华大学、浙江大学、华中科技大学、上海交通大学、武汉理工大学、中山大学、东北大学、南京农业大学、南开大学、上海海事大学、重庆交通大学、电子科技大学、解放军后勤工程学院、浙江经济职业技术学院、交通运输部科学研究院

资料来源：作者根据相关资料整理。

三 中国物流期刊与会议发展概况

物流相关期刊和物流会议的相关情况能客观反映物流学术界的活跃程度和理论研究热点，能较好地体现物流学术前沿的发展动向。

（一）物流期刊概况

对与物流直接相关的13份期刊为基础进行分析，从被引次数、复合影响因子和综合影响因子三个维度对物流期刊分别进行排名,数据收集截至 2020 年 12 月 31 日,汇总结果见表 9 – 10。由表 9 – 10 可知,被引次数排名前 5 位的物流期刊有《物流技术》《物流科技》《物流工程与管理》《铁道运输与经济》《交通运输研究》等,被引次数较低的有《港口装卸》和《港口科技》。从复合影响因子排名来看,影响因子在 1 以上的有《铁道运输与经济》,而在 0.2 以下的有《集装箱化》《港口科技》《中国水运》和《铁路采购与物流》。从综合影响因子排名来看,影响因子在 1 以上的仅有《铁道运输与经济》,在 0.1 以下的有《中国水运》《集装箱化》《港口科技》《铁路采购与物流》等。

表 9 – 10　　　　　　　　　　2020 年物流期刊排名

排名	期刊名称	被引次数	期刊名称	复合影响因子	期刊名称	综合影响因子
1	《物流技术》	115244	《铁道运输与经济》	1.569	《铁道运输与经济》	1.079
2	《物流科技》	55928	《综合运输》	0.870	《综合运输》	0.547
3	《物流工程与管理》	49535	《交通运输研究》	0.825	《交通运输研究》	0.358
4	《铁道运输与经济》	43003	《物流科技》	0.611	《物流技术》	0.278
5	《交通运输研究》	40127	《物流技术》	0.594	《物流科技》	0.222
6	《中国物流与采购》	31141	《物流工程与管理》	0.499	《物流技术与应用》	0.198
7	《综合运输》	28885	《物流技术与应用》	0.473	《物流工程与管理》	0.195
8	《物流技术与应用》	16745	《中国物流与采购》	0.291	《港口装卸》	0.181
9	《中国水运》	13485	《港口装卸》	0.218	《中国物流与采购》	0.107
10	《铁路采购与物流》	10240	《集装箱化》	0.174	《中国水运》	0.095
11	《集装箱化》	9512	《港口科技》	0.153	《集装箱化》	0.084
12	《港口装卸》	6685	《中国水运》	0.161	《港口科技》	0.075
13	《港口科技》	3992	《铁路采购与物流》	0.151	《铁路采购与物流》	0.060

资料来源:作者根据相关资料整理。

进一步对涉及物流或供应链相关研究的期刊进行统计分析,选取了

20个发表物流或供应链相关主题论文较多的期刊（见图9-5）。由图9-5可知，发表物流或供应链相关主题最多的期刊依次为《统计与决策》《中国管理科学》《工业工程与管理》和《计算机集成制造系统》。此外，从期刊方向上来看，统计决策、管理科学、系统工程、技术经济、计算机科学、经济管理、交通科学等领域均涉及物流或供应链相关主题的研究，表明物流或供应链的相关研究应用较为广泛，涉及多门学科类别。

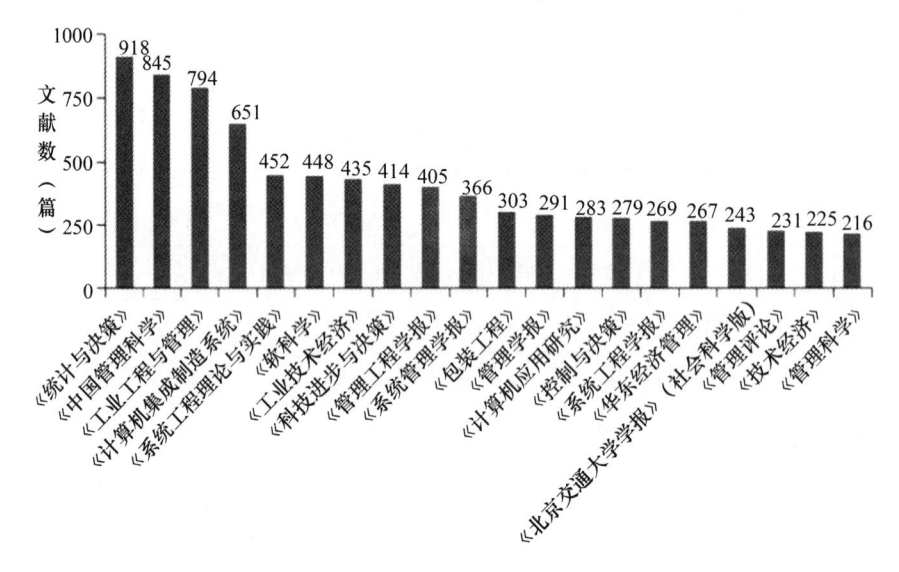

图9-5　2001—2020年中国物流相关期刊发表数量排名
资料来源：作者根据中国知网数据整理。

（二）物流学术会议概况

2001—2020年中国物流相关的学术会议情况如表9-11所示，由表9-11可知，物流学术会议有国家级、省部级、地区级等多种级别类型，从物流学术会议举办方来看，举办物流学术会议类别最多的学会为中国物流与采购联合会，其次是中国机械工程学会。此外，物流学术会议侧重主题各有不同，涉及物流园区、物流教学、物流信息技术、商贸物流、物流与电子商务、物流工程、物流技术与装备、物流产业、港口物流、交通物流、物流配送、物流供应链等多个方面。

表9-11　　2001—2020年中国物流学术会议概览

学会名称	会议名称
中国物流与采购联合会	全国城市物流园区（基地、中心）交流研讨会
	全国高校物流教学研讨会
	首届物流信息技术演示暨洽谈会
	中国物流学术年会
	中国西部现代物流研讨会
	中国物流专家论坛
	全国省区市物流社团组织座谈会
	全国重点批发市场总裁联席会暨商品交易市场现代物流体系建设研讨会
	现代物流与电子商务国际研讨会
中国机械工程学会	物流工程学术年会
	物流工程国际会议
	物流技术与装备国际学术会议
中国铁道学会	中国铁道学会物资管理委员会物流科学与技术暨信息工程与电子商务学组学术研讨会
广西市场经济研究会	广西北部湾经济区商贸物流发展研讨会
河南省科学技术协会	中国科协年会中部地区物流产业体系建设论坛
中国港口协会港口自动化分会	中国港口物流与自动化技术研讨会
中国商业经济学会	现代物流发展高峰论坛
中国科学技术协会学会学术部	中国科协年会：综合交通与物流发展研讨会
陕西省机械工程学会	物流工程与西部开发论坛
河北省冶金学会	全国钢筋深加工暨物流配送推介会
北京商业经济学会	北京国际物流研讨会
中国优选法统筹法与经济数学研究会	东北亚物流工程与现代服务业发展专题学术研讨会
亚太射频识别技术协会	射频识别促进全球物流供应链透明化论坛

资料来源：作者根据相关资料整理。

四　中国物流研究热点分析

物流研究热点的变化与物流业的发展息息相关，是物流学术前沿发展的直观反映。通过梳理中国知网中发表有关物流论文的研究主题，以及其在2001年到2020年发表论文的数量，了解了与物流相关的研究热点方向（如表9-12所示）。由表9-12可知，以第三方物流为研究方向的期刊论文数量在所有研究方向中排名第一，冷链物流紧随其后，其后依次是物流配送、供应链金融和ERP系统。物流园区、逆向物流和绿色物流等研究方向的期刊论文数量相对较少，主要原因在于这些主题近几年才开始兴起。

表9-12　　　　2001—2020年各研究主题物流论文数量统计

研究主题	论文数量	研究主题	论文数量	研究主题	论文数量
第三方物流	3734	物流园区	1762	物流系统	1543
冷链物流	2744	物流成本	1745	港口物流	1463
物流配送	2327	逆向物流	1739	电子商务环境	1227
供应链金融	2458	绿色物流	1734	国际物流	1217
ERP系统	2195	物流产业	1569	农产品物流	1169

资料来源：作者根据相关资料整理。

由于以上只对2001—2020年各物流研究方向的论文数量进行了静态比较，没有反映各物流研究方向随时间变化的趋势。因此，对15个物流研究方向的动态比较可发现这些研究主题随时间的演变情况。图9-6是2001—2020年中国物流研究主题演变趋势。

由图9-6可以看出每一年研究热点以及15个主题研究趋势变化情况。虽然各个研究主题的趋势和走向不尽相同，但物流相关研究主题整体呈现出递增趋势，除第三方物流、ERP系统、冷链物流和供应链金融四个主题之外，大部分主题均在2013年到2014年达到顶峰。另外，2007年也是一些研究主题的峰值，例如第三方物流、ERP系统和绿色物流等，说明在2007年，物流相关研究主题引起了学者们的追捧。第三方物流和ERP系统的物流研究方向在早期呈现明显的递增趋势，在2007年达到最高点之后，出现了逐渐递减的趋势，说明中国早期的物流研究热点主要围绕着第三方物流和ERP系统展开，在2007年后物流研究热

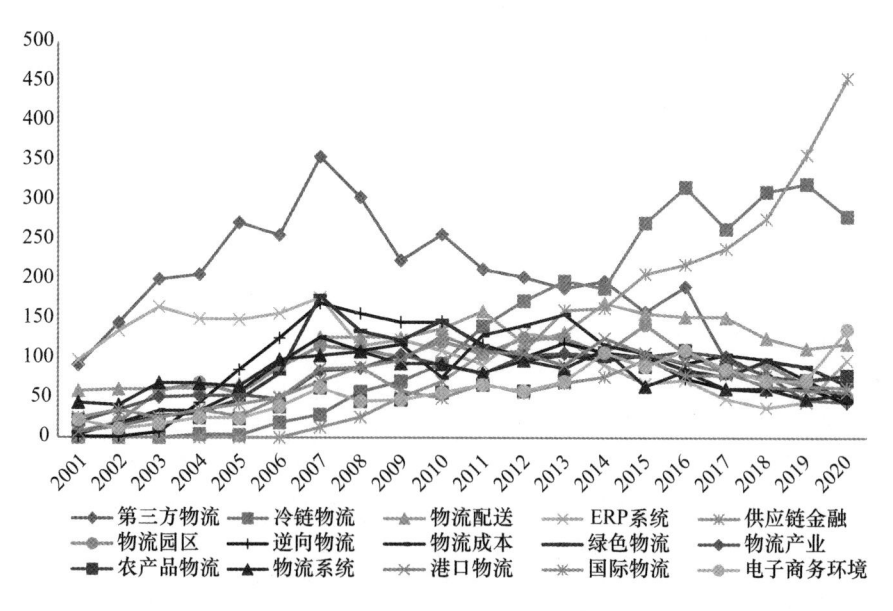

图 9-6　2001—2020 年中国物流研究主题演变趋势

资料来源：作者根据相关资料整理。

点方向出现了转移，此时冷链物流和供应链金融两个主题开始引起学者们的广泛研究。冷链物流和供应链金融在早期的五年都处于极弱势状态，从 2006 年开始逐渐呈现递增趋势，并在 2013 年到 2020 年期间高居榜首，逐渐成为物流研究的热点主题。剩下 11 个物流研究主题则呈现出不温不火的状态，具有其各自的研究峰值，但整体趋势只呈现出小幅度的波动。

第三篇
中国现代物流治理模式与评价

第十章

中国现代物流治理模式及特征分析

中国现代物流发展二十年（2001—2020），正是中国深化改革、经济崛起的二十年，也是迄今为止中国历史上物流发展最快的时期。二十年发展使得现代物流理念在中国全社会广泛传播，实现了传统物流向现代物流的蜕变：传统仓储和运输企业纷纷向现代物流企业转型，第三方物流服务快速发展（如中远洋、中外运等），从简单的仓储和运输服务延伸到企业采购、生产和销售中的物流服务；工商企业加大物流投资力度（如海尔、美的、安吉、京东物流等），企业物流管理效率提升，并逐步向社会物流拓展，造就了大批行业第三方物流和供应链管理企业；以顺丰、"四通一达"等快递企业所提供的快递物流服务，已变成现代人们生活须臾不可少的消费品；中国物流经受住了非典型肺炎疫情（2003）、特大地震和雨雪冰冻（2008）、新冠肺炎疫情（2020）等突发事件的严峻考验，同时积累了奥运会（2008）、世博会（2010）和亚运会（2010）等重大赛事物流的经验；作为生产性服务业的现代物流全面改变了中国企业的生产方式和人们的生活方式，成为支撑国民经济运行和社会发展的强大力量。现代物流理论来自西方发达国家，由于中国特色社会主义的政治体制和经济制度与国外存在显著差异，因此，中国现代物流发展道路同样具有鲜明的中国特色。中国政府审时度势将现代物流作为21世纪新的经济增长点，主动变革传统物流宏观管理体制，形成了中国特色的现代物流治理模式。系统总结和评价中国现代物流治理模式，有助于建立中国特色的现代物流发展理论，具有填补理论空白的作用，同时也是坚持理论自信和坚持中国特色社会主义道路自信的表现。

第一节　中国现代物流治理机制与工作制度

一　分工协作为基础的国家治理机制

分工协作机制是物流相关政府部门的分工治理机制和协作治理机制的统称。分工治理机制是指物流相关部门的职能分工管理体制下的工作机制。在国务院领导下，物流相关各职能部门各司其职、各负其责，比如，运输物流由铁路、交通、航空等部门，快递由邮政部门，配送由商业部门分别管理，仓储物流几乎涉及各个政府职能部门。职能分工管理体制有利于各物流功能要素专业化发展，但也带来中国物流"九龙治水"的局面，造成了物流各功能要素长期处于割裂状态（王之泰，2010）。由于各部门职责和利益的驱使，部门之间协调困难，严重制约了物流的发展。为加强现代物流组织协调，一方面，中国政府按照政企分开和职能整合的思路实施大部制改革，经历了多次大的机构调整，2013年国家铁路局并入交通运输部，铁路、公路、水运、航空和邮政等运输功能要素的宏观管理职能整合得以完成；另一方面，中国政府着手现代物流管理体制创新。2005年，国家发改委牵头的全国现代物流工作部际联席会正式成立，负责综合协调和全面推进中国现代物流工作。部际联席会是一种跨部门、跨边界的议事工作机制，本质上属于结构性的部际协调方法（曹丽媛，2013），其工作机制是多部门协调与合作。部际联席会的协作机制可弥补物流部门职能分工管理体制的不足，改善了物流分割局面，有利于促进现代物流及各功能要素的协调发展。由于部际联席会成员多为物流部门职能分工管理体制下的主要责任主体，物流部门职能分工机制和协作机制互为补充，因此，形成了中国现代物流治理的分工协作机制，即以物流相关部门的职能分工管理为基础，部际联席会总体协调推进的综合管理体制。

分工协作机制是中国政府主导下的物流宏观管理制度创新，也是中国现代物流最重要和最有效的治理机制。如前所述，"十五"时期为中国现代物流发展的奠基阶段，分工协作机制得以形成。自2001年国家经贸委等六部委联合在上海召开现代物流工作座谈会开始，部委之间合作增多，现代物流联合发文频频出现；2005年，首届全国现代物流工作会议在青岛召开，全国现代物流工作部际联席会议制度确立，标志着现代物流分工协作机制得以形成。在中央政府部门的影响下，各省、市（州）、县等地方各级政府都纷纷仿效，陆续建立和完善了相应的现代物流联席会议制度，至此，全国范围内各层级的现代物流分工协作机制得以建立。"十五"时期为中国现代物流产业的奠基阶段，也是中国现代物流治理机制的最终形成时期。在现代物流分工协作机制的推动下，2006年，"大力发展现代物流业"作为单独一节出现在"十一五"纲要之中，确立了现代物流业在国民经济和社会发展中的战略地位；2009年，国务院出台《物流业调整和振兴规划》以应对全球金融危机，首开了国务院为现代物流单独发文的先河，此后现代物流逐步成为国务院常务会的重要议题，备受中央政治局、全国人大高度关注。由此可见，"十一五"时期中国现代物流跃上了国家治理的层面，形成了现代物流分工协作为基础的国家治理机制。由此可见，中国现代物流治理机制的主旋律是国家治理，最根本和最核心部分在分工协作机制，它是整个治理机制的主基调。

2001—2010年短短的十年，中国现代物流治理机制完成了职能分工治理——分工协作治理——分工协作为基础的国家治理的三级跳，成功实现了中国现代物流治理机制的制度变迁。

二　多视角全方位的工作制度体系

分工协作为基础的国家治理机制解决了中国现代物流治理的组织机构、工作机制和基本原则问题，但对各项治理事务而言仍然缺乏具体工作制度作为支撑和指导。在分工协作为基础的国家治理机制作用下，中国现代物流先后创新和完善了政策推动制度，预测、监测和统计制度（简称统计制度），重点企业联系和行业推进制度（简称联系制度），产学研合作制度（简称合作制度）等制度，形成了多视角全方位的工作制度体系。

（一）政策推动制度

如前所述，本书采用广义政策含义，包含法律体系、政策文件和标准化。在二十年（2001—2020）治理历程中，物流法律法规、物流政策文件和物流标准化等三类政策一直扮演着最重要的角色，成为推动中国现代物流发展的主要力量，从而形成了中国独具特色的政策推动制度。

物流法律法规表达了国家和政府对现代物流发展的基本态度、通用准则和一般规范，它是现代物流治理的最基础和最根本的制度环境。依照中国法律制度，全国人大颁发物流法律，国务院及其各部委颁布物流行政法规和部门规章，地方人大和政府部门分别颁发地方法规和地方部门规章。从中国物流法律法规发展角度看，大致可分为转型期（2001—2010）和后十年快速发展期（2011—2020）两个阶段。在转型期，巩固了功能物流法律法规，拓展了行业物流法律法规，综合物流被纳入到了物流立法视野。在快速发展期，立法数量增长速度大致与转型期持平，但行业物流和综合物流的立法得到加强，更好地适应了现代物流发展形势的需要。截至目前，尽管中国仍然缺乏一部全国性的、综合性的现代物流法律，但有关现代物流的法律法规数量庞大高达323项（见表6-3），形成了独特的物流法律体系特征：法规较多，整体法律效力层次较低；通用法律法规较多，专项法律法规偏少；功能物流法律法规偏多，综合物流和行业物流偏少。因此，从法律层次和法律内容上看，中国现代物流治理的法律法规建设工作有待进一步加强。

物流政策文件是中国现代物流治理最常用和最重要的手段，它是政策推动制度的核心力量，也是中国现代物流治理最为突出的特色。从发文主体看，中央物流政策文件主要有国务院、部委单独和部委联合三种发文形式。早期物流治理主要依靠部委单独发文形式，2001年原国家经贸委等六部委联合颁发的《关于加快中国现代物流发展的若干意见》是首次提出促进现代物流发展的政策文件，成为中国现代物流治理的源头力量。此后，部委联合发文成为常态，有效促进了各级政府现代物流协作治理机制——部级联席会的建立和运行，极大地推动了现代物流发展；通过"十一五"发展纲要文件将现代物流推上了国家战略产业发展高度；自2009年《物流业调整和振兴规划》成为国务院第一个现代物流的专项文件以来，现代物流重大治理政策的发文主体就升级为国务院，这也标志着中国现代物流正式进入国家治理轨道。从二十年的治理历程看，物流政策文件是推动中国现代物流发展的核心力量，始终扮演着最为重要的角色。

物流标准是现代物流效率提升的技术保障，推动物流标准化成为中国现代物流治理的重要手段。现代物流是一个复杂的大系统，通过物流标准化提升物流效率意义非凡，同时难度也十分巨大。首先，物流标准化系统是一个二次标准系统。现代物流以运输、仓储、装卸搬运、配送、包装、流通加工和物流信息等功能性活动为基础，物流设施设备涉及建筑、机械、电子、信息和电子等技术领域，它们都有各自的技术标准，物流活动需要综合考虑各类设施设备标准之间的协同配套问题。如果没有统一的物流标准，物流运作势必产生不协调，从而带来物流效率的损失。物流设施设备来自不同的技术和行业领域，因此制定物流标准的技术难度可想而知。其次，现代物流是一项服务性活动，主要为企业的生产经营提供物品流转服务，除考虑技术标准外，从企业生产经营系统角度考虑物流管理标准和物流服务标准等问题，因此，物流标准系统又是一个多层次的标准系统。再次，物流活动渗透到国民经济的各个产业领域，由于各行业的业务特性不同，会形成行业的物流标准，从而构成庞大复杂的物流标准系统。2003年，全国现代物流信息管理标准化技术委员会（SAC/TC 267）和全国物流标准化技术委员会（SAC/TC 269）先后成立，分别负责全国现代物流信息方面的标准化技术归口工作，以及物流基础、物流技术、物流管理和物流服务等领域的物流标准化工作。20年的治理历程显示，中国物流标准化工作取得重大进展，形成了相对完善的物流国家标准体系，在综合物流标准和功能物流标准方面奠定了良好的基础，下一步的工作重点将是行业和企业物流标准化建设，以及物流标准的国际化。在物流标准形成机制上，中国现代物流治理应从政府主导逐步过渡到由行业协会主导、以企业最佳实践引领。

（二）预测、监测和统计制度

统计制度是现代物流预测、监测和统计制度的简称，它是通过构建一系列定量指标对中国现代物流进行趋势预测、运行监测和结果统计，并定期向全社会发布的制度。统计制度有助于社会各界掌握全国现代物流业的发展规模、结构和水平，及时监测和预测发展状况，为各级政府的物流决策提供依据（欧新黔，2005），同时为企业经营管理提供参考。

采购经理指数（PMI）和物流业景气指数（LPI）是现代物流领域两个重要的预测指标，能较好地预测中国宏观经济走势和物流业的发展。

国家发改委、国家统计局、中物联首次联合发布制造业 PMI（2005 年 1 月）和非制造业 PMI（2007 年 1 月），依照国家统计局制定的《采购经理调查统计报表制度》开展工作，每月定期向社会公布调查结果。PMI 来自采购经理人员调查，中国制造业 PMI 自 2005 年问世以来就展现出了对中国宏观经济良好的预测作用，成为制造业、国际贸易、物流、房地产和消费等经济领域的晴雨表，广受社会各界关注。中国物流业景气指数（LPI）是中物联在国家发改委和国家统计局的支持下完成的对全国物流行业运行趋势进行调查的工作，首次发布于 2013 年 3 月，以后每月 5 日上午 9 点在中物联官网发布该指数。研究表明，中国物流业景气指数与货运量、货运周转量、快递量和仓储指数等正相关，对物流业发展具有良好的预测作用。

　　运输、仓储、快递等物流分领域的发展指数的构建与广泛应用，标志着中国现代物流监测体系的逐步形成。中国公路物流运价指数、仓储指数、中国快递发展指数等也相继问世，航运运价指数系列中，除中国出口集装箱运价指数、中国沿海（散货）运价指数两大主要航运价格指数外，各类集装箱运价指数、煤炭运价指数等均不断得到扩展，而"一带一路"航贸指数的发布更是体现了时代发展的特色。由此，中国现代物流预测与监测指数体系以促进现代物流发展为基本理念，随着社会的进步、物流水平的提高而在不断地丰富和完善。

　　在国家统计局传统的官方统计口径中，物流业统计限于交通运输业、邮政业和仓储业等方面，现代物流业统计指标严重不足。社会物流统计制度的建立，增加了社会物流总额、社会物流总费用、物流业增加值等现代物流业统计指标，弥补了传统物流业统计的不足。在国家发改委直接领导下，国家统计局协调审定物流统计方法、制度，提供相关国民经济统计数据，审核评估物流统计结果。中物联安排专业人员，与长期从事行业统计工作的中国物流信息中心一起承担物流统计数据核算工作。中国社会物流统计制度于 2004 年 10 月试运行、2006 年 4 月正式实施，全国物流运行情况通报按月、季、半年、年度定期发布。该制度的实施意味着中国物流业统计体系得以完善，传统物流业统计与现代物流统计相得益彰，可以全面并直观地反映中国物流业运行和发展现状。

(三) 重点联系企业制度

中国政府部门陆续创新了许多重点企业联系制度，如现代物流工作重点联系企业制度（国家经贸委，2001年）、重点物流园区联系企业制度（交通运输部，2012年）、物流重点联系企业制度（商务部，2013年）、国际物流运输重点联系企业制度（交通运输部等12部委，2020年）等。通过物流重点联系企业制度，政府部门能充分地与企业沟通和交流信息，快速识别现代物流发展中存在的共性问题，从而有效地协调解决这些难题。物流重点联系企业制度不仅为政府部门制定现代物流政策提供了及时和准确的信息，也有利于纠正政策实施过程中的偏差，从而有效地推进了物流各领域健康发展。在物流重点企业联系制度保障下，现代物流、交通运输物流、商贸物流、供应链物流、冷链物流、快递物流和物流园区成为现代物流重点发展的领域，物流基础设施建设、物流标准化管理、物流业投资和税收管理、物流信用体系建设、物流创新发展、物流统计工作等行业基础管理工作得以加强，物流业与制造业、快递业与制造业、电商与快递业不断融合发展。

国家发改委既是部际联席会议的牵头单位，也是现代物流工作重点联系企业制度的主抓部门，在现代物流发展规划和政策制定方面起到了统领作用。除全面协调现代物流重点发展领域、行业基础管理、物流业与其他产业联动发展各项工作外，国家发改委还负责冷链物流、物流园区等重点领域，并对行业管理各项工作给予了大力支持和指导。除了积极参与现代物流部际联席会议外，国务院其他各部委各负其责：交通运输部主要负责交通运输物流、快递物流（国家邮政总局）、物流基础设施建设等；商务部主抓商贸物流和供应链物流；财政部和国家税务总局负责物流业投资和税收管理；国家标准委负责物流标准化管理。在工信部和国家邮政总局的协作下，国务院主抓了物流业、快递业与其他产业的联动发展。

中国采购与物流联合会作为联系企业和政府的桥梁和纽带，紧紧围绕推进中国现代物流发展，积极参与各项行业推进工作，卓有成效地开展了企业分级评估、A级物流企业信用等级评价、中国物流示范基地和中国物流实验基地建设、年度优秀物流园区的评比、中国物流企业排名等多项行业管理工作；通过设立中国物流与采购联合会科学技术奖，促进物流与采购行业科技进步；从2007年起，每四年举办一次物流行业先进集体、劳动模范和先进工作者表彰，还有改革开放三十年、四十年物流行业表彰，新冠肺炎疫情特别表彰，这些表彰活动极大地调动了物流全行业职工的积极性和创造性，产生了良好的社会效应。中国采购与物流联合会在联系企业，全面协作政府部门共同治理现代物流，在宣传和推动中国现代物流发展方面居功至伟，成为中国现代物流发展的助推器。

（四）产学研合作制度

物流领域建立"产学研"合作机制的目的在于搭建交流平台，将物流领域理论与实际联系起来，推动现代物流产业和物流科教事业发展。第一，通过召开学术会议和各种形式的研讨会，吸引学界、企业界和政界相关人员参加，能起到产学研互动交流、理论与实践共同发展的作用。中国物流学会年会是一个持续时间最长、影响力最大的物流学术交流平台，集聚了高校和科研院所的物流研究人员、物流行业企业家和物流相关政府工作人员参会，不仅产生了《中国现代物流学术前沿报告》学术成果，也促进了学界、政界和企业界的深入交流。第二，教育部高等学校物流类专业教学指导委员会或行业协会主办、高校承办、企业赞助的物流赛事模式是"产学研"合作制度的良好体现，如全国大学生物流设计大赛就是以企业真实案例为蓝本、广泛吸纳高校物流学子智慧的赛事，既培养了学生又解决了企业实际问题，促进了企业和高校之间的深度合作。类似的赛事还有海尔日日顺创客夏令营、顺丰杯物流创新大赛、全国大学生物流仿真设计大赛和全国供应链大赛等。第三，职业资格认证是政府、行业协会、高校和企业之间合作的又一重要形式。人力资源和社会保障部、中国物流与采购联合会的物流师职业资格认证、中国交通运输协会组织的中国物流职业经理资格认证以及引进的英国皇家物流学会ILT物流证书为企业界输送了大量的物流专业人才。第四，合作编写现代物流发展报告是政府与高校合作的重要实践。《中国现代物流发展报告》就是国家发改委经济运行局和南开大学现代物流研究中心合作编写的重要成果，对全面了解中国现代物流发展进程具有重要意义。第五，物流奖项设立促进了物流产学研的深度合作。如宝供物流奖就是宝供物流企业支持优秀的高校人才成长而设，中国物流与采购联合会科学技术奖奖励高校和企业的高端人才，充分体现了产学研之间的紧密联系，极大地促进了物流科技公益事业发展。

虽然"产学研"合作涉及高校和科研院所、企业、政府部门和各种商会协会等多种类型主体，但是无论从合作领域还是影响深度看，以中国物流与采购联合会等为代表的行业协会，在"产学研"合作制度的形成和有效运转过程中扮演着最为关键的角色。"产学研"合作制度在促进现代物流产业发展的同时，也促进了物流高等教育、物流学术和物流科技的健康发展。据不完全统计，中国物流类本科招生高校从2001年的1所高校，发展至2020年的476所，物流高职高专学校超过1000所。物流管理与工程类被列入普通高等学校招生目录中管理学门类中一级专业类别，与管理科学和工程类、工商管理类等并列。物流学术机构、物流智库和各类学术成果如雨后春笋般成长，呈现出了一派物流学术繁荣的景象。

第二节　中国现代物流治理模式总结

一　中国现代物流治理主体

正如前面所述，中国现代物流治理措施多样，主要有立法行为与制度建立、机构改革与组织建设、政策文件与重要会议、热点聚焦与行业观察、示范试点与专项治理、高层关注与奖励表彰等。中国现代物流治理具有多层次特征，各级地方政府仿效上级政府，因此，中央政府治理模式具有代表意义。中国现代物流治理是全社会参与，政府部门、企业、行业协会、高校和科研院所都是治理主体。

（一）政府部门

在二十年发展历程中，现代物流受到各级领导层的高度关注，如中共中央审议通过国家经济与社会发展五年规划物流相关内容，中央政治局学习和研讨现代物流问题，中共中央总书记考察现代物流发展并作出指示等；各级人大审议通过地方经济与社会发展五年规划物流相关内容，物流相关立法；各级政协将现代物流发展问题作为政协会议提案，为现代物流发展献计献策。但是，从事权责任看，国务院及其各部委、地方各级政府部门才是现代物流治理最重要的主体。

国务院是最高行政机构，国务院的常务会议曾先后对物流业健康发展、互联网＋物流、物流降本增效和国家物流枢纽布局建设、《快递暂行条例》等重大问题进行了部署和审议，国务院办公厅还出台了系列促进现代物流与供应链发展的政策文件，如《物流业调整和振兴规划》（2009）、《关于促进物流业健康发展政策措施的意见》（2011）、国务院发布《物流业发展中长期规划（2014—2020年）》和《关于积极推进供应链创新与应用的指导意见》（2017）等。这些文件是中国现代物流发展的行动纲领，这些文件出台表明，从2009年起国务院已正式成为中国现代物流治理的主体。

部际联席会议通过国务院各部委之间的协同合作确定中国现代物流的发展方向，早期的地位举足轻重，是2001—2008年中国现代物流的最高决策主体。但是，自2009年国务院成为治理主体后，现代物流部际联席会议的领导地位逐渐被国务院所取代，演变成为国务院统领下的一个现代物流议事组织形式。然而，部委联合依然是一个独特的现代物流治理主体，在国家发改委统一协调下，对许多涉及多部门的问题仍需通过部委联合发文的形式解决。例如，国家发改委和国家统计局联合发文建立全国社会物流统计核算制度、联合发布全国物流运行通报；交通运输部联合多部委发文建立的国际物流运输重点联系企业制度等，组织运输领域的专项整治等。

国务院物流相关各部委是现代物流发展最基础的责任主体，按照物流分工各负其责，成为相对独立的现代物流治理主体。部委发文是最直接的和主要的治理形式，参加部际联席会议是各部委参与现代物流治理的另一重要方式。为了获得更为及时准确的信息，提高政策制定质量，国家发改委、交通运输部、商务部还建立物流重点联系企业制度；国家标准委成立了全国物流标准化技术委员会和全国物流信息管理标准化技术委员会两个组织推进物流标准化工作；教育部成立了高等学校和中等职业学校两个物流类专业教学指导委员会，以促进物流教育事业的发展。此外，各部委组织开展物流试点、示范工作等，推动各物流领域发展。

（二）企业

企业是现代物流治理的重要主体，在遵守国家法律和符合国家各类政策要求下自主经营，在做好公司治理的同时，还积极参与现代物流公共事务治理。

第十章　中国现代物流治理模式及特征分析

第一，企业广泛参与、配合物流统计调查。铁路、公路、水运、民航、邮政和快递等物流领域企业是交通运输业、邮政业等物流统计基础数据主要提供者；根据《社会物流统计核算与报表制度》规定，年物流业务营业收入在 5000 万元以上、具有独立法人资格的物流企业必须参与调查，从事工业、批发和零售业等货物生产、流通的各种经济类型法人企业，每个省区市、每个行业、每类产品选择 2—3 个企业调查。这些企业对摸清中国社会物流总额、社会物流总费用、物流业增加值等真实数据具有积极贡献；参与制造业 PMI 调查涉及 31 个行业大类、数千家企业，非制造业的 27 个行业大类、1200 余家企业，为 PMI 调查提供及时、真实的数据；此外，还有参与物流业景气指数 LPI 调查的涉及物流相关行业 8 大行业大类 300 余家企业，参与中国仓储指数调查的覆盖全国（除港澳台、新疆和西藏等）主要省市和地区的第三方仓储及配套服务的物流企业，等等。

第二，有影响的物流平台企业主动参与行业协会合作，积极开展物流行业监测指数调查与编制工作。如，广东林安物流集团与中物联开发了中国公路物流运价指数，对公路物流运行起到良好监测作用；京东集团与中物联合作，以京东商城平台物流数据为基础开发了中国电商物流指数 ELI，有利于全面监测全国电商物流运行；中储发展股份有限公司与中物联合作，联合调查与编制了中国仓储指数，能有效地监测中国仓储物流运行。

第三，企业是推动现代物流发展的根本动力和行业管理的重要依靠。首先，龙头企业是物流重点联系企业制度形成的基础。无论国家发改委的现代物流工作重点企业联系制度，交通运输部的重点物流园区（企业）联系制度，商务部的物流重点联系企业制度，还是交通运输部等 12 部委的国际物流运输重点联系企业制度，企业在现代物流政策形成过程中发挥了不可替代的作用。其次，各类物流示范企业在推进交通物流、商贸物流、供应链物流、冷链物流、快递物流、物流园区等领域发展，加强行业基础管理、物流业与其他产业的联动发展方面均起到了示范带头作用。最后，物流企业积极参与企业分级评估、信用评估、中国物流示范基地申报、中国物流实验基地申报、物流企业排名、年度优秀物流园区评比、物流行业表彰等活动，为营造物流市场氛围、繁荣物流市场，树立良好的行业形象等方面起到了积极的作用。

第四，企业是产学研制度的实验基地，助力现代物流科学教育事业发展。首先，支持各类物流行业协会、物流学会工作，积极参与现代物流发展的理论研讨和经验交流活动。如大量企业积极申报中国物流与采购联合会科学技术奖，宝供物流企业集团捐资设立"宝供物流奖"支持中国现代物流发展等。其次，企业积极赞助各类物流类大赛提升高校人才培养水平。如全国物流大学生设计大赛是全国物流教指委主办，由不同企业提供素材作为案例基础，海尔日日顺创客夏令营、全国大学生智慧供应链创新创业挑战赛、全国大学生物流仿真设计大赛等全国性的大型物流赛事都由企业提供支持和赞助，顺丰集团还亲自举办"顺丰杯"物流创新大赛，等等。最后，大量企业与高校联合定向培养，为高校提供实习基地、产学研基地，设立博士后流动站，为物流人才培养和科技发展提供支持。

（三）行业协会

行业协会是联系企业的桥梁和纽带，在中国现代物流治理中发挥了极其重要的作用。由于行业协会在现代物流治理中的特殊地位，全国现代物流工作部际联席会议成员中除了13个中央政府部委外，还有中国物流与采购联合会和中国交通协会两个行业协会。中国现代物流发展由国家发改委牵头，行业协会推进，中国交通运输协会主要负责在交通领域现代物流推进，而中国采购与物流联合会推进现代物流发展的领域更广泛、更系统、更全面。各省都成立了相应的现代物流（工作）联系会，各省、市（州）、县有相应的物流采购与联合会、交通运输行业协会，一般而言，省交通运输协会是省现代物流（工作）联席会的成员单位。现代物流融合在国民经济各个部门、各部门之间协调尤为重要，行业协会正好发挥它们在联络协调方面的优势。在现代物流发展二十历程看，以中物联为例，物流行业协会参与治理主要体现在以下几个方面：

第一，参与现代物流治理重大决策。作为现代物流最主要的议事组织形式，部际联席会确定现代物流发展方向，协调现代物流发展问题。部际联席会15家成员单位中有2家行业协会，充分体现行业协会参与现代物流治理重大决策的作用。

第二，全国物流标准化推进工作。全国物流标准化技术委员会是国家标准化管理委员会下设机构，负责在物流领域内从事全国性标准化工作的技术组织（SAC/TC269），秘书处设在中国物流与采购联合会。中国物流信息中心承担中物联的信息管理部职能，负责全国物流行业信息化标准及信息化推进工作。中物联全面负责物流领域的国家标准、行业标准和团体标准的标准化推进工作。

第三，现代物流预测、监测与统计等信息管理工作。中物联下的中国物流信息中心全面负责全国制造业、非制造业采购经理指数（PMI）调查方案的研究制定和数据的发布工作；全国物流业景气指数（LPI）的调查、核算、分析、发布工作；参与全国社会物流统计工作，负责全国物流运行情况的统计监测、调查核算、分析研究，信息提供与发布工作。此外，中物联开发和发布了中国快递物流指数，与其他单位联合发布中国公路运价指数、中国电商物流指数和中国仓储指数等。在现代物流运行预测、监测与统计等方面，中物联作出了极大贡献。

第四，现代物流行业发展及重点领域推进工作。中物联参与并主持现代物流工作部际联席会，落实现代物流工作重点企业联系制度；为推进全国物流园区发展，2003年起，中物联每年组织召开一次全国物流园区工作年会，并对全国物流园区展开调查和综合评价，开展示范物流园区的评选活动。

第五，现代物流行业管理工作。中物联在全国范围内组织开展了物流企业分级评估（如A级物流企业、星级冷链物流企业、担保存货管理及质押监管企业等）、A级物流企业的信用等级评估、"中国物流示范基地"与"中国物流实验基地"评审、年度优秀物流园区评选、中国物流企业50强排序等活动；中物联还组织了物流行业各类总结表彰，如物流行业先进集体、劳动模范和先进工作者表彰，物流业改革开放表彰和新冠肺炎疫情特殊表彰等。

第六，现代物流科技教育发展工作。中国物流学会和中物联是两个机构一套人马，中国物流学会年会是国内外物流领域有影响力的学术盛会；中物联主办全国供应链大赛等物流赛事，曾经开展了颇具影响的物流师、注册采购师等职业资格认证工作；设立中国物流与采购联合会科学技术奖，并出版著作，推进物流科技发展；支持中国现代物流教育，教育部的高等学校物流类专业和中等职业学校物流专业两个教学指导委员会的秘书处均设在中物联；中物联组织编辑《中国物流年鉴》，每年出版一期《中国物流学术前沿报告》，《中国物流与采购》一直是物流行业较有影响的杂志，2020年还创办了《供应链管理》和《物流研究》两个专业期刊，为科技发展提供了新的平台。

（四）高校和科研机构

高校和科研机构在中国现代物流治理中的主要贡献在于政策研究、科技进步与教育发展等方面。

人才培养是高校参与现代物流治理最主要的工作。从2001年开始，开设物流管理、物流工程、供应链管理和采购管理等物流类专业的普通高校共计476所，开设物流类专业的高职高专学校近1000所，已建立了专科、本科、硕士和博士等完整的人才培养体系。为提高办学质量，各高校积极开展教学研究，纷纷采取承办各类物流大赛增加学生的应用能力，积极参与产学研活动，通过与企业合作建立实习基地和产学研基地、与企业联合定向培养等方式提高物流人才培养的质量。在中国现代物流快速发展的二十年中，产生了大量的人才需求，正是由于全国各高校的积极努力，现代物流教育蓬勃发展，使得现代物流发展各类急需专业人才得以良好地保障。

高校和科研机构是物流科技进步和物流管理水平提升的主要推动者。高校和科研机构是物流理论研究的大本营，高校与科研机构有着天然联系，除了许多社会研究机构外，许多现代物流与供应链相关研究机构都是由高校创立的。伴随着现代物流实践的发展，20年的现代物流理论研究活动频繁，物流学术成果丰厚，高校和科研机构的科研工作者是物流学术活动的主力军和学术成果的主要创造者；高校和科研机构也是开展物流应用研究的重要基地。各高校和科研机构的科研工作者积极参与中国物流学术活动，受聘为特约研究员，为物流行业发展献计献策。高校和科研机构积极投身现代物流实践，承接政府现代物流发展研究课题，制定物流法律法规草案、物流标准草案、现代物流发展规划方案等，作为智库为政府提供各种专题研究报告。高校和科研机构还深入到企业实践中去，承接企业的物流科技攻关任务，制定各类物流技术方案、企业物流管理方案和物流企业管理方案，为企业解决现代物流发展过程中的各类难题。通过高校和科研机构的物流研究者的工作，各类物流理论研究和应用研究成果推动了物流科技进步和物流管理水平的提升。

二 中国现代物流治理模式

从前文分析可知，中国现代物流治理机制是逐步演进的，主导机制从部门职能管理的分工机制逐渐转变为部际联席会的协作机制，进而演变成分工协作为基础的国家治理机制。传统物流治理是依靠部门职能管理的分工机制，而现代物流更加依靠部际联席会为特征的协作机制，因此，协作机制是现代物流治理机制的核心。物流重点联系企业制度、物流政策推动制度、物流预测、监测与统计制度合作、物流"产学研"联系制度等现代物流工作制度是部际联席会协作机制下的制度创新，这四大制度创新解决了现代物流不同治理领域的问题。

首先，物流政策推动制度是首要和核心的工作制度。政府部门强力推动，产生了各项现代物流法律法规、政策文件和物流标准等物流政策。现代物流法律法规使得企业在开展物流活动时有章可循、有法可依，政策文件能给企业发展现代物流以适当的指导和引导，物流标准保障企业在物流技术、管理和信息等物流活动中保持良好的协调性，从而促进现代物流效率提升。物流政策是现代物流治理最大的公共品，为现代物流发展提供良好的宏观环境，物流政策推动制度直接体现了现代物流治理机制的作用效果，因而是首要和核心的工作制度。行业协会通过企业调研向政府谏言，提供相关物流政策草案，并在政策制定后观察、指导和促进政策落实。作为物流政策实施的对象，企业最明智的选择是了解国家在现代物流发展战略意图，充分理解政策方向和走势，并用好、用足各类物流政策。

其次，物流预测、监测和统计制度是现代物流运行过程控制的工作制度。制造业 PMI 和非制造业 PMI 通过对采购活动的调查，能知晓工业生产、商务、进出口、物流速度等方面的变化，帮助我们预测宏观经济走势。物流业景气指数（LPI）有助于了解物流业的运行现状和预测未来发展走势；公路价格指数、各类运输价格指数、仓储指数、快递指数和电商指数能实时监测物流各分领域活动的情况；货运量、货运周转量、邮政快递业务量等统计指标有助于我们把握交通运输业、邮政业的发展现状，社会物流总额、社会物流总费用和物流业增加值等现代物流统计指标对现代物流运行情况进行了客观和科学的描述。在政府指导下和企业的支持下，行业协会主导了物流预测、监测和统计制度的相关工作。物流预测、监测和统计制度是现代物流的信息管理制度，其功能是实施对现代物流运行过程全方位监控，为企业的经营管理决策和政府的物流政策制定提供支持。

再次，物流重点联系企业制度是现代物流运行进行科学研判的工作制度。物流重点联系企业制度主要由政府搭建交流平台，企业积极参与并客观反映问题、充分表达观点，行业协会联络与协作，其目的在于了解现代物流发展现状和亟待解决的问题，对现代物流运行进行科学研判，为政府制定精准的物流政策奠定基础。国家发改委牵头的现代物流工作重点联系企业制度旨在解决如何促进现代物流工作的问题，联系的是在全国范围内各行业中开展现代物流最具影响的企业，涉及工业生产、流通、物流、运输、快递、货代、物流设备等代表行业；交通运输部负责重点物流园区、企业联系制度，主要联系的是交通运输领域的物流园区、物流企业，其工作重心在交通物流工作；商务部的物流重点联系企业制度，负责联系流通领域的物流企业，着重解决商贸物流工作中的问题；交通运输部等12部门牵头的国际物流运输重点联系企业制度主要联系在国际物流方面的运输企业、物流企业和网络平台企业等，目的在于促进国际物流工作。这四个物流重点联系企业制度分别涉及现代物流、交通物流、商贸物流和国际物流等工作领域，它们分工不同，互有侧重，但基本覆盖了中国现代物流发展的主要领域，为制定科学精准的物流政策提供了保障。

最后，"产学研"合作制度是保障现代物流理论与人才高效产出的工作制度。"产学研"合作制度借助企业的广阔舞台，行业协会居中联络并搭建各类平台，各高校和科研机构唱主角，为现代物流发展创造新理论，发明新技术，培养高质量人才。以中物联为代表的行业协会是"产学研"合作制度的主要实施者，无论在现代物流的学术研究、政策研究、教育发展和科技发展方面起到了不可替代的作用。企业提供了丰富的案例和资金支持，为理论创造、技术发明、研究报告、人才培养奠定了基础。有了行业协会搭建的良好平台和企业的强有力支撑，高校和科研机构才能充分发挥教学和科研工作者的聪明才智，保障现代物流理论与人才的高效产出，从而更好地服务于现代物流发展的需要。

第十章 中国现代物流治理模式及特征分析

综上所述，中国现代物流治理模式可概括为：在以部门业务管理分工治理和部际联席会协作治理为基础的国家治理机制作用下，政府部门、企业、行业协会、高校和科研机构等各治理主体，通过物流政策推动制度、物流预测监测和统计制度、物流重点联系企业制度和"产学研"合作制度等工作制度，在密切联系企业实践和科学监控物流运行的保障下，以制定出高质量的现代物流政策为中心工作，并借助高效的现代物流理论与人才产出，达到服务于现代物流发展实践的目的。图10-1较为全面地描述了中国现代物流治理模式，图示中的粗线条表示该路径所起的作用最大，是主导力量。

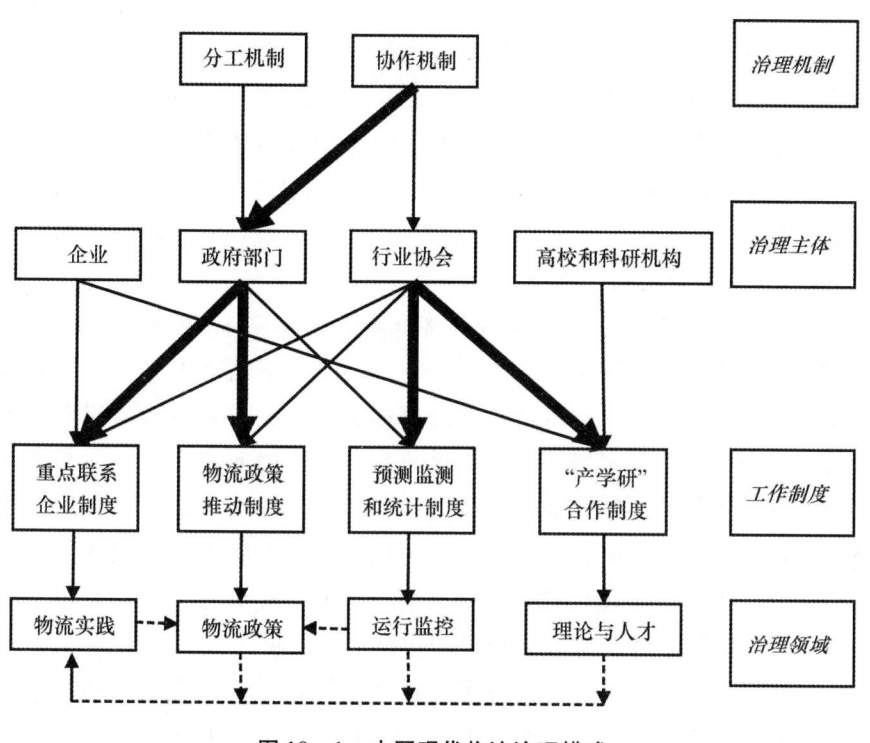

图 10-1　中国现代物流治理模式

资料来源：作者根据相关资料整理。

三　中国现代物流治理模式特征

（一）国家领导层高度重视下的综合治理

中国现代物流治理最早可追溯到1999年时任国务院副总理吴邦国出

席的现代物流发展国际研讨会，从一开始就备受国家领导层高度重视。自2006年现代物流被推上了国家发展平台后，现代物流多次成为全国人民代表大会、国务院常务会议、中共中央全会、中央政治局学习等国家最高层会议议题。党的十八大以来，习近平总书记高度重视物流发展，多次考察物流企业，对现代物流发展作出重要指示。李克强总理多次主持国务院常务会议，专题研讨现代物流发展问题并出台相关文件。由此可见，中国现代物流是在国家领导层高度重视下发展起来的。

现代物流不只是简单包含交通运输、仓储、货代、联运、邮政快递以及第三方企业等物流企业的发展问题，它贯穿生产、流通和消费各个经济环节，涉及几乎所有的企业、事业单位、家庭、社会组织甚至个人。现代物流不仅限于经济领域，它还关乎民生问题，甚至国民经济和社会发展的方方面面，如防洪抢险、抗震救灾和公共卫生防疫等应急物流、军事物流、文体项目物流等。同时，现代物流又是一个非常复杂的问题，需要充分考虑物品差异、时间差异、地域差异、需求特征差异、经济发展水平差异等，因此，国家层面的现代物流治理注定是统筹规划下的综合治理。

（二）政府管理制度创新推动下的公共治理

进入21世纪以来，中国宏观经济全面进入市场经济发展阶段，现代物流发展同样依靠市场手段。但是，现代物流对于当时大多数中国人而言是一件新鲜事物，只有少部分的政府相关部门工作人员和物流理论工作者意识到它对于中国经济的重要性。现代物流脱胎于仓储业、交通运输业和邮政业等传统物流业，但它的业务远超传统物流业，涉及国民经济各行各业，是一种融合型的产业，可以想象，部门职能管理的传统分工机制完全不能适应现代物流发展需要，因此，政府部门主动变革，形成全国现代物流工作部际联席会议的协调工作机制。

部际联席会可以综合协调发展现代物流问题，它是政府主动实施的物流管理机制创新，政府不断创新各种工作制度，一方面，大力宣传现代物流发展理念；另一方面，极力推动现代物流发展。政府部门通过出台物流法律法规、物流政策文件和物流标准化等公共物品，营造良好的现代物流发展环境，引导一般工商企业实行物流外包，引导传统物流企业向现代物流企业转型，大力推动第三方物流发展，从而做大做强现代物流市场。因此，中国现代物流治理是政府制度创新推动下的公共治理。

（三）政府部门牵头、行业协会推进、全社会广泛参与的网络治理

现代物流工作联席会议的产生标志着中国现代物流从传统的职能部门分工管理转变为在分工管理基础上的部门间协作治理，现代物流工作由国家发改委牵头综合协调、中物联等行业协会推进。交通、商贸等各领域的现代物流工作分别由归口的部门牵头，相应行业协会推进的机制。在政府和行业协会的努力下，企业、高校和科研单位、其他社会组织被动员起来，形成全社会广泛参与的现代物流治理网络。在中央政府部门、全国物流相关行业的影响下，各省、市（州）、县纷纷建立了区域性的现代物流治理网络。通过上下级政府间的业务联系以及行业协会之间的交流，全国性的治理网络与各级区域性治理网络形成了广泛的联系。

中国现代物流治理网络是在政府部门和行业协会共同驱动下形成的，在物流重点联系企业制度、物流政策推动制度、物流监测预测和统计制度、物流"产学研"合作制度等工作制度的保障下，政府部门、企业、行业协会、高校和科研机构之间交流频繁，互动良好，为现代物流发展奠定了坚实的基础。

（四）分工机制和协作机制共同作用、多层次的政策文件治理

如前所述，现代物流政策包含法律法规、政策文件和物流标准化，物流政策文件是政策推动制度的核心力量，也是中国现代物流治理模式最为突出的特色。中国现代物流治理机制是分工协作为基础的国家治理，最为明显地体现在政策文件推动上。根据分工机制，政府各部门负责分管领域的现代物流发展和行业管理，对于自身职责范围之内、可掌控的问题，通常采用部委单独发文形式；对于各部门职责范围内但自身又无法完全解决的问题，或者是与各部门职责范围有关但又超越了部门职责范围的问题，则需要通过部际联席会的协作机制来解决，因而就需要采用两个或多个部委的联合发文形式；对事关与国民经济其他部门相关联的现代物流问题，或物流业整体发展问题，通常需要经过国务院常务会议议决，采用国务院发文的形式。因此，现代物流的政策文件主要有国务院发文、部委单独发文和部委联合发文三种类型。

部委单独发文、部委联合发文分别是现代物流分工治理机制和协作治理机制作用下的产物，构成了现代物流政策文件的基础，国务院发文则是现代物流国家治理的具体体现，它们共同构成了多层次的现代物流

政策文件体系。部委单独发文数量最多，在中国现代物流治理中一直处于基础地位；部委联合发文是早期现代物流发展的助推器，至今仍然是解决综合物流问题的主要手段；国务院发文的行政层级最高、影响力最大，在中国现代物流治理中居于领导地位。

（五）实践导向、全过程制度保障的政策质量治理

依靠政策推动现代物流发展是中国现代物流治理的特色，因此，政策质量就成为治理所要关注的重点。中国现代物流政策推动是以政策文件为核心，法律法规和物流标准化跟进的策略，是适合中国现代物流发展实际的战略选择。本着实事求是、从实际出发的思想，物流重点联系企业制度就是为政策部门提供最真实、准确的信息，保证了掌握政策制定前的需求、政策文件实施过程中的困难与问题，这种实践导向的政策治理充分保障了政策文件质量。此外，物流统计是现代物流政策制定的真实可靠的依据，针对现代物流的运行现状构建相关指标进行预测和监测，则可充分了解物流实践中存在的问题，为及时调整政策提供可靠的信息。物流重点联系企业制度、物流预测监测和统计制度贯穿了政策制定前、制定中和实施后的全过程，强调实践导向，为政策制定、政策实施中纠偏提供了准确可靠的信息。因此，中国现代物流治理是实践导向、全过程制度保障的政策质量治理。

第三节 基于SNA的中国现代物流治理的政策文件推动特征分析

一 社会网络分析（SNA）

社会网络是指作为节点的社会行动者及其之间的关系构成的集合，社会网络分析法（Social Network Analysis，简称SNA）是一种定量研究社会关系的方法，通过对网络中关系的分析，探讨网络结构及属性特征，为理论构建和实证命题检验提供量化工具。

本节重点研究各类文件要素形成的同文网络，如联合发文同文主体网络。本节采用的网络分析方法：（1）中心度分析。度数中心度（degree centrality）是指与某点直接相连的其他点的个数，数值越大表明该点越接近网络的中心，拥有更大的权力。中间中心度（betweenness centrality）测

量一个点在网络中控制地位的强弱。某个点 i 的中间中心度 C_{ABi} 表示为：$C_{ABi} = \sum_{j}^{n} \sum_{k}^{n} b_{jk}(i), j \neq k \neq i$，并且 $j<k$；其中，$b_{jk}(i) = \frac{g_{ik}(i)}{g_{jk}}$，$g_{ik}$ 表示网络中点 j 和点 k 之间存在的捷径数目，$g_{ik}(i)$ 表示点 j 和点 k 之间经过第三个点 i 的捷径数目。(2) 核心/边缘分析。核心度越大表明成员是处于网络的核心地位，有分块聚类法和连续数值的核心度（coreness）方法，本书采用核心度方法。(3) 层次聚类分析。层次聚类分析可以看出网络中各节点联系的强度和聚类的方向，对联合发文同文 14 部委网络进行了层次聚类。(3) QAP 相关分析。QAP（quadratic assignment procedure，二次指派程序）是一种对两个方阵各个元素相似性进行的比较分析。通过对矩阵的数据置换，给出两矩阵之间的相关系数，同时对系数进行非参数检验。通过对文件要素的同文网络 QAP 相关分析来检验文件要素之间相关关系是否显著。(4) QAP 回归分析。研究多个矩阵（或一个矩阵）与另一个矩阵的回归关系，对判定系数 R^2 的显著性进行评价。通过文件内容对文件主体回归，本节分析文件主体对文件内容的解释度。

二 中国现代物流治理的政策文件推动逻辑

政策文件一般指行政机关下发的除法律、行政法规、规章以外的具有普遍约束力的规范性文件，即通常所称的"红头文件"（郭毅等，2010）。物流产业政策包括国家和地方两个层面，由于现代物流发展时间相对较短，地方物流政策文件在内容上与国家物流政策文件有较高的重合度，地方特色难以形成。此外，地方政府包括省、地、县等不同层级，各地推动力度存在差异且文件数量甚多，会造成研究者难以获取完整资料的尴尬局面。有鉴于此，本书研究的中国现代物流产业政策文件特指中央政府部门颁布的"红头文件"。

如本书第六章第二节所述，政策文件政策包括文件主体、内容、渠道和形式四个要素。物流政策文件主体有国务院、部委单独和部委联合三类；物流政策内容包括综合物流、功能物流和行业物流三大部分；物流政策渠道分为专项和通用两种渠道；物流政策形式有指导类和操作类两种类型。

政策文件形成是政策文件要素之间相互作用、相互影响的结果，政策文本是作用结果的文字表达。首先，文件内容是政策文件的核心，它既是文件形成的出发点又是目标。物流政策文件必须以服务物流产业发展需要来确定议题，在综合物流、功能物流和行业物流之间进行内容选择；其次，文件主体选择是政策文件形成的动力来源。围绕文件内容，国务院和各部委结合各自职责，根据实际需要，或单独发文，或经协商联合发文。文件主体是文件要素中唯一的能动要素，但不同主体的行政范围和作用力度不同，因此，文件主体决定政策文件能否形成，形成后效力如何；再次，文件渠道选择是政策文件形成意图实现的保障。文件渠道与文件内容紧密相连，是文件内容的延伸。专项文件由于议题集中，会引起更大的关注，但影响范围会相对较小。通用文件涉及主题更多，文件受众面更广，但因主题较分散，物流问题不容易引起足够的重视。文件渠道选择取决于文件制定者的意图。最后，政策文件形式选择是文件形成的最后环节，相对而言关注细节，表面上只是"规划""意见""公告""办法"等字眼上的差异，但却能表达出政策文件内容的性质，是偏操作性还是偏指导性，不同的形式选择对实施者的指导作用不同，从而会影响政策文件的实施效果。由此可以看出，中国现代物流政策文件是主体对内容、渠道和形式综合选择的结果，其形成基本逻辑如图 10-2 所示。

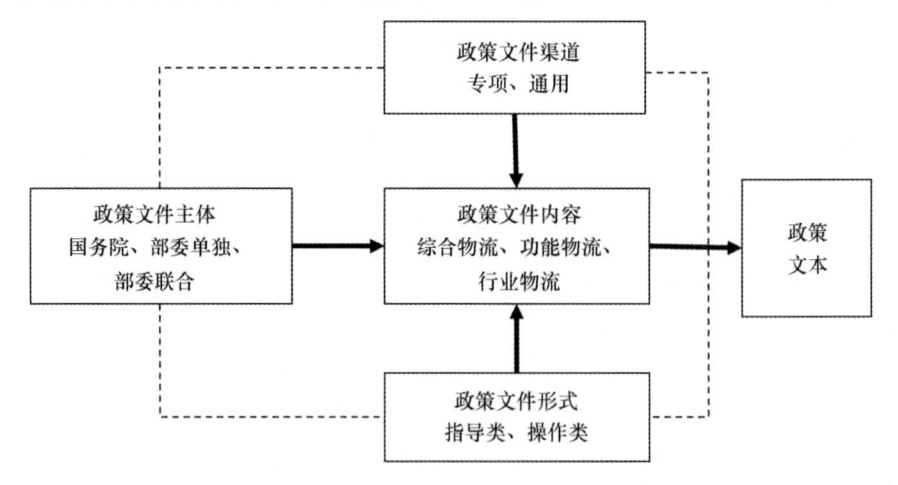

图 10-2　现代物流产业政策文件形成的基本逻辑框架

资料来源：作者绘制。

三 基于SNA的中国现代物流政策文件要素体系特征

（一）中国现代物流政策文件要素体系构成

2001—2020年中国现代物流产业政策文件数量共发文586项，图10-3是其政策文件要素构成情况。从文件主体看，部委单独发文数量（占比59.2%）最多，国务院发文最少，部委联合是重要组成部分；文件内容上，综合物流、行业物流、功能物流发文数量占比分别为10.4%、32.3%和57.3%。功能物流文件最多，行业物流其次，占到近三分之一，综合物流虽然重要，但文件数量占比较低；文件渠道方面，专项文件261项，通用文件325项，专项文件偏少；发文形式上，指导类文件288项与操作类文件298项，大体相当，操作类文件略多一些。由此可以看出中国现代物流政策文件体系的特点：有关功能物流文件和部委单独发文偏多，专项文件相对偏少，指导类文件占比相当高。

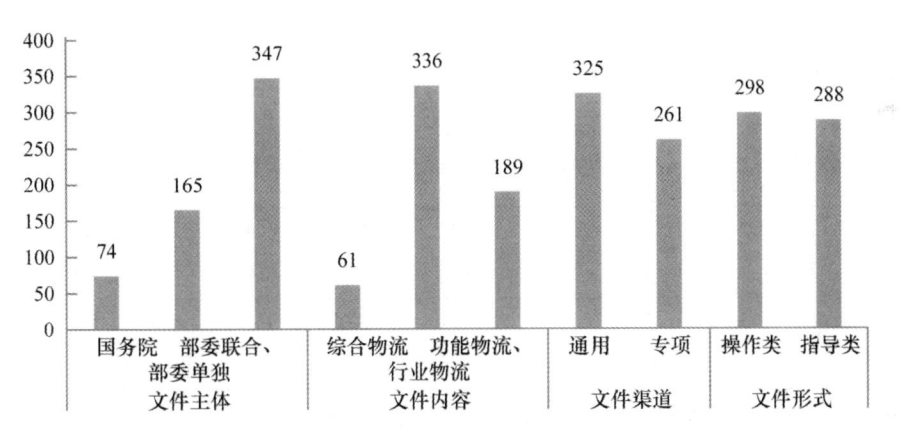

图10-3　2001—2020年中国现代物流政策文件要素构成（单位：项）

资料来源：作者根据相关资料整理。

（二）中国现代物流政策文件要素体系特征

本书采用Ucinet 6.212版本进行数据处理，将收集的586项政策文件为行、政策文件要素（主体、内容、渠道和形式）和颁布年份等为列形成2—模网络。在Ucinet中的Data选择Affiliations（2 mode-1 mode），采用列模式和交叉乘积法（cross-products），得到文件要素共现情况。关系是否显著，需要 QAP 检验。打开 Ucinet，根据"Tools-Testing Hypotheses-Dyadic（QAP-QAP Correlation）"路径，可以得出文件要素之间的相关系数，详见表 10-1。

表 10-1　　2001—2020 年中国现代物流政策文件要素共现统计及 QAP 相关系数　　（单位：项）

		文件主体			文件内容			文件渠道	
		国务院	联合发文	部委单独	综合物流	行业物流	功能物流	通用	专项
文件内容	综合物流	13	22	26					
		0.057 ***	0.016	-0.054 ***					
	行业物流	47	54	88					
		0.079 ***	0.005	-0.073 **					
	功能物流	14	89	233					
		-0.079 ***	-0.025	0.188 ***					
文件渠道	通用	61	80	184	29	144	152		
		0.100 ***	-0.047 *	-0.039	-0.046 **	0.223 ***	-0.137 ***		
	专项	13	85	163	32	45	184		
		-0.055 ***	0.051 *	0.039	0.066 ***	-0.125 ***	0.156 ***		
文件方式	指导类	54	71	163	37	111	140	182	106
		0.097 ***	-0.052 *	-0.028	0.058 **	0.118 ***	-0.167 ***	0.134 ***	-0.110 ***
	操作类	20	94	184	24	78	196	143	155
		-0.055 ***	0.060 *	0.028	-0.041 **	-0.086 ***	0.203 ***	-0.113 ***	0.131 ***

注：单行数值为共现文件数，双行数值为相关系数。* 表示显著程度水平 P 值，*** 为 0.001，** 为 0.01，* 为 0.05。

根据表 10-1 的统计结果，以中心度为节点符号大小，中间中心度为标签大小，相关系数为连线，形成文件要素关系网络如图 10-4 所示。从中可以看出，政策文件要素联系倾向性强，整体上是一个网络，大致可分为三块：（1）国务院、行业物流、通用文件和指导类文件之间的全联通网络；（2）功能物流、专项文件和操作类之间的全联通网络，功能物流连接部委单独发文，联合发文连接专项文件和操作类文件；（3）综合物流与国务院、指导类和专项文件之间的联络。由此可见，在政策文件要素选择上，国务院和部委层次分属不同的小网络，综合物流文件是政策文件要素整体网络形成的关键。

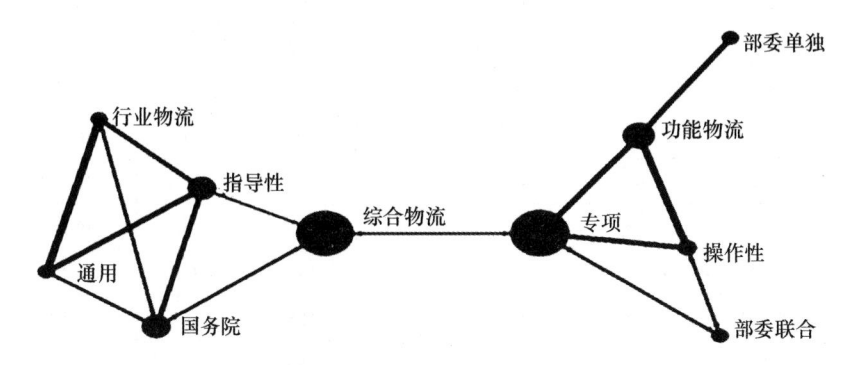

图 10-4　中国现代物流产业政策文件要素相关关系网络

资料来源：作者根据相关资料整理。

三　基于 SNA 的中国现代物流政策联合发文网络分析

如果将部委单独发文主体进一步细分，物流政策文件主体涉及 33 个机构，除国务院外，32 个国务院下属部委均参与了联合发文，其中 22 个部委发文总数在 11 份及以上（见表 10-2）。其中，17 个部委有单独发文，除教育部、国家统计局、食品药品监督局外，其他有过单独发文的部委皆位列其中。结果显示，部际联席会成员单独发文 301 项，占部委单独发文的 86.7%，包揽发文总数前 12 名。由此可见，部际联席会成员是政策文件的核心主体。

表 10-2　2001—2020 年部委发文（前 22 位）数量统计及联合发文同文网络主体中心性

	发文数量（项）			联合发文同文网络主体中心性		
	总计	单独发文	联合发文	度数中心度	中间中心度	核心度
交通运输部	198	129	69	370	6.421	0.383
商务部	140	61	79	401	6.421	0.407
国家发改委	93	25	68	372	3.996	0.379

续表

	发文数量（项）			联合发文同文网络主体中心性		
	总计	单独发文	联合发文	度数中心度	中间中心度	核心度
财政部	70	1	69	301	3.996	0.299
国家邮政局	69	34	35	203	4.78	0.199
税务总局	68	28	40	182	2.512	0.183
海关总署	57	28	29	194	5.109	0.186
工信部	42	4	38	280	6.421	0.264
公安部	35	0	35	229	5.109	0.228
民航总局	30	11	19	141	3.611	0.132
国家铁路局	28	5	23	188	3.611	0.179
工商总局	23	6	17	145	2.12	0.141
中国人民银行	21	0	21	187	3.996	0.17
市场监管总局	19	2	17	120	0.77	0.109
质检总局	19	3	16	131	2.671	0.124
农业部	16	0	16	119	2.529	0.112
科技部	15	0	15	121	2.154	0.11
供销总社	12	0	12	73	1.131	0.074
银保监会	12	0	12	141	2.051	0.123
中铁总公司	12	0	12	105	1.298	0.097
住建部	12	0	12	114	1.235	0.101
国家标准委	11	0	11	62	0.831	0.067

资料来源：作者根据相关资料整理。

以联合发文的 165 个文件为行、32 个发文主体为列，构建联合发文主体 2—模网络。在 Ucinet 中的 Data 选择 Affiliations（2 mode-1 mode），输入联合发文主体网络，采用列的模式和交叉乘积法（cross-products），就将 2—模网络转换成 1—模的联合发文同文主体网络。在 UCINET 中沿着 "Network-Centrality-Degree" "Network-Centrality-Freeman Betweenness—Node Betweenness" 和 "Network-Core/Periphery-Continuous" 三条不同路径可得出网络节点的度数中心度、中间中心度和核心度，结果见表 10 -

2。在部际联席会成员中,只有国家标准委的工作主要以发布标准为主,发文相对较少。在发文排名靠前的部委中,只有中国人民银行不是部际联席会成员,其中间中心度、度数中心度、核心中心度和发文总数分别排第7、10、11和13位,此外,各项排名靠前的部委均为部际联席会成员。网络节点中心性分析表明,无论在联系强度还是在网络联系中所处的地位看,部际联席会成员皆处于联合网络的核心。

从联合发文网中将部际联席会13个成员和单列的国家邮政局抽取出来,形成14部委联合发文2—模网络,将其转换成为1—模同文主体网络。按照"Tools-Cluster Analysis-Hierarchical Clustering"路径,采用相似性聚类和复杂联系方法,可得图10-5。

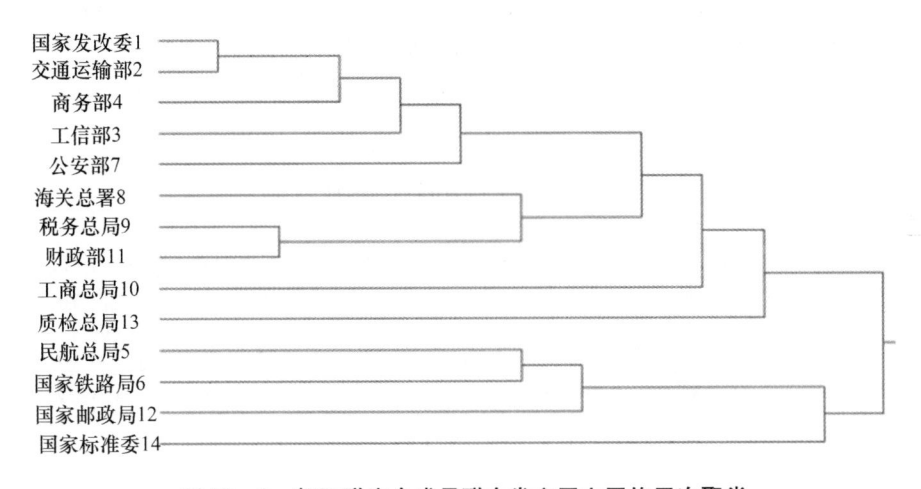

图10-5 部际联席会成员联合发文同文网络层次聚类

资料来源:作者根据相关资料整理。

可以看出,部际联席会成员层次聚类在三个政策方向:(1)现代物流发展政策:发改委和交通运输部同文41次,分别与商务部同文37次和35次,依次有工信部、质检总局、公安部和工商总局,集聚了现代物流业务发展的主要政策部门,此方向部门最多;(2)物流财税政策:财政部和税务总局联系最为紧密,同文38次,接着为海关总署,它们是物流投资、物流企业税收等有关的物流政策制定部门;(3)功能物流政策:民航总局和国家铁路局关系较近,后面依次是国家邮政局、国家标准委,此方向偏重于功能物流相关政策。结合发文数量、网络中心性及聚类层次深度,联合发文集中在现代物流、物流财税和物流功能三个方向,有现代物流和物流财税政策两个政策核心。

四 基于SNA的中国现代物流政策内容推动特征

现代物流政策内容主要有综合物流、行业物流和功能物流三类。综合物流就是物流业,功能物流包括运输、仓储、保税、快递、配送和物流信息,行业包含商贸物流、产品物流、农业物流和应急物流等内容。国务院、14个部际联席会成员(含国家邮政局)的相关文件可形成文件主体和文件内容网络。制作政策文件按照政策主体和政策内容进行细分统计表,输入Ucinet形成文件主体和文件内容的2—模网络,按列将其转换成1—模网络,然后转换成Excel格式输出,结果见表10-3。

表10-3 2001—2020年中国现代物流政策文件主体与文件内容的共现统计 （单位：项）

	文件数	国务院	国家发改委	交通运输部	工信部	商务部	民航总局	国家铁路局	公安部	海关总署	税务总局	工商总局	财政部	国家邮政局	质检总局	国家标准委
物流业	61	13	26	21	10	18	9	10	6	5	2	3	8	7	5	4
运输物流	247	11	36	147	12	10	19	13	16	21	41	3	25	4	4	2
保税物流	13	1	0	0	0	0	0	0	0	10	4	0	3	0	0	0
仓储物流	7	0	3	1	0	2	0	1	0	0	0	0	1	0	0	0
快递物流	51	2	2	2	1	5	1	0	1	5	0	3	1	44	1	0
配送物流	11	0	1	6	1	11	0	0	6	0	0	0	1	3	0	0
物流信息	4	0	0	0	1	0	0	0	0	0	0	0	0	0	0	0
包装物流	3	0	2	0	2	2	0	0	0	0	0	0	0	3	0	0
商贸物流	138	28	18	11	12	77	1	2	3	12	19	11	22	5	6	5
产品物流	31	15	3	4	2	5	0	1	4	1	2	0	2	0	1	0
农业物流	17	2	2	5	0	8	0	0	0	1	0	2	7	2	0	0
应急物流	3	2	0	0	0	0	0	0	0	0	0	0	0	1	0	0
合计	586	74	93	198	42	140	30	28	35	57	68	23	70	69	19	11

资料来源:作者根据相关资料整理。

在12类物流政策中，涉及最多的部门依次是：商务部11类，财政部9类，发改委、交通运输部均为9类，国务院、工信部、公安部、国家邮政局8类，质检总局、税务总局、工商总局、国家铁路局和海关总署均为6类，民航总局和国家标准委最少，分别为4类和3类。说明物流政策涉及面广，部门参与度高。从内容上看，运输物流、商贸物流、物流业和快递物流的政策文件最多，占总数的86.3%。运输物流政策虽由交通运输部主导，也为税务总局、发改委、财政部、公安部和海关总署的首选；商贸物流政策由商务部主导，是国务院重点关注的领域，发改委、财政部、税务总局、工商总局极为重视；物流业政策反映了发改委牵头，国务院、商务部、交通运输部和其他各部委积极参与的情形；其他政策，如快递物流——国家邮政局，保税物流——海关总署，产品物流——国务院，配送和农业物流——商务部。这初步表明，物流分工管理机制和部际联席会的协调机制发挥着重要作用。

将文件内容对文件主体的QAP回归分析，进一步印证上述的观察。将15个政策文件主体（国务院和14部委）和11类物流文件内容分别制作成独立的2—模网络，按照行进行1—模网转换，形成586*586的同主体和同内容文件网络。根据"Tools-Testing Hypotheses-Dyadic（QAP）-QAP Correlation"分别计算相关系数（结果略），然后，挑选相关系数在0.001水平下显著的关系项进行QAP回归：按"Tools-Testing Hypotheses-Dyadic（QAP）-QAP Regression-Double Dekker Semi-partialing MRQAP"路径，以同主体文件网络为自变量，同内容文件网络为因变量，剔除掉不显著的情形，得出结果如表10-4所示。

由表10-4可见，各项回归均非常显著，政策主体对应物流职责有显著影响。快递物流（0.328）、商贸物流（0.160）、运输物流（0.116）有较高解释度，保税物流也有一定解释力，说明这些物流事务责任分工明确，责任部门主导作用明显；物流业与四个主体关系显著，说明物流业需要多部门、多层次的协调管理，发改委系数相对较高，说明有一定的牵头作用。由此可得，物流部门分工管理体制和部际联席会协调机制促成了物流政策文件内容选择。

表 10-4　2001—2020 年中国现代物流政策文件内容对文件主体的 QAP 回归结果

	保税物流	商贸物流	快递物流	运输物流	物流业	产品物流	配送物流
自变量	海关总署（0.205483）	商务部（0.3995）	国家邮政局（0.572537）	交通运输部（0.330659）税务总局（0.091365）	发改委（0.104398）国务院（0.059126）国家铁路局（0.036339）工信部（0.032682）	国务院（0.089065）	公安部（0.066286）商务部（0.054825）
R-Square	0.042	0.160	0.328	0.116	0.018	0.008	0.008

Adj R-sqr = R-Square　Probality = 0.000　Num of Obs = 225150；因变量下方括号数字为 QAP 回归对应标准化系数

资料来源：作者根据相关资料整理。

第十一章

中国现代物流治理工作制度策略分析

中国现代物流治理过程中,形成了以分工协作为基础的国家治理机制,创新出了多视角、全方位的工作制度体系,包括政策推动制度、预测、监测和统计制度、重点企业联系制度、产学研合作制度。这些工作制度中,除预测、监测和统计制度外,其他制度都是现代物流实践的实际运行系统,每个工作制度都可以描述为相对独立的系统,各有自己的运行逻辑和运作机理。系统动力学特别适合用来分析这些工作制度系统的运行机理。通过构建各个系统动力学模型,根据实际情形进行变量定义和方程设计,最后进行策略仿真。根据不同行为主体的行为策略仿真结果,我们可以进行比较判断,从而作出合理的行为决策。因此,本章将对中国现代物流政策推动制度、重点企业联系制度和产学研合作制度进行策略仿真分析。

第一节 中国现代物流政策推动策略分析

一 模型构建

在分工协作为基础的国家治理机制作用下,中国现代物流政策推动主要有三条源流:一是全国人大、国务院及各部委、各级地方政府的法律法规推动;二是国务院及其各部委、部际联席会的政策文件推动;三是国标委和物流行业协会的标准化推动。具体逻辑见图11-1。

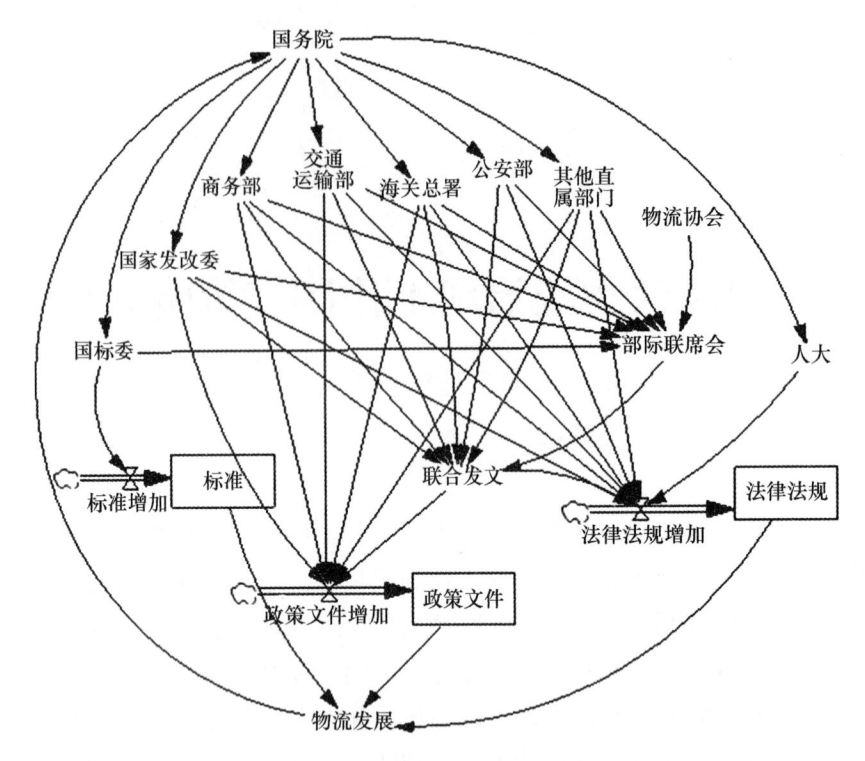

图 11-1 中国现代物流政策推动 SD 模型

二 变量定义及方程设计

本模型采用 Vensim DSS 系统动力学软件进行仿真，仿真运行时间为 2001—2020 年，步长为 1 年，模型内各变量具体方程定义如下。

（1）国务院 = DELAY1（物流发展 * 0.05，0.5）

（2）国标委 = 国务院 * 1.5

（3）国家发改委 = 国务院 * 1.8

（4）商务部 = 国务院 * 0.35

（5）交通运输部 = 国务院 * 0.15

（6）海关总署 = 国务院 * 0.1

（7）公安部 = 国务院 * 0.12

（8）其他直属部门 = 国务院 * 0.13

（9）人大 = 国务院 * 0.8

（10）物流协会 = 1

第十一章 中国现代物流治理工作制度策略分析

（11）部际联席会 = 交通运输部 * 0.1 + 公安部 * 0.1 + 其他直属部门 * 0.1 + 商务部 * 0.1 + 国标委 * 0.1 + 海关总署 * 0.1 + 物流协会 * 0.1 + 国家发改委 * 0.1

（12）联合发文 = DELAYI 交通运输部 * 0.5 + 公安部 * 0.5 + 其他直属部门 * 0.5 + 商务部 * 0.5 + 国家发改委 * 0.5 + 海关总署 * 0.5 + 部际联席会 * 1，0.6

（13）标准增加 = DELAY1（国标委 * 0.8，0.5）

（14）政策文件增加 = DELAY1（交通运输部 * 0.1 + 其他直属部门 * 0.3 + 商务部 * 0.12 + 国家发改委 * 0.2 + 海关总署 * 0.1 + 联合发文 * 0.5，0.5）

（15）法律法规增加 = DELAY1（交通运输部 * 0.1 + 人大 * 0.5 + 其他直属部门 * 0.1 + 公安部 * 0.1 + 商务部 * 0.1 + 国家发改委 * 0.1 + 海关总署 * 0.1 + 联合发文 * 0.5，0.45）

（16）标准 = INTEG（标准增加，0）

（17）政策文件 = INTEG（政策文件增加，0）

（18）法律法规 = INTEG（法律法规增加，0）

（19）物流发展 = 政策文件 * 0.35 + 法律法规 * 0.35 + 标准 * 0.3

三 策略仿真

（一）参与主体变化的策略

物流政策推动机制的核心是国务院，其次是各部委的政策文件推动以及国标委的标准化推动。各部委中：国家发改委全面统筹政策推动机制，商务部与交通运输部分别主管商务与交通运输相关的政策文件，而国标委则主要负责推动标准化，各主体在物流政策推动机制中发挥了主要作用。因此以国务院为主，进而选取在物流政策推动机制中有着重要地位的国家发改委、国标委、商务部和交通运输部作为参与主体，分别观察国务院、国家发改委、国标委、商务部和交通运输部不参与物流政策推动时物流发展的变化，分析各主体的影响差异。模型对该策略的处理是将各主体变量分别设置为0，即：

（1）国务院 = 0

（2）国家发改委 = 0

(3) 国标委 = 0

(4) 商务部 = 0

(5) 交通运输部 = 0

通过五次仿真，将仿真结果与原始值（即 current）对照，如图 11 - 2 所示。

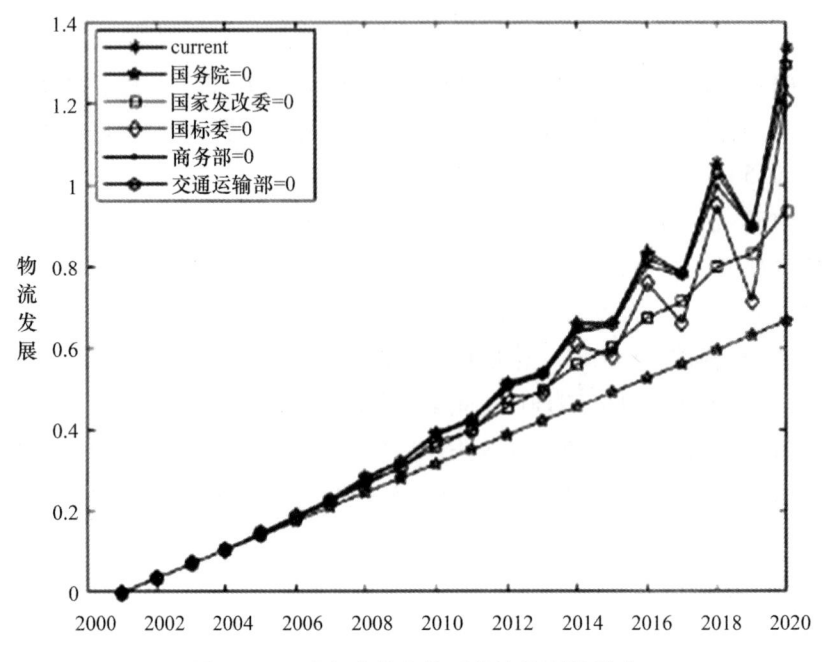

图 11 - 2　参与主体变化对物流发展的影响

由图 11 - 2 可知，对物流发展而言，国务院的影响最大，其次是国家发改委与国标委；商务部与交通运输部相对影响较小，且二者的影响程度相差不大。通过仿真发现，政策推动需要国务院、国家发改委、国标委、商务部和交通运输部等多主体共同参与，实现物流高速高质量发展。

（二）参与力度调节的策略

为探究参与主体在政策推动机制中工作投入力度对物流发展的影响，分别调整国标委与国家发改委在物流政策推动机制中的参与力度，观察主体在政策推动机制中的参与力度变化对物流发展的影响，该策略的具体处理方式是将国标委与国家发改委的参与力度以 20% 的间隔在 0—1

第十一章 中国现代物流治理工作制度策略分析

的范围内进行调整，即：

(1) 国标委/国家发改委参与力度=20%

(2) 国标委/国家发改委参与力度=40%

(3) 国标委/国家发改委参与力度=60%

(4) 国标委/国家发改委参与力度=80%

(5) 国标委/国家发改委参与力度=100%

仿真结果如图11-3与图11-4所示。

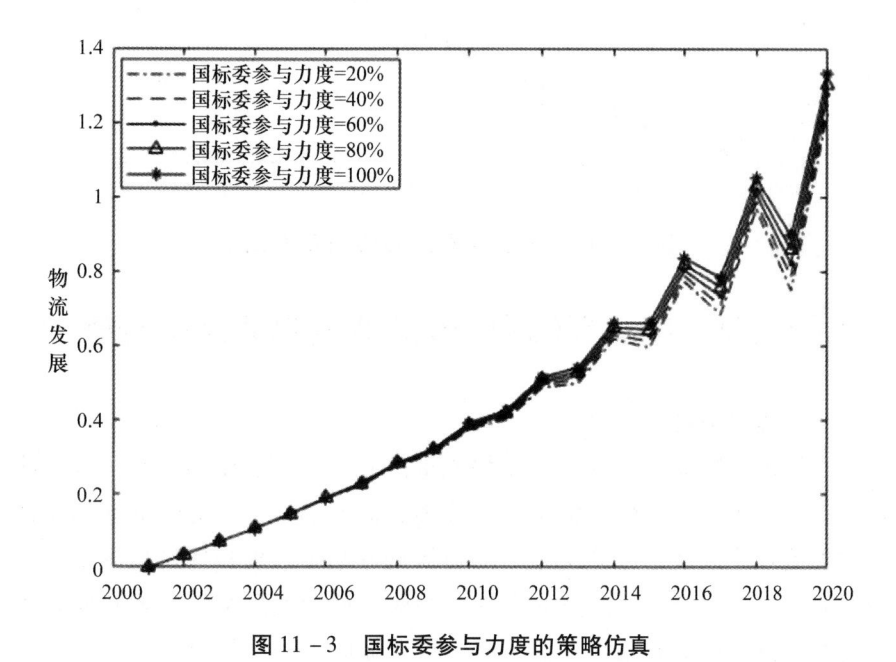

图11-3 国标委参与力度的策略仿真

由图11-3与图11-4可知，随着国标委与国家发改委在政策推动机制中参与力度的增大，物流发展将不断趋于上升状态。说明当国标委与国家发改委在推进政策文件与标准化的工作力度不断加大时，将推动物流发展向最优状态提升。

其中，国家发改委参与力度变化对物流发展提升的作用相较于国标委更大，图11-4中趋势线之间的变动幅度也相对较大，表明国家发改委参与政策推动机制对物流发展的影响更大，与图11-2结论一致。

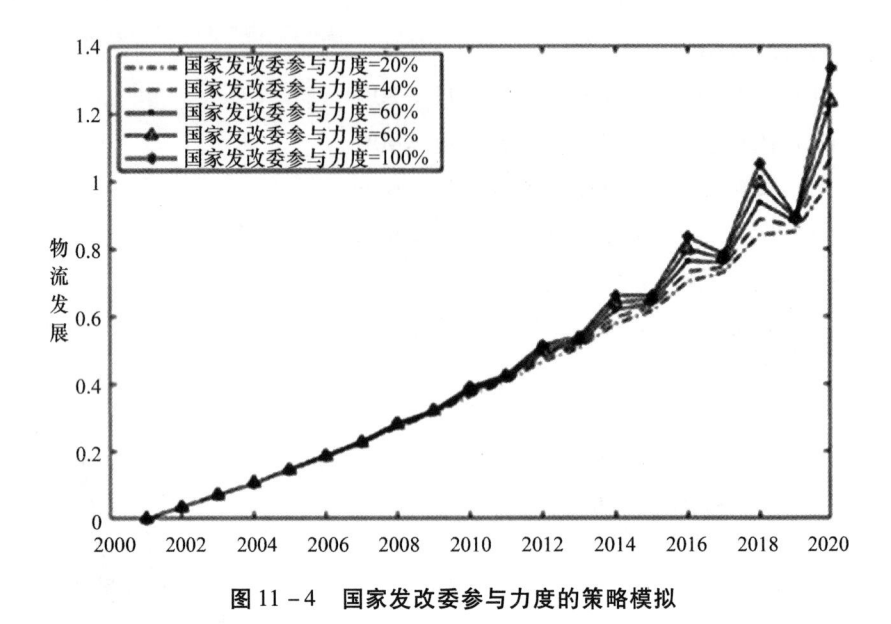

图 11-4　国家发改委参与力度的策略模拟

第二节　中国现代物流重点企业联系策略分析

一　模型构建

中国现代物流联系制度是以物流重点联系企业制度为引领，通过物流重点联系企业制度来加强国家发改委、商务部、交通运输部等相关部门对物流行业以及企业的了解，推动物流业基础管理和现代物流重点领域发展，实现物流行业的整体发展。物流行业的发展又将影响政府相关部门对物流企业的联系强度，从而使得企业联系制度构成了一个由"政府—企业—行业—政府"的回路，基于此回路构建物流重点联系企业制度的系统动力学模型，如图 11-5 所示。

二　变量定义及方程设计

本模型采用 Vensim DSS 系统动力学软件进行仿真，仿真运行时间为 2001—2020 年，步长为 1 年，模型内各变量具体方程定义如下：

（1）国家发改委 =（1 + SIN（物流行业发展 * 0.3））/2

（2）交通运输部 =（1 + SIN（物流行业发展 * 0.3））/2

（3）商务部 =（1 + SIN（物流行业发展 * 0.18））/2

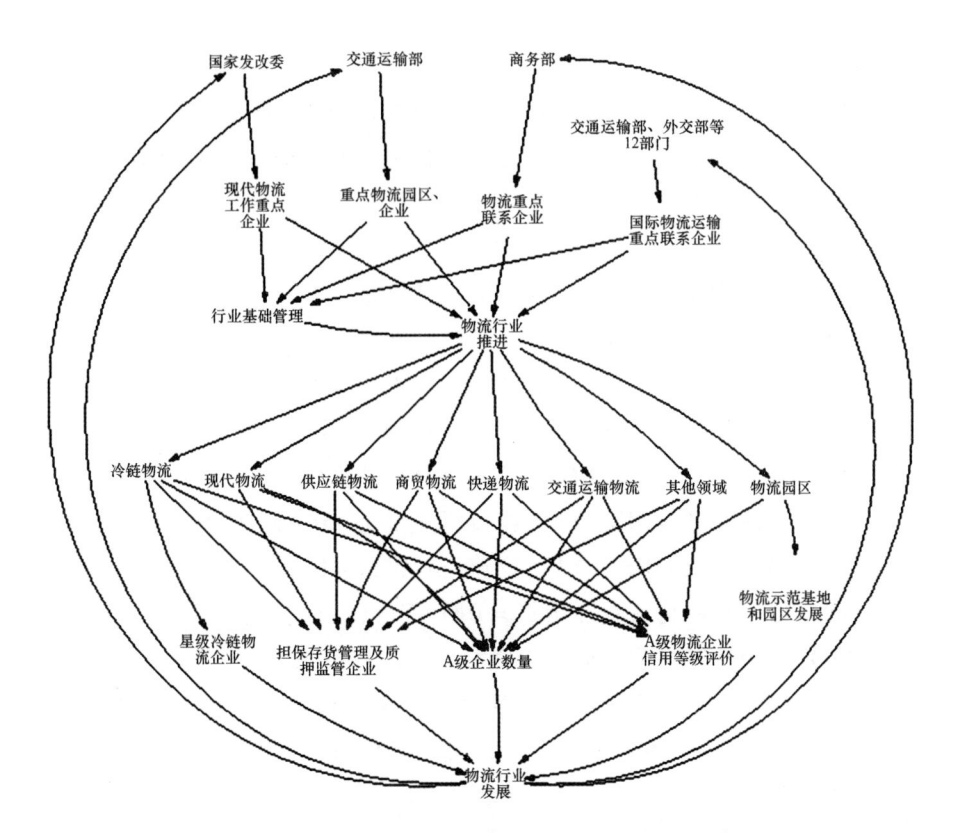

第十一章 中国现代物流治理工作制度策略分析

图 11-5 中国现代物流重点联系企业制度的 SD 模型

（4）交通运输部、外交部等 12 部门 =（1＋SIN（物流行业发展 * 0.22））/2

（5）现代物流工作重点企业 = ACTIVE INITIAL（国家发改委 * 5 + 34，34）

（6）重点物流园区、企业 = ACTIVE INITIAL（DELAY1（交通运输部 * 4 + 20，11））

（7）物流重点联系企业 = ACTIVE INITIAL（DELAY1（4 * 商务部 + 30，12））

（8）国际物流运输重点联系企业 = ACTIVE INITIAL（DELAY1（交通运输部、外交部等 12 部门 * 5 + 54，19））

（9）行业基础管理 = DELAY1（国际物流运输重点联系企业 * 0.1 + 物流重点联系企业 * 0.1 + 现代物流工作重点企业 * 0.2 + 重点物流园区、

企业*0.1, 0.8)

（10）物流行业推进=DELAY1（国际物流运输重点联系企业*0.1+物流重点联系企业*0.2+现代物流工作重点企业*0.6+行业基础管理*0.15+重点物流园区、企业*0.3, 2）

（11）冷链物流=DELAY1（物流行业推进*0.2, 0.5）

（12）现代物流=DELAY1（物流行业推进*0.1, 0.5）

（13）供应链物流=DELAY1（物流行业推进*0.12, 0.5）

（14）商贸物流=DELAY1（物流行业推进*0.1, 0.5）

（15）快递物流=DELAY1（物流行业推进*0.2, 0.5）

（16）交通运输物流=DELAY1（物流行业推进*0.15, 0.5）

（17）其他领域=DELAY1（物流行业推进*0.15, 0.5）

（18）物流园区=DELAY1（物流行业推进*0.1, 0.5）

（19）星级冷链物流企业增量=DELAY1（冷链物流*0.1, 0.5）

（20）星级冷链物流企业=冷链物流*2

（21）担保存货管理及质押监管企业=交通运输物流*0.5+供应链物流*0.4+其他领域*0.6+冷链物流*0.5+商贸物流*0.3+快递物流*0.8+现代物流*1

（22）A级企业数量=交通运输物流*0.8+供应链物流*0.6+其他领域*0.4+冷链物流*0.5+商贸物流*0.4+快递物流*1+物流园区*0.5+现代物流*0.4

（23）A级物流企业信用等级评价=交通运输物流*0.9+供应链物流*0.7+其他领域*0.4+冷链物流*0.6+商贸物流*0.4+快递物流*0.5+现代物流*0.3

（24）物流示范基地和园区发展=物流园区*10

物流行业发展=担保存货管理及质押监管企业*1+星级冷链物流企业*1.5+A级企业数量*2+物流示范基地和园区发展*2+A级物流企业信用等级评价*1.8

三 策略仿真

（一）参与主体变化的策略仿真

物流重点联系企业制度合作制度的核心是政府和企业的沟通。国

第十一章 中国现代物流治理工作制度策略分析

家发改委、交通运输部、商务部与其他 12 部门分别负责与现代物流工作重点企业、重点物流园区与企业、物流重点联系企业与国际物流运输重点联系企业沟通，推动物流行业整体发展。因此，选取以上四类与政府联系紧密的重点企业作为参与主体，通过对参与企业进行调整，分别观察四类重点企业不参与政府联系时物流行业发展的变化，分析四类重点企业的影响差异。模型对该策略的处理是将各重点企业分别设置为 0，即：

（1）国际物流运输重点联系企业 = 0
（2）物流重点联系企业 = 0
（3）重点物流园区、企业 = 0
（4）现代物流工作重点企业 = 0

通过四次仿真，将仿真结果与原始值（即 current）对照，如图 11-6 所示。

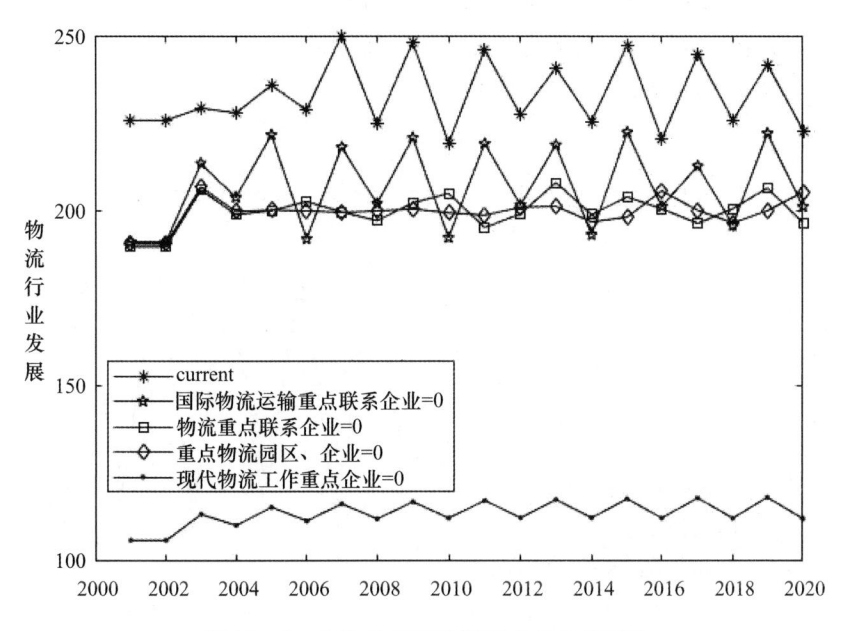

图 11-6　主体参与对物流行业发展的影响

由图 11-6 可知，对物流行业发展而言，现代物流工作重点企业的影响最大，不参与政府联系时的物流行业发展数值与原始值的差异最大；

第三篇 中国现代物流治理模式与评价

其次是物流重点联系企业与重点物流园区、企业，二者对物流行业发展的影响相对较小，这与相关部门在联系制度中的推进作用相关。由于国际物流运输重点联系企业出现时期较晚，因此影响最小，趋势线与原始值的差距相对较小。通过仿真发现，物流重点联系企业制度合作制度需要多主体共同参与，实现物流业稳定发展。

（二）参与力度调节的策略仿真

为探究政府部门在联系制度中工作投入力度对物流业发展的影响，分别调整国家发改委与商务部在联系制度中的参与力度，观察参与力度变化对物流行业发展的影响，该策略的具体处理方式是将国家发改委与商务部参与力度以20%的间隔在0—1的范围内进行调整，即：

（1）国家发改委/商务部参与力度=20%
（2）国家发改委/商务部参与力度=40%
（3）国家发改委/商务部参与力度=60%
（4）国家发改委/商务部参与力度=80%
（5）国家发改委/商务部参与力度=100%

仿真结果如图11-7与图11-8所示。

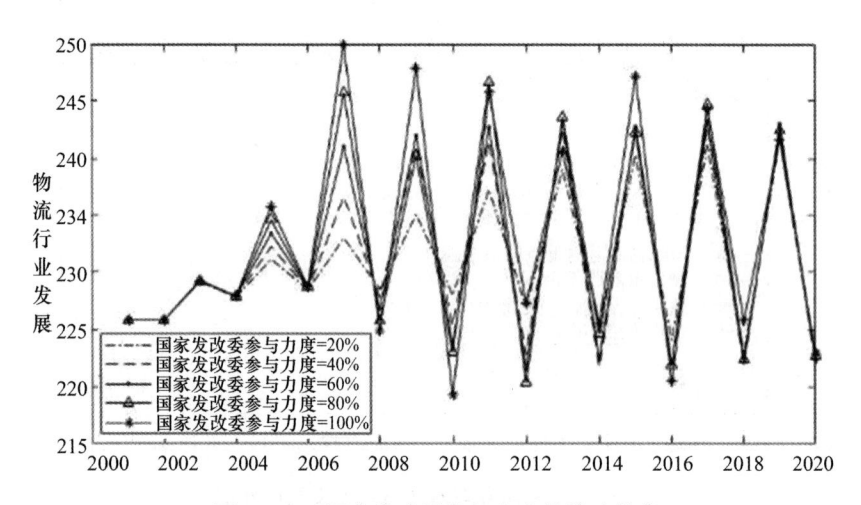

图11-7 国家发改委参与力度的策略仿真

图 11-8　商务部参与力度的策略仿真

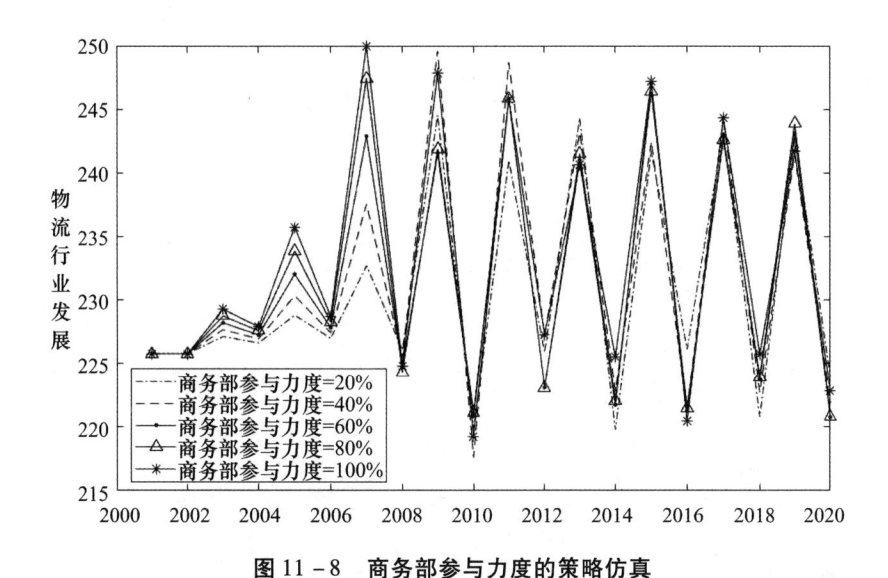

如图 11-7 与图 11-8 所示，2010 年前，国家发改委与商务部在联系制度中参与力度的增加可相应促进物流业发展；2010 年后，国家发改委与商务部可相应减轻参与力度至 80% 左右，仍可维持物流业持续发展。表明政府部门在联系制度中的工作投入力度可随着物流业的发展相应减少投入，最佳工作投入力度在 80%—100% 之间。

第三节　中国现代物流产学研合作策略分析

一　模型构建

产学研合作制度是由政府引导，教指委参与，企业、高校和科研院所共同开展技术创新、投资研发的活动，促进人才培养、企业改善和科研发展的机制。通过梳理产学研合作制度中各主体间的联系，构建了一个由物流协会协调，教指委引导，企业、高校和科研院所参与的现代物流产学研合作制度的系统动力学模型，如图 11-9 所示。

产学研政策及相关政策的推动，调动了物流协会参与的积极性，通过影响物流协会参与的活跃度和数量对物流协会参与产生影响；而物流协会作为产学研合作制度中企业、高校和科研院所三主体的协调

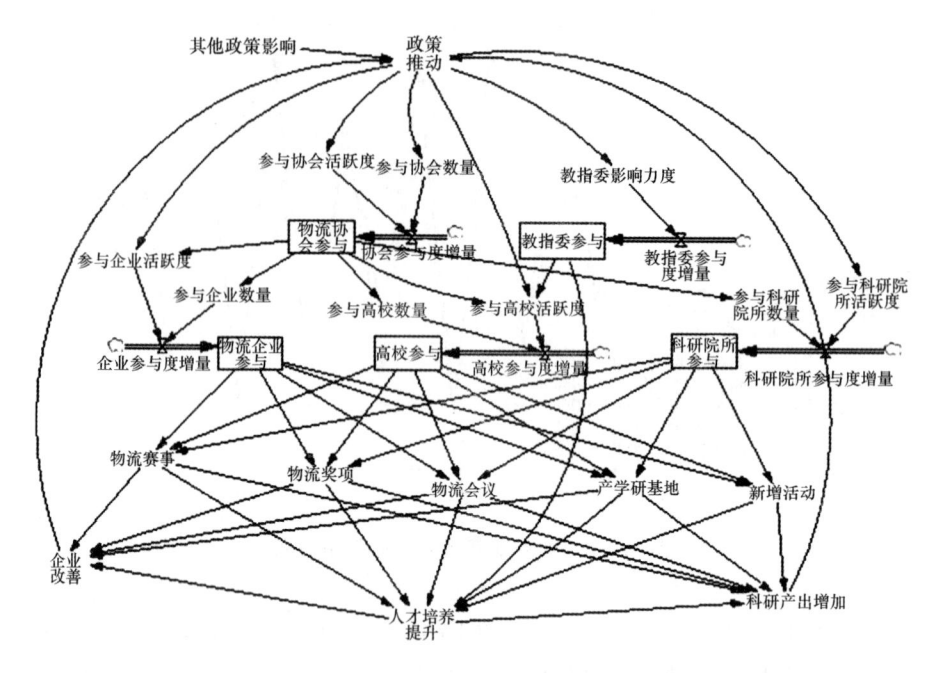

图 11-9 中国现代物流产学研合作 SD 模型

者,对参与企业、高校和科研院所的活跃度和数量进行调节,从而影响了三主体的参与;企业、高校和科研院所的共同参与呈现出物流赛事、物流奖项、物流会议、产学研基地等合作形式,有效促进了人才培养质量提升,进而推动企业改善和科研发展;企业改善和科研发展又将推动产学研政策及相关政策的调整;此外,教指委作为指导教育发展的机构,受政策推动对高校参与活跃度和人才培养产生调节作用。由此,产学研合作制度形成了一个由"政策推动—协会协调/教指委调节—企业、高校和科研院所参与—人才培养—企业改善/科研发展—政策推动"的回路。

二 变量定义及方程设计

本模型采用 Vensim DSS 系统动力学软件进行仿真,仿真运行时间为 2001—2020 年,步长为 1 年,模型内各变量具体方程定义如下:

第十一章 中国现代物流治理工作制度策略分析

(1) 其他政策影响 = 0.1

(2) 政策推动 = (1 + SIN (1 + 科研产出增加 * 0.3 – 企业改善 * 0.1 + 其他政策影响)) /2

(3) 参与协会活跃度 = 0.1 * 政策推动

(4) 参与协会数量 = 政策推动 * 10

(5) 协会参与度增量 = 参与协会活跃度 * 参与协会数量

(6) 物流协会参与 = INTEG (协会参与度增量,0)

(7) 教指委影响力度 = 政策推动 * 0.1

(8) 教指委参与度增量 = 教指委影响力度 * 0.8

(9) 教指委参与 = INTEG (教指委参与度增量,0)

(10) 参与企业活跃度 = 政策推动 * 0.015 + 物流协会参与 * 0.01

(11) 参与企业数量 = 物流协会参与 * 0.05 * 1000

(12) 企业参与度增量 = DELAY1 (参与企业活跃度 * 参与企业数量,0.6)

(13) 物流企业参与 = INTEG (企业参与度增量,0)

(14) 参与高校数量 = 物流协会参与 * 0.005 * 500

(15) 参与高校活跃度 = 政策推动 * 0.015 + 教指委参与 * 0.025 + 物流协会参与 * 0.025

(16) 高校参与度增量 = DELAY1 (参与高校活跃度 * 参与高校数量,0.5)

(17) 高校参与 = INTEG (高校参与度增量,0)

(18) 参与科研院所数量 = 物流协会参与 * 0.025 * 400

(19) 参与科研院所活跃度 = 政策推动 * 0.02

(20) 科研院所参与度增量 = DELAY1 (参与科研院所活跃度 * 参与科研院所数量,0.5)

(21) 科研院所参与 = INTEG (科研院所参与度增量,0)

(22) 物流赛事 = DELAY1 (物流企业参与 * 0.01 + 科研院所参与 * 0.03 + 高校参与 * 0.1,0.5)

(23) 物流奖项 = DELAY1 (物流企业参与 * 0.05 + 科研院所参与 * 0.3 + 高校参与 * 0.8,0.5)

（24）物流会议 = DELAY1（物流企业参与 * 0.05 + 科研院所参与 * 0.3 + 高校参与 * 0.8，1）

（25）产学研基地 = DELAY1（物流企业参与 * 0.05 + 科研院所参与 * 0.05 + 高校参与 * 0.15，0.8）

（26）新增活动 = 物流企业参与 * 0.1 + 科研院所参与 * 0.2 + 高校参与 * 0.3

（27）方案采纳 = DELAY1（物流赛事 * 0.2 + 物流奖项 * 0.2，0.5）

（28）人才培养提升 = 产学研基地 * 1 + 教指委参与 * 5 + 物流奖项 * 2 + 物流赛事 * 2 + 物流会议 * 1 + 新增活动 * 1

（29）企业改善 = DELAY1（人才培养提升 * 4 + 产学研基地 * 2.5 + 物流会议 * 2 + 物流赛事 * 2.2 + 物流奖项 * 2 + 新增活动 * 1，4）

科研产出增加 = DELAY1（人才培养提升 * 0.35 + 物流会议 + 物流奖项 + 物流赛事 + 新增活动 * 1 + 产学研基地 * 0.2，1）

三　策略仿真

（一）参与主体变化的策略仿真

产学研合作制度的核心是企业、高校、科研机构的共同参与，企业、高校与科研院所的数量对产学研合作制度中的各项活动（如物流赛事、物流奖项等）有一定促进作用，进而对企业改善、人才培养与科研产出有重要影响。因此，选取企业、高校与科研院所作为产学研合作制度研究的参与主体并对其进行调整，分别观察企业、高校与科研院所不参与产学研合作时，企业改善、人才培养提升和科研产出增加等变量的变化，分析各主体的影响差异。模型对该策略的处理是将各参与主体的数量分别设置为0，即：

（1）参与企业数量 = 0

（2）参与高校数量 = 0

（3）参与科研院所数量 = 0

通过三次仿真，将仿真结果与原始值（即 current）对照，如图 11-10、图 11-11 与图 11-12 所示。

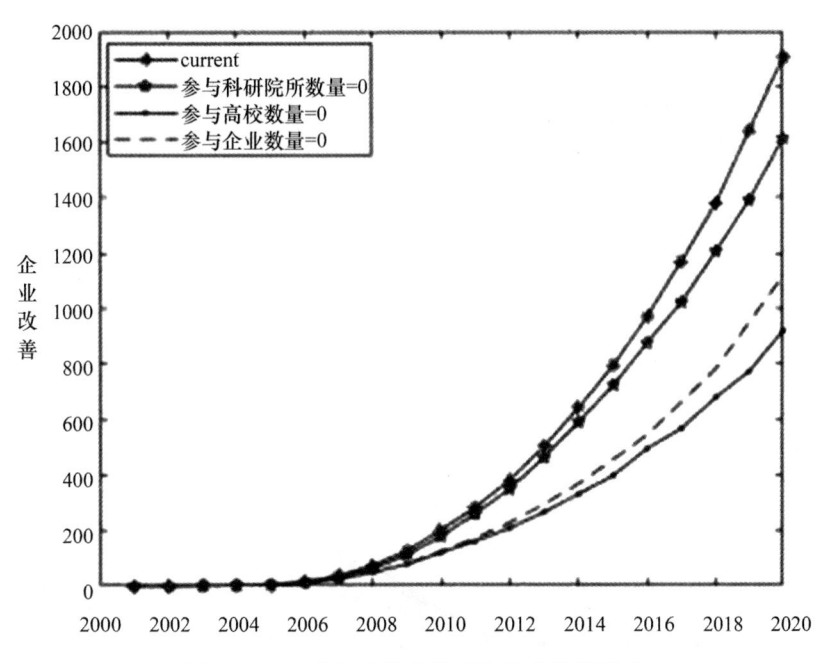

第十一章　中国现代物流治理工作制度策略分析

图 11-10　参与主体变化对企业改善的影响

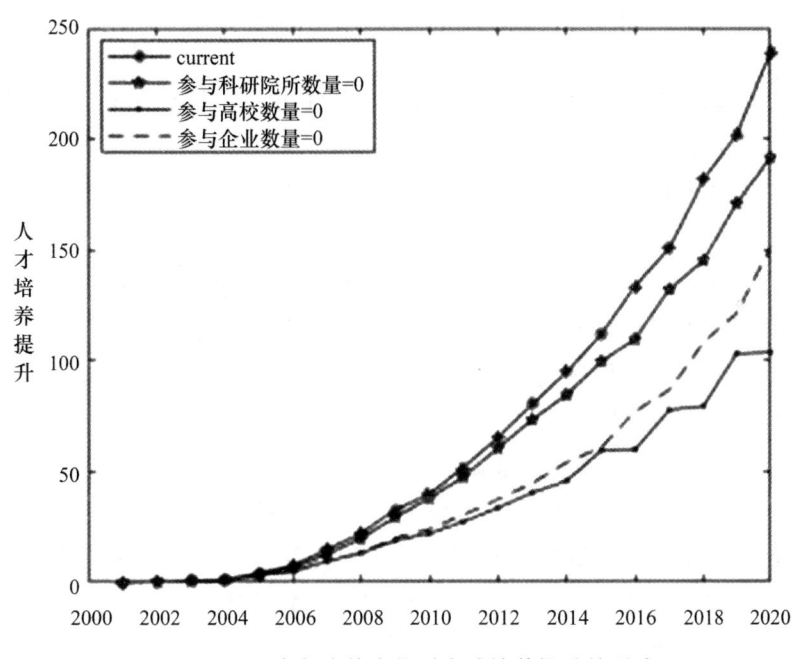

图 11-11　参与主体变化对人才培养提升的影响

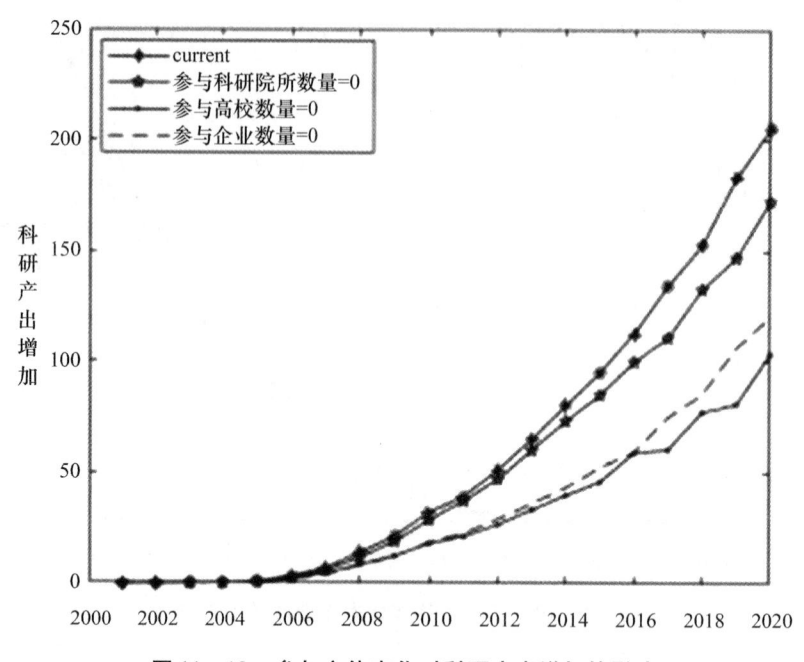

图 11-12 参与主体变化对科研产出增加的影响

由图 11-10、图 11-11 与图 11-12 可知,对人才培养、企业改善和科研发展而言,高校的参与最为重要,其对三者的影响力度均是最大的,图中高校数量为 0 时的趋势线与 current 线的差距也最大。其次是企业,企业参与对企业改善的影响较为明显;科研院所影响相对较小,趋势线也与 current 线最接近,主要是因为科研院所的数量相对较少,因此在产学研合作制度中影响相对不明显。通过仿真发现,产学研合作制度需要企业、高校与科研院所多主体的共同参与方能更好实现人才培养、企业改善和科研发展。

(二)参与度调节的策略仿真

企业、高校与科研院所是产学研合作制度的核心主体,因此,为探究核心主体参与产学研合作制度的投入程度变化对企业改善、人才培养提升和科研产出增加的影响,将主体参与度以 20% 的间隔在 0—1 范围内进行调整,即:

(1) 企业/高校/科研院所参与度 = 20%

第十一章 中国现代物流治理工作制度策略分析

（2）企业/高校/科研院所参与度 = 40%

（3）企业/高校/科研院所参与度 = 60%

（4）企业/高校/科研院所参与度 = 80%

（5）企业/高校/科研院所参与度 = 100%

仿真结果分别如图 11-13 到图 11-21 所示。

（一）企业参与度调节

由图 11-13 可见，2018 年前，企业在产学研合作制度中参与度越大，对企业改善的促进作用越大；2018 年后，企业参与程度可相应减弱至 60%—80%，在降低投入成本的同时也可继续维持对企业改善的促进作用。

如图 11-14 与图 11-15 所示，2016 年前，企业参与度越大，对人才培养提升和科研产出增加的促进作用越大；2016 年后，企业参与程度可相应减弱至 40%—80%。

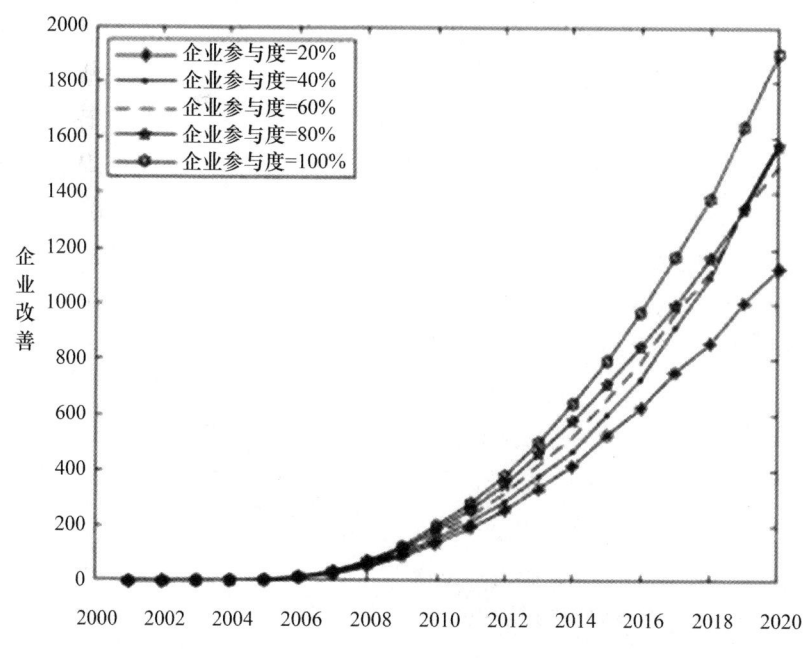

图 11-13 企业参与度对企业改善的策略仿真

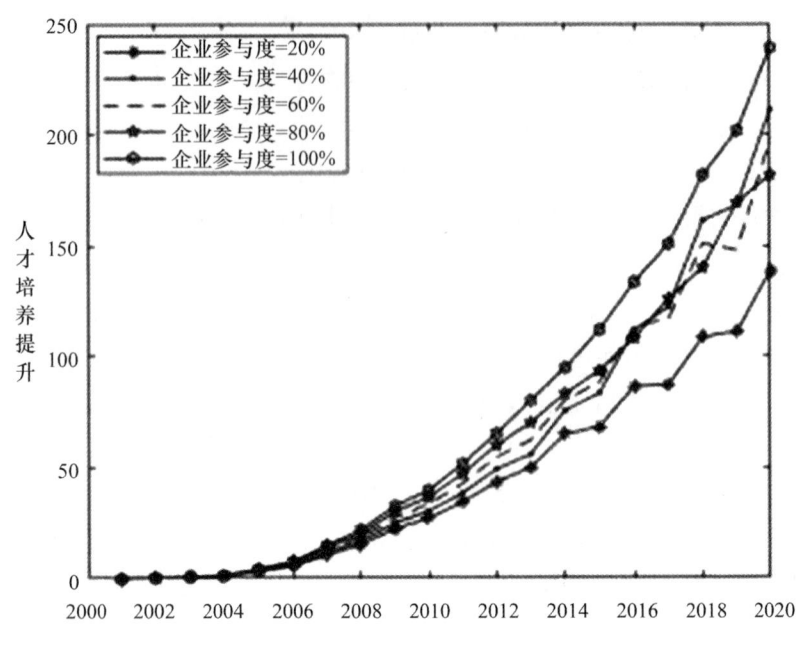

图 11-14　企业参与度对人才培养提升的策略仿真

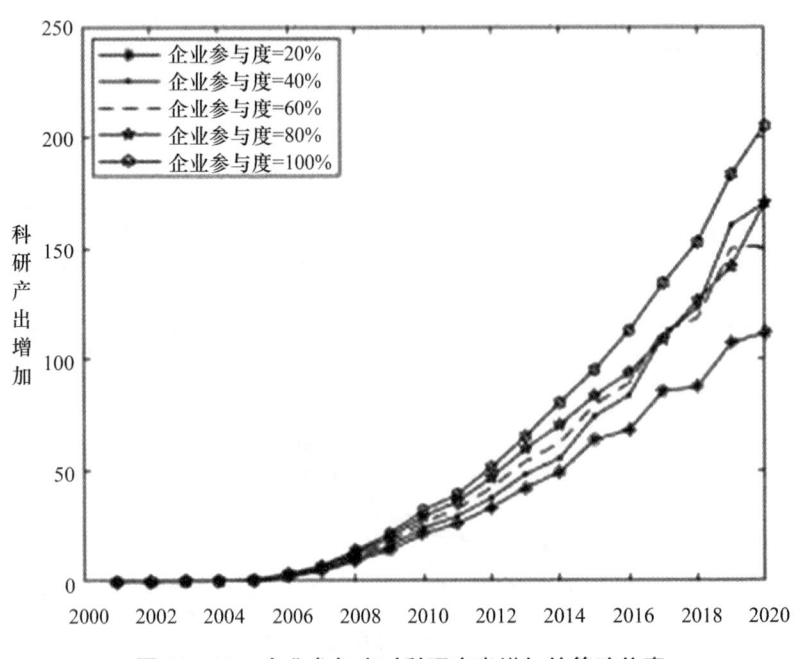

图 11-15　企业参与度对科研产出增加的策略仿真

(二) 高校参与度调节

如图 11-16 所示，2017 年前，高校在产学研合作制度中参与度越大，对企业改善的促进作用越大；2017 年后，企业参与程度可相应减弱至 60%—80%，在降低投入成本的同时也可继续维持对企业改善的促进作用。

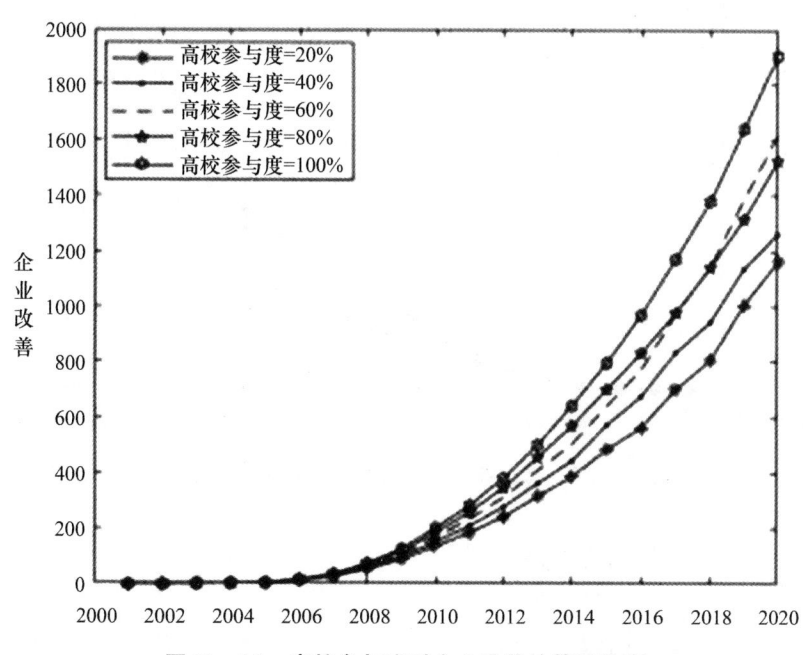

图 11-16　高校参与度对企业改善的策略仿真

如图 11-17 所示，2015 年前，高校在产学研合作制度中参与度越大，对人才培养提升的促进作用越大；2015 年后，企业参与程度可相应减弱至 60%—80%。

如图 11-18 所示，2016 年前，高校在产学研合作制度中参与度越大，对科研产出增加的促进作用越大；2016 年后，企业参与程度可相应减弱至 60%—80%。

(三) 科研院所参与度调节

如图 11-19 到图 11-21 所示，随着科研院所参与度的增加，其对人才培养、企业改善和科研产出增加的促进作用越大。由上文已知科研院所对企业改善、人才培养提升和科研产出增加的影响程度相对较低，因此科研院所参与度增加所产生的促进效益也相对较小，图中各参与度趋势线之间的差距也较小。

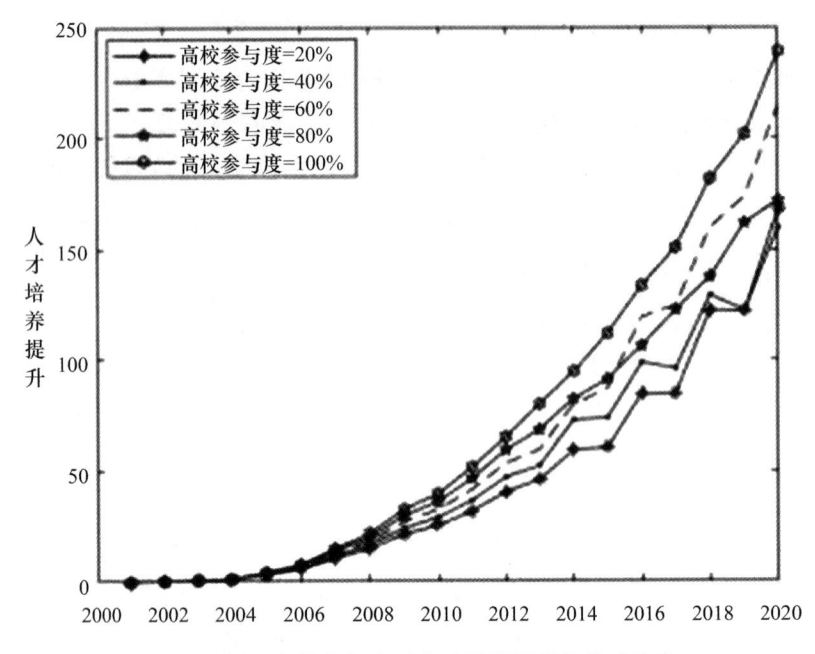

图 11-17　高校参与度对人才培养提升的策略仿真

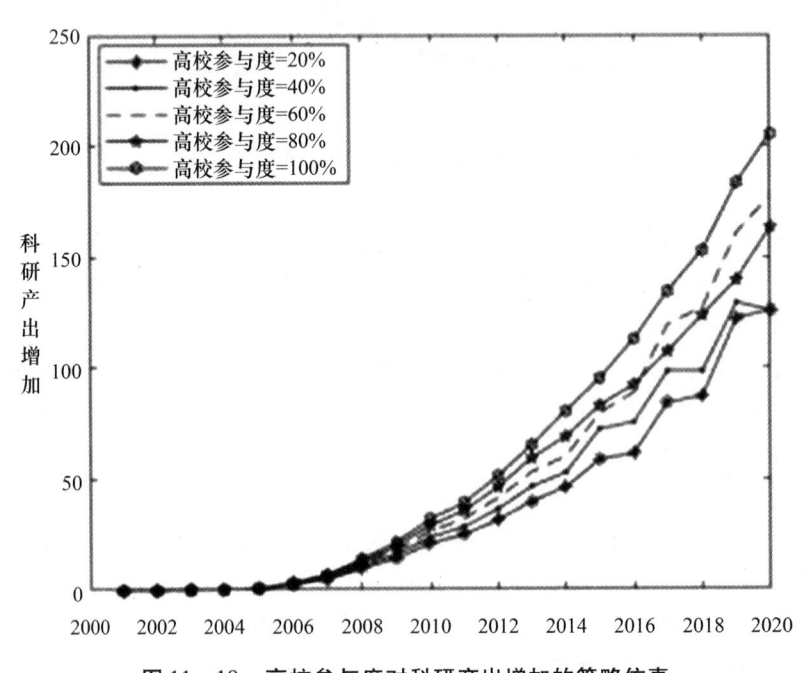

图 11-18　高校参与度对科研产出增加的策略仿真

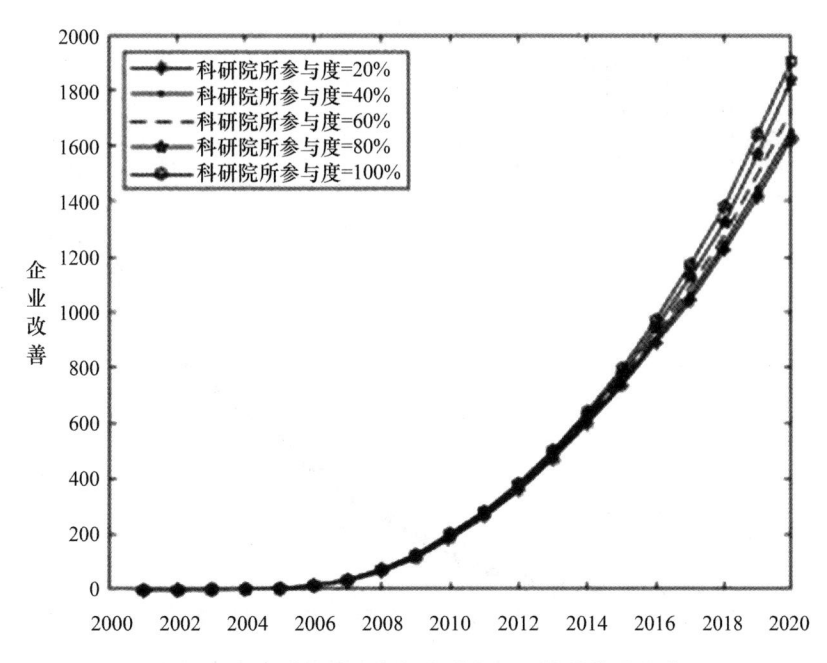

图 11-19　科研院所参与度对企业改善的策略仿真

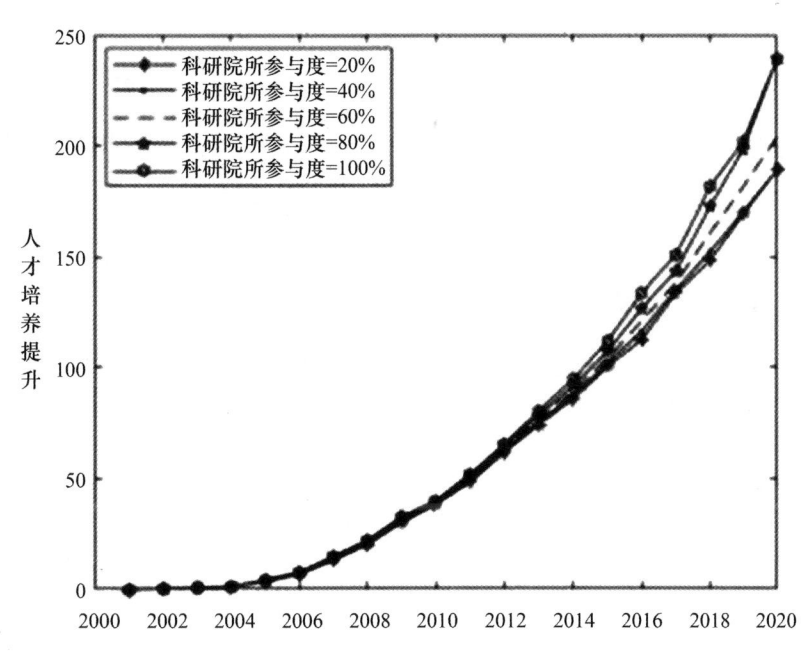

图 11-20　科研院所参与度对人才培养提升的策略仿真

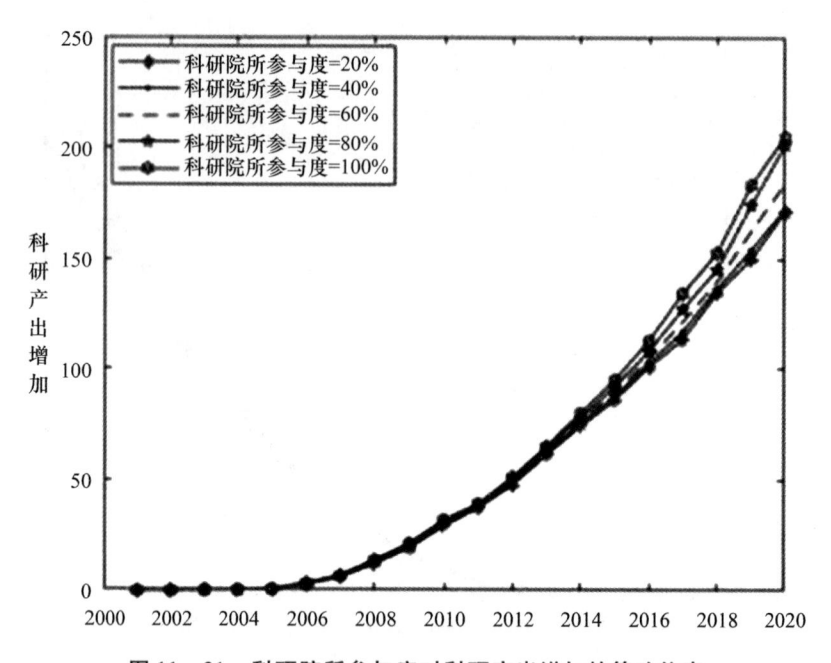

图 11-21　科研院所参与度对科研产出增加的策略仿真

第十二章

中国现代物流产业治理模式效果评价

前文的分析可知,物流政策推动制度是首要和核心的工作制度,政策文件推动成为中国现代物流治理最为突出的特色。中国现代物流产业治理模式效果评价关键在于如何评价政策文件的推动效果,因此,本章重点研究物流产业政策文件的作用效果。具体而言,产业政策供给手段分为激励性手段和强制性手段,对产业可持续发展和经济高质量发展意义重大。本章首先提出了两类不同的产业政策供给手段对产业可持续发展影响的假设,通过挖掘909项(其中法律法规323项、政策文件586项)中国物流产业政策文本计算出政策供给手段力度,选取2001—2020年中国物流业的时间序列数据进行实证检验。结果表明,产业政策供给手段显著影响产业可持续发展:(1)激励性手段促进产业增长,强制性手段抑制产业增长;(2)激励性手段能降低产业运行成本,强制性手段会增加产业运行成本;(3)激励性手段与强制性手段都对能源利用效率有显著影响,并且激励性手段能提升能源利用效率,强制性手段会降低能源利用效率。为此,我们提出政策建议,即经济落后的地区应加大激励性手段的投入,而强制性手段依旧需要政府进行针对性地完善与改进,以期为产业高质量发展提供参考依据。

第一节 引言

2021年全国两会提出:"让绿色成为高质量发展的底色","十四五"时期,中国单位国内生产总值能耗和二氧化碳排放分别降低13.5%

和 18%，这意味着推动中国经济发展模式可持续化转变已经成为新时代的必然选择。193 个联合国会员国在 2015 年可持续发展峰会上通过的《2030 年可持续发展议程》已经形成了经济、社会与环境三大支柱的格局（董亮、张海滨，2016），推动可持续发展就是为了满足经济持续、社会持续和生态持续，产业政策在其中扮演着重要角色。

产业政策供给手段是政策目标与实施结果之间的桥梁和纽带，通常包括激励性政策和强制性政策（王慧娴、张辉，2015），科学、合理地制定产业政策，对中国产业可持续发展具有非常重要的意义。20 世纪 80 年代以来中国开始全面推行产业政策，并希望借助产业政策来实现经济腾飞（张明志、姚鹏，2020），但从已有研究文献的观点来看，产业政策可能促进产业可持续发展（Hallegatte，2013；Altenburg & Rodrik，2017），也可能起到相反作用（余东华、吕逸楠，2015），那么新时代背景下什么样的产业政策能够更好地融合于产业可持续发展，如何在促进产业发展上实现精准发力，成为新时代对产业政策提出的新要求和新挑战。本书在分析产业政策供给手段对产业可持续发展影响的基础上，以物流产业数据进行实证，为产业政策的制定提供策略依据。

第二节　理论分析与研究假设

政策供给手段是指为了达成政策目标所采取的某种工具或方法（王慧娴、张辉，2015）。近年来，广大学者一般按照政策投入方式将产业政策分为扶持政策和管制政策。扶持政策也可以称为激励性政策，是为产业政策供给客体提供便利与优惠（李靖等，2015）；管制政策也可称为强制性政策，是政府对市场的经济活动进行治理，当市场的管理机制无法进行自我调节时，政府部门就要采取强硬的制约手段来保证市场的秩序（沐潮，2014）。本书按照产业政策供给手段的分类，将政策供给手段分为激励性手段和强制性手段（董雅梅，2013），激励性手段就是引领产业正确发展方向，对产业提供一些扶持性的政策；强制性手段是政府部门为了产业健康、可持续发展所采取的一个强制性措施与手段。

有关政策供给手段的研究一直受到国内外学者的广泛关注，大量的研究文献不断涌现（Greenwald and Stiglitz，2013；林毅夫，2017），近年来，产业政策供给手段对于产业可持续发展的影响受到学界的关注。产业可持续发展通常包括经济可持续、社会可持续以及环境可持续（彭晓春，2006），基于此，本书分别从产业增长、产业运行成本以及能源利用效率三个方面来探究激励性手段和强制性手段对其的影响。

一 政策供给手段与产业增长

激励性手段采用土地、税收、财政、融资、技术等方面的扶持和优惠、加强基础设施建设、鼓励企业进行技术改造以及吸引专业人才等多方面来促进产业的经济增长（赵卿、曾海舰，2018），具体表现为：一是为产业发展提供有利的条件（李晓燕，2011）。激励性手段通过对基础设施、人才培养、技术创新与应用等公共产品的投入，改善产业投资经营环境，为产业发展提供良好的条件。二是对产业的发展方向起到引导作用（盛赟等，2019）。产业政策通过财政补贴、政府采购等手段来提高企业的投资积极性，增强企业的活力和盈利能力，引导企业优化投资结构、改善经营行为，促使产业向一体化、网络化、专业化、社会化、信息化和全球化的方向转型。政府的宏观政策渗入到企业的微观层面进行有效调节，有利于宏观经济政策目标的实现。强制性手段是为保证市场的正常运行而采取的一些限制措施，它主要是针对市场秩序和运行环境，可能会抑制产业增长。综上，本书提出假设如下：

H1：政策供给手段显著影响产业增长，激励性手段促进产业增长，强制性手段抑制产业增长。

二 政策供给手段与产业运行成本

激励性手段能有效降低市场经济活动中的各项交易成本（周正，2018），一方面，激励性的政策可为企业提供一系列补贴及税费优惠；另一方面，激励性的政策减低企业的进入门槛和资金支持，这些举措都为产业活动提供了便利条件，降低了企业服务成本。如政府部门为建立公共信息平台提供条件与支持，增加提供者与需求者之间的透明度，使需求方与供给方有更好的交流和自行选择，实现需求和供给的更好配套，降低需求者收集相关信息所耗费的成本（王军、李红昌，2019）；土地优惠政策的实施，提高落实和完善支持产业发展的用地政策，依法供应企业用地，积极支持利用工业企业旧厂房、仓库和存量土地资源建设设施或者提供服务，从而降低企业运行成本。强制性政策迫使企业投入额外的成本以达到某种既定的目标，如在污染排放方面投入更多的新设备、在标准化运营方面需要投入更多的人力及设施，综上，本书提出以下假设：

H2：政策供给手段显著影响产业运行成本，激励性手段降低产业运行成本，强制性手段增加产业运行成本。

三 政策供给手段与能源利用效率

激励性手段在某些特殊情况下并不能促进能源利用效率的提升，如（1）物流业在发展过程中会产生各类环境污染，减轻环境污染的手段之一便是发展绿色物流，对于企业而言，发展绿色物流是一种非营利行为，因此大多数企业并不愿意主动发展绿色物流，需要政府实施激励性手段（如补贴、促进条例）进行刺激；然而，当激励性手段力度过低时，企业依旧不愿意配合发展绿色物流，因此在激励性手段影响下，不能获得能源利用效率的提升（舒辉、李建军，2013）。（2）社会与企业关于绿色物流的意识普遍较弱，对物流与可持续发展之间的关系认识不全面，政府关于发展绿色物流的政策引导作用较弱，因此激励性手段在这一环境下不能发挥预期作用，反而可能带来能源利用效率的降低（李宏岳，2007；谢泗薪、王文峰，2010）。另外，激励性手段在"绿色产业发展""可持续发展""节能减排"等环境保护相关内容方面，有着积极的作用，如（1）持续推进柴油货车污染治理力度（张荣，2020）。（2）鼓励企业使用符合标准的低碳环保配送车型（周巧珍、丁艳，2020）。（3）发展绿色仓储，鼓励和支持在园区、大型仓储设施应用绿色建筑材料、节能技术与装备以及能源合同管理等节能管理模式。激励性手段一方面可能导致能源利用效率降低，另一方面也可能对能源利用效率提升有积极影响，但影响程度未知。

强制性手段多为规范市场秩序和规制运行环境，立法约束市场与企业的行为是实现环境保护的重要方式。一方面，强制性手段可能对能源利用效率产生负向影响，例如：(1)目前针对物流业进行绿色发展的相关法律法规较少，在具体执行过程中，环境相关细则落实出现问题，不利于物流业的能源利用效率改善（刘战豫等，2018）。(2)国内的绿色物流依旧处于起步阶段，政府与企业的绿色物流理念淡薄，政府出台的绿色物流相关法律法规较为零散，不能起到有效地规制限定作用，容易导致物流业的能源利用效率降低（吴爱萍，2019）。另一方面，强制性手段的规制性特征对能源利用效率会产生积极作用，如（1）由于中国物流业起步较晚，物流技术相对于发达国家较落后，因此政府采取加强环境管制与健全系列法规的方式有利于绿色物流的发展，提高废弃物利用率与能源利用率（李晓霞，2009）。(2)随着消费者对绿色健康农产品的需求增加，政府也制定了一系列有利于农产品绿色物流发展的政策法规，政府对市场环境的有效规制为农产品创新绿色物流技术提供了良好的发展环境，有利于能源利用效率的提升（成灶平、张小洪，2020）。由此可见，强制性手段对能源利用效率有一定的影响，但影响程度与影响方向不能确定。

因此，本书提出如下假设：

H3a：激励性政策供给手段显著影响能源利用效率。

H3b：强制性政策供给手段显著影响能源利用效率。

第三节 文本挖掘与变量测度

物流业是国民经济的基础性产业，也具有公共品的属性，其发展与公共基础设施建设密切相关，可能伴随着"市场失灵"。从投资力度来看，物流业的固定资产投资在近十年都位居第三，促进现代物流产业高质量发展并提升物流业投资效率就要求政府提供高质量的产业政策，因此本书以物流产业为例，研究可持续发展视角下产业政策供给手段对产业发展的影响，通过文本挖掘方法对1949—2020年的物流产业政策进行分类、处理及提取，并分别计算不同类型政策的供给力度，为实证分析做基础。

一 文本来源

本书收集了1949—2020年物流法律法规文本和2001—2020年的物

流产业政策文件文本，其主要来源于政府及相关部委官网（全国人大、国务院、发展和改革委员会、商务部、工业和信息化部、中国民用航空总局、交通运输部、铁路局、邮政局、税务总局、财政部、工商总局、国家质量监督检验检疫总局、国家标准化管理委员会以及其他相关部门）以及北大法宝网站相关法律法规数据库。

本书遵循权威性、专业性和完整性的文本数据搜集原则，使用尽可能多的物流专业关键词在常见的政策发布网站按年度进行逐一筛选，对于多次修订的法律法规，使用最新版本的文本，并密切关注各政策的实时更新，对已失效的政策文件只计算有效时间内产生的影响，保证数据的唯一性和有效性。本书将比较常见的物流专业术语"运输""仓储""采购""包裹寄递""多式联运""物流""反向物流""供应链""物流园区"等作为关键词进行逐一搜索，再对每项政策进行详细浏览，查看是否属于物流产业政策，共搜集到中国物流产业政策909项。

二 政策分类

产业政策包含与产业相关的法律、法规和政策文件（雷磊，2016）。产业法律是指全国人大及其常委会制定的规范性文本，是具有最高法律效力的产业政策文本；产业法规是指国务院及其各部委颁布的与产业相关的行政法规、部门规章、地方性法规、民族自治法规及经济特区法规，是具有一定法律效力的产业政策文本；产业政策文件是指各个部委颁布的引导国家产业发展方向、协调国家产业结构的政策文本，通常是指行政创造性文件、行政解释性文件、行政指导性文件及行政告知性文件（叶必丰、刘道筠，2000）。行政创造性文件是指规划类文件，实施效力仅次于法律法规；行政解释性文件是指对某些文件进行解释的文件；行政指导性文件是指意见类文件；行政告知性文件是指通知类文件。

在本书收集的909项中国物流产业政策中，法律67项，法规256项，文件586项（其中行政创造性文件158项，行政解释性文件41项，行政指导性文件178项，行政告知性文件209项），具体分类如表12-1所示。

表 12-1　　　　　　　　　　物流产业政策分类

政策		总计	2000 年以前	2001—2020 年
法律		67	48	19
法规		256	89	167
文件	行政创造性文件	158	0	158
	行政解释性文件	41	0	41
	行政指导性文件	178	0	178
	行政告知性文件	209	0	209
总计		909	137	772

资料来源：作者根据相关资料整理。

三　词典建立

由于不同时期不同部委的政策书写方式不同，且采集到的物流产业政策文本内容偶尔会出现缺失、冗杂等现象。基于此，本书对收集到的 909 项初始数据进行文本预处理，包括对每一项政策文本进行规范化转换，如去除文本中的空格和多余的标点符号、去除文本标题、部委署名以及下发时间等，从而使收集到的文本数据变成可供直接处理的数据。描述供给手段的词汇可分两大类：一是描述政策为扶持、引导类手段的词汇；二是描述政策为强制性手段的词汇。鉴于前文对物流产业政策供给手段的划分，本书将该类词典分为激励性政策词汇和强制性政策词汇。

（一）词典来源

1. 供给手段词典

首先，本书查阅了公文写作常用"手段"词汇。物流产业政策是公文的一种具体形式，而公文写作有其固有的格式和用词标准，本书主要查阅了由大连出版社出版的《公文写作词笺》以及《公文写作词汇》中的公文常用动词、公文表态用语、公文程度用语以及公文强调用语这几类，将物流产业政策供给手段分为激励性手段和强制性手段，描述政策供给手段的词汇就是该词典建立的基础，按照产业政策的供给手段分，经整理筛选一共得到 251 个供给手段词汇。

其次，为了避免词典出现较大的遗漏，还需要进行人工干预，对政策文本本身进行预览,通过语义分析大量补充供给手段词汇,对每项政策文本进行预览从中筛选出未曾选取的描述供给手段的词汇加以补充到词典中,由于共有909项政策,其中法律67项,法规256项,文件586项,比例约为1∶4∶8,因此按照法律法规文件的比例挑选代表性文件进行预览,挑选比例为20%,共挑选169篇物流产业政策,其中法律13项,法规52项,文件104项。本书根据篇幅大于5000字来进行挑选,再根据政策的引文数量进行排序,选取排名靠前的政策进行预览,补充词典词汇。从选取的这169篇物流产业政策中提取了文本中出现表述供给手段词汇,为供给手段词典添加了76个常用的供给手段词汇,基本上涵盖了后续政策文本中出现的绝大部分供给手段词汇,得到了一共327个供给手段措施词汇。

其中,激励性词汇有"促进""鼓励""发展""加强""支持""提倡""优化"等;强制性词汇有"必须""不予""禁止""规定""坚决""处罚"等,词典词汇数量统计如表12-2所示。

表12-2　　　　物流产业政策供给手段词典词汇数量统计

	激励性词汇（个）	强制性词汇（个）	总计
单个词	158	169	327
复合词	266	91	357
总计	424	260	684

资料来源:作者根据相关资料整理。

2. 程度副词词典

在对政策文本进行手段措施分析时需要考虑程度副词的影响,程度副词的使用会直接影响政策所表达的强制性或激励性力度。按照目前主流的程度副词分类方法,可把程度副词分为"最""极""太""很""更""较""稍""一点儿"类,并且程度逐渐降低,所以本书将两两分为一组,等级分别为"极量""高量""中量""低量"。本书以知网的程度级别词典为基础进行筛选,再加上上文中公文写作时常出现的一些程度副词就构成了本书的程度副词词典,共计54个,再根据以上四类将程度副词词典分类，对程度副词的强弱程度进行赋值，根据语言特点赋予它不同权重与分值。为了方便计算，本书将提取出单个政策措施词汇计分为 1，将以上此类程度副词赋予不同权重，如表 12-3 所示。需特别说明的是若政策供给手段词汇和程度副词连在一起，计分需要乘以程度副词前的权重，例如，"促进"这个词得分为 1，"大力促进"这个复合词得分为 1.5。

表 12-3　　　　　　　　　　程度副词级别词典

等级	权重	程度级别词语
极量	2	充分、非常、十分、极其、极力、亟待、亟须、竭力
高量	1.5	尤其、从严、格外、分外、过于、坚决、大幅、扎实、大力、大肆、牢牢、全力、全心、严格、严加、严厉、致力、大举、全面
中量	1.2	更加、越发、明显、显著、悉力、悉心、尽快、尽早、日趋、日益、尽力、努力、尽心、积极、不断、持续、渐渐、进一步、日渐、逐步、逐渐、普遍、切实
低量	0.5	基本、略微、稍微

资料来源：作者根据相关资料整理。

（二）词典内容

根据以上对供给手段词汇的收集、整理，得到的物流产业政策供给手段词典，又经过 Excel 将单个词和程度副词进行复合后，核对、计算权重以及赋值后得到词汇共有 684 个，并将其计算之后的词汇和分值导入 Excel 表中作为词典。因为该词典的建立主要是以公文中常用的手段措施词汇为基础再加上人为的补充，可能还存在缺漏，但也包括了政策文本中绝大多数的词汇，因此缺少的词可忽略不计。根据物流产业供给手段的强硬程度分为激励性词汇和强制性词汇，激励性词汇一般指"促进""鼓励""扶持""大力发展"这类词汇；强制性词汇是指"禁止""力避""力戒""规范"等词汇。其中激励性词汇有 424 个，强制性词汇有 260 个。

四　分词提取

分词是文本挖掘的关键步骤。分词是指将政策文本中的每一句划分成有意义的词语和字。文本中除去物流专业词汇和程度副词之外，同样存在着大量无意义的词汇和字。但是这种词汇与字本身又是具有一定结构的，如连接词和数词等，因此需要建立过滤词表过滤掉无意义的词汇。在此基础上应用软件 ROST CM6 对 909 项政策文本进行分词，具体操作步骤如下：

由于软件 ROST CM6 不能处理诸如 Word、PDF 文件，因此需要将 909 项政策文件转成文本书档（*.txt）格式，选择 ANSI 编码格式。建立过滤词表。分词后的文本中会含有名词、连接词、助词等词汇，本书将与研究目标无关的一些词汇纳入过滤词表中形成过滤词的文本书档。建立自定义词表，将上一节中提到的词典内容共计 684 个供给手段词汇建立自定义词表，然后对 909 篇经过基本处理的政策文本进行分词处理。将分词后自动形成的文本书档进行词频统计，为便于计量，将其结果输入 Excel 中，利用 Excel 中的函数将输出的词汇进行强制性词汇和激励性词汇分类，对其中的每一个词汇按照上文的赋值标准来计算每篇政策的激励性词汇得分和强制性词汇得分。

五 变量测度

本书对收集的 909 项物流产业政策计算政策供给手段力度，首先需要分步对物流产业政策效力层次、供给主体和供给手段分别进行计分，这三个层次的得分构成了物流产业政策的供给手段力度。由于本书的政策具有时效性，因此只有在时效期内生效的政策才会被计算。

设 PE 表示每一项物流产业政策效力层次，PA 表示每一项物流产业政策供给主体得分，PM 表示每一项物流产业政策的供给手段得分，此处为供给手段词频得分。

（一）对 PE、PA 赋值

根据上文所述物流产业政策的分类，本书将 909 项政策分为全国人民代表大会及常务委员会颁发的法律、国务院及各个部委颁发的行政法规、条例及暂行规定、各个部委的意见及通知性文件，然后根据这些分类来确定政策力度的赋值标准，如表 12-4 所示。目前国内普遍认可的政策量化评估模型是彭纪生（2008）提出的创新政策评估模型："政策力度—政策目标—政策措施"，此后，艾丽娜（2020）、王帮俊（2019）、徐美宵（2018）等都是根据此评估模型来进行赋值。其中，政策力度依据政策主体和政策类型来确定。在政策主体方面，根据中国国情，按照中国行政体系结构和权力级别，级别越高的政策主体发布政策力度往往较大（芈凌云、杨洁，2017）；在政策类型方面，方案、规划类政策通常力度较大，而通知、公告类政策通常力度较小。

表12－4　物流产业政策文本效力及主体层次赋值表

法律/法规	文本效力层次得分（PE）	颁布部委		文本主体层次得分（PA）
法律	5	全国人大		5
法规	4	国务院		4
行政创造性文件	3	部委	单个部委	1
行政解释性/指导性文件	2		n个部委联合发文（n≥2）	$1 + \log_{10}(n)$
行政告知性文件	1			

资料来源：作者根据相关资料整理。

（二）计算 PM

本书用供给手段词频分值来衡量供给手段得 PM，计算方法如下：

$$WR_a = WF_a \div TW \tag{1}$$

$$PM = PE \times PA \times WR_a \times 10000 \tag{2}$$

公式（1）中，WR 为物流产业政策中强制性或激励性供给手段词频占比（a=1时为强制性供给手段，a=2时为激励性供给手段），WF_a 为物流产业政策中强制性或激励性供给手段词频数量，TW 为物流产业政策中所有词频数量。本书为了显示数据的差异化，将 PM 扩大一万倍。

（三）计算单项物流产业政策供给力度 TG_{ij}

本书将计算单项物流产业政策供给力度，通过如下公式进行计算：

$$TG_{ij} = PE_{ij} \times PA_{ij} \times PM_{ij} \tag{3}$$

公式（3）中，TG_{ij} 表示在 j 年第 i 项生效的物流产业政策供给力度，其中 $i \in [1, 909]$，$j \in [2000, 2020]$（需要特别说明的是在2001年以前发布的物流产业政策在这里统一表示为2000年）。

（四）计算年度生效物流产业政策供给力度 TG_{V_j}

鉴于在处理数据时选取的都是当年生效的物流产业政策，因此前一年或前数年生效的物流产业政策一直都有其效应，能对物流产业的发展产生影响，先利用上文赋值情况及公式（1）、（2）、（3）计算出每一项物流产业政策的供给力度，然后利用如下公式计算：

$$TG_{V_j} = TG_{V_{j-1}} + TG_{N_j} - TG_{I_j} \quad (4)$$

其中 TG_{V_j} 表示 j 年生效的物流产业政策供给力度，TG_{N_j} 表示 j 年新增的物流产业政策供给力度，TG_{I_j} 表示 j 年失效的物流产业政策供给力度，$j \in [2000, 2020]$。本书把所有文件的时效期进行计算，根据如上公式，把每一年的新增政策、失效政策以及生效政策进行总计（新增政策是指在当年开始生效的政策文件；失效政策是指在当年已经失效的政策文件；生效政策是指在当年生效的政策文件，具体表示为上一年生效政策 + 当年新增政策 - 当年失效政策）。

通过如上公式计算可确定每一年的物流产业政策供给内容力度如表12-5所示。

表 12-5　　　　　　　　物流产业政策供给内容力度统计表

年份	2001	2002	2003	2004	2005	2006	2007
G1	693330.9	751945.3	833121.7	877597.3	920532.5	948653.2	1003446
G2	77950.87	87433.07	96299.66	115257.6	145619.1	160340.5	183868.6
年份	2008	2009	2010	2011	2012	2013	2014
G1	1027868	1029074	1026603	1044674	1051520	1072953	1102767
G2	201547.3	206510.6	189198.8	217953.2	233523.4	256259	297788.1
年份	2015	2016	2017	2018	2019	2020	
G1	1122266	1117710	1138360	1188971	1233237	1246123	
G2	345414	343790.9	404982.1	465533.5	515065.8	531788.4	

资料来源：作者根据相关资料整理。

注：G_1 为政策供给强制性手段力度，G_2 为政策供给激励性手段力度。

第四节　实证分析

一　实证模型设定

根据上文研究，分别以社会物流总额、社会物流总费用以及物流业能源使用效率为被解释变量，通过查阅文献发现，除了本章需要研究的政策变量之外，资本、劳动和信息（徐姗、韩民春，2009）对产业增长也有一定的影响，资本、劳动力成本以及创新水平（刘尚希、王志刚等，2019）对产业运行成本会产生影响，人口规模（王念、朱英明，2021）、网络规模（李雷鸣、贾江涛，2011）以及交通设施（李强、魏巍，2014）能够影响能源使用效率，因此，本章构建以下三个模型：

$$TSL = \beta_0 + \beta_1 Regul + \beta_2 Prom + \beta_3 Asset + \beta_4 Labor + \beta_5 Infor + \varepsilon_t \quad (5)$$

$$TLC = \beta_0 + \beta_1 Regul + \beta_2 Prom + \beta_3 Asset + \beta_4 Salary + \beta_5 Inno + \varepsilon_t \quad (6)$$

$$LEE = \beta_0 + \beta_1 Regul + \beta_2 Prom + \beta_3 Popul + \beta_4 Users + \beta_5 Car + \varepsilon_t \quad (7)$$

其中，TSL 是社会物流总额，用以表示物流产业运行情况，其数值越大，表明物流产业运行越好；$Regul$ 表示强制性手段力度；$Prom$ 表示激励性手段力度；$Asset$ 表示交通运输、仓储及邮政业固定资产投资，以反映物流产业资产投入情况；$Labor$ 表示交通运输、仓储及邮政业就业人数，以反映物流产业劳动投入情况；$Infor$ 表示移动电话普及率，以反映信息发展水平；TLC 是社会物流总费用，其数值越大，表明物流产业成本越大；$Salary$ 表示交通运输、仓储和邮政业职工平均工资，反映物流产业劳动力投入成本；$Inno$ 表示专利申请授权量，反映创新产出；LEE 表示物流业能源使用效率，反映物流产业对生态的影响，数值越小，表明物流产业对生态越友好；$Popul$ 表示人口数量，$Users$ 表示互联网上网人数，Car 表示民用汽车拥有量。

二 变量选取与数据来源

（一）被解释变量

目前，由于中国产业分类体系中没有"物流产业"，在统计年鉴中有"交通运输、仓储和邮政业"的相关数据，而"交通运输、仓储和邮政业"占物流产业增加值的80%以上，基本上代表了物流产业的发展状况（钟祖昌，2011），因此本章在收集2001—2019年相关物流业的数据时，采用交通运输、仓储和邮政业的相关指标加以替代。此外，所有变量涉及货币度量单位均以1997年为基期进行处理。

1. 社会物流总额（TSL）

社会物流总额是指第一次进入国内需求领域，产生从供应地向接受地实体流动的物品的价值总额,可以代表物流产业增长情况,数据可在《中国物流统计年鉴》中查询。

2. 社会物流总费用(TLC)

社会物流总费用在国家官方网站上都有公布,它是整个国民经济中所有物流活动的支出之和(陈启龙,2017)。社会物流总费用可以衡量物流产业的规模。

3. 物流业能源使用效率(LEE)

物流业能源使用效率的提升不仅能够促进中国能源的可持续发展,也是经济社会可持续发展的重要保证(赵楠、贾丽静等,2013)。物流业能源使用效率的测度方法通常包括产品耗能计算方法、按部门能耗计算方法以及单位产值能耗,本章选取常用的单位产值能耗计算方法,即生产一个单位的 GDP 所消耗的能源量,能耗越高则效率越低,反之效率越高。

(二)解释变量

各解释变量名称、属性、衡量指标以及变量符号如表 12-6 所示。

表 12-6　　　　　　　　　　解释变量定义

变量名称	变量属性	衡量指标	变量符号	变量单位
物流产业供给力度	自变量	强制性手段力度	$Regul$	—
	自变量	激励性手段力度	$Prom$	—
固定资产投资	控制变量	交通运输、仓储及邮政业固定资产投资	$Asset$	亿元
劳动力人数	控制变量	交通运输、仓储及邮政业就业人数	$Labor$	万人
信息水平	控制变量	移动电话普及率	$Infor$	部/百人
劳动投入	控制变量	交通运输、仓储和邮政业职工平均工资	$Salary$	元
创新力度	控制变量	创新产出	$Inno$	项
人口规模	控制变量	人口数量	$Popul$	万人
网络规模	控制变量	互联网上网人数	$Users$	万人
交通设施	控制变量	民用汽车拥有量	Car	万辆

资料来源:作者根据相关资料整理。

数据的描述性统计是进行实证分析前的基本工作，各变量的定义及符号在前文中已经说明，用Stata15.1进行描述性统计的结果如表12-7所示。

表12-7　　　　　　　　　　变量描述性统计

变量	观测量	均值	标准差	最小值	最大值
TSL	20	1467803	978812.2	194513	3001000
TLC	20	78184.55	42784.03	20619	149000
LEE	20	182032.9	47532.72	114794.1	249006.9
Regul	20	1021538	148606	693330.9	1246123
Prom	20	253806.2	139627.8	77950.87	531788.4
Asset	20	31688.19	22193.24	5297.85	66941.47
Labor	20	714.26	104.9717	612.7	861.4
Infor	20	66.02723	35.24289	11.2	114.3777
Salary	20	48826.4	28587.45	14167	100642
Inno	20	1103988	984297.2	114251	3639268
Popul	20	134775.5	4424.232	127627	141212
Users	20	45598.05	31212.59	3370	98899
Car	20	10930.06	8458	1802.041	27340.92

资料来源：作者根据相关资料整理。

三　实证结果与分析

（一）平稳性检验

本章对各变量的平稳性进行检验，如果变量之间表现出了不平稳性，则需要继续对各数据变量间是否存在长期协整关系进行检验。在此，通过ADF检验对各指标数据的平稳性进行检验，结果表明，TSL、TLC、LEE、Prom、Asset、Labor、Infor、Salary、Inno、Users及Car的检验值均为非平稳序列，经过一阶差分之后平稳，因此它们都是一阶单整。

（二）实证结果及分析

表12-8报告了基于多元线性回归的物流产业政策供给手段对物流产业发展检验指标及其估计系数，其中Model 1的被解释变量是物流社

会总额，用以研究激励性手段与强制性手段对物流产业增长的影响；Model 2 的被解释变量是社会物流总费用，用以研究激励性手段与强制性手段对物流产业运行成本的影响；Model 3 的被解释变量是物流业能源使用效率，用以研究激励性手段和强制性手段对物流业能源使用效率的影响。

表 12 - 8　　　　　　　　　　　实证分析结果

变量	Model 1		Model 2		Model 3	
	系数	p 值	系数	p 值	系数	p 值
常数项	773064.8	0.015	-44969.33	0	2198863	0
Regul	-1.640331	0	0.0622099	0	0.427416	0
Prom	2.829351	0	-0.1547708	0	-0.519886	0.002
Asset	-3.175063	0.409	-0.5017525	0.047	—	—
Labor	121.7349	0.596	—	—	—	—
Infor	25231.29	0	—	—	—	—
Salary	—	—	2.417921	0.000	—	—
Inno	—	—	-0.0029645	0.352	—	—
Popul	—	—	—	—	-17.57107	0
Users	—	—	—	—	-1.75739	0.001
Car	—	—	—	—	11.59953	0.002
R^2	0.9986		0.9977		0.9860	
调整后的 R^2	0.9981		0.9969		0.9811	
F 统计量	1969.82		1203.64		197.73	
F 统计量的 P 值	0		0		0	

资料来源：作者根据相关资料整理。

表 12 - 8 回归分析的检验结果显示，Model 1、Model 2 和 Model 3 的 R^2 值分别为 0.9986、0.9977 和 0.9860，调整后的 R^2 值为 0.9981、0.9969 和 0.9811，表明模型整体的拟合度较高，解释变量对被解释变量

的解释能力很强。R^2与调整后的R^2值相差很小，表明拟合度受自变量个数与样本规模之比的影响较小，样本数量的选择适当。Model 1、Model 2和 Model 3 的 F 值分别为 1969.82、1203.64 和 197.73，其伴随概率均为 0.000，远远小于 5%，因此该模型具有统计学意义。

回归结果表明，对于社会物流总额，强制性手段的影响系数是 -1.640331，并且在 1% 的显著性水平下通过了检验，说明强制性手段会减少社会物流总额；激励性手段的影响系数是 2.829351，并且在 1% 的显著性水平下通过了检验，说明激励性手段会增加社会物流总额。

对于社会物流总费用，强制性手段的影响系数是 0.0622099，并且在 1% 的显著性水平下通过了检验，说明强制性手段会增加社会物流总费用；激励性手段的影响系数是 -0.1547708，并且在 1% 的显著性水平下通过了检验，说明激励性手段会减少社会物流总费用。

对于物流业能源使用效率，强制性手段的影响系数是 0.427416，并且在 1% 的显著性水平下通过了检验，说明强制性手段对能源利用效率有显著影响，并且会通过增加物流业单位产值的能源消耗量，降低物流业能源使用效率；激励性手段的影响系数是 -0.519886，并且在 1% 的显著性水平下通过了检验，说明激励性手段对能源利用效率有显著影响，并且会通过减少物流业单位产值的能源消耗量，提升物流业能源使用效率。

综上所述，激励性手段和强制性手段对物流产业增长均有影响，且激励性手段促进产业增长，而强制性手段抑制产业增长，H1 得到证明；激励性手段能降低物流产业运行成本，而强制性手段会增加物流产业运行成本，H2 得到证明；激励性手段和强制性手段都能显著影响能源利用效率，并且激励性手段能提升能源利用效率，而强制性手段会降低能源利用效率，H3a 与 H3b 得到证明。

第五节 结论与建议

按照干预方式，本章将产业政策供给手段分为激励性手段和强制性手段，基于可持续发展视角，分析不同类型的产业政策对产业的影响，并以物流业为例，采用文本挖掘的方法选取中国 2001—2020 年的时间序列数据进行实证检验,研究激励性手段和强制性手段对产业增长的影响、激励性手段对产业运行成本的影响以及强制性手段对生态环境造成的影响。结果表明,产业政策供给手段显著影响产业可持续发展:(1)激励性手段促进产业增长,强制性手段抑制产业增长;(2)激励性手段能降低产业运行成本,强制性手段会增加产业运行成本;(3)激励性手段和强制性手段都会显著影响能源利用效率,其中激励性手段提升能源利用效率,强制性手段降低能源利用效率。

本章结论具有重要的政策启示:

第一,经济增长落后的地区需要加大激励性手段的投入以提升产业增长,实现降本增效。比如东北区域(包括黑龙江、吉林)、西部区域(包括甘肃、宁夏、青海、西藏)可以采用土地、税收、财政、融资、技术等方面的扶持和优惠,这些激励性手段可通过加强基础设施建设、鼓励企业进行技术改造、吸引专业人才等方面来极大促进产业的增长和减低企业费用,从而达到提升产业运行质量的目的。此外,产业政策供给主体也要重视激励性政策的修订工作,结合当前产业发展实际,切实抓好产业重点领域、新业态以及新模式的激励性政策制定与修订工作,加快激励性政策制定与更新速度,废除相对落后的政策,提高产业激励性政策的适用性、有效性。

第二,政府应加大相应的激励性手段促进绿色能源技术的创新以及绿色设施设备的完善建设。例如在经济与物流业发展水平较高的东部沿海地区,可积极推进各企业进行绿色能源技术的改革创新,以最大限度获得经济、社会和环境的三重效益。同时,政府应健全环境与物流法律体系,完善相关绿色物流法规细则,提高强制性手段对物流业能源利用效率的促进性能。

第十三章

国外现代物流治理模式比较与经验借鉴

　　新中国成立以来，中国宏观经济经历了计划经济时期（1949—1978）、经济转型时期（1979—1998）和市场经济时期（1999年以后）。相应地，中国宏观物流管理学习和借鉴了苏联物资管理模式、日本物资流通管理模式和美国现代物流管理模式。20世纪80年代，中国从日本引入了物流概念和物资流通管理模式，90年代转向学习欧美经验，引入了现代物流与供应链管理理论。2001年以来，中国借鉴欧美发达国家经验，大力发展现代物流，经过二十年来的不断摸索和创新，找到了一条适合中国国情的现代物流发展道路，形成了具有中国特色的现代物流治理模式，即以分工协作为基础的国家治理模式。

　　二十年来的实践证明，中国现代治理模式适合中国国情，无疑是成功的。但是，中国现代物流治理模式也不是完美无缺的，很多地方值得改进。相对西方发达国家而言，中国现代物流起步晚，无论是物流发展水平还是管理水平，总体上还是偏低。因此，从提升现代物流发展水平和完善中国现代物流治理模式的角度看，比较和借鉴国外现代物流治理模式显得势在必行。美国、日本和欧洲等西方发达国家是现代物流发展的标杆，本章以这些国家为参照，在分析现代物流发展现状、管理体制和运行特点的基础上，比较中国与西方发达国家的现代物流治理模式，从而寻找经验借鉴。

第三篇　中国现代物流治理模式与评价

第一节　美国物流治理模式

一　发展概况

美国是物流业发展最早的国家，美国物流处于世界领先地位，尤其是配送中心、速递、企业物流等方面的发展最为突出（桂丽等，2009）。

美国物流业的发展大致经历了五个阶段：（1）20世纪初至40年代，物流观念的产生和萌芽阶段。1901年，美国政府的一份《农产品流通产业委员会报告》首次论述了物流因素对农产品流通的影响，被认为是最早认识到物流价值的文件。20—30年代，美国营销界注意到了产品销售后的物资配送问题，产生了最早的物流概念（Physical Distribution，实物配送）。(2) 20世纪50年代至70年代，物流管理实践与推广阶段。没有一种处于主导的物流理念，在生产企业中，采购、生产、销售等的物流活动被分散进行管理，产生了物流黑洞。军事后勤保障的理念（logistics）用于营销物流，减小成品库存压力。(3) 20世纪80年代至90年代，现代物流阶段。分销物流概念逐渐被现代物流取代，是一种整合企业各环节的物流活动，形成企业内部物流一体化，进入到了物流合理化的现代物流阶段。(4) 20世纪90年代末至21世纪10年代，供应链管理阶段。2005年美国物流管理协会更名为供应链管理专业协会，物流信息化时代已经到来（解琨，2012），美国最大的物流公司之一UPS率先向电子物流企业转型。(5) 21世纪10年代至今，供应链智慧化阶段。2018年美国将人工智能、物联网、区块链等多种智慧技术运用到各种产业的智慧供应链中（刘伟华、金若莹，2020），以提高供应链的可靠性和弹性。

2020年6月22—23日，美国供应链管理专业协会（CSCMP）发布第31届物流年度报告《韧性的检验》，2019年GDP达到21.43万亿美元，物流总成本达到1.652万亿美元，物流成本占GDP的比重也从上年的7.9%下降到了7.6%。报告指出，在新冠肺炎疫情影响下，美国供应链遭受重创但并未断裂。美国物流业以提高供应链灵活性为重点，优化陷入困境企业的供应链配置，平衡物流供应链运力体系结构，应用5G技术进一步提高供应链的智能程度和可见度。CSCMP《第32届物流年度报告》指出，2020年美国经济萎缩3.5%，物流总成本占GDP的比重为

7.4%，由于存货成本降低等原因，比前一年7.6%下降0.2个百分点。

二 管理体制

美国的市场经济体制，以联邦法律法规强制性规定为基础，部门监管与之有关的行政事务以及行政法规的制定，协会辅助行业及教育体系发展，通过市场机制自发地调节经济运行，给予各州充分的自主决策权，推崇市场独立运作的企业制度，演化成为一种鼓励竞争的市场体系。正是因为美国独特类型的市场经济体制，美国的立法过程显得尤其重要，因此，以下从立法及司法、执法与行政事务、行业管理组织等方面来分析美国物流管理体制。

美国是联邦制国家，现行法律体系主要由判例法和成文法共同构成。《联邦宪法》具有最高法律效力，它规定美国国会通过的法律、参议院批准的条约、行政机构颁布的行政法规及联邦司法机构作出的判例法，从而组成了美国联邦法律体系。美国联邦政府分为国会、总统以及联邦法院，同时将立法、司法和行政三种权力独立，互相制衡。另外，美国五十个州拥有完全主权，拥有各自的州宪法、政府及法院，分别制定州法律、法规、根据州立法授权制定地方条例并进行适用、解释与司法审查，而联邦政府则仅拥有宪法明确列举规定的权力权限。

美国国会是美国最高立法机关，两院议员提出议案通过国会各相关委员会及两院审核通过后，经总统签署成为法律，编入《美国法典》。《美国法典》由法律修订委员会全权负责，每六年修订出版一次，每年补编一次。废除的法律仍保留在汇编中的原来位置上，并在后面注明已于某年某月某日废除。行政机构根据诸多联邦法律的明确立法授权，制定行政法规与政策，并由联邦法律登记处出版进行发布并编入每年更新的《联邦法规汇编》，同时还颁布了大量的规则、手册、政策陈述、函、决定等。联邦法院负责宪法及运输管制法律的解释、执行判决和复查各管制委员会的决定。但是，由于美国是判例法，因此，此类规范性文件仅作为发布机构对法律法规的机构性解释，在案件审判中不具有强制适用性。

（一）立法及司法

美国的物流立法典型表现为联邦层级法律法规较多，各州会出台各州特色法律及法规与文件要求，因此联邦法律与法规尤其重要。

《美国法典》及其对应联邦法规对于各种运输方式、物流基础设施、资源保护以及海关边境港口安全与服务方面均作出了相应的强制性规定，主要针对基础的物流服务以及安全方面。美国国会的州际商业委员会，负责制定有关交通工具（不包括航空）的联邦法规，以及铁路、公路和内河运输的合理运用与协调；联邦海事委员会负责国内沿海和远洋运输方面的规则制定，帮助联邦政府实施各项海运法的执法，同时，还制定防止外国船舶对美国海运业利益侵害的规章条例；联邦能源监管委员会（FERC）负责制定能源管道运输及逆物流的相关联邦法规；交通运输部秘书室负责制定航空运输与邮件运输事项的联邦法规；国家安全局制定应急物流及灾害处理的联邦法规；仓储配送等企业物流体系管理则交由各州立法部门，在不违背《宪法》和《美国法典》的基础上，各州拥有立法的自主权。

美国法院组织分为联邦法院和州法院两大系统，适用各自的宪法和法律，管辖不同的案件和地域，联邦最高法院享有特殊的司法审查权。此外，美国国会根据需要通过有关法令建立的特别法院，法官实行不可更换制、专职制、高薪制和退休制。美国没有设立专门的行政法院，普通法院审理和各独立机构均有权受理和裁决行政纠纷案件。

（二）执法及行政事务

美国执法机构有八种：司法部、国土安全部、国务院、国防部、内务部、农业部、公共服务部和环境保护局。执法部门的主要任务是保证行政法规的有效执行，以及对特定人和特定事件所做的具体的行政行为。国土安全部（DHS）下设运输安全局（TSA）和海关与边境保护局（CBP）强制性保护运输与海关边境安全事项的行政法规执行；交通运输部（DOT）、海关边境保护局（CBP）、能源部（DOE）和工业与安全局（BIS）分别确保运输安全、通关口岸、能源运输和进出口管制的有关行政事项。应急物流方面，美国设有应急物流管理的专门单位联邦应急管理局（FEMA），灾害发生前做好管理储备和救灾预测，灾害发生时会迅速转入联邦紧急反应状态。此外，美国政府奉行的是鼓励企业自由竞争的政策，政府的职责主要是提供公共产品（牛鱼龙，2006）。美国长期实行运输、仓储等物流业私有化，仓储设施建设安全由仓储公司自己规划决定,联邦政府不予管理。例如2015年UPS和FedEx就出台政策,提高了陆地运输的运费标准。美国物流法律法规及行政管理机构分工如表13-1所示。

表13-1　　美国物流法律法规及行政管理机构分工

立法机构		物流事务	法律法规名称及对应章节	监管部门
法律	法规			
美国参议院、美国众议院	州级商业委员会	铁路、公路、内河运输	运输法(46)及对应法规	交通运输部(DOT)
		海上运输	航运法(49)及对应法规	
		铁路基础实施及保险	铁路法(45)及对应法规	
		公路基础设施与安全	公路法(23)及对应法规	
	联邦能源监管委员会	石油、天然气管道运输	商业与贸易法(15)及对应法规	
	交通运输部秘书室	航空运输	运输法(46)及对应法规	
		邮件运输	邮政法(39)及对应法规	
	联邦海事委员会	通航水域与海洋资源保护	航运与通航水域法(33)及对应法规	
		海关服务	关税法(19)及对应法规	海关边境保护局(CBP)
		港口、边境、运输及网络安全	国内安全法(6)及对应法规	海关边境保护局(CBP)、工业与安全局(BIS)
	国家安全局	应急物流	国内安全法(6)及对应法规	联邦应急管理局(FEMA)
	联邦能源监管委员会	能源运输及逆物流	资源保护法(16)及对应法规	能源部(DOE)

资料来源:作者根据相关资料整理。

(三)行业协会组织

美国物流业的发展一直都走在世界前列,这同美国的物流协会多年来的不懈努力是分不开的。美国自发成立协会来辅助物流发展,主要工作有：物流行业规章制度和标准的制定；为会员提供相互交流的机会；进行物流教育培训，颁发物流培训证书；对物流人员进行从业资格认证。

在采购方面，美国供应管理协会（ISM）于 1915 年创立，在 100 多年的发展过程中，供应管理在美国公司的重要性不断上升，其侧重点从采购发展到供应管理，再到供应链管理。ISM 发布的采购经理人指数 PMI 是衡量国家制造业的"体检表"，也是全球经济的重要指标。

在运输方面，美国于 1946 年成立了运输与物流协会（AST&L）以推动物流教育，在 1948 年就提出注册物流师的概念，并组织认证考试注册物流师 CTL。经过多年发展，CTL 认证已得到了各国物流专家的广泛认可。

在生产与库存方面，美国于 1957 年成立了美国生产与库存管理协会（APICS），APICS 历来侧重于生产与库存管理，为适应向供应链管理发展的趋势，在 2004 年更名为运营管理协会。该协会属于非营利性组织机构，旨在通过提供各种教育资源、分会活动和职业资格认证考试等形式来推广 APICS 知识体系。该协会在生产与库存领域享有很高的声望。

物流与供应链管理方面，美国供应链管理专业协会（CSCMP）于 1963 年成立，成立之初名为"实物配送协会"，1985 年更名为美国物流管理协会（CLM），又于 2005 年更名为供应链管理专业协会。CSCMP 旨在促进公众了解物流与供应链管理，为物流专业人士提供项目、服务和相关活动，同时还提出供应链管理师 SCPro^{TM} 的概念，用于评估专业人士在整个集成供应链活动中的进阶知识技能。CSCMP 每年发布的物流年度报告为美国未来一年的物流发展指明了方向。

最后，在仓储方面，于 1977 年成立的仓储教育与研究委员会 WERC 是唯一专注于物流管理及其在供应链中作用的非营利性组织，其目的是制定教育方案，开展有关仓储过程的研究，并改进仓库管理的艺术和科学。具体功能如表 13-2 所示。

从总体上讲，美国物流业是依靠市场力量推动而逐步发展壮大的，但美国政府在构筑本国物流平台、营造积极和谐的物流环境方面所起的作用也极为重要。联邦政府在法律总体框架下，为了发挥各州的比较优势，也给予了各州充分的自主权，从而使各州在培育和发展本地物流市场时可根据自身特点出台各具特色的发展政策。美国物流协会大多历史悠久，专业分工明显，对引领物流行业发展方面起到了重要作用。

表13-2　　　　　　　　美国物流协会机构基本成果

协会名称	创立年份	方向	成果
美国供应管理协会（ISM）	1915年	采购	采购经理人指数（PMI）、Report On Business（商业报告）、国际注册采购经理认证（CPPM）
运输与物流协会（AST&L）	1946年	运输	注册物流师（CTL）、国际物流师（GLM）、国际物流技术员（GLA）
美国运营管理协会（APICS）	1957年	生产库存	APICS知识体系计划、库存管理认证（CPIM）、供应链专业人士认证（CSCP）、物流运输与配送认证（CLTD）
供应链管理专业协会（CSCMP）	1963年	供应链	物流年度报告、供应链管理师（SCPro）
仓储教育与研究委员会（WERC）	1977年	仓储	WERC年会

资料来源：作者根据相关资料整理。

三　运行特点

美国物流治理模式从大方向上来看是依法治市场，弱化政府治理作用，主要依靠市场治理为主，行业协会起推动作用，因此其市场自由、活跃且富有极大的竞争性。同时，美国政府在打造法律法规政策平台、营造积极和谐的物流环境方面起到举足轻重的作用。联邦政府制定法律基础框架，美国各州政府自设行政、立法和司法，各州可根据实际发展情况制定有利于各州物流业发展的独特政策。从总体上讲，限定在某一州境内的事务完全由该州政府决定如何处理，包括州刑法典、公共基础设施的管理等，允许在不违背联邦宪法以及国家层次上制定的法律的情况下，按照各州发展特点出台特定政策。在美国法律体系中，运输占比极大，信息与流通加工偶尔涉及，装卸搬运、包装、配送、仓储归企业自行管理。根据上文分析，总结美国物流治理模式的运行特点：

（一）强调法律与市场

美国有较为严密的法律体系，《美国法典》中所规定的物流相关事项绝大多数与运输有关，例如天然气管道运输、邮件运输、轨道及海上运输等，其中 54 章节中与运输有关的章节多达 8 章节，如 39 邮政法、46 航运法、49 航运法等。而与物流企业市场方面尤其是仓储配送等事项在《美国法典》以及《联邦法规汇编》中提及很少。由此可见美国物流管理体系中市场机制起到了举足轻重的作用。美国企业法多见于州法律，而各州法律不尽相同，各自具有独特的法律及政策。

（二）运输发展政府统筹规划，仓储配送企业自主经营

在美国物流的管理体制中，美国交通运输部处于重要地位，它下设九个部门，除去联邦汽车运输安全管理局（FMCSA）、国家公路交通安全管理局（NHTSA）和管道与有害物质安全管理局（PHMSA）仅负责安全事项外，其余部门包括联邦航空管理局（FAA）、联邦公路管理局（FHWA）等均负责运输业务事项。其中，圣劳伦斯海路开发公司（GLS）是 1954 年 5 月 13 日根据美国法规建立的全资政府公司，负责美国的多式联运和国际运输系统合作，对深水航道进行运营和维护事项。美国的物流管理体制采用的是"大交通"管理体制，从美国运输部职能和组织机构设置情况来看，美国属于"集中型"设置模式，在运输部内设立航空、公路、铁路、水运等职能管理机构对各种运输方式实行纵向管理。

从美国物流地产发展可以看出美国高端仓储的市场运行模式。20 世纪 90 年代以来，美国物流地产在高端制造业快速发展时期兴起，随着零售连锁化和电商发展而保持高速增长。主要原因是：一方面，对流通企业而言，将运输、仓储等物流环节外包给更专业的第三方物流公司，从而节约成本和提高效率，间接地推动了现代仓储需求的快速发展；另一方面，对于制造业而言，第三方物流公司为制造业提供专业优质的物流服务，提高制造业在采购配送、生产加工、销售配送多个环节上的供应链效率，降低了企业成本。例如，戴尔公司将物流外包给 FedEx、DHL 等第三方物流公司，实现了整个供应链运作。第三方物流的每个网络节点都对应着物流分拨中心，戴尔和供应商实现物流信息共享，供应商根据需求信息决定是否还需要中转仓库。这种需求伴随制造业发展而持续增长，仓储配送企业自主经营，形成了典型的市场化运行模式，成为美国现代高端仓储发展的动力。

仓储配送等事项，美国物流企业发布各自政策进行管理。近些年来，美国开发动态仓储系统应用于企业生产流程，主要用于提高制造业劳动生产率、空间利用率以及产品质量等（牛秀明，2014），2018年亚马逊发布了美国 FBA（Fulfillment by Amazon，亚马逊代发货）新仓储费及政策，规定其将为已在物流中心存放365天或更长时间的物品引入每单位每月最低0.50美元的收费等政策。

由此，美国的物流治理体系是以运输物流为重心，交通运输部统筹规划运输发展，仓储及配送包装等费用政策由各物流企业自行制定。

（三）安全至上

美国奉行安全至上，高度安全管理和应急管理。《美国法典》中物流安全事项章节达9节，其中6国内安全法对港口、边境、运输及网络信息安全做了详细规定，其余章节内容均涉及相应的安全规定。美国的行政部门如交通运输部（DOT）和海关边境保护局（CBP）等部门下属机构的首要任务均为保护其管辖范围的安全事项，其次才是管理事项。交通运输部（DOT）还专门设立联邦汽车运输安全管理局（FMCSA）、国家公路交通安全管理局（NHTSA）和管道与有害物质安全管理局（PHMSA）分别负责商用车安全、交通事务处理以及管道运输的安全。此外，美国还是第一个提出依靠科学技术手段对付物流犯罪活动的国家，多年前美国军事物流部队就使用了军用电子软件和硬件，提高了部队战斗力。

美国对于应急物流有自己的一套应对措施。美国国家安全局（NSA）下设联邦应急管理局（FEMA），其设有物流管理的专门单位，平时主要负责救灾物资的管理储备、预测各级各类救灾物资需求、规划救灾物资配送路线以及救灾物流中心设置等工作。当应急事项发生时，物流管理单位便会迅速转入联邦紧急反应状态，根据灾害需求接受和发放各类救灾物资。经过多年的努力，针对各种自然灾害，美国建立了较为完备的应急体系，形成了以"行政首长领导，中央协调，地方负责"为特征的应急管理模式。

（四）专业化的物流协会引领行业发展

美国物流协会众多，与物流最为密切的协会有供应管理协会（ISM）、运输与物流协会（AST&L）、生产与库存管理协会（APICS）、供应链管理专业协会（CSCMP）和仓储教育与研究委员会（WERC），分别专注于采购供应、运输、生产与库存、物流与供应链、仓储等不同领域，分工细化，专业化程度高。这些协会历史悠久，有的已逾百年，最短的也有四十余年，在各自领域中都贡献极具影响的行业研究报告、知识体系和职业资格认证，成为现代物流行业的引领者。

美国国家标准学会（ANSI）积极推进物流的运输、供应链、配送、仓储和进出口等方面的标准化工作。美国与物流相关的标准约有1200余条，其中运输91条、仓储487条、配送121条等（宗辉、徐伟等，2018）。在参与国际标准化活动方面，美国积极加入ISO/TC104、ISO/TC122、ISO/TC154管理、商业及工业中的文件和数据元素等委员会。美国参与了北大西洋公约组织的物流结构、基本词汇、定义、物流技术规范、海上多国部队物流信息识别系统等物流标准制定工作。美国统一代码委员会（UCC）和国际物品编码协会（EAN Internatioal）联合开发的EAN·UCC系统是全球的标准化标识体系，为贸易产品与服务、物流单元、资产、位置以及特殊应用领域等提供全球唯一的标识，成为全球贸易和供应链管理的共同语言。

由此可以看出，美国物流协会不仅是美国物流发展的引领者，还是全球物流发展的标杆。

第二节　日本物流治理模式

一　发展概况

日本物流管理机构经历了由分散到集中再到统一、由统一到综合再到完善的体制改革历程，总的变革趋势体现了由分散管理、各自为政向集中统一和综合管理的方向发展的改革取向。

日本物流的发展经历了如下几个阶段：

（1）物流概念引入和形成阶段（1956—1965）。1956年日本流通技术考察团考察美国开始引入实物配送PD的物流概念，1965年日本在政府文件中开始正式采用"物的流通"这个术语，简称为"物流"（秦建国，2015）。（2）物流建设大发展阶段（1965—1973）。在此期间，日本经济高度成长，大规模生产、大批量销售，日本大量建设物流设施，是日本物流建设的大发展时期。（3）物流专业分工细化阶段（1973—1983）。1973年石油危机后，日本侧重于从市场营销角度研究如何降低物流成本，减量经营企业发展的重要课题。物流分工细化，物流专业部门开始登上了企业管理的舞台，物流子公司也开始兴起。（4）物流降本增效阶段（20世纪80年代中期至90年代中期）。80年代后，随着消费需求差异化的发展，流通领域物流从集货物流向多频度、少量化、进货短时间化发展。降低流通物流成本、提高流通效率成为重大难题。（5）物流现代化阶段（20世纪90年代后期至21世纪10年代中期）。1996年，日本政府制定了物流改革为主题的"综合物流施策大纲"，2004年又提出新的物流措施，以物流成本的效率化、实现国际水准的物流服务为目标的物流行动（秦建国，2015）。（6）物流智能化时代（2005年至今）。日本拥有世界领先的自动化立体化仓库，以及位置跟踪和温度实时监测功能的运输车辆（魏然、陈晓宇，2020）。降低高科技和高附加值产品的物流成本成为研究热点，并不断完善相关支持性物流法规和政策。

日本是最早提出和发展物流园区（又称物流团地）的国家，日本全国建立了20多个大规模、布局合理、设施良好的物流园区，集聚了多个现代化水平较高的物流企业（Tae Hoon Oum & Jong-Hun Park.，2003；Anu Bask & Mervi Rajahonka，2017）。目前，日本物流信息化技术水平极高，形成了以信息技术为核心，运输、配送、装卸搬运、自动化仓储、库存控制和包装技术等专业技术为支撑的现代化物流装备技术格局，物流运行呈现信息化、自动化、智能化和集成化的发展趋势。

二　管理体制

日本为君主立宪制国家，现行法律源于欧洲大陆法系，后受美国法律的影响形成现阶段法律体系，同时日本实行地方自治制度。日本立法、司法、行政三权分立，实行议会内阁制。国会是最高权力机关和唯一立法机关，众、参两院议员和有关部门提出法案通过各国会相关委员会及两院审核通过后成为法律。内阁为最高行政机关，对国会负责，首相由国会选举产生。日本采用"四级三审制"，司法权属于最高法院及下属各级法院。最高法院为终审法院，高等法院负责二审，地方法院负责一审。行政事务及部分政策制定分属各中央省厅进行制定和管理。

目前，日本物流采取"准统一"的立法模式，一方面，制定综合性的物流发展政策对本国物流业进行整体指导。具体来说，日本运用以国土交通省和经济产业省为核心、其他部门参与的物流行政系统，进行统一的交通运输的规划、建设和管理，制定一系列综合性物流的法律法规，全面指导物流业的发展（朱秀亮，2013）。另一方面，日本通过专门性法律对物流相关环节进行调整。

（一）立法

日本的立法主要分为三个不同的层次，即日本国会通过的基本法律、政府内阁制定的行政法规和政府各个部门制定的规章（杨树奕，2012）。日本的物流法律特点表现为以民商法和企业法为底线，综合性物流法律为核心，各项物流专项法律全覆盖。除民商法、企业法中规定的物权债权及企业相关制度之外，日本20世纪90年代陆续出台了《物流法》《物流综合效率化法》等综合性物流法律，还有《公路法》《铁路事业法》《海上运输法》和《航空法》等各运输方式的基础性法律，此外，还有港口边境和仓储相应的法律。与此同时，通过制定其他专项法律对物流业相关环节进行调整，如《汽车终端站场法》《中小企业流通业务效率化促进法》《交通安全法》等。政府内阁制定行政法规，例如《工业标准化法施行规则》《公路法实施规定》等，各省厅和政府会出台政府令及省令，如《公路构造令》等。日本物流领域法律法规见表13-3。

（二）行政事务

日本是政府主导型的物流管理体制，政府会出台大量政策支持物流行业的发展，物流政策文件在日本现代物流治理中显得尤为重要。

1996年，日本政府在其《经济结构的变革和创造规划》文件中指出，"物流改革在经济构造中是最为重要的课题之一"，政府提出"各相关机关要联合起来共同推进物流政策和措施的制定"。1997年4月4日，《综合物流施政大纲》出台；1999年，日本内阁会议通过《新综合物流施政大纲》，该大纲成为日本物流产业的纲领性政策文件；2001年，内阁会议修订通过后实施，后续每四年修订一次（高泉，2016）。最新大纲将现代物流产业重新定位，实现对物流的降本增效，同时将以往忽视的环境问题纳入进来，制定了《地球温室效应措施推进大纲》。

表 13-3　　　　　　　　　日本物流领域法律法规

政策类型		物流事务	名称
法律		物权债权规定及企业相关制度	《民法》《商法》《企业法》
		运输方式的综合发展	《物流法》《物流综合效率化法》
		公路运输	《道路交通法》《公路法》《货物汽车运输事业法》《货物运输经营事业法》
		铁路运输	《铁路事业法》
		海运	《内航海运业法》《海上运输法》
		航空运输	《航空法》
		管道运输	《石油管道商业法》
		邮政	《邮政运输委托法》《简易邮局法》
		港口边境	《港口运输事业法》《港口劳动法》
		仓储	《仓库业法》
		物流据点规划	《大规模零售店铺布局法》《流通业务城市街道整备法》《汽车终端站场法》
		绿色物流	《中小企业流通业务效率化促进法》《干线公路沿线装备法》《环境污染控制基本法》
		安全	《交通安全法》《船舶安全法》《交通安全政策基本法》
		物流标准化	《产业标准化法》
法规	部门规章	公路	《公路构造令》
	行政法规	物流标准化	《产业标准法实施规则》
文件		物流产业的纲领性文件	《综合物流施政大纲》《新综合物流施政大纲》

资料来源：作者根据相关资料整理。

物流行政事务管理上，国土交通省和经济产业省是核心，其他中央省厅等有关部门参与管理。日本 1949 年成立运输省，1968 年起开始具有运输交通等物流方面的政策的制定功能（丁凌宇，2014）。2001年，运输省、建设省、北海道开发厅和国土厅等机关合并而成国土交通省，负责国土交通的综合发展，下设综合政策局和国土政策局，负责交通物流政策制定，其余下属部门：水管理国土保全局、公路局、铁路局、汽车局、海事局、港湾局、航空局，负责管理运输网络建设、政策落实等行政事务。

经济产业省（前身是通商产业省）负责提高国家经济活力，制定有关标准化政策，有效保障矿物资源及能源供应稳定。经济产业省下设的经济产业政策局、商务信息政策局、通商政策局等负责相关政策的拟定；资源能源厅、原子能安全保安院分别负责能源运输、核废物处理以及环境保护方面的行政事务管理。在标准化政策的制定方面，如有需要可咨询日本工业标准调查会，该机构在标准化方面具有一定的权威性。

（三）行业协会组织

与美国不同，日本政府会参与组建物流行业协会，目前，日本物流相关行业协会主要有四个：日本物流系统协会（JILS）、日本仓储协会（JWAI）、日本汽车货运协会（JTA）和日本包装技术师协会（JPLCS）。

日本物流系统协会（Japan Institute of Logistics System，简称JILS），它由日本物的流通协会（1970年10月设立，1991年4月1日更名为日本物流协会）和日本物流管理协会（1970年11月设立）合并而成为公益社团法人，负责统筹日本物流管理。JILS于1992年6月10日经通商产业省和运输省许可设立，2010年8月2日，从公益事业法人变更为公益社团法人。JILS经过了当年运输省的核定和认可，是由企业界、政府以及学术界这三方共同发展起来的非营利性机构（丁凌宇，2014）。JILS不仅推动物流业学术研究，还配合政府落实及拟定物流计划及政策，从事物流行业人才的培养和认证考试等工作，旨在推动物流生产力实现长足的发展。

日本仓储协会（the Japan Warehousing Association Inc，简称JWAI）最早可追溯到1903年5月15日成立的日本仓库业联合会。1967年8月1日成为正式的法人协会，正式更名为日本仓库协会。JWAI是一个由仓储公司创立的组织，成立的目的在于促进仓储业务的正常运作和仓储业的良性发展，为公益事业作出贡献。JWAI与全国53个区的仓库协会合作，并与仓库管理部门合作，设有12个常务委员会。

日本汽车货运协会（Japan Trucking Association，简称 JTA）于 1948 年 2 月成立，1958 年 5 月加入国际道路运输联合会，2012 年 4 月其变成公益社团法人协会。1990 年 12 月，JTA 参与制定了两条与物资调运相关的法律，即《汽车货运业法案》和《汽车处理业法案》，后经两院通过后国会出台"物流二法"（秦建国，2015），还承担了落实这些法律政策的责任，具体工作内容是保障交通安全，对运输监管改革提出意见等，协助政府管理汽车货运业并推动其健康发展。

日本包装技术协会成立于 1963 年，1983 年改名为日本技术师包装物流协会（Japan Packaging and Logistics Consultants Society，简称 JPLCS）。JPLCS 拥有根据技术师法文部科学省认定的"技术员"的国家资格，有以"包装物流"为专业的顾问资格，技术人员部门由各类与物流、包装相关的技术人员构成。技术师包装物流协会进行包装、物流相关技术人员之间的友好联络与合作，以期在提高会员技术的同时进行对外活动，并与海外相关团体进行技术交流。

日本物流行业协会相关情况如表 13-4 所示。

表 13-4　　　　　　　　　　日本物流行业协会情况

名称	目标	功能	成立时间	性质
日本物流系统协会（JILS）	推动学术研究/落实拟定政策/人才培养	统筹管理	1970 年 10 月	公益社团法人协会
日本仓库协会（JWAI）	规划未来发展/协助仓库管理	仓储	1903 年 5 月	一般社团法人协会
日本汽车货运协会（JTA）	参与制定法案/落实法律政策/协助管理汽车货运业	运输	1948 年 2 月	公益社团法人协会
日本技术师包装物流协会（JPLCS）	技术人才培养/海外技术交流	包装	1963 年	公益社团法人协会

资料来源：作者根据相关资料整理。

从总体上讲，日本于 20 世纪中期从美国引入物流，日本的物流业虽然起步晚，但发展快，并形成了日本特色"物的流通"模式，成为物流治理模式的典型代表之一。能够形成如今的局面很大一部分原因来自于政府的主导，政府在引导物流业健康发展，积极营造环保和谐的物流环境方面扮演了极为重要的角色。此外，物流行业协会的助力也是不可或缺的因素。

三　运行特点

日本政府明确界定了物流在市场经济中的地位，政府对物流发展的干预和影响不是盲目的、随意的，通过积极有效的制度变迁为物流产业创造良好的制度环境，充分发挥对物流发展起到的主导作用，同时，日本立法和规划注意细节（赵宸梓、于晓澎，2015）。日本物流治理模式的运行特点如下：

（一）法律法规政策体系完善，监管分工明确

日本物流治理模式以政府发布的纲领性文件《新综合物流施政大纲》为主导，同时以综合性法律《民商法》和《企业法》为物流法律底线，综合性的法律（如《物流法》）为核心，丰富完善的功能性法律，可操作性的政策规划文件，形成了法律法规和政策完善的体系，拥有整体监管同时上下分工明确的特点。

（二）强调政府的主导作用

日本政府在物流业系统的建立、推进物流业健康发展上始终发挥着重要的指导和引导作用。《基于长期展望下的综合交通政策的基本方向》和《物流基地的整备目标》等物流政策，推动和引导了日本流通及物流业的发展；《新综合物流施政大纲》对日本物流的快速发展和高效的市场竞争环境的建立起到了重要作用，降低了物流成本，解决了物流业环保问题；在制定专项立法方面有《中小企业流通业务效率化促进法》《废物回收利用促进法》和《资源有效利用促进法》等法律。除了政策文件外，日本政府主动引导成立物流业协会，赋予协会参与法案编写、政策拟定和物流业专业人才培养等职能。

（三）管理理念先进，管理思路清晰

日本物流宏观管理理念先进。日本物流管理运用系统化分工管理思想，在管理系统与行政系统上均具备分工化理念。首先，将物流事务系统化分为供给端与需求端，国土交通省管辖供给端事务，而需求端则由经济产业省负责管辖，这两个中央省厅将物流事务全部囊括。20世纪70年代，日本政府未能有意识地把物流企业推向市场，对零售业交通运输等部门及企业行为进行严格管制，导致流通产业的竞争活力受到遏制。直到20世纪90年代后，日本政府才逐渐引入美国物流管理体制，开始让"优胜劣汰"的竞争机制充分发挥作用，运输省等部门也顺理成章地合并成为业务范围广泛的国土交通省，对交通运输统筹规划。国土交通省组织规模庞大，所管辖业务从住宅、土地、水利、铁路、公路、海港、机场、海上保安到气象服务、观光旅游等诸多方面，同时下设铁路局、水管理国土保全局、公路局和汽车管理局等部门专项把控。实现物流政策与管理体制高度统一，行政事务与监管改革齐头并进。同时，经济产业省也下设资源能源厅、原子能安全保安院、产业技术环境局等多个部门对需求端事务进行管理。

日本物流宏观管理思路清晰。在20世纪六七十年代，日本政府对物流业实施以规制为主的政策，采取回避过度竞争的政策；20世纪80年代以后，日本政府发现规制带来物流效率低下，于是审时度势，调整物流管理思路，开始实行规制缓和策略，放松对物流业的诸多管制。随着20世纪末"物流二法"的出现，物流业管制机构的权力逐渐减少，物流企业开始像普通工商企业一样运转。规制缓和策略给日本带来了极大的好处，交通运输商品价格随之下降、物流服务需求增加，第三方、第四方物流开始出现。

（四）绿色物流思想

20世纪五六十年代，日本由于追求过快的经济增长，暴露出了严重的环境污染问题，日本政府意识到了环境保护的重要性，强调在提高物流效率的同时需要确保对环境的伤害降至最低。日本通产省中小企业厅于1992年10月制定了《中小企业流通业务效率化促进法》，通过对愿意参与共同配送的中小企业予以援助，从而间接规范物流行为。《干线公路沿线装备法》规定需要实施住宅隔音化，为降低大型卡车造成的交通噪音公害，铺装低噪音路面、设立遮音板和环保设施带等措施。此外，日本推行的提升托盘使用率、减量包装、废旧产品的高效回收等都是政府大力提倡的绿色物流行动，日本是将物流效率提升和环境质量改善结合得最好的国家。

第三节 欧洲物流治理模式

一 发展概况

欧洲较早引进"物流"概念，物流管理中应用现代技术较为成功。欧洲物流发展大致经历了六个阶段（中国交通运输协会，2001）。（1）物流萌芽阶段（20世纪初）。1918年英国的"即时送货股份有限公司"是关于物流活动的最早记载，成立的目的是在全国范围内把商品及时送到批发商、零售商和用户手中。但在之后，欧洲物流活动发展停滞了，直到20世纪二三十年代美国提出物流概念。（2）工厂物流阶段（20世纪50—60年代）。欧洲受到美国影响，注意到了物流（PD）的重要性，为了降低产品成本，各国开始重视工厂中物流的信息传递。60年代末期，英国组建了物流管理中心（CPDM）。（3）综合物流阶段（20世纪70年代）。由于工厂内部的物流已不能满足企业集团对物流的需求，欧洲出现了综合物流。（4）供应链物流阶段（20世纪80年代）。企业自发进行物流组织革新，发展联盟型或合作型组织，形成更大的物流新体系，也就是供应链物流，同时，第三方物流开始兴起。（5）全球物流阶段（20世纪90年代）。随着全球经济的一体化，欧洲物流开始全球化，荷兰开始了物流信息化创新，如货物社区平台、数字化港口社区系统等（荷兰外商投资局）。（6）网络化、智慧化物流阶段（21世纪以来）。经济全球化形成了如荷兰鹿特丹港等较大的物流中心，广泛采用EDI，射频标识技术，互联网和物流服务方提供的软件来发展电子物流；21世纪10年代，随着德国工业4.0的出现，智慧物流成为发展的新方向。

阿姆斯特朗咨询公司（Armstrong & Associates）评估了2020年欧洲主要国家物流第三方市场，其结果如表13-5所示。

从表13-5可以看出，2020年欧洲的经济中，德国、英国、法国、意大利和西班牙的经济总量位于前五位，GDP都超过1万亿美元。其中，德国一枝独秀，高达3.8万亿美元；英国和法国较为接近，为2万亿—3万亿美元；意大利和西班牙在1万亿—2万亿美元之间。GDP第六至第十名的分别为荷兰、瑞士、波兰、瑞典和爱尔兰等，GDP均在1万亿美元以下。欧洲整体物流水平比较高，从物流成本占GDP比重8.60%，这一指标最高的希腊才 12.30%，远低于中国。将物流成本占 GDP 比重从低到高排名，荷兰、爱尔兰和瑞典位列前三位，在 8% 以下；第四名至第九名分别为德国、西班牙、瑞士、芬兰、英国、法国，在 8.0%—9.0% 之间。欧洲的第三方物流（3PL）收入的排序与 GDP 排序完全一致，但是 3PL 收入占 GDP 的比重就完全不同，荷兰最高 14.60%，高出第二名爱尔兰 2.80%，高出欧洲平均水平 4.1%，说明荷兰的物流业在国民经济中地位非常高。综合以上情况，选择德国、英国、法国和荷兰作为欧洲物流治理模式的分析对象。

表 13-5 2020 年欧洲总体及主要国家的第三方物流市场信息 （单位：十亿美元）

国家	GDP	物流成本占比（%）	物流成本	3PL 收入占比（%）	3PL 收入
欧洲总体	19123.80	8.60	1653.7	10.50	173.8
荷兰	909.5	7.40	67.5	14.60	9.9
爱尔兰	418.7	7.70	32.4	11.80	3.8
瑞典	537.6	7.80	42.2	10.40	4.4
德国	3803.0	8.10	308.5	10.50	32.4
西班牙	1278.2	8.20	105.0	10.20	10.7
瑞士	747.4	8.30	62.1	10.50	6.6
芬兰	270.6	8.40	22.8	10.70	2.4
英国	2711.0	8.50	230.2	9.80	22.6
法国	2598.9	8.80	228.2	10.50	23.8
挪威	362.0	8.90	32.4	10.30	3.3
意大利	1884.9	9.00	169.4	10.30	17.4
匈牙利	154.6	10.00	15.5	11.00	1.7
波兰	594.2	10.10	60.3	10.20	6.1
葡萄牙	231.3	10.50	24.4	10.10	2.5
罗马尼亚	247.2	11.60	28.6	10.10	2.9
希腊	189.3	12.30	23.4	9.10	2.1

资料来源：作者根据相关资料整理。

注：以上表格依据物流成本占比排序。

德国是欧洲最大的消费市场，世界闻名的不莱梅物流中心集物流、转运、仓储为一体，物流业创造的就业岗位数量2017年达到310万人，占同期总就业人口的7%；英国于20世纪60年代末就开始建设多功能物流中心，近些年来，伦敦提供的航运服务对全球航运业的"无形"控制使英国成为当之无愧的国际航运中心；法国处于欧洲的中心位置，拥有欧洲最大的公网，可连接到欧洲所有国家和主要城市（吴君杨、杨浩哲，2019）；荷兰国土面积仅为41528平方千米，地处欧洲最主要的三大市场（英、法、德）之间，港口物流极其发达，对欧洲跨国物流的发展起到了"桥梁"作用。

欧洲国家的物流发展与物流信息透明化和全球化使得欧洲物流产业发展势如破竹。尽管2020年新冠肺炎疫情对于欧洲经济形势造成了不小的打击，但2021年数据显示欧盟主要国家的PMI指数正在回升，预示着整个欧元区正在逐渐摆脱疫情的影响（方翔宇，2021），中国与欧洲的经济贸易关系也更加密切（连俊，2021）。

二 管理体制

欧洲物流着重于基础设施建设与物流政策引领，放松管制，依靠市场经济体制发展物流产业。总体上看，欧洲各国议会规定好底线法律，政府依靠这些法律出台法令条例，行政部门与行业协会辅助出台相应的政策文件。

德国是联邦议会共和制国家，具有联邦议院和联邦参议院，其中联邦参议院参与联邦立法，并对行政管理施加影响来维护各州的利益；法国是半总统共和制国家，也实行两院制，拥有国民议院和参议院，拥有制定法律和监督政府等职责；荷兰和英国是君主立宪的议会制国家，荷兰政府制定的所有法案都必须依据议会的法案，其渊源是由议会法案、法典、条约及案例法组成的。荷兰最高法院为终审法院，荷兰还设置国家仲裁局负责审查监督政府与公民之间的纠纷。英国议会是最高司法和立法机构，由国王、上院和下院组成。1964年，欧共体法院作出规定，欧共体国家国际法要比各国的国内法更具优先效力。

（一）立法

德国、英国、法国和荷兰的立法均分为两个层次：议会通过的法律法案，政府颁布的法令条例。

德国的物流法律法规体现为公路运输、行业运作及绿色物流等法律体系较为完整。政府在物流基础设施建设方面发挥重要作用，鼓励企业实现物流规模化和集约化长远发展。德国物流的法制健全，行业内依法治理。在综合法方面，德国的《商法典》对货运、仓储运作方面的一般性规定进行了规范；专业法方面，《联邦货物运输法》《海关法》和《公路交通条例》等法律、法规对行业的运作行为作出了严格规定（朱德秀，2006）。《危险货物公路铁路运输法》《废弃物运输法》等也对废物处理、环保等逆物流问题进行了规定。此外还制定了《对外经济法》《劳动法》《保险法》和《运输统计法》等，明文规定了进出口货物运输、运输保险、运输企业统计、员工劳动保护的相关问题。

英国目前的物流专项立法并不多，对交通运输基础设施比较看重。20世纪60年代前，英国物流被政府严格管制。随着现代物流观念的引入，英国开始对物流法律取消限制，大力发展基础设施，实现铁路现代化和公路网建设，立法推动物流发展规划、绿色物流和物流管理等方面工作，与其他产业做好连接，争取实现共同发展（贺梦蝶，2019）。英国的物流专项立法始于《英国1992年海上运输法》的颁布实施，对于物流的管制放松，依靠市场竞争去引导物流发展，给予物流行业充分自由。2006年《公司法》对于经贸方面的法律进行规定。

法国《商法典》第2编"海上贸易"，规定了船舶为动产、船长的职责、船员的雇佣和海上保险等规则，《海关法》规定了进出口贸易等其他方面。法国对于物流业没有进行专项立法，而是通过发布法令对物流业进行规范。法国政府在规划和制定物流政策时也主要致力于创造物流所必备的基础环境。

荷兰物流政策体现为对商品流通及海关税收等法律较多，对港口物流的法律条文丰富。荷兰的法律体系是流通业与流通市场发展的基础，出台《公司法》《投资法》《贸易法》《劳动法》等相关法律对企业流通及税收等问题进行规范。荷兰法律对物流发展给予一定的推动，物流企业仅需要承担企业所得税一种税种，在未盈利情况下甚至可以不缴税。这些规定吸引了很多国际跨国物流公司来荷兰发展，从而促进了荷兰物流业的繁荣（王丁冉、李静宇，2009）。荷兰法律对于规范市场行为有

《竞争法》《消费者保护法》等法律，在物流领域没有设立专项物流法律，但对于运输、港口、有害物质、海关、基础设施等有相应法律，如《交通法》《港口国控制法》《环境有害物质法》《船舶法》等法律。关于法令条例，政府也出台了如《装卸条例》《船舶物品和海员手册航运规则》等法令条例。

（二）物流行政管理

在物流行政事务的管理上，欧洲这些国家对交通运输、消费者保护、质量监管、海关管理与基础设施管理方面有相关部门进行管理。荷兰、德国、英国和法国国家行政事务管理机构如表13-6所示。

表13-6 荷兰、德国、英国和法国国家行政事务管理机构

国家	运输业务管理机构	关税及海关管理机构	基础设施建设机构
德国	联邦交通与数字基础设施部	联邦财政部、海关总署	联邦交通与数字基础设施部
英国	运输部	税务海关总署	运输部
法国	国家交通运输部	海关及关税总局	国家交通运输部
荷兰	交通及水管理部、基础设施和环境部	税收与海关管理局	基础设施与环境部、港务管理局

资料来源：作者根据相关资料整理。

经过对欧洲政府部门的分析，本书将其分为三类机构：运输业务管理机构、关税及海关管理机构、基础设施建设机构。运输业务管理机构主要负责交通运输业的总体规划、管理以及政策制定；关税及海关管理机构负责征收关税及进出口管制；基础设施建设机构负责物流基础设施的建设、规划、维护管理以及投资等事项。各国的机构职能不尽相同。

德国的联邦交通与数字基础设施部，其前身为1998年成立的联邦交通、建筑及住宅部，2013年采用现名，其职能不仅包括公路、铁路、水路等交通运输方式的基础实施规划与建设，还囊括了国家土地规划、城市建设等方面职能。联邦财政部与海关总署共同管理关税税收及海关事项。

英国运输部负责支持和帮助英国企业发展运输网络，对交通运输基础设施投资，并负责对英国海陆空交通政策的制定。英国税务海关总署

前身为英国税务局及海关，2015 年合并成为税务海关总署，主要负责增收税项及进出口管制。

法国国家交通运输部负责建设公共交通的基础设施、管理商用车的许可证发放和实践考试，推广创新技术，促进交通方式的协调与整合。法国海关及关税总局核心业务是货物流动监管，下属部门国家海关海岸警卫队（DNGCD），负责实施海关在海空部门制定的战略指导方针。

荷兰水管理部成立于 1809 年，二战后水管理部增加交通运输职能，改名为交通及水管理部，掌管着水管理、交通运输等行政事务；荷兰港务管理局负责相关港口的建设、维护和管理；荷兰基础设施和环境部负责水陆空交通的总体规划和管理；荷兰税务与海关管理局负责税收和海关事务，其职能包括征税、侦查经济犯罪以及对进出境的运输工具、货物进行监管。荷兰对于税收和海关监管的方法使得其物流企业得以生存与发展。

（三）行业协会组织

欧洲与美国相似，主要国家也有着丰富的行业管理机构，对其物流领域的发展起到推动作用，同时，欧盟国家具有统一的物流协会与物流认证委员会，其能够推动及引领欧盟国家物流一体化的发展。

欧盟物流协会（European Logistics Association，简称 ELA）成立于 20 世纪 80 年代，由三十多个国家级的物流协会组成，几乎涵盖了中欧和西欧的每个国家以及欧盟最外围的加勒比地区。ELA 旨在为物流和供应链行业的联网、推广和发展提供一个国际论坛。欧洲物流认证委员会（ECBL）是一个独立机构，由自愿同意共享物流能力标准并遵守通用质量保证程序水平的成员国组成，主要负责物流标准的制定表实时更新 ELA 标准。ELA 物流能力标准反映了物流人员对工作场所绩效的期望，在国际上也被广泛认可。ELA 的会员协会包括德国联邦物流协会（BVL）、英国皇家物流运输协会（CILT）和法国供应链协会（ASLOG）等。

1. 德国

德国联邦物流委员会（BAL）是一个非营利性协会，成立 1977 年，旨在促进所有经济领域的物流发展，目前是欧盟物流协会 ELA 的成员。1978 年联邦物流协会（BVL）在德国不莱梅成立，其职责是促进物流理念创新发展，传播物流专业知识，研究和评估物流和供应链管理行业发展，并给出具有说服力的专家意见。BVL 发展迅速，已成为德国乃至国际物流的综合网。

2. 英国

1999 年 6 月，英国物流学会和英国交通学会合并，成立了英国皇家物流与运输协会（CILT）。CILT 办有自己的刊物并为企业提供物流运输服务的建议，是世界上最早创办的物流与运输专业组织之一，其发布的物流和运输职业资格认证体系也被诸多国际专业组织和学校承认，在世界范围内都有一定的权威性。英国很多大学将 ILT 证书作为硕士学位学分，得到广泛承认（牛鱼龙，2007）。

3. 法国

法国物流协会以市场为导向，还以企业需求定位，其为会员服务时不仅编辑杂志，为会员发布信息，还划分工作区，组织会议为会员提供物流服务平台等（韦先义、张明等，2004）。法国供应链协会（ASLOG）是 1972 年创立的非营利机构，是法国第一个供应链专业人士网络组织，由于它有一个包含 450 家附属公司的网络，能为供应链相关企业提供完美的解决方案。依靠丰富的网络资源和成员的专业知识，使与其合作企业能够有效应对供应链的风险与挑战。

4. 荷兰

荷兰国际物流协会（HIDC）是一个私营的非营利组织，拥有超过 150 家专业物流服务供应商的庞大网络，为各类型公司提供有关物流方面的咨询建议，帮助它们降低欧洲市场供应链运营成本。由于具有广泛的会员基础、多年的经验和对欧洲物流的深入了解，HIDC 帮助企业找到最适合其需求的可靠物流合作伙伴。HIDC 主张吸引跨国物流公司入驻荷兰，帮助其塑造欧洲供应链，且其所有咨询服务均为免费、完全保密，因而，不仅对荷兰物流发展有重大影响，而且对于整个欧洲物流行业发展起到了极大的推动作用。HIDC 还协助荷兰政府（外商投资局）对在荷兰建立欧洲配送中心的企业给予选址规划及经营面的指导，政府接受 HIDC 的建议给这些企业一定比例的资金支持或贷款贴息（王微，2001）。

欧洲国家的物流协会普遍注重人才的培养与发展，这些行业协会在其领域具有相当高的权威性，对欧洲物流业自律，规范物流企业及货物运输行为，维持物流业行业市场秩序方面起到了极大的促进作用。

三 运行特点

德国、英国、法国和荷兰等欧洲国家依靠得天独厚的地理位置，运用基础性的法律及其他税收规定，加上政府和行业协会的推动，吸引了大批国际物流企业入驻欧洲，在海港、港口物流、交通运输网络、物流基础设施等方面的发展有着丰富的经验。欧洲物流治理模式的运行特点总结如下：

（一）强调市场配置物流资源

在欧洲物流发达国家中，普遍遵照法律的底线作用，强调市场机制配置物流资源，鼓励物流企业竞争。如荷兰消费和市场管理局负责消费者保护和反垄断事务，并对能源、邮政和交通等行业的企业市场行为进行监管，防止垄断。除此之外，荷兰政府对关税和海关事项进行了规定，鼓励国际物流企业入驻荷兰，通过市场上的自由竞争优化国内的物流资源配置。荷兰皇家航空公司和荷兰物流巨头 TNT 集团通过市场运作在服务、航线网络、信息化等方面有了长足发展，TNT 集团不断积极配置物流中心，发展交通运输信息系统，促成物流全球运作一体化；世界上最大的运输和物流集团德国邮政公司在政府鼓励自由化时，更专注于物流服务等基本事务，并不为了扩大规模盲目进行并购，对于成本高或风险大的地区有的放矢，并且积极实现全球化，这也是市场良性竞争的结果；英国政府2006年1月1日打破了长达350年"皇家邮政"的垄断，允许各家邮政公司公开竞争，英国此举顺应了欧盟7成以上成员国的邮政竞争的潮流；法国家乐福公司设置严格的配送中心考核标准，每个月都有专业人员对其进行考察，积极优化配送体系。以上都是政府鼓励市场良性自由竞争以及公司积极寻求突破的例子，欧洲各国都出台了各自的垄断法，并设有专业行政机构进行监管，欧洲国家普遍重视市场机制对物流资源的配置作用。

（二）政府引导物流发展

欧洲国家普遍重视物流行业发展，对于物流信息化和一体化的基础设施建设方面都有着引导作用，鼓励国家内物流行业发展，同时也对于整个欧洲的物流行业的推陈出新起到了很大的推动作用。

首先,德国政府在基础设施和标准方面起到了推动作用。德国于2008年对交通基础设施扩建的现代化改造投资20亿欧元,德国政府支持物流行业协会对于各种物流作业和服务制定相应的行业标准,以此来保证物流活动的顺利进行;其次,英国政府不断加大基础设施投资。20世纪50年代,英国政府就对于铁路现代化的投资达到了18亿英镑,由于当时物流管制的严苛,随之而来的并不是投资的井喷期与公众的收益增加,当英国政府意识到这个问题之后,2000年7月,英国政府计划为交通运输业投资1800亿英镑,其中企业的私人投资占比极高,英国政府对于基础设施问题极为看重;再次,法国政府从标准化和信息化方面引导物流发展。法国政府重视仓储和标准化等物流基础建设,同时大力推进物流信息化进程,无论是仓储、配送和装卸搬运,都体现出极高的信息化水平,有数据显示,法国物流外包占全国营业额的38%,在欧洲仅次于英国。如雷诺卡车的高度立体化仓库,20世纪初就能实现货物分拣、装卸搬运过程实现自动化,配送效率极高且占地面积小,能够极大增加物流服务的效率与精准。法国政府对于运输等基础设施的建设也极为看重;最后,荷兰支持物流技术创新与推广。20世纪末,荷兰政府支持物流技术创新与推广的主要政策措施有:一是资助物流知识和技术的创新活动,如荷兰运输部资助的两个物流知识中心项目,年资助的研究经费分别高达1000万欧元。二是倡导和支持新技术在物流产业中的应用和推广,特别是信息技术和自动化技术的应用和推广(王微,2001)。

(三)行业协会引领

欧洲有欧盟物流协会ELA统筹管理,由三十多个国家级物流协会组成,会员覆盖了整个欧洲大陆,ELA物流认证体系得到了世界上众多跨国企业公司的认可。除此之外,ELA欧洲范围内推行一套物流标准化体系,对物流标准化事项进行统一管理。欧盟物流认证管理委员会是欧洲唯一被授权的资格认证批准机构,设立一套系统对各个国家的认证培训中心进行监督,没有得到此委员会批准的任何证书将不被认可。这两个欧美具有统一管理的物流行业协会确保他们按照欧洲指令实施标准,对于欧洲物流的发展与统一起到了引导与推动作用。

(四) 欧洲统一贸易物流与各国物流特色相结合

欧洲致力于打造自由贸易区，推动了欧洲国家之间的贸易物流发展。1972年7月欧洲经济共同体分别与瑞典、瑞士、奥地利、葡萄牙、冰岛等国家签订成立欧洲自由贸易区，协定统一对关税问题进行了规定：凡参加大自由贸易区国家从1973年4月1日起，以5年为过渡期，分5个阶段，每阶段平均削减工业品关税20%，最后实现工业品在缔约国间完全免除关税。协定一经生效，商品数量限制取消，对缔约国之外的国家，关税率自行确定。1977年达成以上目标的同时，欧洲自由贸易区年贸易总额达到世界年贸易总额的40%以上。"大自由贸易区"的成立无疑加速了国际物流一体化的进程，提早在欧洲达成大范围内自由贸易，鼓励企业对外进行贸易，同时对于欧洲的物流服务起到了推动作用，欧洲各缔约国开始向其他国家学习，信息透明化也促进了如今欧洲高度便利的物流服务。但是，欧洲各国依照自身特点发展特色物流。

第一，德国大力发展物流园区。20世纪90年代初东西德统一后，为整合物流资源，德国政府先后两次对全国物流园区发展作出整体规划，提出建设39个物流园区，支撑并推动经济均衡发展，在提供综合物流服务、提高铁路和内河运输比重、促进区域经济发展等方面发挥了重要作用。德国的物流园区以多式联运为主线，强化货物集散与分拨能力，加速培育智能物流系统，提高了物流转运速度（吴君杨、杨浩哲，2019），为制造、商贸等产业发展以及城市运转提供了有力保障。第二，英国重点建设运输系统。英国伦敦运输系统极为复杂，伦敦的交通运输承载量比整个英国的铁路承载量还要多。因此英国政府在20世纪初针对这一点对于伦敦运输网投资了250亿英镑以减少伦敦通勤铁路超载现象。第三，法国实施铁路国营。法国铁路全部是国家资本，因此实行集中的管理体制，法国铁路公司是唯一的铁路经营者。第四，荷兰做强港口物流。荷兰鹿特丹是连接欧、美、亚、非、澳五大洲的重要港口，储、运、销一条龙，是欧洲最大的海港。通过保税仓库和货物分拨中心进行储运和再加工，提高货物的附加值，然后通过多种运输路线将货物送到欧洲的目的地。

德国对于物流园区的管理也有着自己的规划与发展，而英国伦敦的人口流量也使得英国对于伦敦交通运输网的投资大幅增加，法国因其国有成分占比较重也建成了规模相当大的交通运输业国有公司,对于其国有公司投资占比达二分之一,荷兰依据其特色的港口成为欧洲的物流与配送中心,从阿姆斯特丹或鹿特丹出发,24小时内可覆盖1.6亿欧洲消费者(梁喜、刘怀英,2021)。可见,欧洲国家物流治理模式的运行特点是在欧洲统一贸易物流下的各国特色物流发展。

第四节 经验借鉴

一 LPI对比

物流绩效指数(Logistics Performance Index,简称LPI)是世界银行开发的一套综合反映跨国货运代理商和快递承运商的绩效指标体系,它是一个国家国际贸易物流能力的体现。LPI来自六大方面的指标:(1)清关程序的效率;(2)贸易和运输质量相关基础设施的质量;(3)安排价格具有竞争力的货运的难易度;(4)物流服务的质量;(5)追踪查询货物的能力;(6)货物在预定时间内到达收货人的频率。LPI及其指标数据通过对跨国货运代理商和快递承运商的专业人士的问卷调查而来,采用从1至5评分,分数越高代表绩效越好。最后根据六个方面表现按照一定权重形成综合指数,亦可对单个指标给出评价。

世界银行给出的2007年到2018年中、美、日及欧洲主要国家(地区)的物流绩效指数LPI如表13-7所示。

表13-7 2007—2018年中、美、日及欧洲主要国家(地区)物流绩效指数LPI

年份 国家 (地区)	总LPI	总排名	2018		2016		2014		2012		2010		2007	
			LPI	排名	LPI	排名	LPI	排名	LPI	排名	LPI	排名	LPI	排名
中国大陆	3.61	26	3.29	31	3.75	20	3.54	18	3.59	27	3.65	27	3.84	27
中国香港	3.92	12	3.81	9	3.97	15	3.77	8	3.93	12	3.92	15	4.14	15
中国台湾	3.6	27	3.47	22	3.72	23	3.48	24	3.57	30	3.67	25	3.72	35
美国	3.89	14	3.78	10	4.05	7	3.51	23	3.87	16	4.09	6	4.08	19
日本	4.03	5	3.99	3	4.25	2	3.59	14	4.09	4	4.05	10	4.25	10

续表

年份 国家 （地区）	总LPI	总排名	2018		2016		2014		2012		2010		2007	
			LPI	排名	LPI	排名	LPI	排名	LPI	排名	LPI	排名	LPI	排名
德国	4.2	1	4.09	1	4.37	1	3.86	4	4.31	1	4.24	2	4.39	3
英国	3.99	9	3.77	11	4.03	8	3.67	13	4.05	7	4.11	4	4.33	5
法国	3.84	16	3.59	19	4.00	12	3.55	17	3.84	17	4.00	12	4.15	14
荷兰	4.02	6	3.92	5	4.21	4	3.68	11	4.09	5	4.02	11	4.25	11

资料来源：作者根据相关资料整理。

从表13-7可以发现，德国的物流绩效指数最高，位于3.86—4.39之间，平均4.2，总排名位于世界第一；日本和荷兰比较接近，LPI平均为4.03和4.02，排名分别为世界的第五和第六名；接下来是英国、法国和美国，LPI分别为3.99、3.89和3.84，分列世界第九、第十四和第十六位；中国香港相对靠前，排名第十二位，中国大陆和中国台湾地区比较接近，分别位列世界第二十六和第二十七位。从上可以看出，中国现代物流发展迅猛，总体表现不错，但在国际贸易物流方面与德国、日本、荷兰等国相比还存在差距。

二 治理模式对比

经过本章一、二、三节对美国、日本和欧洲物流治理模式的分析，对美国、日本、欧洲国家的物流立法、行政和行业管理体制进行总结，将其与中国物流管理体制进行对比，形成表13-8。

经过对我国和美国等其他国家的对比发现，不同类型的国家在对物流相关事务进行管理时所采用的手段不同。美国主要是设立物流基础事项的法律法规，对于物流市场的发展依靠市场中"无形的手"来进行调控，物流行业协会致力于物流行业技术发展、物流从业人员的培训以及从业资格认证等方面；日本对物流市场的调控采用"规制缓和"策略，放松对物流市场的管控，一部分由政府进行宏观调控，另一部分依靠市场手段进行自发调控，物流行业协会协助政府制定与落实物流政策；欧盟国家对于物流行业管理事项与美国相似，尽量使用市场手段，不过多干预物流产业的发展，同时具有欧盟物流协会（ELA）来统一推进欧盟国家物流一体化。中国与日本的物流管理体制最为相似，大方向上政府宏观调控，与其不同的是，中国政府主要依靠政策文件来推动，而日本法律法规推动成分更多。

表13-8 中、美、日及欧洲主要国家（地区）物流管理体制对比

国家	立法机构（特指法律）	代表性法律及法规	行政管理机构	代表性政策	行业管理机构	行业协会主要作用
中国	全国人民代表大会	《海关法》《快递暂行条例》等	国务院及其各部委	《物流业调整与振兴规划》等	中国物流与采购联合会（CFLP）、中国交通运输协会（CCTA）等	协调政府、企业和科研院所的工作
美国	美国国会	《美国法典》第46章运输法及对应法规等	交通运输部、能源部、海关边境保护局等	—	物流供应链管理协会（ISM）、美国运营管理协会（APICS）等	促进物流行业规章制度和标准的制定，进行物流教育培训，进行从业资格认证等
日本	日本国会	《物流法》《公路法实施规定》等	国土交通省、经济产业省	《新综合物流施政大纲》等	日本物流系统协会（JILS）、日本仓库协会（JWAI）等	推动物流业学术研究，配合政府制定和落实物流政策，兼顾物流行业人才的培养等
德国	共和国议会	《公路交通条例》《内河物质运输法》等	联邦交通与数字基础设施部、海关总署	—	欧盟物流协会（其中包括联邦物流协会、英国皇家物流与运输协会、法国供应链协会等）、荷兰国际物流协会、荷兰货代和物流协会	致力于促进物流创新理念的发展和物流专业知识的传播，提供证书资格认证、配合政府拟定以及落实标准化等相关政策，其中欧盟物流协会致力于推进欧洲一体化
英国	英国议会	《海关及关税管理法》等	国家交通运输部、海关及关税总局	—		
法国	法国议会	《海关法》等	运输部、税务海关总署	—		
荷兰	荷兰议会与政府合作组建	《交通法》《装卸条例》等	交通及水管理部、基础设施和环境部	—		

资料来源：作者根据相关资料整理。

第十三章 国外现代物流治理模式比较与经验借鉴

对中国、美国、日本和欧洲国家的物流治理模式运行特点整理如表13-9所示。

表13-9 中、美、日及欧洲主要国家（地区）物流运行特点对比

国家（地区）	法律与市场	政府	行业协会	治理重点内容
中国	对物流的多方面进行细节立法，立法体系性不强，在一定程度上强调市场对物流发展的推动，然后由法律法规和政策文件联合推动物流业发展	具有以分工基础的协作机制，发改委牵头商务部、中物联等15个部门成立物流工作部际联席会，在各司其职的情况下协助推动物流发展	大部分行业协会是需要由国务院等政府部门批准设立，且由相关政府部门的前任领导带领发展，担任物流业发展的"政企桥梁"	在政策文件与行政管理上，强调政府对于物流业的引导与发展，同时在内容上强调物流标准化与物流基础设施的发展
美国	立法重点在于交通运输及关税方面，对于物流企业市场方面在给予各州一定自主性的同时强调市场机制的参与和协调	弱化政府治理机制，利用"大交通"管理体制对物流运输事项进行管理，仓储配送依靠企业自主经营	行业协会除了促进物流行业规章制度和标准的制定，还主要负责有关学术研究、从业资格认证、物流教育培训相关事项	不仅仅是法律法规中强调了安全方面，美国物流在政府的管理下也着重强调安全事项，建立多种机制防范安全事项
日本	具有物流事务的综合立法，"物流二法"出现后放松对物流业的管制，也适当强调市场机制的运行作用	政府每四年修订一次"施策大纲"，文件指明未来物流立法与发展方向。国土交通省负责需求端，经济产业省负责供给端	建立物流行业协会需要获得相关政府的设立许可，部分协会被允许参与相关政策的制定，落实政策的实行等	强调标准化事项体制的管理，具有专门的工业标准调查会，在内容方面高度强调绿色物流，间接规范物流行为
欧洲	欧洲物流的法制健全，立法多关注于基础设施建设，依靠市场竞争机制引导物流发展，近些年逐渐开始追求对物流的专项立法	政府在交通基础设施的建设上投入极大的投资力度且支持物流技术与创新，行政管理方面则主要突出对于运输业务和海关关税的关注	具有致力于欧洲物流一体化的协会：欧盟物流协会ELA，其会员协会主要评估物流未来发展及相关学术研究，为企业提供专业意见	欧洲不同国家会根据自身不同的产业特色来打造相关的物流特色项目，例如荷兰专注于港口物流，德国专注于物流园区等

资料来源：作者根据相关资料整理。

经过对其运行特点的比较，发现中、美、日、欧的管理体制运行特点具有相似性但又不尽相同。在物流业管理体制方面中国政府起到了绝对的主导作用，不仅体现在政策引领上，还体现在行业协会的建立方面。

而运输系统的完善、放松管制和注重安全这三个相互关联的因素，使得美国物流业保持了较高的生产率和技术创新。日本对物流的政策引领和规划使得日本物流发展在近几十年发展迅速。荷兰利用技术引领港口物流，以海、陆、空三种方式形成一种极大的交通运输网络（王丁冉、李静宇，2009），德国以自己独特的物流园区运营方式推动着物流产业的进步，英国和法国对于物流的管理模式也有自己独到的见解。管理体制的不同必定会影响物流业发展的速度，因此中国需要根据自身国情来改进物流业的治理模式，这些国家为中国的物流业发展提供了很多值得借鉴的经验。

三 经验总结

根据对中、美、日、欧各国的物流治理模式，得出以下经验借鉴：

（一）动态调整政府在现代物流治理中的功能定位

中国现代物流实行的是分工协作为基础的国家治理机制，建立了现代物流重点企业联系制度，政策推动制度，预测、监测和统计制度，"产学研"合作制度等卓有成效的工作制度，充分体现了政府的核心作用，极大地推动了中国现代物流的发展。欧美国家多采用放松管制的办法，政府坚决反垄断，鼓励企业自由竞争，充分发挥企业在市场中的核心作用。在政府功能定位方面，日本与中国较为相似，日本80年代以后审时度势，调整物流管理思路，开始实行规制缓和策略，鼓励企业自由竞争。政府着力在制定全国以及区域物流总体规划、中长期和年度计划，以及制定和实施促进现代物流业发展的政策和措施等方面。但是，日本政府更加强调法律法规建设。中国现代物流发展依靠政策文件推动，这在初期是非常必要的，也是成功的，这充分体现出了社会主义国家集中办大事的制度优越性。但是，随着现代物流的发展，物流效率的提升必须依靠充分的市场竞争，企业更应该成为现代物流治理的核心主体，政府很多地方应该让位于市场。这就是说，随着现代物流的发展，政府应该动态调整在现代物流治理中的功能定位，成为现代物流发展环境的营造者和市场秩序的维护者。政府应该适度减少政策文件的使用频度，不断完善物流法律法规体系，加强物流行业监管力度。

第十三章 国外现代物流治理模式比较与经验借鉴

(二) 发挥行业协会对物流行业发展的引领作用

中国现代治物流理二十年中,以中国采购与物流联合会为代表的行业协会对推动中国现代物流发展起到了不可替代的作用,在加强政府与企业联系、物流标准化推动和政策文件推动、PMI、LPI 各类指数以及社会物流统计制度建设、促进"产学研"合作和物流科技教育发展等方面均有突出贡献。

但是,随着现代物流的发展,分工越来越细,对物流科技、物流管理的要求越来越高,需要有更多、更专业化的物流相关行业协会来支撑现代物流的发展。目前,中国现有的专业性全国社团数量少,且力量薄弱,社会影响力不够。欧美国家物流协会历史悠久、分工细化,它们从事物流职业资格认证、物流人才培训、物流知识体系、物流标准、年度的物流发展报告等工作,对本国物流甚至全球物流都具有重要影响,成为全球物流行业的风向标。欧美国家物流行业是长期竞争形成的结果,中国应鼓励更多有物流专长的个人、企业、研究机构等自愿形成民间的社会团体,组建各类专业化的物流协会,积极开展物流科技和管理等方面理论研究、物流人才教育培训、职业资格认证、企业咨询和行业发展研究,物流行业协会不仅要做物流活动的联络者,更应该成为未来现代物流发展的引领者。

(三) 构筑牢固的物流标准化基石

现代物流强调效率,系统化的治理理念和系统分析方法最有利于物流效率提升。日本物流管理强调系统理念,除能源运输之外,物流业相关的事务基本由国土交通省拟定政策并进行管理,形成了日本宏观物流管理系统。此外,日本的绿色物流治理更是将正向物流与逆向物流打通,将能源消耗、环境污染等生态问题纳入物流之中,形成更大、更为复杂的绿色物流系统,极大地降低了物流活动负外部性;美国企业物流发展也体现了系统化的思想,从 20 世纪六七十年代,到 80 年代整合的企业物流,再到 90 年代供应链物流,充分表明了公司物流治理系统的逐步扩大;欧洲国家物流协会自然形成的两个欧盟协会,使得物流治理从国家系统扩大为欧洲地区系统;现代物流工作部际联席会议的协作机制改变了中国长期职能部门分散管理的局面,将各方力量凝聚在一起,构成了一个庞大的治理系统。因此,系统化治理是现代物流发展的方向。

系统由各要素组成，没有统一的标准，系统难以协调运行，因此，物流标准是物流系统运行的基础。物流标准化是指整个物流系统的标准化，毫不夸张地说，物流标准化是现代物流治理工作的基石。但是，物流标准化建设是一个比较复杂的过程，需要国家与企业间的相互配合才能够顺利开展（宗辉等，2018）。中国物流标准化推动成效显著，形成了国家标准、行业标准、企业标准和团体标准等层次的标准体系。但是，中国物流标准化工作方面也存在一些不足。为此，需要借鉴西方发达国家经验，构筑牢固的物流标准化基石。首先，需要统筹标准化发展，使各领域物流标准体系化。随着现代物流的发展，物流分工越来越细，会产生愈来愈多的物流细分领域，给物流标准化工作带来挑战。比如，中国各类冷链物流标准达216项（曾世华，2019），既表明冷链物流标准制定方面取得了一定的进展，但由于冷链物流标准化对象广泛、技术复杂、层次交错，存在标准重叠、冲突、空白地带等现象，需要及时清理，淘汰过时的标准，同时纳入新的标准，并且要提前做好统筹规划；其次，大力抓好团体物流标准化工作。西方发达国家的物流标准化几乎都是由行业协会来主推的，这些标准成为各国现代物流发展的基础，被全球其他国家广泛采用。为此，要高度重视物流行业协会团体标准的推进工作，一方面，各团体要依据现代物流发展需要，统筹规划、精心制定，形成符合实际需要的物流标准体系；另一方面，抓好企业物流标准化的基础工作，宣传标准意识，推广团体物流标准使用。最后，推动中国物流标准走向国际市场。要积极参与ISO标准组织工作，争取更多领域物流标准的制定权，让国际标准市场上有更多的中国声音。同时，不断优化本国标准，努力让更多的物流标准输出，让更多国家认可和采用中国物流标准。

（四）打造智慧化的物流基础设施网络

铁路、公路、航空、港口等各类交通以及综合运输的货运枢纽是世界各国普遍重视的物流基础设施；日本以及荷兰和德国等欧洲国家在物流园区的建设和经营方面积累了丰富的经验；美国、日本的零售企业都建有发达和先进的物流配送网络体系，其运作的精细程度让世人惊艳。近年来，物流基础设施网络建设是现代物流运行的基础，目前，各国都高度重视物流智慧升级，对物流基础设施网络系统的智慧升级成为各国的热门话题。

现代物流二十年发展，中国拥有良好的各类交通设施网络、数量庞大的物流园区、许多知名物流企业都有自己的物流配送网络，中国具有良好的物流基础设施网络系统。2018年以来，国家发改委和交通运输部联合发布《国家物流枢纽布局和建设规划》，计划在127个枢纽承载城市规划建设212个国家物流枢纽，中国进行了新一轮的物流基础设施建设高潮。结合发达国家经验和当前形势，特提出对已有的物流基础设施要实施物流智慧化升级，对新建的国家物流枢纽，要加强物流与信息产业协同，走智慧物流集聚的发展之路。首先，加快物流新基建布局，加强云计算、区块链、物联网等新技术在物流企业的应用，实现集聚区内物流企业数字化。其次，搭建智慧平台，实现仓库信息、车辆信息、运输信息和配送信息的高效利用，通过物流集聚不断融合制造、金融、商贸等产业，最终衍生出新型智慧供应链生态系统。最后，坚持智慧物流发展方向，努力打造智慧物流集群，建设智慧型国家物流枢纽，将其建成智慧城市新基建的高地。

（五）建立多渠道的现代物流人才培养体系

中国现代物流教育高度发展，2001—2020年二十年间，都有着飞速的进步。尤其在学历教育方面更是进步神速，目前中国物流类专业本科以上层次的培养高校476所，物流类专业专科及以下超千所，是现代物流人才输送的主要渠道。

过分依赖学历教育存在一些问题，首先，物流是应用性很强的专业，高校重视理论知识学习，培养的人才理论强于实践，即使高校注重加强与企业实践联系，动手能力不足也是普遍现象；其次，中国高校共设置物流管理和物流工程两个专业，大部分开设高校都是采用通用性的培养方式，缺少以行业背景为依托物流课程。但物流涉及的面很广，各行业领域物流差异较大，通用物流人才很难解企业的燃眉之急；最后，中国物流高校教师绝大部分是从学校到学校，没有企业实践从业经历，其教学也更多是理论上的讲解居多，培养的学生解决专业问题的能力堪忧。

针对现状，特提出建议：首先，西方发达国家在物流方面非常重视职业教育，各物流协会的经验值得借鉴。各物流行业协会应高度负起责来，不断丰富各子行业的物流知识体系，加大物流人才培训力度，在少数物流子领域开展职业资格认证试点，逐步取得企业用人单位认可，不断积累经验，争取对国外输出相应的认证资质。其次，实现人才培养机制改革，将职业证书纳入物流专业人才的培养之中。2019年，物流管理被教育部列入首批"1+X"证书制度试点领域，355所院校成为首批试点院校，这是一个很好的信号。最后，建立以行业为依托的物流人才培养体系。各高校专业均需要有一定的行业依托，与企业保持密切联系，一方面加强实习实训基地建设，为学生提供更多的实践机会；另一方面，建立更多优质的产学研基地，为企业解决难题，并不断丰富和提升现代物流理论。

多渠道的物流人才培养体系将为中国现代物流的可持续发展提供根本保障。

结　　语

2001年，原国家经贸委等六部委联合颁发《关于加快中国现代物流发展的若干意见》，该文件是中国有关现代物流的首份专项文件，也是首次两个以上部委的联合发文，成为中国现代物流治理的重要标志。此后，在国家政策的强力推动下，现代物流逐步被推上了国家战略产业的高度。中国现代物流在经历了发展奠基（2001—2005）、产业地位确立（2006—2010）和产业发展成熟（2011—2015）等阶段后，已进入到了产业融合发展阶段（2016年至今），现代物流业已成为现代服务产业的重要组成部分，有效地支撑和促进了国民经济和社会发展。

纵观中国物流发展历史，2001—2020年是物流业成长最快、成绩最辉煌的二十年，也是中国现代物流治理最关键的二十年。全国人大、党中央和国务院高度关注现代物流，国家领导人在多种场合对现代物流发展问题作出重要指示，各级政府部门、行业协会、高校和社会各界积极探索，运用多种形式、采取一系列治理措施来促进现代物流发展。二十年来，全社会共同治理促进了中国现代物流快速发展，也使中国物流业从学习、引进和借鉴国外发达国家先进经验阶段迈向自主创新发展阶段，实现了中国现代物流治理模式从无到有、最终走向成熟的飞跃。

中国现代物流治理模式主要得益于治理机制和工作制度的创新。从围绕运输大部制的政府机构改革来完善传统职能分工治理机制，到建立全国现代物流工作部际联席会议制度形成协同治理机制，再到国务院出台现代物流专项文件的国家治理，中国现代物流完成了"职能分工治理——分工协作治理——分工协作为基础的国家治理"的三级跳，成功实现了现代物流治理机制的制度变迁。中国现代物流治理模式可持续有赖于不断创新和完善的四大工作制度保障，即政策推动制度，预测、监

结 语

测和统计制度，重点企业联系制度和产学研合作制度。

分工协作为基础的国家治理机制和四大工作制度的共同作用形成了中国现代物流治理模式，它具有综合治理、公共治理、网络治理、政策文件治理和政策质量治理等五大特征，政策文件推动是中国现代物流治理模式最为突出的特征。社会网络分析结果发现，中国现代物流政策要素是一个整体联通的网络，由三块小网络构成，国务院和部委层次分属不同的小网络，综合物流文件是政策文件要素整体网络形成的关键。对文件主体和文件内容的进一步研究结果显示，物流部门分工管理体制和部际联席会协调机制促成了物流政策文件内容选择。对现代物流政策推动制度、重点企业联系制度和产学研合作制度的系统动力学仿真发现，无论哪种工作制度下各参与主体的不同行为策略都对现代物流治理结果产生显著影响。基于文本挖掘的计量经济学实证研究表明，产业政策供给手段显著影响产业可持续发展。

现代物流是国民经济和社会发展的基石，需要将其纳入国家治理。中国现代物流二十年快速发展实践充分证明，中国现代物流以分工协作为基础的国家治理模式适合中国国情，是成功的。但是，我们也必须清醒认识到，从社会物流总成本占GDP比重和物流绩效指数（LPI）等指标看，中国现代物流发展水平与发达国家尚存在一定的差距。尽管政治制度、法律制度、经济体制和意识形态不同，但中国仍可从美国、日本和欧洲等国的物流治理模式中获得经验借鉴，来进一步完善中国现代物流治理模式。总而言之，短短二十年，中国特色现代物流治理模式成功实现了传统物流向现代物流转型，促进了中国现代物流的快速发展，成绩有目共睹。中国现代物流治理模式成功有其深刻的政治、法律、经济和社会等方面原因，充分体现了中国特色社会主义制度的优越性。

其一，中国共产党领导是中国现代物流治理模式成功的关键。中央政治局会议多次讨论现代物流议题，历届政治局常委关注现代物流发展，习近平总书记多次考察物流企业并对现代物流发展作出明确指示，各级党组织自觉维护和执行党中央的决策部署。中国共产党领导体现了中国特色社会主义最本质的特征，充分保障了现代物流发展为广大人民群众服务的政治方向，有效促进国民经济和社会发展与人民生活水平的不断提高，是中国现代物流治理模式成功的关键。

其二，人民当家作主制度是中国现代物流治理能力提升的保障。2001年以来，现代物流逐步纳入国民经济和社会发展各期五年规划，"十一五"规划纲要更是单列"大力发展现代物流业"一节，将现代物流推上了国家战略产业的高度。经全国人民代表大会审议通过的五年规划纲要中现代物流相关内容，既是全国人民发展现代物流的决心和意志体现，也是对全国各族人民最广泛的动员，因此，人民当家作主制度这一根本政治制度极大限度地动员了参与现代物流治理的社会力量。物流相关政府部门、企业、行业协会、高校、科研院所、社区和民众积极参与，丰富了现代物流治理主体，从而提升了现代物流治理能力。

其三，中国特色社会主义法治体系促进了现代物流依法治理能力提升。在中国全面推进依法治国，建设法治国家、法治政府和法治社会的大背景下，中国不断完善法律法规制定、实施、保障和监督等法治体系，初步形成了相对完善的现代物流法律法规体系，为现代物流治理营造了良好的法律制度环境，促进了现代物流依法治理能力提升。

其四，中国特色社会主义的行政体制成就了中国现代物流治理模式的政府推动特征。中国政府是奋发有为、为民服务的政府，深受广大人民群众信任。政府部门按照党和国家决策部署推动经济社会发展，能举全国之力办成大事。中国现代物流正是各级政府部门通过组织机构变革和机制创新，运用政策文件，动用国家经济资源等手段，强力推动而发展起来的，这充分体现了中国现代物流治理模式的政府推动特征。

其五，中国特色社会主义市场经济规定了中国现代物流治理模式的本质和特色。社会主义基本经济制度确立了市场在资源配置中的决定性作用，市场治理是中国物流治理模式的基本特征。中国现代物流治理过程中，坚持以国有经济、集体经济和混合所有制经济等公有制为主体，同时鼓励、支持和引导个体、民营、外资等非公有制资本进入现代物流领域，维持多种所有制经济共同发展，实现按劳分配为主体、多种分配方式并存，基本建立起了与国民经济和社会发展相适应的现代物流服务体系。

"十四五"时期，中国开始踏上了全面建设社会主义现代化国家新征程，向第二个百年奋斗目标迈进。加快构建以国内大循环为主体、国内国际双循环相互促进的新发展格局，推进国家治理体系和治理能力现

结　语

代化，成为国民经济和社会发展的重要任务。中国现代物流治理能力提升，有利于建设完善的现代物流服务体系，有助于促进经济高质量发展，有助于以满足人民日益增长的美好生活需要为根本目的的实现，从而有利于国家治理能力和国家治理现代化水平的提升。展望未来，中国现代物流治理的重点将表现在以下几个方面：

一是现代物流服务能力治理。首先，作为生产性服务业，现代物流要以产业高质量发展为导向，不断向专业化和价值链高端延伸，通过供应链金融服务创新、与先进制造业和现代农业深度融合，提升现代物流的生产服务能力。其次，作为商品流通的支撑，现代物流通过完善和健全国家物流枢纽、骨干冷链物流基地、县乡村三级物流配送体系、国际国内快捷物流网络和应急物流体系等基础设施，提升现代物流对现代流通的服务能力；再次，现代物流通过农产品仓储保鲜和冷链物流设施、邮电通信和农村物流基础设施建设，提升对农业和乡村振兴的服务能力；最后，现代物流通过完善区域性物流中心、商贸物流中心和物流商超的布局和建设，推动铁水货物运输、物流配送车辆电动化等绿色物流方式，提升现代物流对城镇化发展的服务能力。

二是数字化治理。在智能化、网络化、数字化为核心的新一轮工业革命的时代浪潮下，智慧物流和智慧供应链成为现代物流发展的重要方向。因此，带来了物流基础设施设备的智慧化升级改造和智慧化新投入等问题，国家和区域的现代物流新基建资源系统管理与协同问题，现代物流和供应链运行的数字化实时监控、调度和协同等问题，以及与此相关的技术标准、管理标准和工作标准等问题。无论从治理手段和治理内容看，现代物流必须走数字化治理之路。

三是产业链供应链治理。现代物流对经济各领域的深入渗透，进一步向供应链拓展，成为产业发展不可或缺的强力支撑，形成了产业链供应链的新发展方向。在新冠肺炎疫情全球大流行和百年大变局等不利因素影响下，全球经济下滑，各国产业链供应链发生重大调整。中国应该抓住这一历史机遇，一方面，以经济性与安全性相统一为原则，各产业做好供应链战略设计并精准施策，不断提高供应链的柔性和韧性，努力打造更强创新力、更高附加值、更安全可靠的产业链供应链；另一方面，明确在全球产业链供应链中的定位，完善产业链供应链保障机制，维持外贸产业链供应链畅通,推动企业融入全球产业链供应链,与其他国家一道构建互利共赢的全球产业链供应链体系。

中国现代物流发展及其治理将面临前所未有的机遇与挑战,相信在中国共产党的坚强领导和全国各族人民的共同努力下,中国现代物流治理内容将不断丰富,中国特色现代物流治理模式会日臻完善,中国现代物流必将在社会主义现代化国家建设的新征程中再立新功!

参考文献

一 中文

艾丽娜:《长江三角洲地区"河长制"政策效力评估——基于2008—2018年政策文本的量化分析》,《环境保护科学》2020年第46卷第2期。

李晓燕:《物流园区准公共物品性质分析及其评价研究》,《商业时代》2011年第3期。

Bernard J. LaLonde、James M. Masters、王焰、时娟:《美国的物流战略(上)》,《商品储运与养护》1999年第2期。

蔡跃洲、陈楠:《新技术革命下人工智能与高质量增长、高质量就业》,《数量经济技术经济研究》2019年第36卷第5期。

曹丽媛:《建国以来中央政府部际协调的历史演进、基本经验及启示》,《南京社会科学》2013年第3期。

曹源芳:《互联网金融与区域经济均衡发展——基于随机前沿模型的区域经济收敛增长分析》,《商业研究》2017年第12期。

柴本澄:《中国物流现状与发展》,《物流技术与应用》1996年第1期。

陈丽江、余思勤:《中国出口集装箱运价指数述评》,《中国水运》2004年第2期。

陈琳、王蔚、李冰冰、杨英:《智慧学习内涵及其智慧学习方式》,《中国电化教育》2016年第12期。

陈启龙:《社会物流费用预测研究——基于2016年的数据分析》,《中国市场》2017年第20期。

陈秋双等编著:《现代物流系统概论》,中国水利水电出版社2005年版。

陈剩勇、于兰兰:《网络化治理:一种新的公共治理模式》,《政治学研究》2012 年第 2 期。

陈希凤:《风雨历程强国路金融航船党掌舵——建党 90 周年金融业发展回眸》,《青海金融》2011 年第 5 期。

陈永平:《中国沿海(散货)运价指数波动状况及其启示——基于 2008 年以来的数据分析》,《价格理论与实践》2011 年第 1 期。

成灶平、张小洪:《农产品物流企业绿色物流关键影响因素实证研究》,《中国农业资源与区划》2020 年第 41 卷第 5 期。

程惠芳主编:《WTO 与中国经济》,浙江大学出版社 2003 年版。

崔建波:《现代物流——第三利润源泉》,《运城学院学报》2003 年第 3 期。

崔忠付:《中国现代物流管理机制的研究与探索》,《中国物流与采购》2007 年第 15 期。

戴四新、金晓严、杨怡:《物流产学研基地建设的探索与实践——以重庆电力高等专科学校为例》,《中国市场》2011 年第 2 期。

丁俊发:《PMI:经济变化的晴雨表》,《中国储运》2017 年第 4 期。

丁凌宇:《中国物流业行政监管研究》,硕士学位论文,长春理工大学,2014 年。

丁勇、姜亚彬:《我国制造业 PMI 与宏观经济景气指数关系的实证分析》,《统计与决策》2016 年第 3 期。

董亮、张海滨:《2030 年可持续发展议程对全球及中国环境治理的影响》,《中国人口·资源与环境》2016 年第 26 卷第 1 期。

董雅梅:《绿色建筑经济激励政策分析》,《科技资讯》2013 年第 24 期。

董志凯:《新中国 60 年投资演变的历程》,《中国投资》2009 年第 10 期。

段尧清、尚婷、周密:《我国政府信息公开政策十年演化分析》,《情报科学》2019 年第 37 卷第 8 期。

樊纲、王小鲁、马光荣:《中国市场化进程对经济增长的贡献》,《经济研究》2011 年第 46 卷第 9 期。

方军雄:《市场化进程与资本配置效率的改善》,《经济研究》2006 年第 5 期。

方明:《日本的物资流通》,《财贸经济丛刊》1980 年第 4 期。

方翔宇:《后疫情时代欧洲经济趋向复杂》,《中国银行保险报》2021 年

8月2日第8版。

甘卫华、李姝、仲任、韩莉：《我国物流标准化研究——文献综述（2000—2016）》，《物流工程与管理》2017年第39卷第8期。

高泉：《日本绿色物流政策与立法及其借鉴》，《商业经济研究》2016年第17期。

高小平、刘一弘：《1998年、2008年两次国务院机构改革"三定"规定比较研究——基于政府职能转变的视角》，《江苏社会科学》2008年第6期。

高新才、李华、刘怀印主编：《欠发达区域现代物流理论与实践——甘肃现代物流业发展研究》，兰州大学出版社2007年版。

耿俊辰、郭爱英：《现代物流是企业的第三利润源泉》，《商业研究》2004年第9期。

龚维斌主编：《中国特色社会主义社会治理体制》，经济管理出版社2016年版。

顾伟红：《中国出口集装箱运价指数解析》，《集装箱化》2000年第1期。

顾永才主编：《WTO学习精要与习题解答》，中共中央党校出版社2002年版。

桂丽、熊婵、张颖江：《国内外物流发展概况及趋势研究》，《现代商贸工业》2009年第21卷第6期。

郭茜、吴海建：《中国物流景气指数呼之欲出》，《中国物流与采购》2011年第17期。

郭毅、王兴、章迪诚、朱熹：《"红头文件"何以以言行事？——中国国有企业改革文件研究（2000—2005）》，《管理世界》2010年第12期。

国家发改委宏观经济研究院课题组：《中国加速转型期的若干发展问题研究（上）中国加速转型期的若干发展问题研究（总报告）》，《经济研究参考》2004年第16期。

国家经济贸易委员会经济运行局、南开大学现代物流研究中心主编：《中国现代物流发展报告（2002年）》，机械工业出版社2003年版。

韩保江：《全球化时代》，四川人民出版社2000年版。

韩小明：《经济全球化、WTO与"国家经济"》，《中国人民大学学报》

2002年第1期。

韩兆柱、翟文康：《西方公共治理前沿理论的比较研究》，《教学与研究》2018年第2期。

何明珂：《物流系统论》，高等教育出版社2006年版。

何跃、杨小朋：《美国、欧盟、日本和中国制造业PMI之间的相互影响关系》，《情报杂志》2013年第2期。

贺梦蝶：《中国物流法律制度的立法探讨》，硕士学位论文，广西师范大学，2019年。

洪银兴：《以创新的经济发展理论丰富中国特色社会主义政治经济学》，《红旗文稿》2017年第8期。

侯方森主编：《供应链管理》，对外经济贸易大学出版社2004年版。

侯合银、王浣尘、黄文波：《互联网产业的发展现状与展望》，《系统工程理论方法应用》2000年第4期。

胡海龙、宋剑奇：《我国经济转轨中的"双轨制"特征及对策研究》，《商业研究》2015年第5期。

胡建雄：《本轮逆全球化和贸易保护主义兴起的经济逻辑研究》，《经济体制改革》2017年第6期。

胡俊明：《日本综合商社的功能和经营特点》，《中国物资经济》1990年第5期。

胡美：《政治全球化发展趋势》，《湘潭师范学院学报》（社会科学版）2004年第3期。

胡瑞娟：《物流概念的演变与发展》，《集装箱化》2000年第5期。

胡树威：《美国物流业发展历程和趋势（美国现代物流管理介绍之一）》，《集装箱化》1998年第5期。

胡永平、祝接金：《我国固定资产投资结构分析》，《经济问题探索》2003年第2期。

华建敏：《关于国务院机构改革方案的说明——2008年3月11日在第十一届全国人民代表大会第一次会议上》，《理论参考》2008年第5期。

华民：《WTO与中国》，上海科学技术文献出版社2000年版。

黄凯丽、赵频：《"一带一路"倡议的政策文本量化研究——基于政策工具视角》，《情报杂志》2018年第37卷第1期。

黄立群：《重视发挥互联网在思想政治工作中的作用》，《党建研究》2000年第9期。

贾海：《"国房景气指数"简介》，《中国统计》2000年第1期。

解琨：《从美国物流供应链信息化看中国供应链管理课程实训设计》，《物流工程与管理》2012年第34卷第7期。

金真、唐浩编著：《现代物流新的经济增长点》，中国物资出版社2002年版。

瞿商：《论中国经济转型的阶段性与目标转换》，《中国经济史研究》2012年第1期。

匡益成、屈博：《PMI公布事件对股票市场短期收益的影响研究》，《中国物价》2020年第10期。

郎平：《互联网对世界经济的影响》，《国际经济评论》2000年第Z3期。

雷达、于春海编著：《走近经济全球化》，中国财政经济出版社2001年版。

雷磊：《法律体系、法律方法与法治》，中国政法大学出版社2016年版。

雷晴岚：《全球化进程与民族文化多样性》，《广东省社会主义学院学报》2010年第3期。

冷兆松：《新中国所有制结构的三次历史性变革及其争论》，《征信》2005年第23卷第3期。

李宏岳：《国内外绿色物流现状和发展研究》，《经济问题探索》2007年第12期。

李继尊：《论互联网对社会变革的深刻影响及其治理》，《商业时代》2006年第21期。

李靖、罗中华、马爱萍、云立新：《甘肃中药材现代物流政策体系的构建与完善》，《物流科技》2015年第38卷第5期。

李雷鸣、贾江涛：《信息化与能源效率的关系研究》，《中国石油大学学报》（自然科学版）2011年第35卷第5期。

李强、魏巍：《交通基础设施、制度变迁与全要素能源效率——基于省级面板数据的经验分析》，《南京审计学院学报》2014年第11卷第1期。

李晴：《社会物流总费用与社会物流总额的定性与定量关系》，《物流工程与管理》2011年第4期。

李万青:《我国开设物流类专业的高等院校基本情况研究》,《物流科技》2009年第32卷第5期。

李晓霞:《发达国家发展绿色物流的制度分析及借鉴》,《生态经济》2009年第7期。

李章泽:《新一轮国务院机构改革和职能转变的五大亮点》,《中国机构改革与管理》2013年第5期。

连俊:《"向东看"仍是欧洲经济最优解》,《经济日报》2021年8月31日第4版。

梁琳娜:《物流:企业的第三利润源泉》,《发展》2005年第12期。

梁喜、刘怀英:《国外多式联运型物流园区发展对中国的经验借鉴与启示》,《物流科技》2021年第44卷第3期。

林毅夫:《产业政策与中国经济的发展:新结构经济学的视角》,《复旦学报》(社会科学版)2017年第59卷第2期。

林毅夫、姚洋:《中国奇迹》,北京大学出版社2009年版。

刘国光、董志凯:《新中国50年所有制结构的变迁》,《当代中国史研究》1999年第Z1期。

刘国光:《谈谈社会主义市场经济——为什么要变计划经济为市场经济》,《财贸经济》1992年第12期。

刘厚俊:《20世纪美国经济发展模式:体制、政策与实践》,《南京大学学报》(哲学·人文科学·社会科学版)2000年第3期。

刘静、冯妍椒:《2008年国务院机构改革述评》,《管理观察》2010年第19期。

刘力:《WTO案例精解》,中共中央党校出版社2002年版。

刘仁军:《论现代物流的三大经济功能》,《中国采购与物流》2007年第13期。

刘仁军:《现代物流通论》,武汉大学出版社2008年版。

刘尚希、王志刚、程瑜、韩晓明、施文泼:《降成本:2019年的调查与分析》,《财政研究》2019年第11期。

刘曙光:《全球化与反全球化》,湖南人民出版社2003年版。

刘素华、杜钢建:《切实推进行政管理体制改革——新一轮政府机构改革的背景和特点》,《中国党政干部论坛》2003年第4期。

参考文献

刘伟华、金若莹：《国内外智慧供应链创新应用的比较分析与经验借鉴》，《物流研究》2020年第1卷第1期。

刘先春、朱延军、朱莉：《新中国60年法律体系建设研究》，《北京社会科学》2009年第5期。

刘战豫、孙夏令、薛金礼：《中国绿色物流发展面临的突出问题及应对策略》，《经济纵横》2018年第5期。

柳斌杰主编，中共四川省委宣传部、西南财经大学编：《WTO协议解读》，四川人民出版社2001年版。

柳飞、武赟、戴铭卿：《物流标准化发展现状研究综述》，《中国标准导报》2015年第11期。

娄欣轩：《营改增试点改革对物流业的影响及对策》，《财会学习》2012年第9期。

吕世平、师求恩、张占东编著：《WTO与中国产业发展》，郑州大学出版社2003年版。

吕世荣：《马克思经济全球化思想的哲学阐释逻辑》，《中国社会科学》2015年第4期。

麻宝斌等：《公共管理理论与实践》，社会科学文献出版社2013年版。

马凯：《关于国务院机构改革和职能转变方案的说明——2013年3月10日在第十二届全国人民代表大会第一次会议上》，《中华人民共和国全国人民代表大会常务委员会公报》2013年第2期。

马云霞、冯定忠、李洪全：《供应链管理及其产生背景分析》，《机床与液压》2003年第5期。

门峰：《现代物流概论》，上海财经大学出版社2004年版。

芈凌云、杨洁：《中国居民生活节能引导政策的效力与效果评估——基于中国1996—2015年政策文本的量化分析》，《资源科学》2017年第4卷。

闵敏：《第三利润源——物流》，《新东方》2005年第7期。

敏华：《沿海运输市场亮出晴雨表——记中国沿海（散货）运价指数首次发布》，《船东透视》2002年第1期。

明安香主编：《信息高速公路与大众传播》，华夏出版社1999年版。

沐潮：《前海深港现代服务业合作区现代物流业发展政策体系研究》，

《物流技术》2014年第33卷第9期。

牛秀明：《动态仓储推动美国制造业重振》，《物流技术》2014年第5期。

牛鱼龙：《美国物流经典案例》，重庆大学出版社2006年版。

牛鱼龙：《欧洲物流经典案例》，重庆大学出版社2007年版。

欧新黔：《积极采取措施 切实推进中国现代物流业加快发展——2005年9月22日在全国现代物流工作会议上的讲话（节选）》，《中国物流与采购联合会会员通讯总第85—95期（2005年）》，中国采购与联合会秘书处，2005年。

彭宝玲：《我国物流标准化发展研究》，《知识经济》2017年第9期。

彭纪生、孙文祥、仲为国：《中国技术创新政策演变与绩效实证研究（1978—2006）》，《科研管理》2008年第4期。

彭晓春：《论产业政策与可持续发展》，《产业与科技论坛》2006年第7期。

秦建国：《日本物流管理》，中国经济出版社2015年版。

邱晓华：《九十年代中国经济兼论经济总量与结构调整》，上海远东出版社1999年版。

任保平：《新中国70年经济发展的逻辑与发展经济学领域的重大创新》，《学术月刊》2019年第51卷第8期。

任兴洲：《供给侧结构性改革与商品交易市场的转型发展》，《中国流通经济》2016年第30卷第6期。

汝宜红主编：《物流学导论》，北京交通大学出版社2004年版。

沈绍基：《借鉴国外经验发展我国物流配送中心——美国物流管理与技术考察》，《商场现代化》1997年第4期。

沈小平、卢少平、聂伟：《物流学导论》，华中科技大学出版社2010年版。

沈燕、朱邦毅：《基于电子商务的供应链管理研究综述》，《商场现代化》2006年第16期。

盛赟、阮钰涵、任嘉英、孙燕莉：《基于文本分析的浙江省跨境电子商务物流政策研究》，《物流工程与管理》2019年第41卷第5期。

舒辉、李建军：《物流负外部性及其政府规制》，《中央财经大学学报》

2013 年第 1 期。

宋华：《现代供应链管理及其流程构造》，《当代经济科学》2000 年第 5 期。

宋科进：《我国制造业 PMI 购进价格分类指数与 PPI 的关系研究》，《价格月刊》2014 年第 9 期。

宋敏、路欢欢、相峰：《关于中国物流标准化发展的现状问题浅析》，《标准科学》2019 年第 7 期。

孙洪斌：《文化全球化研究》，四川大学出版社 2009 年版。

孙乃岩、金喜在：《改革开放以来中国保险业发展历程综述》，《现代管理科学》2012 年第 6 期。

孙强主编：《互联网商务应用》，对外经济贸易大学出版社 2000 年版。

唐渊编著：《国际物流学》，中国物资出版社 2004 年版。

田星亮：《网络化治理：从理论基础到实践价值》，《兰州学刊》2012 年第 2 期。

田忠法主编：《WTO 通览》，上海三联书店 2003 年版。

王帮俊、朱荣：《产学研协同创新政策效力与政策效果评估——基于中国 2006—2016 年政策文本的量化分析》，《软科学》2019 年第 33 卷第 3 期。

王成主编：《现代物流管理实务与案例》，企业管理出版社 2001 年版。

王丁冉、李静宇：《荷兰：欧洲物流的强国——专访荷兰物流协会亚太区总监 Karin Rancurent》，《中国储运》2009 年第 4 期。

王凤鸣：《物流法律法规》，北京理工大学出版社 2018 年版。

王国文、赵海然、佟文立编著：《供应链管理核心与基础》，企业管理出版社 2006 年版。

王慧敏：《物流业发展环境将进一步改善》，《中国物流与采购》2008 年第 4 期。

王慧娴、张辉：《中国旅游政策评估模型构建与政策变量分析》，《旅游科学》2015 年第 29 卷第 5 期。

王纪伟：《苏联东欧各国经济改革后的物资管理》，《计划经济研究》1983 年第 24 期。

王建华编著：《信息技术与现代战争》，国防工业出版社 2004 年版。

王健、方佳林:《美、日、欧现代物流发展的比较与启示》,《东北亚论坛》2005 年第 2 期。

王军、李红昌:《时空视角下中间层组织在农产品冷链物流中的作用研究》,《北京交通大学学报》(社会科学版)2019 年第 18 卷第 2 期。

王念、朱英明:《城市收缩对能源效率的影响及作用机制》,《现代经济探讨》2021 年第 1 期。

王群智、杨雨蕾、蔡俊俊、辻本方则:《中日社会经济发展与物流变迁(上)——日本社会经济发展与物流变迁》,《物流技术与应用》2011 年第 16 卷第 2 期。

王微:《政府与行业协会在物流产业发展中的作用——欧洲物流产业政策考察报告》,《中国发展观察》2001 年第 6 期。

王宪:《美国物流六十年及启示》,《物流技术》2012 年第 31 卷第 2 期。

王耀球、施先亮主编:《供应链管理》,机械工业出版社 2005 年版。

王振顶:《"互联网+"的含义认知、构成创新及其语言影响》,《语言文字应用》2017 年第 2 期。

王之泰:《创新物流宏观管理体制》,《中国储运》2010 年第 8 期。

王之泰:《中国"物流"的三十多年》,《中国流通经济》2014 年第 28 卷第 12 期。

王忠禹:《关于国务院机构改革方案的说明——2003 年 3 月 6 日在第十届全国人民代表大会第一次会议上》,《中华人民共和国全国人民代表大会常务委员会公报》2003 年第 2 期。

王追林:《WTO 与中国中西部地区国际物流园区建设若干问题研究》,《国际经贸探索》2003 年第 6 期。

韦先义、张明、张植:《德、法、荷物流发展概况及对我们的启示——赴欧洲物流考察报告》,《中国物流与采购联合会中物联参阅(2004 年)》,2004 年。

魏然、陈晓宇:《典型发达国家冷链物流发展现状与经验借鉴》,《物流技术》2020 年第 39 卷第 7 期。

翁心刚:《在改革开放中发展的中国物流事业》,《中国流通经济》2008 年第 6 期。

吴爱萍:《中国物流发展历程及其演变——基于绿色发展理念》,《价格月刊》2019年第4期。

吴敬琏：《调整所有制结构发展市场经济（上）》，《中国国情国力》1997年第11期。

吴敬琏：《体制变迁50年》，《资本市场》1999年第11期。

吴君杨、杨浩哲：《与德国等物流高水平国家相比，我国的差距在哪？》，《综合运输》2019年第6期。

吴清一：《现代物流概论》，中国物资出版社2003年版。

习近平：《决胜全面建成小康社会　夺取新时代中国特色社会主义伟大胜利——在中国共产党第十九全国代表大会上的报告》，人民出版社2017年版。

武力：《略论新中国60年经济发展与制度变迁的互动》，《中国经济史研究》2009年第3期。

肖利平：《"互联网+"提升了我国装备制造业的全要素生产率吗》，《经济学家》2018年第12期。

谢泗薪、王文峰：《绿色物流路径：物流绿色化改造的战略选择》，《中国流通经济》2010年第24卷第5期。

熊文钊、张伟：《"大部门"前瞻》，《瞭望》2007年第50期。

徐梅：《战后70年日本经济发展轨迹与思考》，《日本学刊》2015年第6期。

徐美宵、李辉：《北京市机动车污染防治政策效力评估——基于2013—2017年政策文本的量化分析》，《科学决策》2018年第12期。

徐姗、韩民春：《"信息要素"对经济增长的贡献研究——基于中国2001—2006年Panel Data的经验分析》，《情报杂志》2009年第28卷第6期。

徐天亮：《本科物流类专业设置体系与培养分工》，《高等工程教育研究》2002年第2期。

徐秀军：《新兴经济体与全球经济治理结构转型》，《世界经济与政治》2012年第10期。

徐勇谋主编：《国际物流》，上海财经大学出版社2005年版。

许豫东：《中国区域经济发展历程》，《地理教学》2001年第12期。

薛暮桥：《关于社会主义市场经济问题》，《经济研究》1992年第10期。

薛求知：《跨国公司与中国市场》，上海人民出版社 2000 年版。

晏绍庆：《物流标准化迈上新台阶》，《中国物流与采购》2011 年第 18 期。

杨钧锡、杨立忠、周碧松：《信息技术跨世纪高技术发展的先导》，中国科学技术出版社 1994 年版。

杨路明、吴颖：《现代物流的发展及其信息化探索》，中国管理科学学术会议论文，2003 年。

杨平：《中国行政机构改革的回顾与前瞻》，《行政论坛》2008 年第 5 期。

杨树奕：《发达国家物流法规建设现状及对中国的启示》，《物流技术》2012 年第 31 卷第 8 期。

叶必丰、刘道筠：《规范性文件的种类》，《行政法学研究》2000 年第 2 期。

叶怀珍：《现代物流学》，高等教育出版社 2003 年版。

仪名海主编：《信息全球化与国际关系》，中国传媒大学出版社 2006 年版。

尤建新：《中国采购经理指数（CFLP-PMI）的研究与应用》，《中国科技论坛》2006 年第 6 期。

于洋、吕炜、肖兴志：《中国经济改革与发展：政策与绩效》，东北财经大学出版社 2005 年版。

余东华、吕逸楠：《政府不当干预与战略性新兴产业产能过剩——以中国光伏产业为例》，《中国工业经济》2015 年第 10 期。

余平：《今天是明天的历史——写在本刊出版 200 期》，《中国物流与采购》2003 年第 19 期。

余永定：《亚洲金融危机的经验教训与中国宏观经济管理》，《国际经济评论》2007 年第 3 期。

袁士高：《苏联物资管理的一些情况》，《北方交通大学学报》1979 年第 2 期。

曾国平、赵学清主编：《WTO 与经济发展》，重庆大学出版社 2002 年版。

曾萍、李熙：《产学研合作研究综述：理论视角、合作模式与合作机制》，《科技管理研究》2014 年第 34 卷第 22 期。

参考文献

曾世华：《美国冷链物流标准化发展对中国的启示》，《纳税》2019年第13卷第34期。

詹小琴：《金融与实体经济发展关系的理论探讨》，《商》2016年第3期。

张百顺、陈洪江：《中国市场经济发展道路及其当代世界意义》，《前沿》2010年第11期。

张滨、刘小军、陶章：《我国跨境电子商务物流现状及运作模式》，《中国流通经济》2015年第29卷第1期。

张国民：《零售物流规划与设计》，上海大学出版社2010年版。

张国庆：《1998年中国政府机构改革的若干理论问题——大背景、新特点、主要难点、前提条件》，《中国行政管理》1998年第12期。

张汉亚：《中国固定资产投资体制改革30年》，《宏观经济研究》2008年第10期。

张建新、张焕腾、姜玲编著：《物流第三利润源》，新华出版社2005年版。

张利斌、冯益：《中国PMI与GDP关系的实证检验》，《统计与决策》2012年第2期。

张明志、姚鹏：《产业政策与制造业高质量发展》，《科学学研究》2020年第38卷第8期。

张潜、赵菊红：《中国汽车供应链管理发展现状与趋势探讨》，《宏观经济研究》2010年第4期。

张荣：《低碳经济视角下的企业绿色物流研究》，《经济研究导刊》2020年第14期。

张霞：《浅谈政府在物流业发展中的作用》，《内蒙古科技与经济》2005年第22期。

张艳国、彭白云：《论新中国粮票制度的兴废》，《求索》2013年第11期。

张正德：《美国信息技术的发展及其经济影响》，武汉大学出版社1995年版。

赵宸梓、于晓澎：《发达国家物流法律制度及对中国的启示》，《法制与社会》2015年第17期。

赵广华：《破解跨境电子商务物流难的新思路：第四方物流》，《中国经贸导刊》2014年第26期。

赵骏：《"皇冠上明珠"的黯然失色 WTO 争端解决机制利用率减少的原因探究》，《中外法学》2013年第25卷第6期。

赵林度：《供应链与物流管理理论与实务》，机械工业出版社2003年版。

赵旻：《论我国经济转轨发展的四个阶段》，《经济学动态》2003年第3期。

赵楠、贾丽静、张军桥：《技术进步对中国能源利用效率影响机制研究》，《统计研究》2013年第30卷第4期。

赵卿、曾海舰：《产业政策管控能够提升产能利用率吗？——基于双重差分模型的实证检验》，《中国经济问题》2018年第2期。

赵松、负晓哲：《工业增加值与采购经理人指数关系研究》，《经济研究导刊》2012年第25期。

赵效民、宋则：《中国物流体制改革研究》，《中国物资流通》1989年第4期。

赵曜：《从中国模式和苏联模式的比较中正确评价中国模式》，《科学社会主义》2010年第5期。

赵振华：《建国60年来中国经济建设的成就》，《中共珠海市委党校珠海市行政学院学报》2009年第4期。

中国航务周刊编：《现代物流发展战略——现代物流发展国际研讨会论文集》，1999年。

中国交通运输协会《中国物流发展现状及对策研究》课题组：《世界物流发展历程》，《国际经贸消息》2001年9月8日第2版。

中国农村发展问题研究组：《论国民经济结构变革——新成长阶段农村发展的宏观环境》，《经济研究》1986年第5期。

中国物流技术与经贸代表团：《中国物流技术与经贸代表团访美考察报告》，《物流技术》1995年第1期。

中国物流经贸代表团：《中国物流经贸代表团赴德国考察报告》，《物流技术》1996年第2期。

中国物流研究会访日代表团：《关于日本物流的考察报告》，《中国物资》1987年第4期。

参考文献

中国物资经济学会编:《外国和港澳地区物资管理考察》,中国物资出版社1981年版。

中国物资流通访日代表团:《日本物资流通社会化、现代化情况和我们的几点意见》,《中国物资经济》1990年第9期。

中国物资流通协会代表团:《加拿大、西班牙物流情况考察报告》,《中国物资流通》1998年第9期。

中华人民共和国简史编写组:《中华人民共和国简史》,人民出版社、当代中国出版社2021年版。

钟祖昌:《空间经济学视角下的物流业集聚及影响因素——中国31个省市的经验证据》,《山西财经大学学报》2011年第33卷第11期。

周爱莲、李旭宏、毛海军:《中国物流标准化现状与对策建议》,《公路交通科技》2003年第2期。

周宝砚:《改革开放以来中国历次国务院机构改革述评》,《经济研究导刊》2008年第15期。

周建勤等编著:《现代物流必读》,中国社会出版社2003年版。

周利梅、李军军:《建国60年中国工业发展成就与经验探索》,《福建论坛》(人文社会科学版)2009年第9期。

周巧珍、丁艳:《粤东西北农产品冷链物流绿色高效发展研究》,《现代商贸工业》2020年第41卷第17期。

周绍宗:《考察日本社会物流的体会》,《冶金经济与管理》1989年第2期。

周云梅:《苏联物资工作近况简介》,《中国物资》1987年第1期。

周云梅:《苏联物资供应体制改革的新步骤》,《物资经济研究》1986年第9期。

周载璋:《苏联物资体制改革见闻》,《中国物资》1989年第1期。

周正:《中国电商物流一体化典型模式及发展趋势》,《经济纵横》2018年第10期。

朱德秀:《德国最新物流发展特点及借鉴》,《交通世界(运输·车辆)》2006年第8期。

朱佳木:《关于在国史研究中如何正确评价计划经济的几点思考》,《理论前沿》2006年第21期。

朱世平:《中国物流业发展特征分析》,《财贸经济》2005年第2期。

朱秀亮:《中外物流法律制度比较研究》,《现代妇女(下旬)》2013年第2期。

竹立家:《"大部制"与政府机构改革》,《中国党政干部论坛》2013年第4期。

宗辉、徐伟、宁淑静《发达国家物流标准化建设及其启示分析》,《中国标准化》2018年第10期。

[美]奥利弗·E.威廉姆森:《治理机制》,机械工业出版社2016年版。

二 英文

Anu Bask & Mervi Rajahonka, 2017, "The Role of Environmental Sustainability in the Freight Transport Mode Choice", *International Journal of Physical Distribution & Logistics Management*, Volume (47), Issue 7.

Donald F. Kettl, 2002, *The Transformation of Governance: Public Administration for Twenty-First Century America*, The Johns Hopkins University Press.

Fay M., Hallegatte S., and Vogt-Schilb A., 2013, "Green Industrial Policies: When and How", *Social Science Electronic Publishing*.

Geerten van de Kaa, Marijn Janssen, Jafar Rezaei, 2018, "Standards Battles for Business-to-government Data Exchange: Identifying Success Factors for Standard Dominance Using the Best Worst Method", *Technological Forecasting & Social Change*, Vol (137), issue C.

Gerry Stoker., 2006, "Public Value Management: A New Narrative for Networked Governance", *American Review of Public Adiminstration*, 36 (1).

Greenwald B., Stiglitz J. E., 2013, "Industrial Policies, The Creation of A Learning Society, and Economic Development", *The Industrial Policy Revolution I.*.

Klijn E. H. & Koppenjan J. F. M., 2000, "Public Management and Policy Networks", *Public Management*, 2 (2).

L. Albareda & S. Waddock, 2018, "Networked CSR Governance: A Whole Network Approach to Mega-governance", *Business & Society*, Vol. 57.

Luca Urciuoli, 2018, "The Risk of Standards Proliferation-An Analysis of

Differences between Private and Public Transport Standards", *Transportation Research Part A*. Vol (116), Issue C.

Michaela Balzarova & Pavel Castka, 2018, "Social Responsibility: Experts' Viewpoints on Adoption of the ISO 26000 Standard", *Corporate Social Responsibility and Environmental*, 25 (5).

Rhodes. R., 2000, "Debating Governance", *Governance and Public Administration*.

后　记

　　20 世纪 80 年代，我考入北方交通大学（现北京交通大学）材料系，有幸成为物资管理与工程专业的一名大学生。大学毕业后经统一分配，我进入中国铁路物资总公司（现为中国物流集团）系统，先后从事铁路物资计划分配、采购供应、期货贸易、仓库管理、运输管理和 ISO9002 质量认证等工作，亲眼目睹了计划经济向市场经济转轨时期我国物资管理的兴衰，同时渐渐感到自己的知识跟不上时代发展的步伐，便萌生了回校深造的打算。1998 年我考入中南财经政法大学在职攻读工商管理专业硕士。硕士毕业后，又继续考入华中科技大学经济学院，并有幸拜在发展经济学奠基人、著名经济学家张培刚教授门下，脱产攻读西方经济学博士学位。博士就读期间，企业网络是经济学、社会学、管理学和组织学等领域研究热点，从经济学的角度看，供应链就是一种企业网络，供应链管理本质就是节约交易成本。结合多年企业工作和本科、硕士阶段学习经历，我选择《交易成本、社会资本与企业网络——关系契约理论与应用》作为博士论文选题。2004 年，博士毕业后就职于中南财经政法大学工商管理学院，从事物流与供应链管理领域的教学与研究工作，成为学校物流管理专业的负责人，并先后担任教研室主任、系主任和硕导组长等职务。

　　一路走来，我在企业从事物资管理工作 13 年，亲身经历了我国经济转轨时期物资管理由盛及衰的过程；在高校物流管理专业教学与科研工作 18 年，但却始终与企业保持密切联系，见证了我国现代物流理论和实践的成长与发展。我曾辗转求学于三所不同高校，选择三个不同专业，获得工学学士、工商管理硕士和经济学博士三个不同学位，这恰好对应物流学科的三个重要领域：物流工程、物流管理和物流经济，复合型的

后 记

知识结构使我能更好、更全面地理解物流理论和实践发展。相对大多数高校教师而言，我的工作和求学之路较为曲折，工作性质和所学专业经历过多次变化，但却始终没有脱离物流与供应链领域。我有幸见证了改革开放以来中国物流业发展的全过程，特殊的经历造就我对物流有着浓厚的兴趣和特殊的感情，我在为21世纪以来中国现代物流伟大实践成就而倍感欣喜和自豪的同时，也平添了一份由衷的使命感和责任感，于是思考个人是否能为中国物流做些什么。

《中国现代物流治理二十年（2001—2020）》一书正是基于上述想法而促成的。本书的形成首先要感谢全国政界、商界、学界和其他社会各界的现代物流参与者，他们不仅成就了中国现代物流的伟大实践，也为本书提供了研究课题和丰富的素材；特别要感谢湖北经济学院陶君成教授为我指明了研究方向，为本书写作提纲组织了专门的专家座谈会，为本书提供了许多宝贵的建议；同时，要感谢华中科技大学管理学院博士生导师马士华教授、武汉理工大学原副校长陶德馨教授和湖北省物流协会原会长、湖北省商务厅原副厅长伍如良等资深专家，专家们高屋建瓴的建设性意见提升了本书定位，完善了本书的提纲。

要顺利完成《中国现代物流治理二十年（2001—2020）》一书的写作，不仅需要对政府、企业、行业协会、高校和科研院等主体的现代物流治理实践进行细致梳理，还需要对中国经济发展阶段、中国物流业发展阶段、发达国家物流治理模式等进行全面考察。因此，本研究不仅要收集20年中国现代物流治理实践资料，还需要查阅更长时间、更多领域、更广范围的理论文献和实务资料。但是，这些研究素材大多散落在各个治理主体网站、各类报刊、年鉴、期刊、专著、研究报告、统计报表之中，可见本书的资料收集和文献整理工作量巨大。好在我所指导的研究生以及参与我所讲授的《物流服务理论与实务》课程学习的部分研究生承担了大部分工作，从2017年开始，他们接力式的资料收集方式使得资料得到不断更新和逐步完善，同学们不仅承担了许多基础性工作，在交流中还提出了很多给我以启发的观点。本书篇幅较长、图表较多，校稿工作繁琐而细致，多名同学参与了本书校对工作。参与本书相关工作的同学主要有：彭优、杨雪艳、胡雯欣、段炼、刘文嘉、周欣、张博雯、甘晓琳、杨杰、李嘉莉、邵杰、郑侣、周茹媛、马樱格、江美琴、

后　记

吴凡、付佳丽、蒋之嘉等。在此，为以上同学的辛勤劳动和对本书的贡献表示特别的感谢！

非常荣幸邀请到国家内贸部原总经济师、中国物流与采购联合会原常务副会长、商务部现代供应链专家委员会成员、中国物流界的老前辈丁俊发研究员为本书作序，在此表示崇高的敬意和诚挚的谢意！中国物流与采购联合会副会长兼秘书长崔忠付先生不仅为本书写序，还为本书研究提供了特别帮助，并提出了许多宝贵的意见，在此特别致以深深的谢意！同时，感谢中国物流与供应链领域知名专家、中国物流策划研究院李芏巍副院长和中物华商集团股份有限公司刘景福董事长对本书所给予的持续支持和大力帮助！我的同仁曹丽莉副教授、董慈蔚教授、邹碧攀副教授、李喆博士等参与了本书相关研讨活动，并提供了许多建设性意见，在此一并表示感谢！

中国社会科学出版社的田文编辑工作敬业，业务水平高，不仅认真细致地勘正了书稿中的多处错误，还为本书如期出版付出了辛勤的努力，在此表示诚挚的谢意！最后，本书出版得到了中南财经政法大学工商管理学院的资助，在此对学院的领导及学术委员会的各位同仁表示衷心感谢！

虽然得到各界帮助，但由于本书涉及面广，加之自身水平所限，书中不当之处和遗漏之处在所难免，还请社会各界同仁给予批评指正！

刘仁军
于晓南湖畔
2022 年 11 月 18 日